全国中等职业学校课程改革规划教材

Qiche Gouzao yu Chaizhuang

汽车构造与拆装

（下册）（第二版）

林德华　邰敬明　主　编

金　雷　侯建党　韩希国　副主编

朱　军　主　审

人民交通出版社股份有限公司

China Communications Press Co.,Ltd.

内 容 提 要

本书为全国中等职业学校课程改革规划教材，分为底盘和电气设备两个部分，系统地介绍了底盘、电气设备的结构、工作原理和相关部件的拆装方法。

本书可作为中等职业学校汽车类专业的教材，也可供汽车爱好者参考阅读。

图书在版编目（CIP）数据

汽车构造与拆装.下册 / 林德华，邰敬明主编.——
2版.—— 北京：人民交通出版社股份有限公司，2017.6
全国中等职业学校课程改革规划教材
ISBN 978-7-114-13697-9

Ⅰ.①汽…　Ⅱ.①林…②邰…　Ⅲ.①汽车—构造—
中等专业学校—教材②汽车—装配（机械）—中等专业学校
—教材　Ⅳ.①U463②U472

中国版本图书馆CIP数据核字（2017）第043779号

全国中等职业学校课程改革规划教材

书　　名：**汽车构造与拆装（下册）（第二版）**
著 作 者：林德华　邰敬明
责任编辑：李　良
出版发行：人民交通出版社股份有限公司
地　　址：（100011）北京市朝阳区安定门外外馆斜街 3 号
网　　址：http://www.ccpress.com.cn
销售电话：（010）59757973
总 经 销：人民交通出版社股份有限公司发行部
经　　销：各地新华书店
印　　刷：北京市密东印刷有限公司
开　　本：787×1092　1/16
印　　张：18
字　　数：430千
版　　次：2011年3月　第1版
　　　　　2017年6月　第2版
印　　次：2017年6月　第2版　第1次印刷　总第8次印刷
书　　号：ISBN 978-7-114-13697-9
定　　价：39.00元

（有印刷、装订质量问题的图书由本公司负责调换）

第二版前言

《汽车构造与拆装》第一版于2011年3月出版，该教材充分体现了"创新职业教育理念、改革教育教学模式、提升学生职业素质、适应经济社会发展"的指导思想，突出职业教育的特色。教材使用5年来，深受广大使用院校的好评。

《汽车构造与拆装》第二版在不改变整体内容的基础上，纠正原教材中的错误之处；对于一些陈旧或者面临淘汰的知识点进行了删除；对于近年来废止的技术标准、法律、法规进行了全部更新，增加了科鲁兹乘用车（中职大赛用车）的部分内容。希望第2版教材能够更好地为职业院校服务，为汽车维修技术人员提供帮助。

本书由林德华、邰敬明担任主编，金雷、侯建党、韩希国担任副主编，参加编写的还有张立新、黄斌、孙永江、沈光毅、沈润鸣、曹燕、李培军、黄宜坤、曲妍、柳振凯、陆瑞、刘晓华、谭晟、吴国强、吴幽、夏坤、赵茂林、张成利、郭大民、吕学前、宋孟辉、曲昌辉。本书由朱军教授担任主审。

由于编者水平有限，书中难免有不足之处，诚恳希望使用本教材的师生、有关专家和广大读者批评指正。

编　者
2016 年 12 月

目 录

第三篇 底盘

第四篇　电气设备

单元1　蓄电池和充电系统

单元7　空调系统

参 考 文 献

第三篇　底盘

Chapter 3

单元1 离 合 器

项目一 离合器的结构与工作原理

一 离合器的功用、结构和工作原理

❶ 离合器的功用

离合器安装在发动机与变速器之间，其功用是：使发动机与传动系统逐渐接合，保证汽车平稳起步；暂时切断发动机的动力传动，保证变速器换挡平顺；限制所传递的转矩，防止传动系统过载。

❷ 离合器的基本结构

离合器的基本结构如图 3-1-1 所示，其主要由主动部分、从动部分、压紧装置和操纵机构组成。压紧装置（膜片弹簧或螺旋弹簧）将从动盘压紧在飞轮端面上，发动机转矩靠飞轮与从动盘接触面之间的摩擦作用而传递到从动盘上，再经过从动轴等传给变速器。

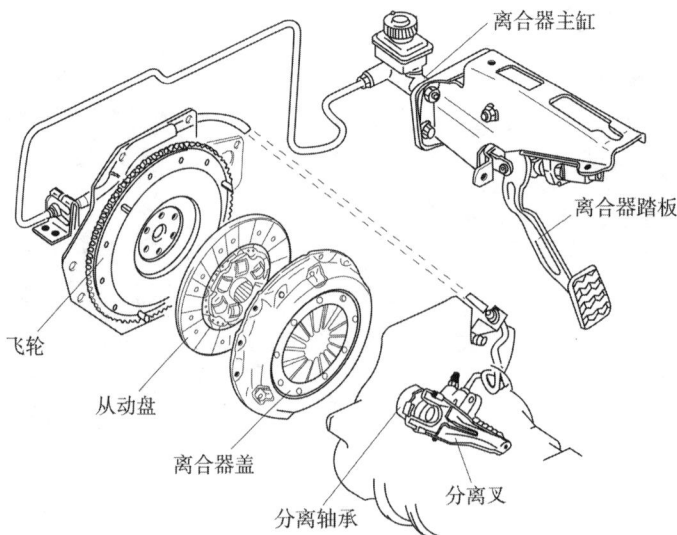

图3-1-1 离合器的基本结构

3 离合器的工作原理

离合器的工作原理如图 3-1-2 所示。从动盘通过花键和变速器主动轴相连，可以前后运动。在压紧弹簧的作用下，离合器处于接合状态。

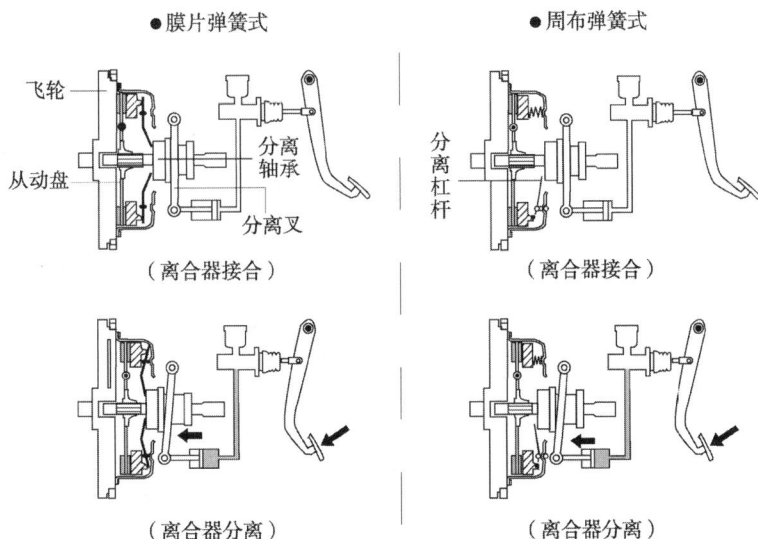

图3-1-2　离合器的工作原理

当驾驶人踩下离合器踏板时，分离套筒和分离轴承在分离叉的推动下，推动从动盘克服压紧弹簧的力而后移，使离合器处于分离状态，中断动力传动。

逐渐抬起离合器踏板，压盘在压紧弹簧的作用下前移逐渐压紧从动盘，此时从动盘与压盘、飞轮的接触面之间产生摩擦力矩并逐渐增大，动力由飞轮、压盘传给从动盘经输出轴输出。在这一过程中，从动盘及输出轴转速逐渐提高，直至与主动部分转速相同，主、从动部分完全接合。

在离合器的接合过程中，飞轮、压盘和从动盘之间接合还不紧密时，所能传递的摩擦力矩较小，其主、从动部分未达到同步，处于相对打滑的状态称为半联动状态，这种状态在汽车起步时是必要的。

4 离合器踏板的自由行程

由离合器的工作原理可知，当从动盘摩擦片磨损变薄后，为了保证离合器能处于接合状态，传递发动机转矩，压盘则必须向前移动。此时膜片弹簧（或分离杠杆）外端和压盘一起向前移，其内端向后移。如果膜片弹簧（或分离杠杆）与分离轴承之间没有间隙，则由于机械式操纵机构的干涉作用，压盘最终无法前移，即导致离合器不能接合，出现打滑现象。为此，在离合器膜片弹簧（或分离杠杆）内端与分离轴承之间预留一定的间隙，这个间隙称为离合器的自由间隙，如图 3-1-3 所示。

图3-1-3　离合器自由间隙

3

离合器分离过程中，为消除离合器自由间隙和操纵机构零件的弹性变形所需要踩下的踏板行程称为离合器踏板自由行程。

二 离合器主要部件的构造

1 膜片弹簧式离合器

膜片弹簧式离合器的结构如图 3-1-4 和图 3-1-5 所示。膜片弹簧式离合器以膜片弹簧取代周布弹簧离合器中的螺旋弹簧及分离杠杆，使构造简单，并可免除调整分离杠杆高度的麻烦，且膜片弹簧弹力特性优于螺旋弹簧，操作省力，故为目前使用最广的离合器。

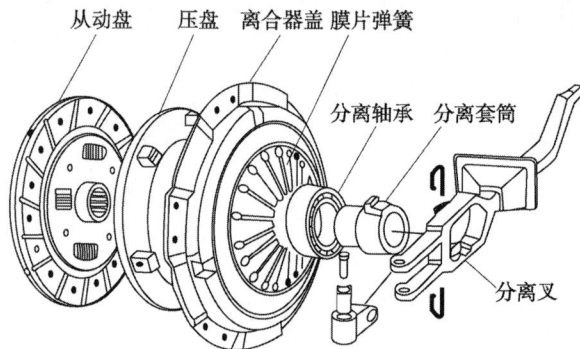

图3-1-4 膜片弹簧式离合器构造（1）

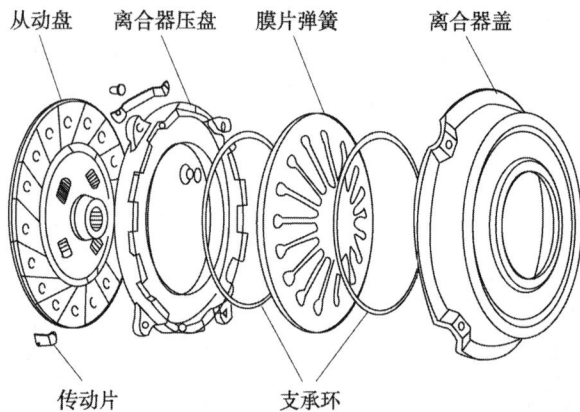

图3-1-5 膜片弹簧式离合器构造（2）

离合器盖通过螺栓固定在飞轮上，为了保持正确的安装位置，离合器盖通过定位销进行定位。压盘与离合器盖之间通过周向均布的 3 组或 4 组传动片来传递转矩。传动片用弹簧钢片制成，每组两片，一端用铆钉铆在离合器盖上，另一端用螺钉连接在压盘上。

从动盘主要由从动盘本体、摩擦片和从动盘毂等组成，如图 3-1-6 和图 3-1-7 所示。为消除传动系统的扭转振动，从动盘一般都带有扭转减振器。膜片弹簧的径向开有若干切槽，形成弹性杠杆。切槽末端有圆孔，固定铆钉穿过圆孔，并固定在离合器盖上。膜片弹簧两侧装有钢丝支承环，这两个钢丝支承环是膜片弹簧工作时的支点。膜片弹簧的外缘通过分离钩与压盘联系起来。

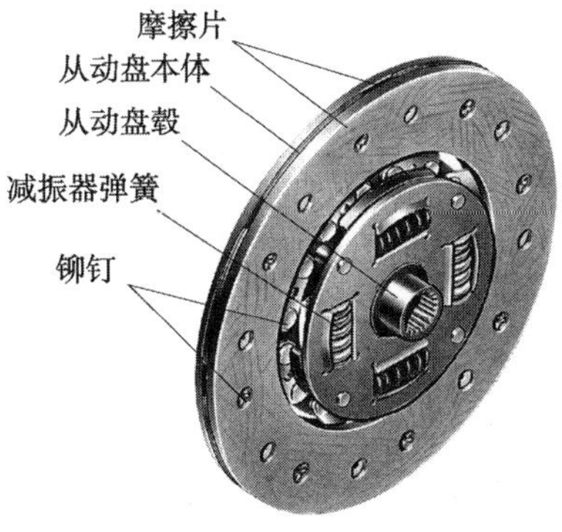

图3-1-6　从动盘的结构

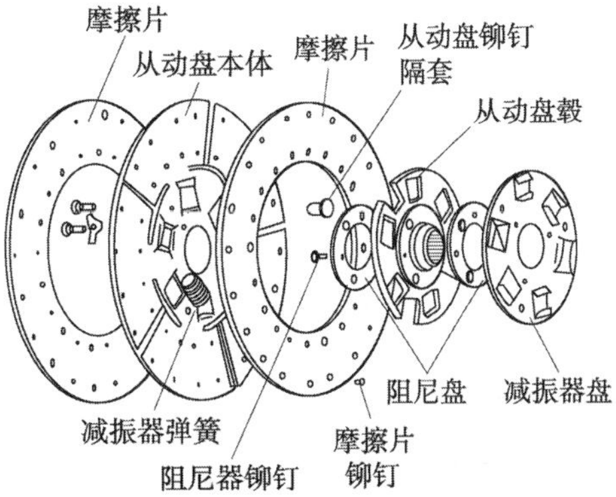

图3-1-7　从动盘分解图

2 离合器的操纵机构

离合器的操纵机构起始于离合器踏板，终止于分离杠杆（或膜片弹簧），可分为机械式和液压式。

1 机械式操纵机构

机械式操纵机构有杠杆传动和钢索传动两种。钢索传动操纵机构如图 3-1-8 所示。由于钢索是挠性件，因此对其他装置的布置没有大的影响，安装方便，成本低，维护容易，使用较多。

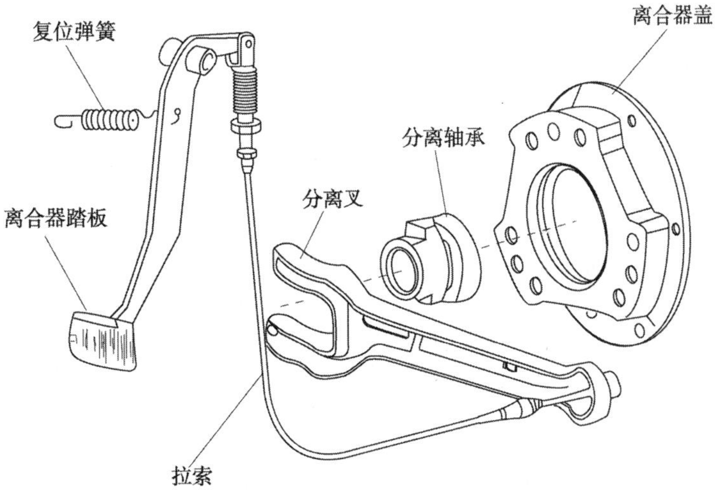

图3-1-8　钢索传动操纵机构

2 液压式操纵机构

液压式操纵机构如图 3-1-9 所示，由离合器踏板、离合器主缸、离合器工作缸、分离叉和油管等组成。

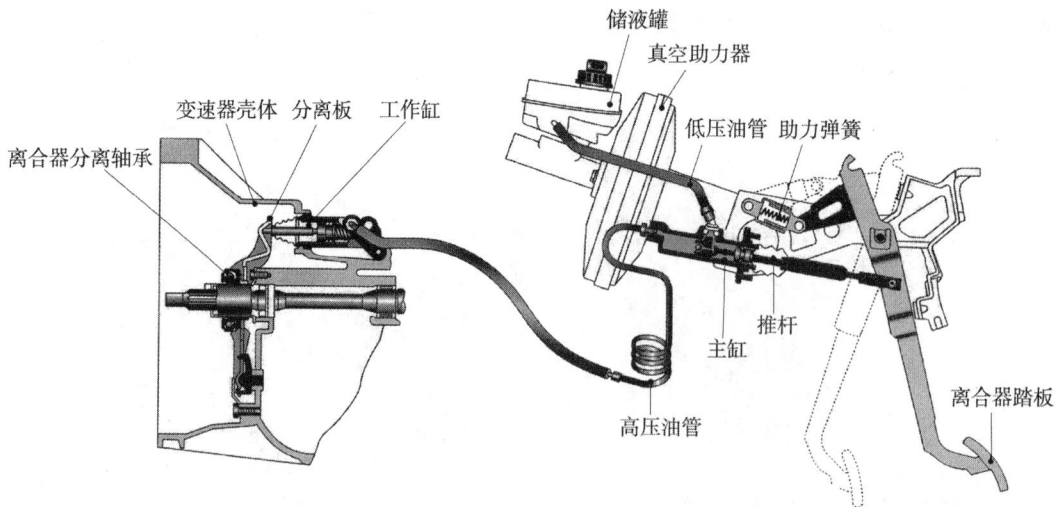

图3-1-9　离合器液压操纵机构

❶ 离合器主缸

离合器主缸结构如图 3-1-10 所示。主缸壳体上的回油孔、补偿孔通过进油软管与储液罐相通。主缸内装有活塞，活塞两端装有皮碗，左端中部装有止回阀，经小孔与活塞右方主缸内腔的油室相通。当离合器踏板处于完全放松位置时，活塞左端皮碗位于回油孔与补偿孔之间，两孔均与储液罐相通。

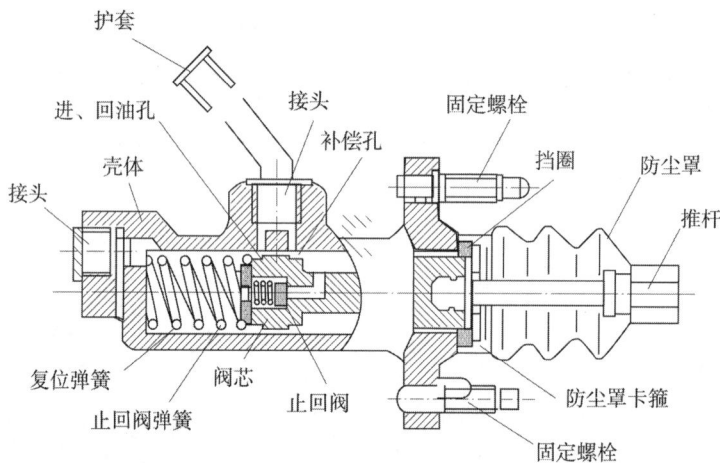

图3-1-10　离合器主缸结构

❷ 离合器工作缸

离合器工作缸结构如图 3-1-11 所示。工作缸内装有活塞、皮碗、推杆等，壳体上还设有放气螺钉。当管路内有空气存在而导致离合器不能分离时，需要拧出放气螺钉进行放气。工作缸活塞直径略大于主缸活塞直径，故液压系统具有增力作用，以使操纵轻便。

❸ 工作情况

（1）分离过程。当踩下离合器踏板时，离合器主缸推杆推动主缸活塞，离合器主缸产生油压，压力油经油管使工作缸的活塞推出，经推杆推动分离叉，推移分离轴承等使离合器分离。

（2）接合过程。离合器踏板放松时，离合器踏板复位弹簧将离合器踏板拉回，离合器主缸油压消失，各机件复原，离合器接合。

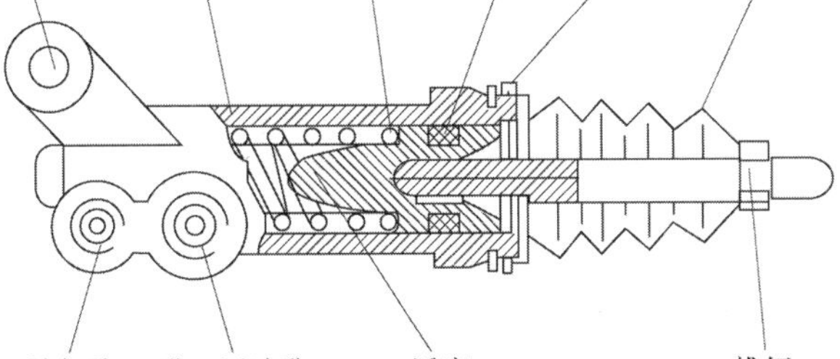

固定螺栓连接处　壳体　弹簧（消除间隙用）　皮碗　防尘套卡箍　防尘套

放气孔　进、回油孔　活塞　推杆

图3-1-11　离合器工作缸结构

（3）补偿过程。当管路系统渗入空气时，可利用补偿孔来排除渗入的空气。补偿过程如下：当踩下离合器踏板难以使离合器分离时，可迅速放松离合器踏板，在踏板复位弹簧的作用下，主缸活塞快速右移。储液罐中的油液从补偿孔经主缸活塞上的止回阀流入活塞左面。再迅速踩下离合器踏板，工作缸活塞前移，以弥补因从动盘磨损或系统渗入少量空气后引起的、在相同离合器踏板位置工作缸活塞移动量的不足，从而保证离合器的正常工作。

项目二　离合器的拆装

本项目以卡罗拉（1.6L）乘用车离合器的拆装为例进行说明。

一　离合器踏板的拆装

拆装离合器踏板相关部件分解图如图 3-1-12 和图 3-1-13 所示，离合器踏板分解图如图 3-1-14 所示。

1　离合器踏板的拆卸

（1）从蓄电池负极端子上断开电缆。注意：断开电缆后等待 90 s，以防止安全气囊工作。

（2）拆卸仪表板左下装饰板。

（3）拆卸仪表板右下装饰板。

（4）拆卸仪表板左端装饰板。

（5）拆卸仪表板右端装饰板。

（6）拆卸中央仪表板调风器总成。

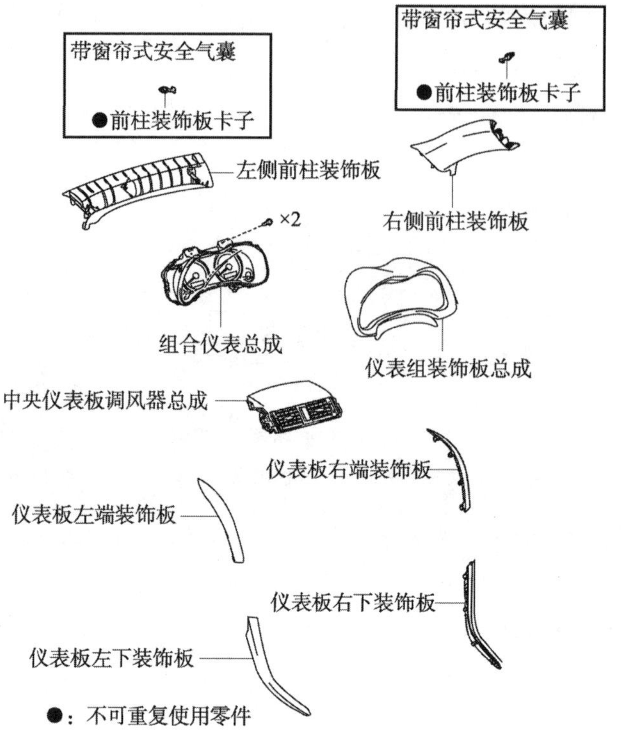

带窗帘式安全气囊

●前柱装饰板卡子

带窗帘式安全气囊

●前柱装饰板卡子

左侧前柱装饰板

右侧前柱装饰板

×2

组合仪表总成

仪表组装饰板总成

中央仪表板调风器总成

仪表板右端装饰板

仪表板左端装饰板

仪表板右下装饰板

仪表板左下装饰板

●：不可重复使用零件

图3-1-12　拆装离合器踏板相关部件分解图（1）

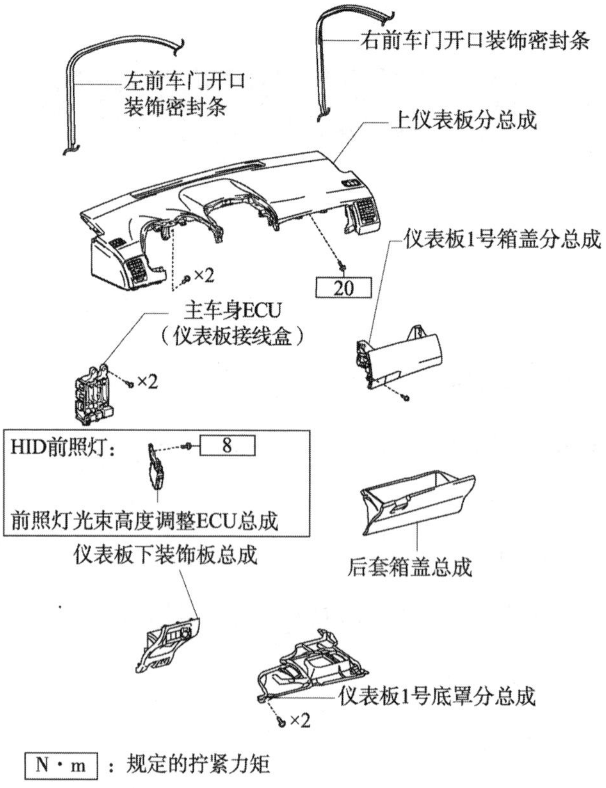

左前车门开口
装饰密封条

右前车门开口装饰密封条

上仪表板分总成

仪表板1号箱盖分总成

×2

20

主车身ECU
（仪表板接线盒）

×2

HID前照灯：　8

前照灯光束高度调整ECU总成

仪表板下装饰板总成

后套箱盖总成

仪表板1号底罩分总成

×2

N·m ：规定的拧紧力矩

图3-1-13　拆装离合器踏板相关部件分解图（2）

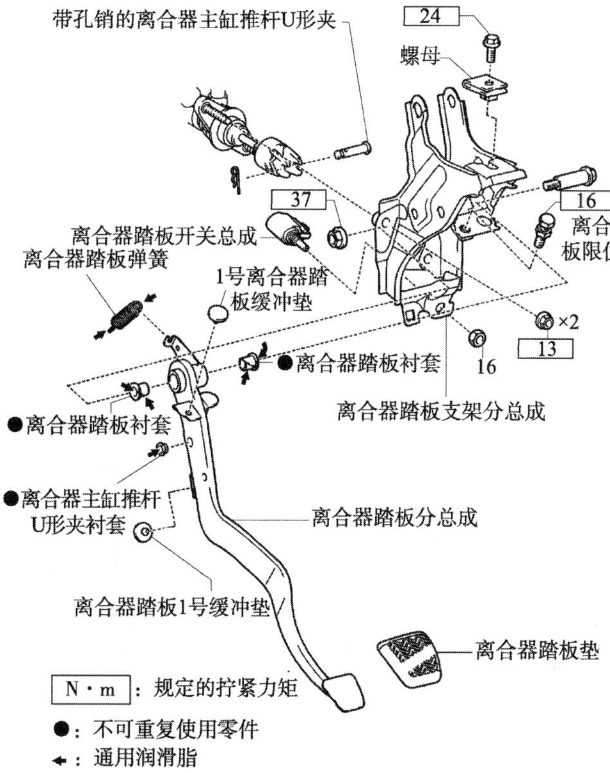

带孔销的离合器主缸推杆U形夹
螺母
24
37
16 离合器踏板限位螺栓
离合器踏板开关总成
离合器踏板弹簧
1号离合器踏板缓冲垫
● 离合器踏板衬套
●2
16
13
● 离合器踏板衬套
离合器踏板支架分总成
● 离合器主缸推杆U形夹衬套
离合器踏板分总成
离合器踏板1号缓冲垫
离合器踏板垫
N·m ：规定的拧紧力矩
● ：不可重复使用零件
← ：通用润滑脂

图3-1-14　离合器踏板分解图

（7）拆卸仪表组装饰板总成。

（8）拆卸组合仪表总成。

（9）拆卸左侧前柱装饰板（不带窗帘式安全气囊）。

（10）拆卸左侧前柱装饰板（带窗帘式安全气囊）。

（11）拆卸右侧前柱装饰板（不带窗帘式安全气囊）。

（12）拆卸右侧前柱装饰板（带窗帘式安全气囊）。

（13）拆卸仪表板下装饰板总成。

（14）断开左前车门开口装饰密封条。

（15）拆卸手套箱盖总成。

（16）拆卸仪表板 1 号箱盖分总成。

（17）断开右前车门开口装饰密封条。

（18）断开仪表板线束总成。

（19）拆卸上仪表板分总成。

（20）拆卸仪表板 1 号底罩分总成。

（21）拆卸前照灯光束高度调整 ECU 总成（HID 前照灯）。

（22）分离主车身 ECU（仪表板接线盒）。如图 3-1-15 所示，拆下 2 个螺钉并分离主车身 ECU。

（23）断开连接器。断开离合器踏板开关连接器。带巡航控制系统车型：断开离合器开关连接器。

（24）拆卸带孔销的离合器主缸推杆U形夹。如图3-1-16所示，拆下卡子和孔销。

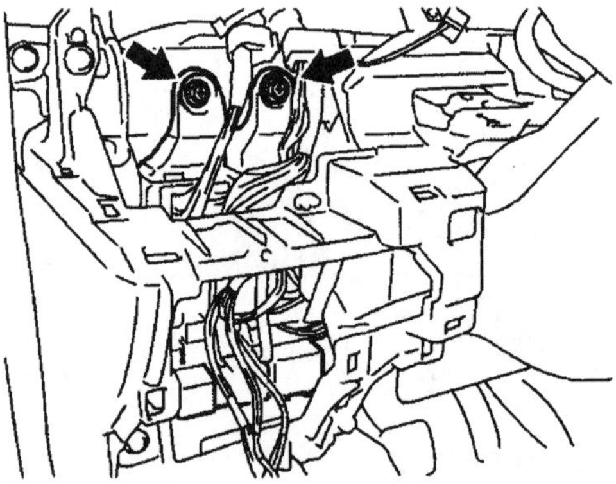

图3-1-15　离合器踏板的拆卸（1）

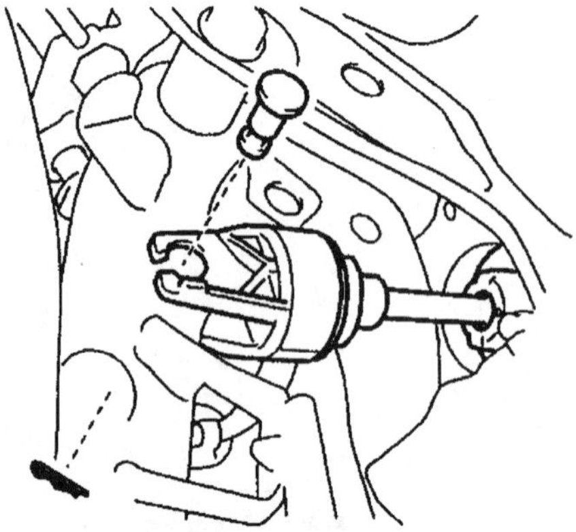

图3-1-16　离合器踏板的拆卸（2）

（25）拆卸离合器踏板支架分总成。

①如图3-1-17所示，拆下2个螺母、螺栓和离合器踏板支架分总成。

②如图3-1-18所示，从离合器踏板支架分总成上拆下螺母。

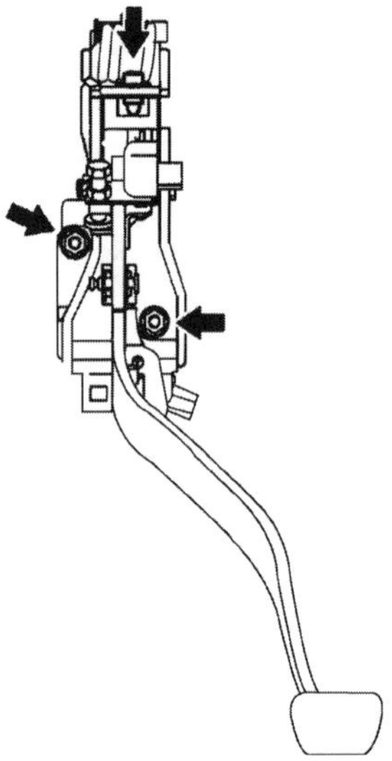

图3-1-17　离合器踏板的拆卸（3）

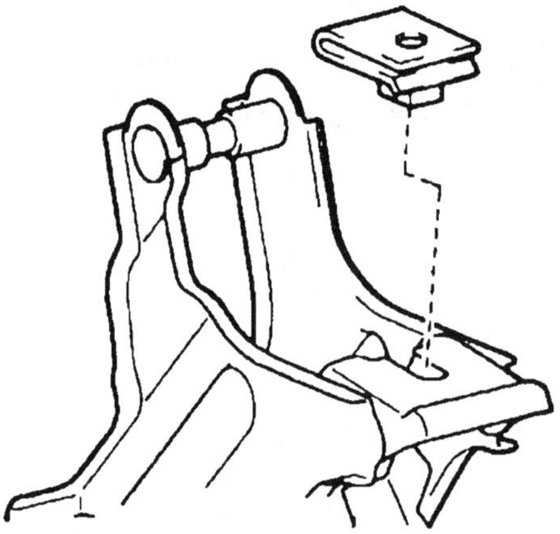

图3-1-18　离合器踏板的拆卸（4）

（26）拆卸离合器踏板限位螺栓。如图3-1-19所示，从离合器踏板支架分总上拆下离合器踏板限位螺栓。

（27）如图3-1-20所示，拆卸离合器踏板弹簧。

（28）拆卸离合器踏板分总成。如图3-1-21所示，拆下螺栓和螺母，从离合器踏板支架上拆下离合器踏板分总成。

（29）拆卸离合器踏板垫。从离合器踏板分总成上拆下离合器踏板垫。

（30）拆卸离合器踏板衬套。如图3-1-22所示，从离合器踏板上拆下两个衬套。

（31）拆卸离合器踏板1号缓冲垫。如图3-1-23所示，用尖嘴钳从离合器踏板分总成上拆下两个离合器踏板1号缓冲垫。

图3-1-19 离合器踏板的拆卸（5）

图3-1-20 离合器踏板的拆卸（6）

（32）拆卸离合器主缸推杆 U 形夹衬套。如图 3-1-24 所示，用 8mm 六角扳手和锤子从离合器踏板分总成上拆下 U 形夹衬套。

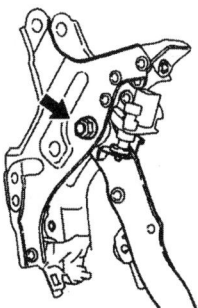

图3-1-21 离合器踏板的拆卸（7）

图3-1-22 离合器踏板的拆卸（8）

图3-1-23 离合器踏板的拆卸（9）

图3-1-24 离合器踏板的拆卸（10）

（33）拆卸离合器开关总成（带巡航控制系统车型）。从离合器踏板支架分总成上拆下螺母和离合器开关总成。

（34）拆卸离合踏板开关总成。从离合器踏板支架分总成上拆下螺母和离合器踏板开关总成。

❷ 离合器踏板的安装

（1）安装离合器踏板开关总成。用螺母将离合器踏板开关总成安装至离合器踏板支架分总成。

（2）安装离合器开关总成（带巡航控制系统车型）。用螺母将离合器开关总成安装至离合器踏板支架分总成。

（3）安装离合器主缸杆U形夹衬套。如图3-1-25所示，在新U形夹衬套安装内层涂抹通用润滑脂。将U形夹衬套安装至离合器踏板分总成。注意：从车辆左侧安装U形夹衬套。

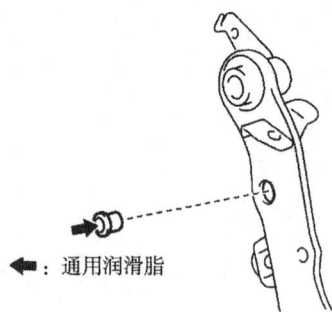

（4）安装离合器踏板1号缓冲垫（图3-1-23）。用尖嘴钳将2个离合器踏板1号缓冲垫安装至离合器踏板分总成。

◀：通用润滑脂

图3-1-25　离合器踏板的安装（1）

（5）安装离合器踏板衬套。如图3-1-26所示，在两个新衬套两侧涂抹通用润滑脂。将2个衬套安装至离合器踏板。

（6）安装离合器踏板垫。将离合器踏板垫安装至离合器踏板分总成。

（7）安装离合器踏板分总成（图3-1-21）。用螺栓和螺母将离合器踏板分总成安装至离合器踏板支架分总成。注意：从车辆右侧安装螺栓。

（8）安装离合器踏板弹簧。如图3-1-27所示，在弹簧滑动部件涂抹通用润滑脂。安装离合器踏板弹簧。

◀：通用润滑脂

图3-1-26　离合器踏板的安装（2）

◀：通用润滑脂

图3-1-27　离合器踏板的安装（3）

（9）安装离合器踏板限位螺栓（图3-1-19）。安装离合器踏板限位螺栓，使其底部接触到离合器踏板缓冲垫。注意：调整离合器踏板时将锁紧螺母紧固至规定的拧紧力矩。

（10）安装离合器踏板支架分总成。

①将螺母安装至离合器踏板支架分总成（图3-1-18）。

②用2个螺母和螺栓安装离合器踏板支架分总成（图3-1-17）。

（11）安装带孔销的离合器主缸推杆U形夹（图3-1-16）。将带孔销的U形夹连接至离合器踏板分总成。注意：从车辆右侧安装孔销。将卡子安装至孔销。

（12）连接连接器。连接离合器踏板开关连接器。带巡航控制系统车型：连接离合器开关总成连接器。

（13）安装主车身ECU（仪表板接线盒）（图3-1-15）。用两个螺钉安装主车身ECU。

（14）安装前照灯光束高度调整ECU总成（HID前照灯）。

（15）检查并调整离合器踏板分总成。

（16）安装仪表板1号底罩分总成。

（17）安装上仪表板分总成。

（18）连接仪表板线束总成。

（19）连接左前车门开口装饰密封条。

（20）安装仪表板下装饰板总成。

（21）连接右前车门开口装饰密封条。

（22）安装仪表板 1 号箱盖分总成。

（23）安装手套箱盖总成。

（24）安装左侧前柱装饰板（不带窗帘式安全气囊）。

（25）安装左侧前柱装饰板（带窗帘式安全气囊）。

（26）安装右侧前柱装饰板（不带窗帘式安全气囊）。

（27）安装右侧前柱装饰板（带窗帘式安全气囊）。

（28）安装组合仪表总成。

（29）安装仪表组装饰板总成。

（30）安装中央仪表板调风器总成。

（31）安装仪表板左端装饰板。

（32）安装仪表板右端装饰板。

（33）安装仪表板左下装饰板。

（34）安装仪表板右下装饰板。

（35）将电缆连接至蓄电池负极端子。

（36）执行初始化。注意：将电缆重新连接至蓄电池负极端子后，一些系统需要初始化。

（37）检查安全气囊（SRS）警告灯。

（38）检查离合器踏板开关总成。

二 离合器主缸的拆装

拆装离合器主缸相关部件的分解图如图 3-1-28 和图 3-1-29 所示；离合器主缸分解图如图 3-1-30 所示。

1 离合器主缸的拆卸

（1）拆卸 2 号汽缸盖罩。

（2）拆卸前刮水器臂端盖。

（3）拆卸左前刮水器臂和刮水片总成。

（4）拆卸右前刮水器臂和刮水片总成。

（5）拆卸发动机盖至前围上板密封。

（6）拆卸前围板右上通风栅板。

（7）拆卸前围板左上通风栅板。

（8）拆卸风窗玻璃刮水器电动机及连杆。

（9）排净制动液。

（10）拆卸前围上外板。

（11）拆卸空气滤清器盖分总成。

（12）拆卸空气清清器壳。

（13）断开离合器储液管。

（14）断开制动管路。

（15）拆卸制动主缸分总成。

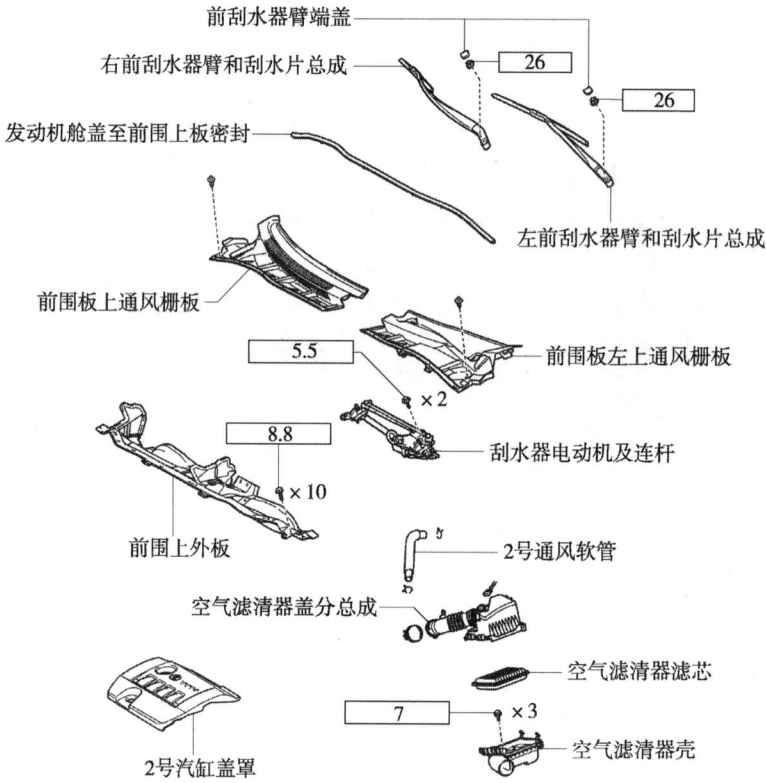

前刮水器臂端盖

右前刮水器臂和刮水片总成

26

26

发动机舱盖至前围上板密封

左前刮水器臂和刮水片总成

前围板上通风栅板

5.5

前围板左上通风栅板

8.8

× 2

刮水器电动机及连杆

× 10

前围上外板

2号通风软管

空气滤清器盖分总成

空气滤清器滤芯

7

× 3

空气滤清器壳

2号汽缸盖罩

N·m ：规定的拧紧力矩

图3-1-28　拆装离合器主缸相关部件的分解图（1）

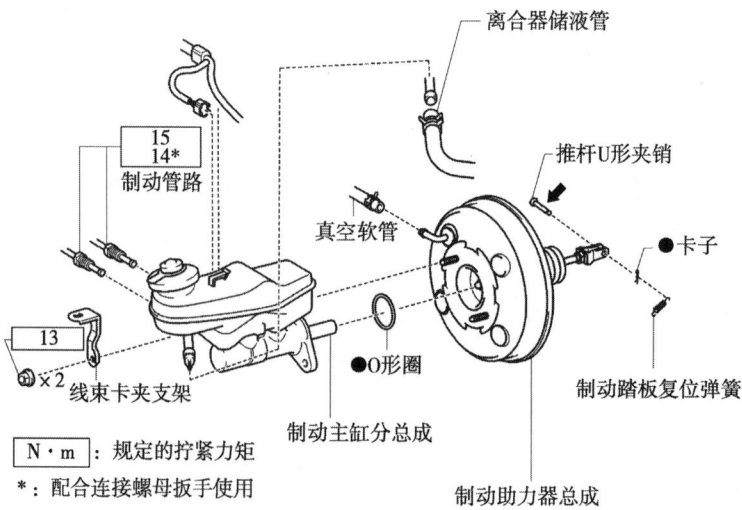

离合器储液管

15
14*
制动管路

推杆U形夹销

真空软管

卡子

13

× 2　线束卡夹支架

O形圈

制动主缸分总成

制动踏板复位弹簧

制动助力器总成

N·m ：规定的拧紧力矩

＊：配合连接螺母扳手使用

●：不可重复使用零件

◀：锂皂基乙二醇润滑脂

图3-1-29　拆装离合器主缸相关部件的分解图（2）

（16）拆卸仪表板1号底罩分总成。

（17）拆卸制动踏板复位弹簧。

仪表板1号底罩分总成

×2

带孔销的离合器主缸推杆U形夹

离合器
主缸支架

×2
13

离合器储液管

离合器主缸总成

15
14*
离合器管路

N·m ：规定的拧紧力矩

*：配合连接螺母扳手使用

图3-1-30　离合器主缸分解图

（18）分离制动主缸推杆U形夹。

（19）断开真空软管。

（20）拆卸制动助力器总成。

（21）断开离合器储液管。从离合器主缸总成上松开卡子并断开离合器储液管。注意：用容器接取油液。

（22）断开离合器管路。如图3-1-31所示，用连接螺母扳手断开离合器管路。注意：用容器接取油液。

（23）拆卸离合器主缸总成。

①拆下卡子和孔销（图3-1-16）。

②如图3-1-32所示，拆下2个螺母和离合器主缸。拆下离合器主缸支架。

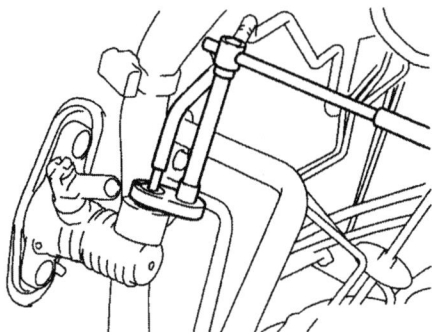

图3-1-31　离合器主缸的拆卸（1）

图3-1-32　离合器主缸的拆卸（2）

❷ 离合器主缸的安装

（1）安装离合器主缸总成。

①安装离合器主缸支架。

②用 2 个螺栓安装离合器主缸（图 3-1-32）。

③如图 3-1-33 所示，在 U 形夹衬套的接触面上涂抹通用润滑脂。将带孔销的 U 形夹连接至离合器踏板分总成。注意：从车辆右侧安装孔销。将卡子安装至孔销。

（2）连接离合器管路。如图 3-1-34 所示，用连接螺母扳手连接离合器管路。注意：使用力臂长度为 250mm 的力矩扳手。当连接螺母扳手与力矩扳手平行时，力矩值有效。

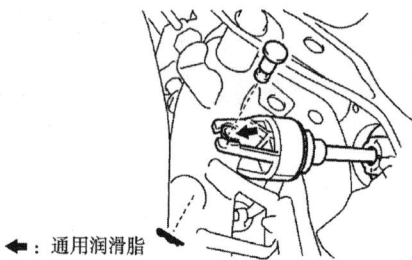

◀：通用润滑脂

图3-1-33　离合器主缸的拆卸（3）　　　　图3-1-34　离合器主缸的拆卸（4）

（3）安装离合器储液管。用卡子将离合器储液管连接至离合器主缸总成。

（4）安装制动助力器总成。

（5）连接真空软管。

（6）连接制动主缸推杆 U 形夹。

（7）安装制动踏板复位弹簧。

（8）检查并调整制动助力器推杆。

（9）安装制动主缸分总成。

（10）连接制动管路。

（11）连接离合器储液管。

（12）安装空气滤清器壳。

（13）安装空气滤清器盖分总成。

（14）安装前围上外板。

（15）安装风窗玻璃刮水器电动机及连杆。

（16）安装前围板左上通风栅板。

（17）安装前围板右上通风栅板。

（18）安装发动机盖至前围上板密封。

（19）安装右前刮水器臂和刮水片总成。

（20）安装左前刮水器臂和刮水片总成。

（21）安装前刮水器臂端盖。

（22）安装 2 号汽缸盖罩。

（23）检查并调整制动踏板高度。

（24）检查制动踏板自由行程。

（25）检查制踏板行程余量。

（26）对制动液储液罐进行加注。

（27）对离合器管路进行放气。

（28）对制动主缸进行放气。

（29）对制动管路进行放气。

（30）对制动器执行器进行放气（带 VSC）。

（31）检查制动液是否泄漏。注意：检查离合器系统内制动液是否泄漏。

（32）检查制动液液位。

（33）检查并调整离合器踏板分总成。

（34）安装仪表板 1 号底罩分总成。

三 离合器工作缸的拆装

离合器工作缸的分解图如图 3-1-35 所示。

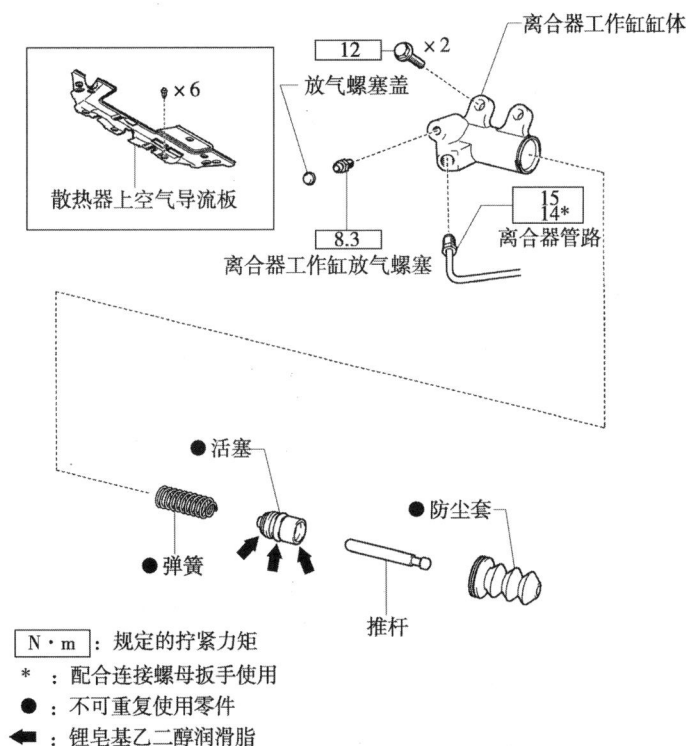

图3-1-35 离合器工作缸的分解图

1 离合器工作缸的拆卸

（1）拆卸散热器上空气导流板。

（2）拆卸离合器工作缸总成。如图 3-1-36 所示，用连接螺母扳手断开离合器管路。

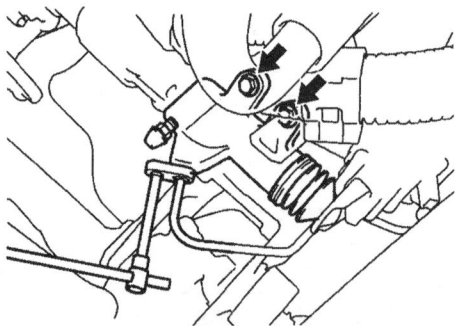

图3-1-36 离合器工作缸的拆卸

注意：用容器接取油液。拆下2个螺栓和离合器工作缸。

❷ 离合器工作缸的安装

（1）安装离合器工作缸总成（图3-1-36）。用2个螺栓安装离合器工作缸。用连接螺母扳手连接离合器管路。注意：使用力臂长度为250mm的力矩扳手。当连接螺母扳手与力矩扳手平行时，力矩值有效。

（2）对制动液储液罐进行加注。

（3）对离合器管路进行放气。

（4）检查制动液液位。

（5）检查制动液是否泄漏。注意：检查离合器系统内制动液是否泄漏。

（6）安装散热器上空气导流板。

四 离合器从动盘组件的拆装

离合器从动盘组件分解图如图3-1-37所示。

离合器花键

19

×6

离合器从动盘总成

离合器盖总成

离合器分离轴承总成

离合器分离叉总成

37

分离叉支承件

离合器分离叉防尘套

N·m：规定的拧紧力矩

◀：分离毂润滑脂

◁：离合器花键润滑脂

图3-1-37 离合器从动盘组件分解图

1 离合器从动盘组件的拆卸

（1）拆下手动变速器连同驱动桥总成。

（2）拆卸离合器分离叉分总成。如图 3-1-38 所示，从手动变速器连同驱动桥总成上拆下带离合器分离轴承的离合器分离叉。

（3）拆卸离合器分离叉防尘套。如图 3-1-39 所示，从手动变速器连同驱动桥总成上拆下离合器分离叉防尘套。

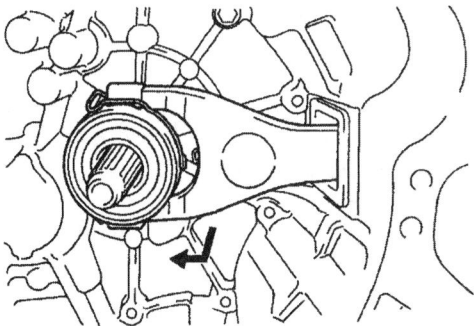

图3-1-38　离合器从动盘组件的拆卸（1）　　　　图3-1-39　离合器从动盘组件的拆卸（2）

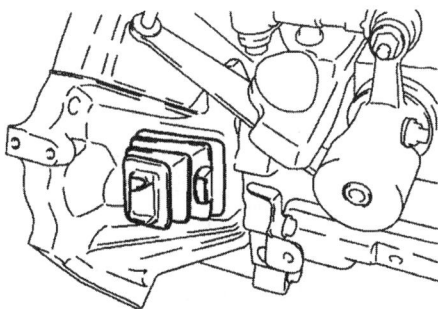

（4）拆卸离合器分离轴承总成。如图 3-1-40 所示，从离合器分离叉上拆下分离轴承和卡子。

（5）拆卸分离叉支承件。如图 3-1-41 所示，从手动变速器连同驱动桥总成上拆下分离叉支承件。

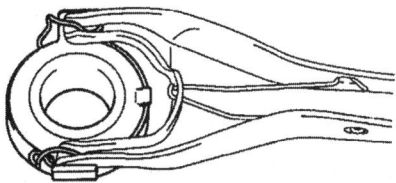

图3-1-40　离合器从动盘组件的拆卸（3）　　　　图3-1-41　离合器从动盘组件的拆卸（4）

（6）拆卸离合器盖总成。如图 3-1-42 所示，在离合器盖总成和飞轮分总成上做好装配标记。每次将各固定螺栓拧松一圈，直至弹簧张力被完全释放。拆下固定螺栓并拉下离合器盖。注意：不要跌落离合器从动盘。

（7）拆下离合器从动盘总成。注意：使离合器从动盘总成衬片部分、压盘和飞轮分总成表面远离油污和异物。

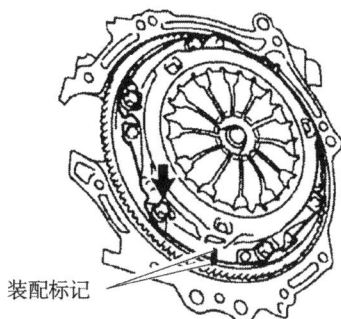

装配标记

图3-1-42　离合器从动盘组件的拆卸（5）

② 离合器从动盘组件的安装

（1）安装离合器从动盘总成。如图 3-1-43 所示，将 SST 09301-00110 插入离合器从动盘总成，然后将它们一起插入飞轮分总成。注意：按正确方向插入离合器从动盘总成。

（2）安装离合盖总成。将离合器盖总成上的装配标记和飞轮分总成上的装配标记对准。按照图 3-1-44 所示的步骤，从位于顶部锁销附近的螺栓开始，按顺序拧紧 6 个螺栓。注意：按照图 3-1-44 所示的顺序，每次均匀拧紧一个螺栓。检查并确认从动盘位于中心位置后，上下左右轻微地移动 SST 09301-00110，然后拧紧螺栓。

图3-1-43 离合器从动盘组件的安装（1）

图3-1-44 离合器从动盘组件的安装（2）

（3）检查并调整离合器盖总成。

①如图 3-1-45 所示，用带滚子仪的百分表检查膜片弹簧顶端高度偏差。最大偏差：0.9mm。

②如图 3-1-46 所示，如果偏差不符合规定，用 SST 09333-00013 调整膜片弹簧顶端高度偏差。

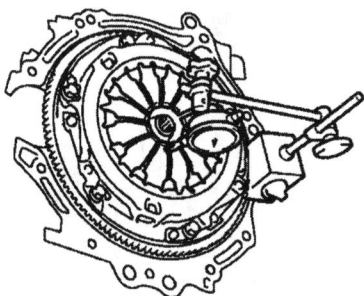

图3-1-45 离合器从动盘组件的安装（3）

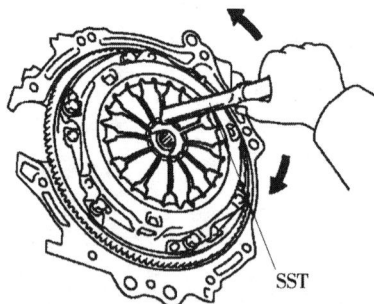

图3-1-46 离合器从动盘组件的安装（4）

（4）安装分离叉支承件（图 3-1-41）。将分离叉支承件安装至手动变速器连同驱动桥总成。

（5）安装离合器分离叉防尘套（图 3-1-39）。将离合器分离叉防尘套安装至手动变速器连同驱动桥总成。

（6）安装离合器分离叉分总成。如图 3-1-47 所示，在分离叉和分离轴承总成、分离叉和推杆、分离叉和分离叉支承件间的接触面上涂抹分离毂润滑脂。润滑脂可使用丰田原厂分离毂润滑脂或同等产品。用卡子将分离叉安装至分离轴承总成。

（7）安装离合器分离轴承总成。如图 3-1-48 所示，在输入轴花键上涂抹离合器花键润滑脂。润滑脂可使用丰田原厂离合器花键润滑脂或同等产品。注意：不要在图 3-1-48 中所示的 A 部位涂抹润滑脂。将带分离叉的离合器轴承安装至手动变速器连同驱动桥总成。注意：安装完毕后前后移动分离叉以检查分离轴承是否滑动平稳。

（8）安装手动变速器连同驱动桥总成。

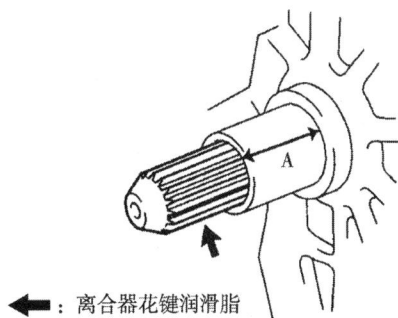

　　：分离毂润滑脂

图3-1-47　离合器从动盘组件的安装（5）

　　：离合器花键润滑脂

图3-1-48　离合器从动盘组件的安装（6）

单元2　手动变速器

项目一　手动变速器的结构与工作原理

一 变速器分类、功用和齿轮传动的基本原理

1 变速器的分类

变速器按传动比的级数可分为有级式、无级式和综合式 3 种；按操纵方式可分为手动变速器、自动变速器和手动自动一体变速器 3 种。

2 变速器的功用

（1）实现变速、变矩。改变传动比，扩大驱动轮转速和转矩的变化范围，以适应汽车不同工况下所需的牵引力和合适的行驶速度，并使发动机尽量在最佳的工况下工作。变速器中是通过不同的挡位来实现这一功用。

（2）实现倒车。发动机的旋转方向从前往后看为顺时针方向，且是不能改变，为了实现汽车的倒向行驶，变速器中设置了倒挡。

（3）实现中断动力传动。在发动机起动和怠速运转、变速器换挡、汽车滑行和暂时停车等情况下，都需要中断发动机的动力传动，因此，变速器中设有空挡。

❸ 齿轮传动的基本原理

齿轮传动的基本原理如图 3-2-1 所示，一对齿数不同的齿轮啮合传动时可以实现变速，而且两齿轮的转速比与其齿数成反比。主动齿轮（即输入轴）转速与从动齿轮（即输出轴）转速之比值称为传动比。

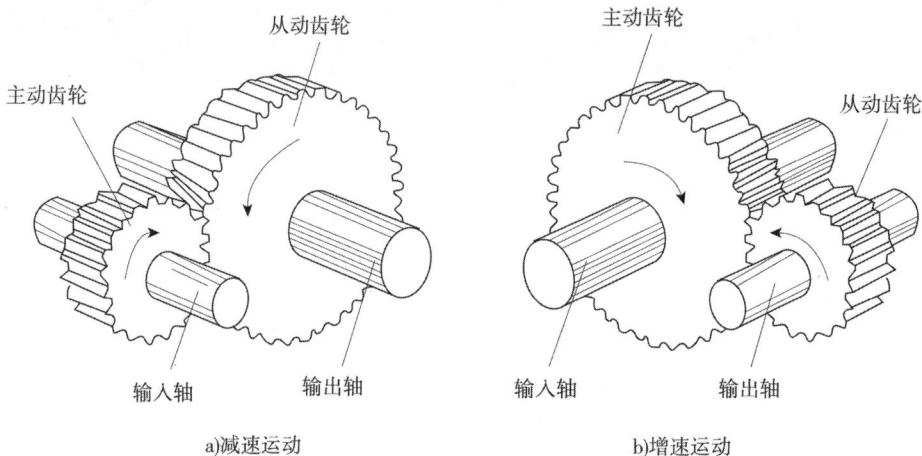

图3-2-1 齿轮传动的基本原理

当小齿轮为主动齿轮，带动大齿轮转动时，输出转速降低，为减速传动，此时传动比大于 1；当大齿轮驱动小齿轮时，输出转速升高，为增速传动，此时传动比小于 1。

▣ 变速器的结构和工作原理

变速器包括变速传动机构和操纵机构两大部分。

❶ 变速器的变速传动机构

二轴式变速器用于发动机前置前轮驱动的汽车，一般与驱动桥（前桥）合称为手动变速驱动桥。前置发动机有纵向布置和横向布置两种形式，与其配用的二轴式变速器也有两种不同的结构形式。发动机纵置时，主减速器为一对圆锥齿轮；发动机横置时，主减速器采用一对圆柱齿轮。

桑塔纳 2000GSi 型乘用车二轴式 5 挡手动变速器的结构如图 3-2-2 和图 3-2-3 所示。

图 3-2-4 所示为桑塔纳 2000GSi 型乘用车手动变速器动力传递示意图，各挡动力传动路线见表 3-2-1。

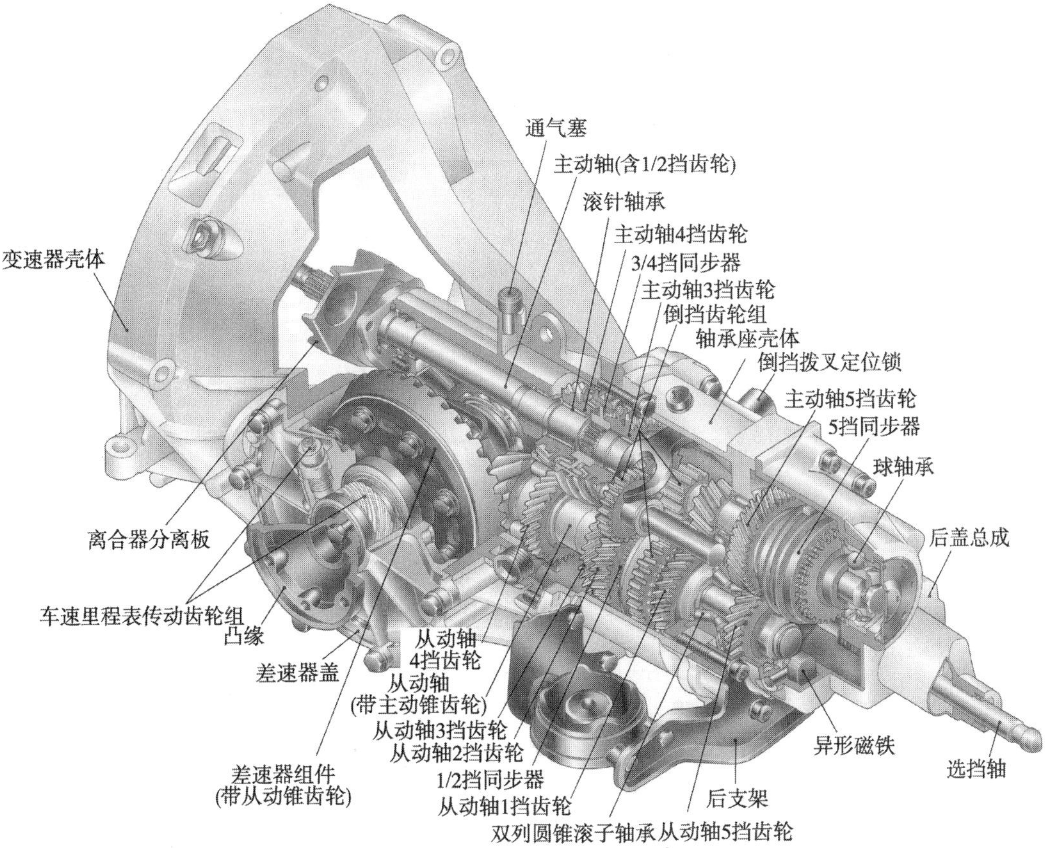

通气塞
主动轴(含1/2挡齿轮)
滚针轴承
主动轴4挡齿轮
3/4挡同步器
主动轴3挡齿轮
倒挡齿轮组
轴承座壳体
倒挡拨叉定位锁
主动轴5挡齿轮
5挡同步器
球轴承
后盖总成

变速器壳体

离合器分离板

车速里程表传动齿轮组
凸缘
差速器盖

差速器组件
(带从动锥齿轮)

从动轴
4挡齿轮
从动轴
(带主动锥齿轮)
从动轴3挡齿轮
从动轴2挡齿轮
1/2挡同步器
从动轴1挡齿轮
双列圆锥滚子轴承从动轴5挡齿轮

后支架

异形磁铁
选挡轴

图3-2-2　桑塔纳2000GSi型乘用车手动变速器结构图

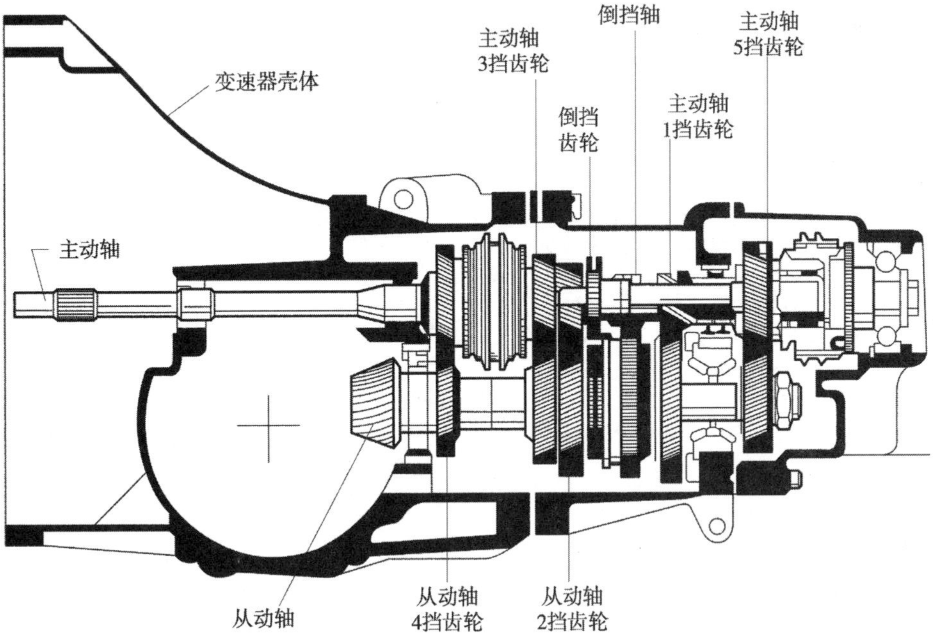

主动轴
3挡齿轮
倒挡轴
主动轴
5挡齿轮

变速器壳体

倒挡
齿轮
主动轴
1挡齿轮

主动轴

从动轴
从动轴
4挡齿轮
从动轴
2挡齿轮

图3-2-3　桑塔纳2000GSi型乘用车变速器结构示意图

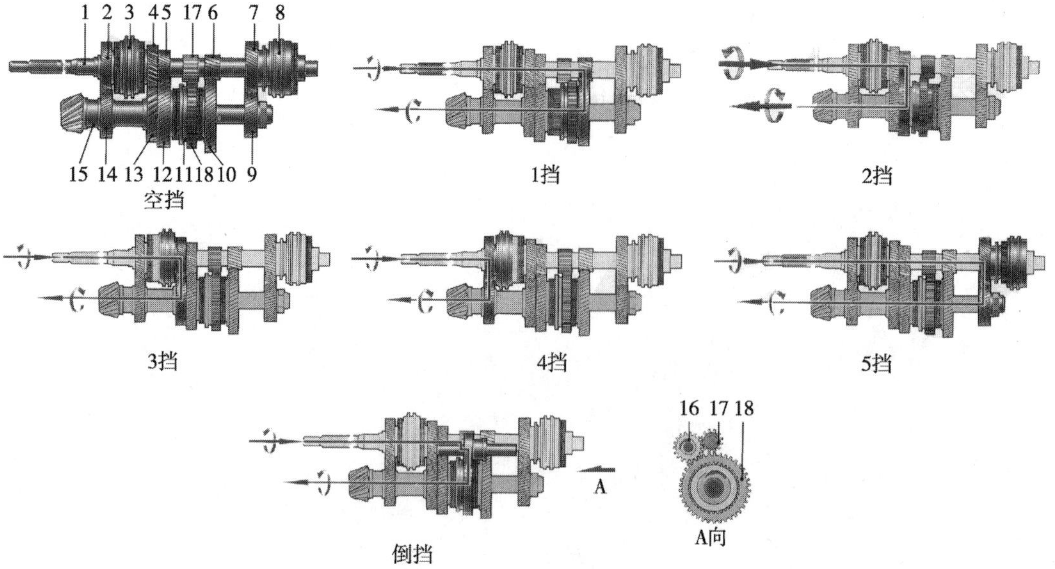

图3-2-4 桑塔纳2000GSi型乘用车手动变速器动力传递示意图

1-主动轴；2-主动轴4挡齿轮；3-3/4挡同步器；4-主动轴3挡齿轮；5-主动轴2挡齿轮；6-主动轴1挡齿轮；7-主动轴5挡齿轮；8-5挡同步器；9-从动轴5挡齿轮；10-从动轴1挡齿轮；11-1/2挡同步器；12-从动轴2挡齿轮；13-从动轴3挡齿轮；14-从动轴4挡齿轮；15-从动轴；16-倒挡惰轮；17-主动轴倒挡齿轮；18-从动轴倒挡齿轮

桑塔纳 2000GSi 型乘用车变速器动力传动路线　　　　　　　　表 3-2-1

挡位	动力传递路线
1挡	变速器1/2挡同步器由空挡位置向右移动，实现：动力→主动轴→主动轴1挡齿轮→从动轴1挡齿轮→从动轴1/2挡同步器→从动轴→动力输出
2挡	变速器1/2挡同步器由空挡位置向左移动，实现：动力→主动轴→主动轴2挡齿轮→从动轴2挡齿轮→从动轴1/2挡同步器→从动轴→动力输出
3挡	变速器3/4挡同步器由空挡位置向右移动，实现：动力→主动轴→主动轴3/4挡同步器→主动轴3挡齿轮→从动轴3挡齿轮→从动轴→动力输出
4挡	变速器3/4挡同步器由空挡位置向左移动，实现：动力→主动轴→主动轴3/4挡同步器→主动轴4挡齿轮→从动轴4挡齿轮→从动轴→动力输出
5挡	变速器操5挡同步器由空挡位置向左移动，实现：动力→主动轴→主动轴5挡同步器→主动轴5挡齿轮→从动轴5挡齿轮→从动轴→动力输出
倒挡	将变速器倒挡轴由空挡位置向后移动，使倒挡惰轮与主动轴倒挡齿轮和从动轴倒挡齿轮同时啮合，实现：动力→主动轴→主动轴倒挡齿轮→倒挡惰轮→倒挡从动齿轮（1/2挡同步器）→从动轴→动力反向输出

❷ 同步器

同步器的功用是使接合套与待啮合的齿圈迅速同步，缩短换挡时间；且防止在同步前啮合而产生换挡冲击。

目前所采用的同步器几乎都是摩擦式惯性同步器，按锁止装置不同，可分为锁环式惯性同步器和锁销式惯性同步器。

锁环式同步器的结构如图 3-2-5 所示，花键毂用内花键套装在二轴外花键上，用垫圈、卡环轴向定位。3 个滑块分别装在花键毂上 3 个均布的轴向槽内，沿槽可以轴向移动。花键毂两端与齿轮之间各有一个青铜制成的锁环（即同步环）。锁环有内锥面，与接合齿圈外锥面相配合，组成锥面摩擦副。通过这对锥面摩擦副的摩擦，可使转速不等的两齿轮在接合之前迅速达到同步。锁环上的花键齿在对着接合套的一端制有倒角（称为锁止角），且与接合套齿端的倒角相同。同步器在结构设计上保证：只有当锁环与接合套转速达到同步时，两者方可进行啮合（即挂上挡）。

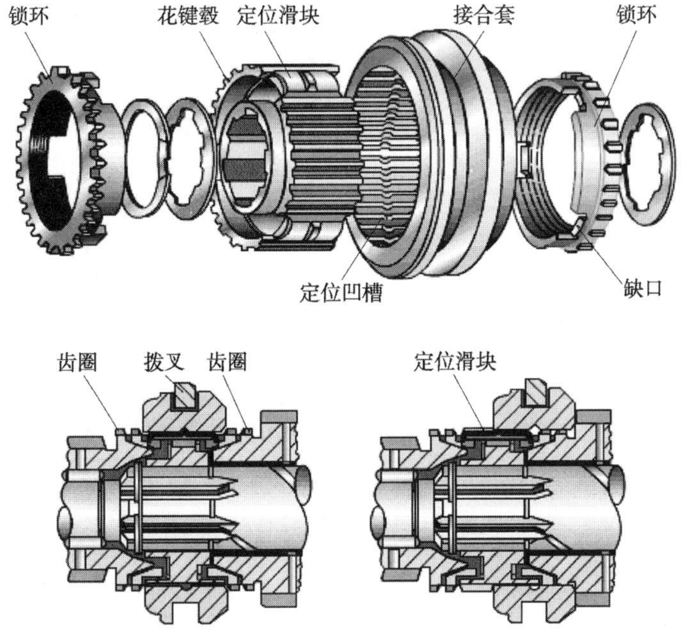

图3-2-5 锁环式惯性同步器

3 变速器的操纵机构

变速器操纵机构按照变速操纵杆（换挡杆）位置的不同，可分为直接操纵式和远距离操纵式两种类型。

直接操纵式的变速器布置在驾驶人座椅附近，变速杆由驾驶室底板伸出，驾驶人可以直接操纵，多用于发动机前置后轮驱动的车辆，解放 CA1091 中型货车 6 挡变速器操纵机构就采用这种形式。

在有些汽车上，由于变速器离驾驶人座位较远，则需要在变速杆与拨叉之间加装一些辅助杠杆或一套传动机构，构成远距离操纵机构。这种操纵机构多用于发动机前置前轮驱动的轿车，如别克凯越乘用车的 5 挡手动变速器，由于其变速器安装在前驱动桥处，远离驾驶人座椅，需要采用这种操纵方式（图 3-2-6）。

为了保证变速器在任何情况下都能准确、安全、可靠地工作，变速器操纵机构一般都具有换挡锁装置，包括自锁装置、互锁装置和倒挡锁装置。自锁装置用于防止变速器自动脱挡或挂挡，并保证轮齿以全齿宽啮合；互锁装置用于防止同时挂上两个挡位；倒挡锁装置用于防止误挂倒挡。

图3-2-6 手动变速器换挡操纵系统

自锁装置的结构原理如图 3-2-7 所示。换挡拨叉轴上方有 3 个凹坑，上面有被弹簧压紧的钢珠，当拨叉轴位置处于空挡或某一挡位置时，钢珠压在凹坑内，起到了自锁作用。

互锁装置的结构原理如图 3-2-8 所示。当中间拨叉轴移动挂挡时，另外两个拨叉轴被钢球锁住，防止同时挂上两个挡而使变速器卡死或损坏，起到了互锁作用。

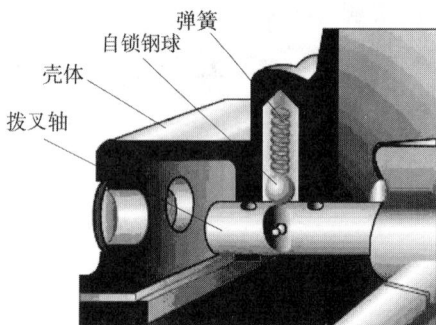

图3-2-7 自锁装置

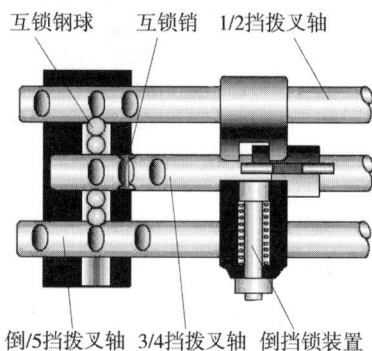

图3-2-8 互锁装置

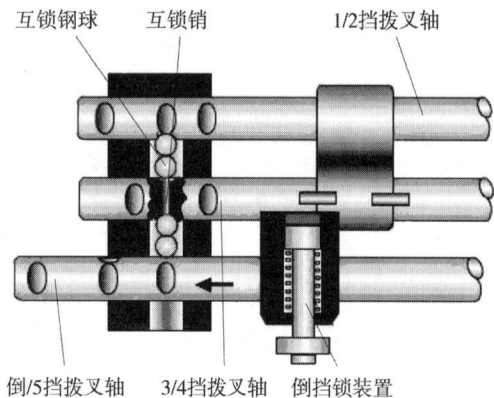

图3-2-9 倒挡锁装置

倒挡锁装置的结构原理如图 3-2-9 所示。当换挡杆下端向倒挡拨叉轴移动时，必须压缩弹簧才能进入倒挡拨叉轴上的拨块槽中。这样防止了在汽车前进时因误挂倒挡而导致零件损坏，起到了倒挡锁的作用。当倒挡拨叉轴移动挂挡时，另外两个拨叉轴被钢球锁住。

项目二 变速器的拆装

本项目以科鲁兹（1.6L）乘用车手动变速器的拆装为例进行说明。

① 变速器的拆卸

（1）拆下蓄电池托架。

（2）如图3-2-10所示，从换挡控制杆和换挡杆拉线托架上断开换挡杆拉线。

（3）如图3-2-11所示，拆下离合器工作缸前管固定件。将离合器工作缸前管从离合器工作缸管弯头上断开。注意：断开离合器工作缸前管之前，将离合器中的制动液从储液罐中排出。

图3-2-10　变速器的拆卸（1）

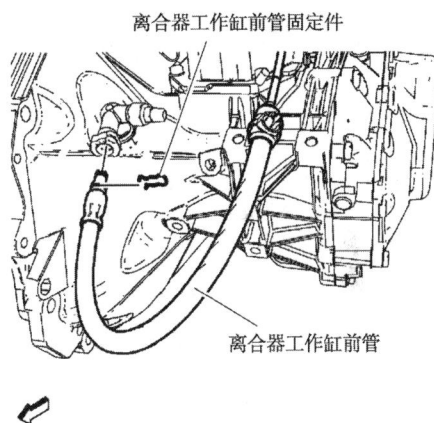

图3-2-11　变速器的拆卸（2）

（4）如图3-2-12所示，从车速表从动齿轮上断开电气连接器。

（5）如图3-2-13所示，将电气连接器从倒车灯开关上断开。拆下线束托架螺栓，从变速器上拆下线束托架。

（6）如图3-2-14所示，拆下变速器上螺栓。

（7）安装EN-47649支承夹具。

（8）举升和顶起车辆。

（9）如图3-2-15所示，根据SPX安装手册提供的详情装配CH-49290支承工具。

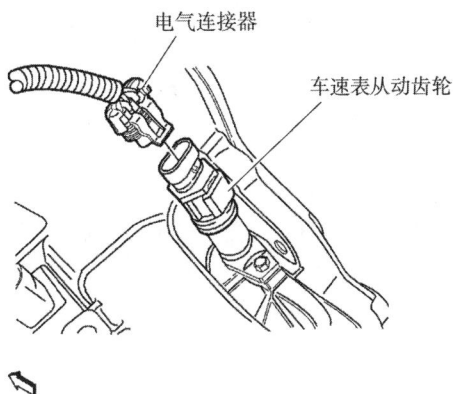

图3-2-12　变速器的拆卸（3）

27

电气连接器

线束托架

线束托架
螺栓

图3-2-13　变速器的拆卸（4）

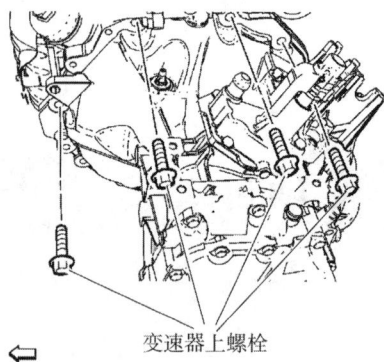

变速器上螺栓

图3-2-14　变速器的拆卸（5）

（10）使用千斤顶支承CH-904底座架。

（11）支承CH-904底座架上的CH-49290支承工具。

（12）如图3-2-16所示，根据SPX安装手册提供的详情安装CH-49290支承工具。

CH-49290支承工具

图3-2-15　变速器的拆卸（6）

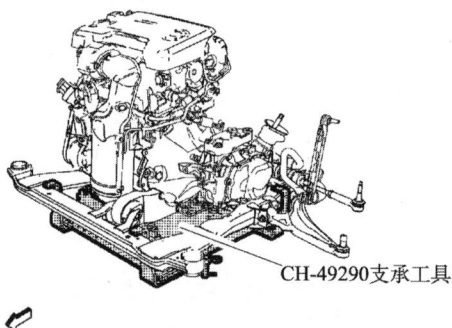

CH-49290支承工具

图3-2-16　变速器的拆卸（7）

（13）拆下传动系统和前副车架。

（14）排空变速器油液。

（15）将左前轮驱动轴从变速器上断开。

（16）将右前轮驱动轴从变速器上断开。

（17）如图3-2-17所示，拆下变速器前支座螺栓和变速器前支座。

（18）如图3-2-18所示，拆下变速器后支座托架螺栓和变速器后支座托架。

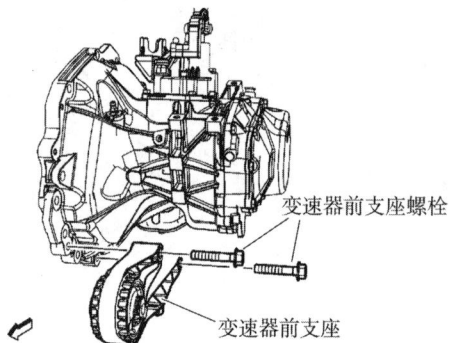

变速器前支座螺栓

变速器前支座

图3-2-17　变速器的拆卸（8）

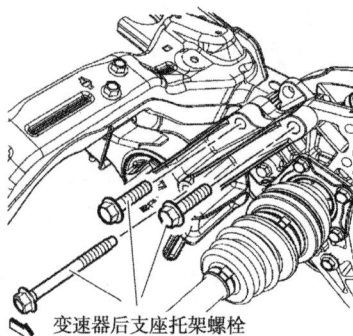

变速器后支座托架螺栓

图3-2-18　变速器的拆卸（9）

（19）拆下起动机。

（20）降下车辆。

（21）如图3-2-19所示，拆下变速器支座螺栓。

（22）用EN-47649支承夹具降下左手侧的发动机和变速器。

（23）举升车辆。

（24）将DT-47648固定工具置于CH-904车架上并按图3-2-20所示预安装支架。

变速器支座螺栓

图3-2-19　变速器的拆卸（10）

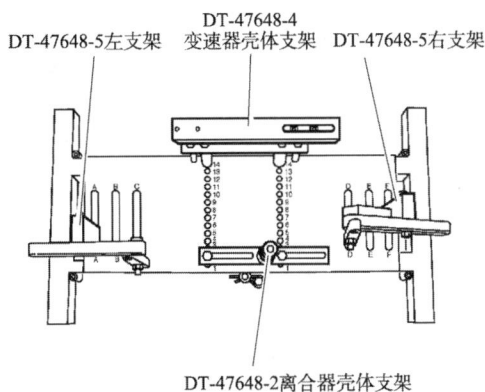

DT-47648-5左支架　　DT-47648-4变速器壳体支架　　DT-47648-5右支架

DT-47648-2离合器壳体支架

图3-2-20　变速器的拆卸（11）

（25）将DT-47648-2离合器壳体支架预安装至底板上的位置3。

（26）将DT-47648-4变速器壳体支架预安装至底板上的位置4。

（27）将DT-47648-5左支架预安装至底板上的位置A。

（28）将DT-47648-5右支架预安装至底板上的位置F。

（29）将DT-47648固定工具连接至变速器。

（30）将DT-47648固定工具对准变速器下方。

（31）如图3-2-21所示，将旋转臂1和旋转臂2连接至变速器。注意：对准旋转臂使产生的扭转力矩尽可能小。

旋转臂1

芯轴

旋转臂2

图3-2-21　变速器的拆卸（12）

（32）紧固旋转臂连接螺栓，从变速器开始直至底板。

（33）通过转起芯轴将离合器壳体和变速器壳体支架置于变速器上。

（34）紧固支架的螺栓连接。

（35）如图 3-2-22 所示，拆下变速器螺栓 1、变速器螺栓 2 和变速器螺栓 3。

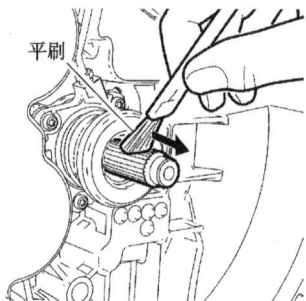

变速器螺栓1
变速器螺栓2
变速器螺栓3

图3-2-22　变速器的拆卸（13）

（36）将变速器从发动机上分离。

（37）用变速器千斤顶和 DT-47648 固定工具降下变速器并拆下变速器。

❷ 变速器的安装

注意：清洁离合器毂时应特别小心。因为离合器毂有锐边，如果不小心接触，会导致人员受伤，应佩戴防护手套以防人员受伤。

（1）使用干净不起毛的布清除离合器毂和输入轴上的碎屑和污染物。

（2）用一个干净的平刷将一薄层润滑脂涂抹到输入轴上，直到输入轴的金属表面有光泽为止。不论尺寸多大，都不允许润滑脂有明显的成块现象。应按照图 3-2-23 所示箭头所指方向将其磨去。注意：如果变速器输入轴上润滑脂涂抹过多或使用错误润滑脂，会导致部件损坏、离合器滑动或其他故障。必须使用正确的润滑脂。应在变速器输入轴上涂抹一薄层润滑脂，切勿过量涂抹。

（3）如图 3-2-24 所示，使用新的不起毛的布清洁整个输入轴含铅表层。注意：确保变速器输入轴的含铅表层无润滑脂。将变速器装配到发动机上前，应清洁变速器输入轴的含铅表面。如果表面不清洁，可能会导致离合器滑动或发生其他故障。

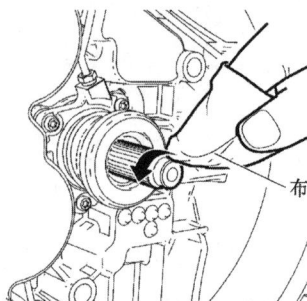

平刷

布

图3-2-23　变速器的安装（1）　　　图3-2-24　变速器的安装（2）

（4）用变速器千斤顶和 DT-47648 固定工具举升变速器并将变速器放置于发动机上。

（5）安装变速器螺栓 1 和变速器螺栓 2 并紧固至 75N·m；安装变速器螺栓 3 并紧固至 45N·m（图 3-2-22）。注意：所有紧固件应遵守《紧固件告诫》。《紧固件告诫》内容为：请在正确的位置使用正确的紧固件；替换紧固件的零件号必须正确；除非另有说明，否则，不得在紧固件或紧固件连接表面上使用油漆、润滑剂或防蚀剂，这些涂层会影响紧固件的扭矩和夹紧力并会损坏紧固件；安装紧固件时，务必使用正确的紧固顺序和紧固规格，以避免损坏零件和系统；使用直接装入塑料的紧固件时，务必小心不要剥去配套的塑料零件；只能使用手动工具，切勿使用任何冲击工具或电动工具。紧固件应该手动紧固，完全就位且不能脱落。

（6）用 DT-47648 固定工具拆下变速器千斤顶。

（7）降下车辆。

（8）用 EN-47649 支承夹具举升左手侧的发动机和变速器。

（9）安装变速器支座螺栓，但不紧固（图 3-2-19）。

（10）举升车辆。

（11）安装起动机。

（12）安装变速器后支座托架并紧固螺栓至 100N·m（图 3-2-18）。

（13）安装变速器前支座并紧固变速器前支座螺栓至 100N·m（图 3-2-17）。

（14）将左前轮驱动轴连接至变速器。

（15）将右前轮驱动轴连接至变速器。

（16）安装传动系统和前副车架。

（17）降下车辆。

（18）拆下 EN-47649 支承夹具。

（19）将变速器支座螺栓紧固至 62N·m（图 3-2-19）。

（20）举升车辆。

（21）使用 CH-904 底座架和千斤顶降下 CH-49290 支承工具（图 3-2-16）。

（22）从 CH-904 底座架上拆下 CH-49290 支承工具。

（23）根据 SPX 安装手册提供的详情拆解 CH-49290 支承工具（图 3-2-15）。

（24）安装变速器上螺栓并紧固至 75N·m（图 3-2-14）。

（25）将电气连接器连接至倒车灯开关。将线束托架安装至变速器。安装线束托架螺栓（图 3-2-13）。

（26）将电气连接器连接至车速表从动齿轮（图 3-2-12）。

（27）将离合器工作缸前管连接至离合器工作缸管弯头（图 3-2-11）。注意：离合器工作缸前管必须明显接合。锁止离合器工作缸前管固定件。

（28）将换挡杆拉线安装至换挡控制杆和换挡杆拉线托架（图 3-2-10）。

（29）调整换挡杆拉线。

（30）排出离合器液压系统中的空气。

（31）加注并检查变速器油。

（32）安装蓄电池托架。

（33）路试车辆。

单元 3　自动变速器

项目一　自动变速器的结构与工作原理

一　概述

所谓自动变速器是指汽车驾驶中离合器的操纵和变速器的操纵都实现了自动化，简称 AT（Automatic Transmission）。目前自动变速器的自动换挡等过程都是由自动变速器的电子控制单元（英文缩写为 ECU，俗称电脑）控制的，因此自动变速器又可简称为 EAT、ECAT、ECT 等。

❶ 自动变速器的分类

自动变速器按结构、控制方式的不同，可以分为电控液力式自动变速器、无级自动变速器（简称 CVT，Continuously Variable Transmission）和机械式自动变速器（简称 AMT，Automated Mechanical Transmission）。

按车辆驱动方式的不同，可以分为自动变速器（Automatic Transmission）和自动变速驱动桥（Automatic Transaxle）。

按照自动变速器换挡杆置于前进挡时的挡位数，可以分为 4 挡、5 挡、6 挡等。

❷ 自动变速器换挡杆的使用

乘用车自动变速器的换挡杆通常有 6 或 7 个位置，如图 3-3-1 所示。其功能如下：

P 位：驻车挡。换挡杆置于此位置时，驻车锁止机构将自动变速器输出轴锁止。

R 位：倒挡。换挡杆置于此位置时，液压系统倒挡油路被接通，驱动轮反转，实现倒向行驶。

N 位：空挡。换挡杆置于此位置时，所有齿轮变速机构中的齿轮空转，不能输出动力。

D_4（或 D）位：前进挡。换挡杆置于此位置时，液压系统控制装置根据节气门开度信号和车速信号自动接通相应的前进挡油路，齿轮变速机构在换挡执行元件的控制下得到相应的传动比。随着行驶条件的变化，在前进挡中自动升降挡，实现自动变速功能。

D₃（或 3）位：高速发动机制动挡。换挡杆位于该位置时，液压制动系统只能接通前进挡中的 1、2、3 挡油路，自动变速器只能在这 3 个挡位间自动换挡，无法升入 4 挡位，从而使汽车获得发动机制动效果。

2（或 S）位：中速发动机制动挡。换挡杆置于此位置时，液压控制系统只能接通前进挡中的 1、2 挡油路，自动变速器只能在这两个挡位间自动换挡，无法升入更高的挡位，从而使汽车获得发动机制动效果。

1 位（或 L 位）：低速发动机制动挡。换挡杆置于此位置时，汽车被锁定在前进挡的 2 挡，只能在该挡位行驶而无法升入高挡，发动机制动效果更强。

图3-3-1　自动变速器换挡杆位置示意图

发动机只有在换挡杆置于 N 位或 P 位时才能起动，此功能靠空挡起动开关来实现。

常见的换挡杆的位置可布置在转向柱上或驾驶室地板上，如图 3-3-2 所示。

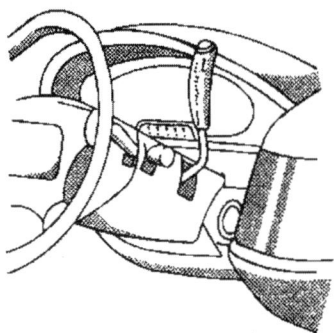

a)布置在转向柱上　　　　　　　　　b)布置在驾驶室地板上

图3-3-2　换挡杆的位置

二 自动变速器的基本组成及工作原理

1 基本组成

自动变速器主要由液力变矩器、齿轮变速机构、换挡执行元件、液压控制系统和电子控制系统等组成，如图 3-3-3 所示。

❶ 液力变矩器

液力变矩器位于自动变速器的最前端，安装在发动机的飞轮上，它是一个通过自动变速器油（ATF）传递动力的装置，可以实现动力的柔和传递。

液力变矩器的主要作用是利用 ATF 循环流动将发动机的动力传递给自动变速器齿轮变速机构的输入轴，并能根据汽车行驶阻力的变化，在一定范围内自动改变传动比，具有一定的减速增矩功能。液力变矩器还具有自动离合器的功用，在发动机不熄火、自动变速器位于动力挡（D 或 R 位）的情况下，汽车可以处于停车状态。

❷ 齿轮变速机构

齿轮变速机构可形成不同的传动比，组合成电控自动变速器不同的挡位。目前绝大多数电控自动变速器采用行星齿轮变速机构进行变速，有的车型采用平行轴式普通齿轮变速机构（如本田车系）进行变速。

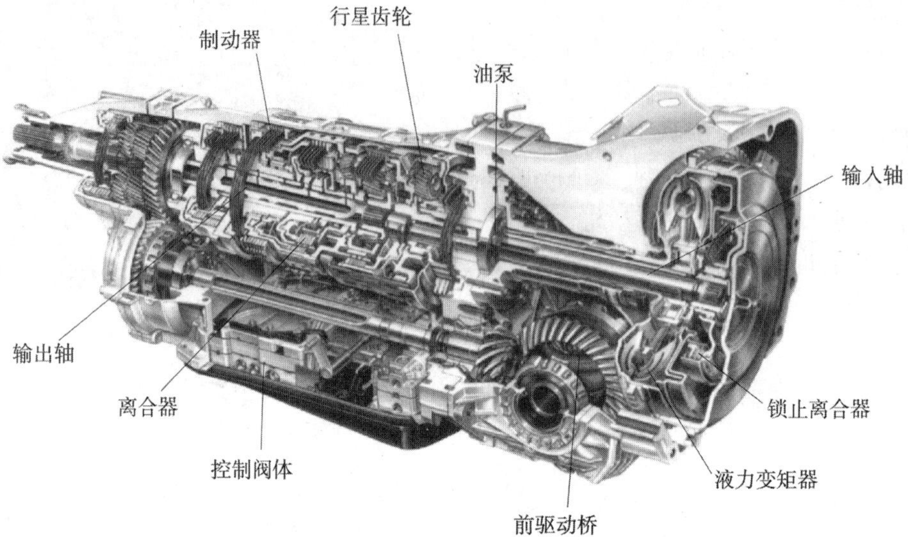

图3-3-3　自动变速器的结构

❸ 换挡执行元件

电控自动变速器换挡执行元件主要包括离合器、制动器和单向离合器，由液压控制系统控制离合器和制动器的工作。

❹ 液压控制系统

液压控制系统是由油泵、各种控制阀及与之相连通的液压换挡执行元件，如离合器油缸、制动器油缸等组成液压控制回路。汽车行驶中根据驾驶人的要求和行驶条件的需要，控制离合器和制动器的工作状况的改变来实现齿轮变速机构的自动换挡。

❺ 电子控制系统

电子控制系统主要包括各类传感器及开关、电子控制单元、执行器等。电子控制系统中的传感器及各种控制开关将发动机工况、车速等信号传递给电子控制单元（ECU），经ECU 处理后发出控制指令给执行器，执行器和液压系统按一定规律控制换挡执行元件工作，实现自动变速器自动换挡。

❷ 基本原理

图 3-3-4 所示为电控自动变速器的组成和原理图。电控自动变速器是通过各种传感器，将发动机的转速、节气门开度、车速、发动机冷却液温度、自动变速器油（ATF）温度等参数信号输入 ECU，ECU 根据这些信号，按照设定的换挡规律，向换挡电磁阀、油压电磁阀等发出动作控制信号，换挡电磁阀和油压电磁阀再将 ECU 的动作控制信号转变为液压控制信号，阀板中的各控制阀根据这些液压控制信号，控制换挡执行元件的动作，从而实现自动换挡过程。

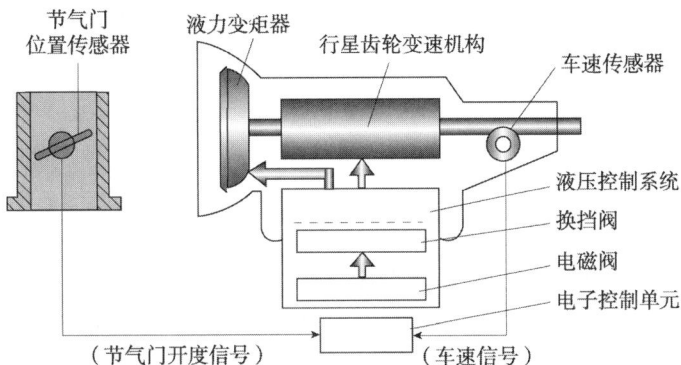

图3-3-4 电控自动变速器的组成和原理图

三 自动变速器各部件的结构及工作原理

1 液力变矩器

1 液力变矩器的功用

液力变矩器位于发动机和自动变速器齿轮变速机构之间，以 ATF 为工作介质，主要完成以下功用。

（1）传递转矩。发动机的转矩通过液力变矩器的主动元件，再通过 ATF 传给液力变矩器的从动元件，最后传给自动变速器齿轮变速机构。

（2）无级变速。根据工况的不同，液力变矩器可以在一定范围内实现转速和转矩的无级变化。

（3）自动离合。液力变矩器由于采用 ATF 传递动力，当踩下制动踏板时，发动机也不会熄火，此时相当于离合器分离；当抬起制动踏板时，汽车可以起步，此时相当于离合器接合。

（4）驱动油泵。ATF 在工作的时候需要油泵提供一定的压力，而油泵一般是由液力变矩器壳体驱动的。

同时由于采用 ATF 传递动力，液力变矩器的动力传递柔和，且能防止传动系统过载。

2 液力变矩器的结构和工作原理

① 液力变矩器的结构

如图 3-3-5 所示，液力变矩器通常由泵轮、涡轮和导轮 3 个元件组成，称为三元件液力变矩器。也有的采用两个导轮，则称为四元件液力变矩器。

液力变矩器总成封在一个钢制壳体（变矩器壳体）中，内部充满 ATF。液力变矩器壳体通过螺栓与发动机曲轴后端的飞轮连接，与发动机曲轴一起旋转。泵轮位于液力变矩器的后部，与变矩器壳体连在一起。涡轮位于泵轮前，通过带花键的从动轴向后面的自动变速器齿轮变速机构输出动力。泵轮、涡轮和导轮上都带有叶片，如图 3-3-6 和图 3-3-7 所示。导轮的构造如图 3-3-8 所示，位于泵轮与涡轮之间，通过单向离合器支承在固定套管上，使得导轮只能单向旋转（顺时针旋转）。液力变矩器装配好后形成环形内腔，其间充满 ATF。

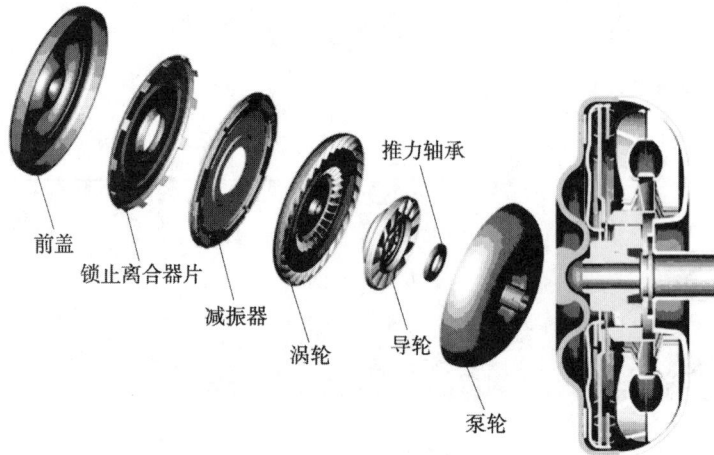

图3-3-5　液力变矩器的组成

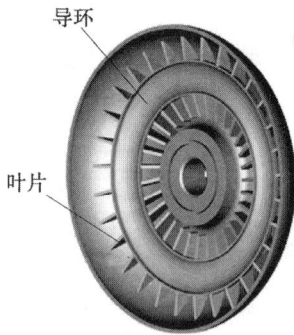

图3-3-6　泵轮的构造　　　　　图3-3-7　涡轮的构造　　　　　图3-3-8　导轮的构造

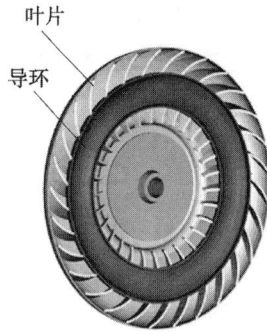

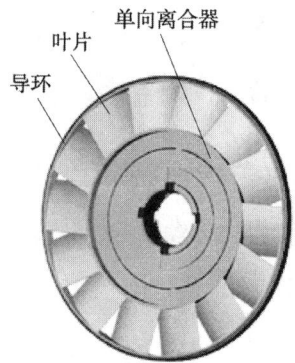

❷ 液力变矩器的工作原理

液力变矩器的工作原理可以通过一对风扇的工作来描述。如图 3-3-9 所示，将风扇 A 通电，将气流吹动起来，并使未通电的电扇 B 也转动起来，此时动力由电扇 A 传递到电扇 B。为了实现转矩的放大，在两台电扇的背面加上一条空气通道，使穿过风扇 B 的气流通过空气通道的导向，从电扇 A 的背面流回，这会加强电扇 A 吹动的气流，使吹向电扇

图3-3-9　液力变矩器的工作模型

B 的转矩增加。即电扇 A 相当于泵轮，电扇 B 相当于涡轮，空气通道相当于导轮，空气相当于 ATF。

液力变矩器工作时，发动机带动壳体旋转，壳体带动泵轮旋转，泵轮的叶片将 ATF 带动起来，并冲击到涡轮的叶片；如果作用在涡轮叶片上冲击力大于作用在涡轮上阻力，涡轮将开始转动，并使自动变速器齿轮变速机构的输入轴一起转动。由涡轮叶片流出的 ATF 经过导轮后再流回到泵轮，形成如图 3-3-10 所示的循环流动。

❸ 单向离合器

单向离合器又称为自由轮机构或超越离合器，其功用是实现导轮的单向锁止，即导轮只能顺时针转动而不能逆时针转动，当涡轮与泵轮转速差较大时，单向离合器处于锁止状态，导轮不能转动。当涡轮转速升高到一定程度后，单向离合器导通，即导轮空转，使得液力变矩器不能改变输出转矩，在高速区实现耦合传动。常见的单向离合器有滚柱式及楔块式两种。

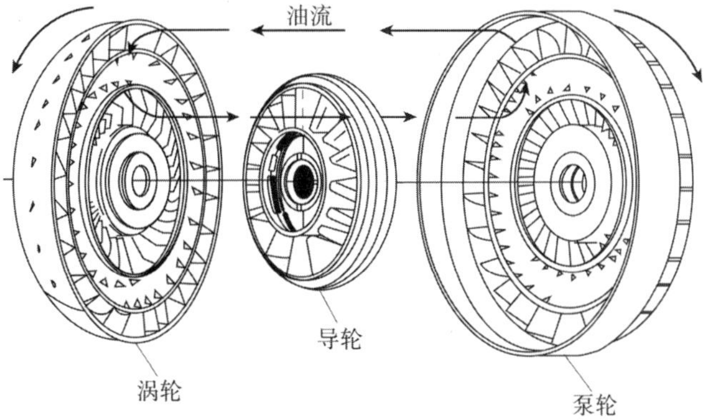

图3-3-10　ATF在液力变矩器中的循环流动

楔块式单向离合器的构造和工作原理如图 3-3-11 和图 3-3-12 所示，由内座圈、外座圈、楔块、保持架等组成，内外座圈组成的滚道宽度是均匀的，采用不均匀形状的楔块，楔块的大端长度大于滚道宽度。内座圈固定，当外座圈顺时针旋转时，楔块顺时针旋转，$L_1<L$，外座圈可相对楔块和内座圈旋转；反之，当外座圈逆时针旋转时，楔块逆时针旋转，$L_2>L$，楔块阻止外座圈旋转。

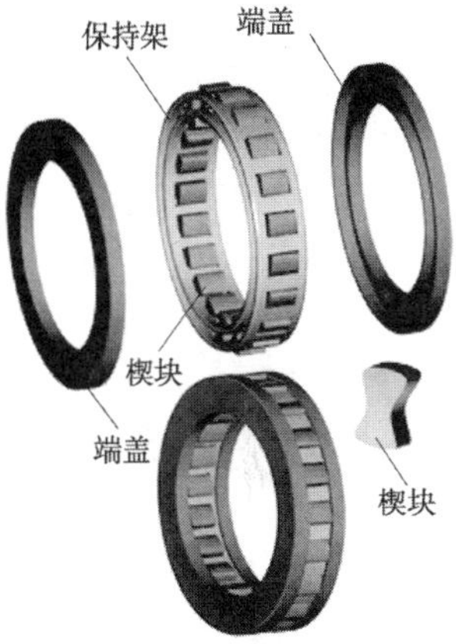

❹ 锁止离合器

锁止离合器简称 TCC（Torque Converter Clutch），可以将泵轮和涡轮直接连接起来，即将发动机与自动变速器齿轮变速机构直接连接起来，这样减少液力变矩器在高速比时的能量损耗，提高了传动效率，提高汽车在正常行驶时的燃油经济性，并防止 ATF 油过热。锁止离合器的结构和工作原理如图 3-3-13 所示。

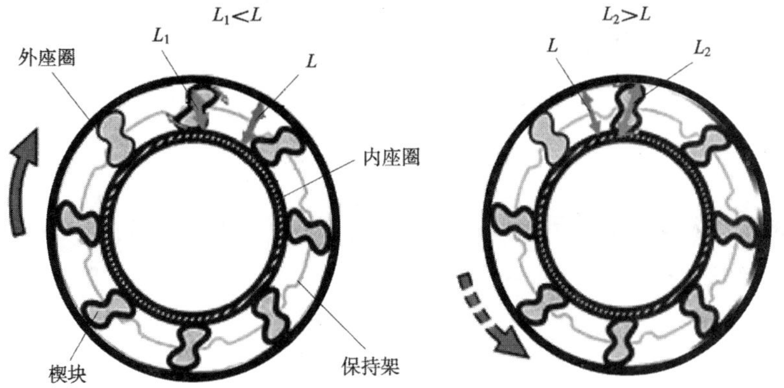

图3-3-11　单向离合器的构造

图3-3-12　单向离合器的工作原理

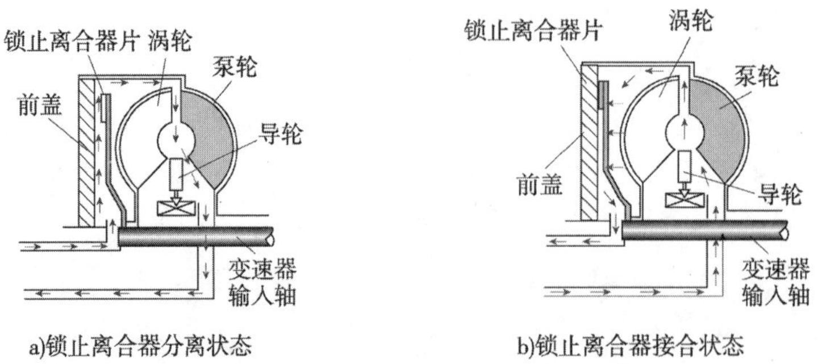

| a)锁止离合器分离状态 | b)锁止离合器接合状态 |

图3-3-13　锁止离合器的结构和工作原理

当车辆起步、低速或在坏路面上行驶时，应将锁止离合器分离，使液力变矩器具有变矩作用。此时油液流至锁止离合器的前端，锁止离合器片前端与后端的压力相同，使锁止离合器分离。当车辆以中速至高速行驶时，油液流至锁止离合器的后端，使锁止离合器片与前盖一起转动。此时发动机的动力经液力变矩器壳体、锁止离合器、涡轮轮毂传给后面的自动变速器齿轮变速机构，相当于将泵轮和涡轮刚性连在一起，传动效率为100%。

２ 齿轮变速机构

自动变速器的齿轮变速机构主要有行星齿轮变速机构和平行轴齿轮变速机构。齿轮变速机构与液力变矩器配合使用，执行机构根据自动变速器控制系统的命令来接合或分离、制动或放松齿轮机构的某个元件，通过改变动力传动路线得到不同的传动比。

如图 3-3-14 所示，单排行星齿轮机构主要由一个太阳轮（或称为中心轮）、一个带有若干个行星齿轮的行星架和一个齿圈组成。

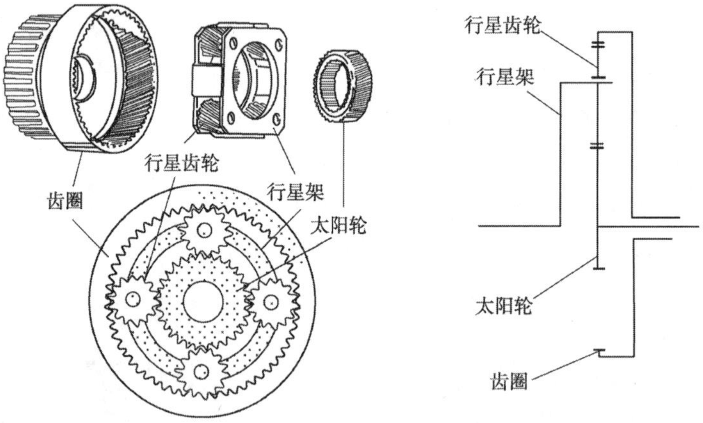

图3-3-14　单排行星齿轮机构

由于太阳轮与行星齿轮是外啮合，所以两者的旋转方向是相反的；而行星齿轮与齿圈是内啮合，则这两者的旋转方向是相同的。

根据能量守恒定律，由作用在单排行星齿轮机构各元件上的力矩和结构参数，可以得出表示单排行星齿轮变速机构运动规律的特性方程式为：

$$n_1 + \alpha n_2 - (1+\alpha) n_3 = 0$$

式中：n_1——太阳轮转速；

$\quad\quad n_2$——齿圈转速；

$\quad\quad n_3$——行星架转速；

$\quad\quad \alpha$——齿圈齿数 z_2 与太阳轮齿数 z_1 之比，即 $\alpha=z_2/z_1$，且 $\alpha>1$。

如果将太阳轮、齿圈和行星架中某个元件作为主动（输入）部分，让另一个元件作为从动（输出）部分，则由于第 3 个元件不受任何约束和限制，所以从动部分的运动是不确定的。因此，为了得到确定的运动，必须对太阳轮、齿圈和行星架三者中的某个元件的运动进行约束和限制。通过对不同的元件进行约束和限制，可以得到不同的动力传动方式，见表 3-3-1。

单排行星齿轮机构组合与速比关系　　　　表 3-3-1

序 号	主 动 件	从 动 件	固 定 件	传 动 比	备 注
1	太阳轮	行星架	齿圈	$1+\alpha$	降挡
2	行星架	太阳轮	齿圈	$1/(1+\alpha)$	升挡
3	齿圈	行星架	太阳轮	$1+1/\alpha$	降挡
4	行星架	齿圈	太阳轮	$\alpha/(1+\alpha)$	升挡
5	太阳轮	齿圈	行星架	$-\alpha$	倒挡
6	齿圈	太阳轮	行星架	$-1/\alpha$	倒挡
7	任意两个连成一体			1	直接挡
8	既无元件制动，又无任两个元件连成一体			自由转动	不能传动、空挡

注：α 为齿圈齿数与太阳轮齿数之比。

自动变速器中的行星齿轮变速器一般是采用 2 ~ 3 排行星齿轮机构传动，其各挡传动比就是根据上述单排行星齿轮机构传动特点进行合理组合得到的。

3 换挡执行元件

行星齿轮自动变速器的换挡执行元件包括离合器、制动器和单向离合器。离合器和制动器以液压方式控制行星齿轮机构元件的旋转，单向离合器是以机械方式对行星齿轮机构的元件进行锁止。单向离合器的结构、原理与导轮单向离合器相同，此处不作介绍。

1 离合器

离合器的功用是连接轴和行星齿轮机构中的元件或是连接行星齿轮机构中的不同元件。

离合器主要由离合器壳、花键壳、活塞、主动摩擦片、从动钢片、复位弹簧等组成，如图 3-3-15 所示。

离合器的工作原理如图 3-3-16 所示。

当一定压力的 ATF 经控制油道进入活塞左面的液压缸时，液压作用力便克服弹簧力使活塞右移，将所有离合器片压紧，即离合器接合，与离合器主、从动部分相连的元件也被连接在一起，以相同的速度旋转。

当控制阀将作用在离合器液压缸的油压撤除后，离合器活塞在复位弹簧的作用下回复原位，并将缸内的变速器油从进油孔排出，使离合器分离，离合器主从动部分可以不同转速旋转。

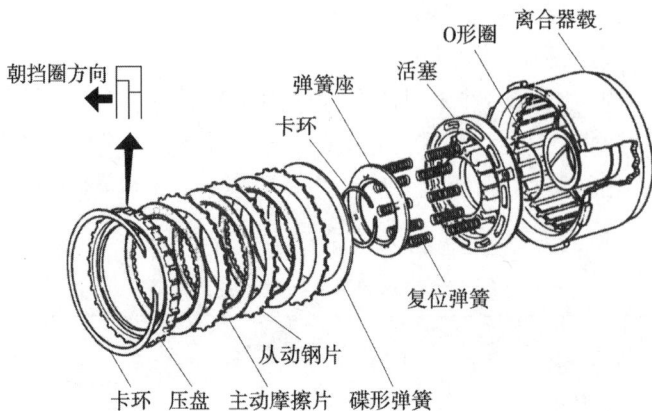

图3-3-15　离合器零件分解图

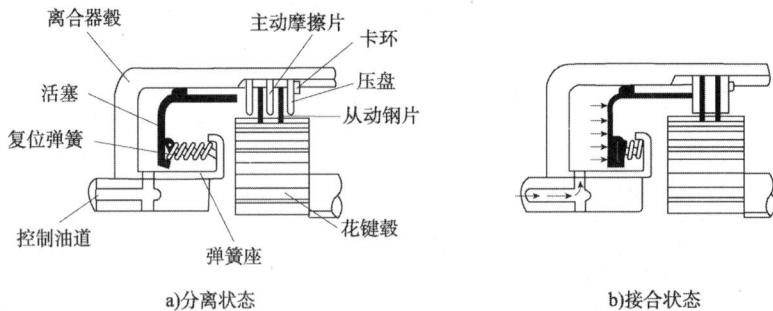

a)分离状态　　　　　　　　　　　　　　　b)接合状态

图3-3-16　离合器工作原理

❷ 制动器

制动器的功用是固定行星齿轮机构中的元件，防止其转动。制动器有片式和带式两种形式。

❶ 片式制动器

片式制动器与离合器的结构和原理相同，不同之处是离合器是起连接作用而传递动力，而片式制动器是通过连接而起制动作用。片式制动器的结构如图 3-3-17 所示。

当活塞受到控制油压的作用时，活塞在活塞缸内运动，使摩擦片与钢片相互接触。其结果是，在每个摩擦片与钢片之间产生很大的摩擦力，使行星齿轮机构某一元件或单向离合器锁定在变速器壳体上。当控制油压降低时，由于复位弹簧的作用，活塞至原位，使制动解除。

❷ 带式制动器

带式制动器由制动带和控制油缸等组成，图 3-3-18 所示为带式制动器的零件分解图。制动带是内表面带有镀层的开口式环形钢带。制动带的一端支承在与变速器壳体固连的支座上，另一端与控制油缸的活塞杆相连。

制动器的工作原理如图 3-3-19 所示。制动时，压力油进入活塞右腔，克服左腔油压和复位弹簧的作用力推动活塞左移，制动带以固定支座为支点收紧。在制动力矩的作用下，制动鼓停止旋转，行星齿轮机构某元件被锁止。随着油压撤除，活塞逐渐复位，制动解除。若仅依靠弹簧张力，则活塞复位速度较慢，目前大多数制动器设置了左腔进油道。在右腔撤除油压的同时，左腔进油，活塞在油压和复位弹簧的共同作用下复位，可迅速解除制动。

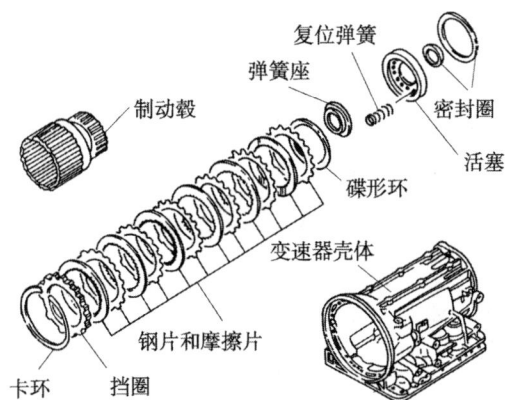

图3-3-17　片式制动器的结构

图3-3-18　带式制动器的零件分解图

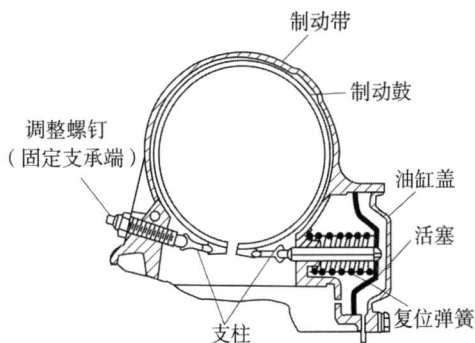

图3-3-19　制动器的工作原理

4 液压控制系统

1 液压控制系统的基本组成

液压控制系统的基本组成包括动力源、执行机构和控制机构三大部分。

❶ 动力源

液压控制系统的动力源是油泵（或称为液压泵），它是整个液压控制系统的工作基础。如各种阀体的动作、换挡执行元件的工作等都需要一定压力的ATF。油泵的基本功用就是提供满足需求的ATF油量和油压。

❷ 执行机构

执行机构主要由离合器、制动器油缸等组成，其功用是在控制油压的作用下实现离合器的接合和分离、制动器的制动和松开动作，以便得到相应的挡位。

41

❸ 控制机构

控制机构包括阀体和各种阀，包括主调压阀、手动阀、换挡阀等。此外，液压控制系统还包括一些辅助装置，如用于防止换挡冲击的蓄能器、止回阀等。

❷ 液压控制系统主要元件

❶ 油泵

油泵的功用是产生一定压力和流量的 ATF，供给液力变矩器、液压控制系统和换挡执行元件。

油泵一般位于液力变矩器和行星齿轮变速机构之间，由液力变矩器泵轮驱动。油泵的类型主要有齿轮泵、转子泵和叶片泵。

图 3-3-20 所示为内啮合齿轮泵的结构和工作原理示意图，主要由主动齿轮、从动齿轮、月牙板、壳体等组成。

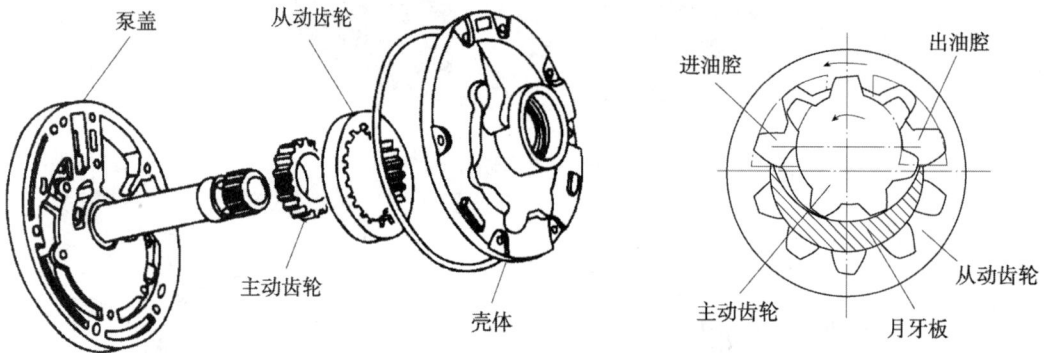

图3-3-20　内啮合齿轮泵的结构和工作原理

油泵在工作过程中，主动齿轮带动从动齿轮转动，在齿轮脱离啮合的一端（进油腔），容积不断变大，产生真空吸力，把 ATF 从油底壳经滤网吸入油泵。在齿轮进入啮合的一端（出油腔），容积不断减小，油压升高，把 ATF 从出油腔挤压出去。这样，油泵不断地运转，就形成了具有一定压力的油液，供给自动变速器工作。

❷ 主调压阀

主调压阀的作用是将液压泵输出压力精确调节到所需值后再输入主油路。应满足主油路系统在不同工况、不同挡位时，具有不同油压的要求。

（1）节气门开度较小时，自动变速器所传递的转矩较小，执行机构中的离合器、制动器不易打滑，主油路压力可以降低。而当发动机节气门开度较大时，因传递的转矩增大，为防止离合器、制动器打滑，主油路压力要升高。

（2）汽车低速挡行驶时，所传递的转矩较大，主油路压力要高。而在高速挡行驶时，自动变速器传递的转矩较小，可降低主油路油压，以减少液压泵的运转阻力。

（3）倒挡的使用时间较少，为减小自动变速器尺寸，倒挡执行机构被制造得较小，为避免出现打滑，需提高操纵油压。

主油路调压阀结构如图 3-3-21 所示。油压的调节是靠电子控制，主调压电磁阀调整出不同的油压值，使滑阀改变节流口 a 的大小，通过节流作用控制主油压的大小。节流口 b 泄出的油压经次调压阀的节流作用，调整出液力变矩器油压。

❸ 次调压阀

次调压阀是把主调压阀泄出的油压调节成液力变矩器油压。

如图 3-3-22 所示，滑阀上端作用着手动阀来的油压，向下推阀，还作用着一个主油压，也向下推阀。而向上推阀的力有弹簧弹力和来自主调压阀调节后的油压，上下两力的平衡决定了节流口 a 的开度，即通过节流口的开度将主油压调节成液力变矩器油压。

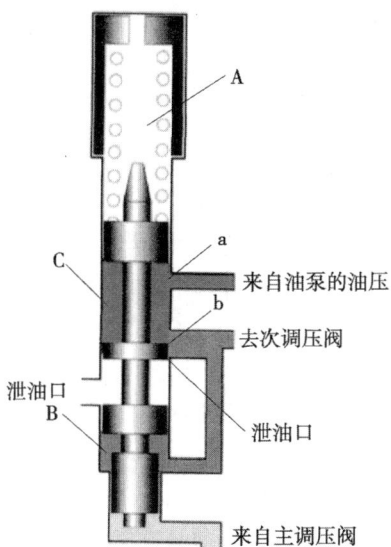

图3-3-21　主调压阀的结构

图3-3-22　次调压阀

❹ 手动阀

手动阀又称为手控阀或手动换挡阀，与驾驶室内的换挡杆相连，其功用是控制各挡位油路的转换。如图 3-3-23 所示，当驾驶人操纵换挡杆时，手动阀会移动，使主油压通往不同的油道。如当换挡杆置于"P"位时，主油压会通往"P""R"和"L"位油道；当换挡杆置于"R"位时，主油压会同时通往"P""R"和"L"位油道与"R"位油道；当换挡杆置于"N"位时，手动阀会将主油压进油道切断，便不会有主油压通往各换挡阀；当换挡杆置于"D"位时，主油压会通往"D""2"和"L"位油道；当换挡杆置于"2"位时，主油压会同时通往"D""2"和"L"位油道与"2"和"L"位油道；当换挡杆置于"L"位时，主油压会同时通往"D""2"和"L"位油道与"2"和"L"位油道及"P""R"和"L"位油道。

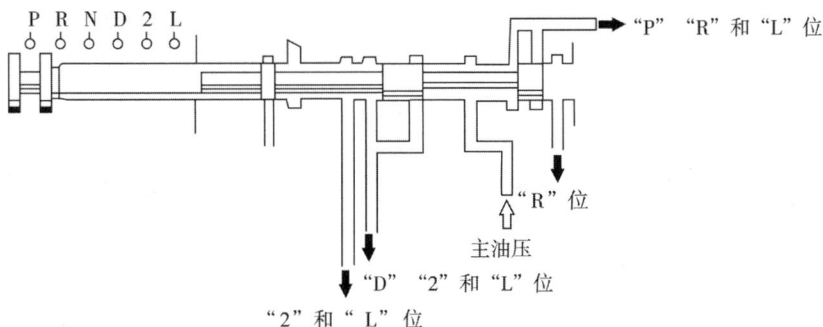

图3-3-23　手动阀的结构

❺ 换挡阀

电控自动变速器换挡阀的工作由换挡电磁阀控制，其控制方式有两种：一种是加压控制，即通过开启或关闭换挡阀控制油路进油孔来控制换挡阀的工作；另一种是泄压控制，即通过开启或关闭换挡阀控制油路泄油孔来控制换挡阀的工作。加压控制方式的工作原理如图 3-3-24 所示，压力油经电磁阀后通至换挡阀的左端。当换挡电磁阀关闭时，没有油压作用在换挡阀左端，换挡阀在右端弹簧力的作用下移向左端；当换挡电磁阀开启时，压力油作用在换挡阀左端，使换挡阀克服弹簧力右移，从而改变油路，实现挡位变换。

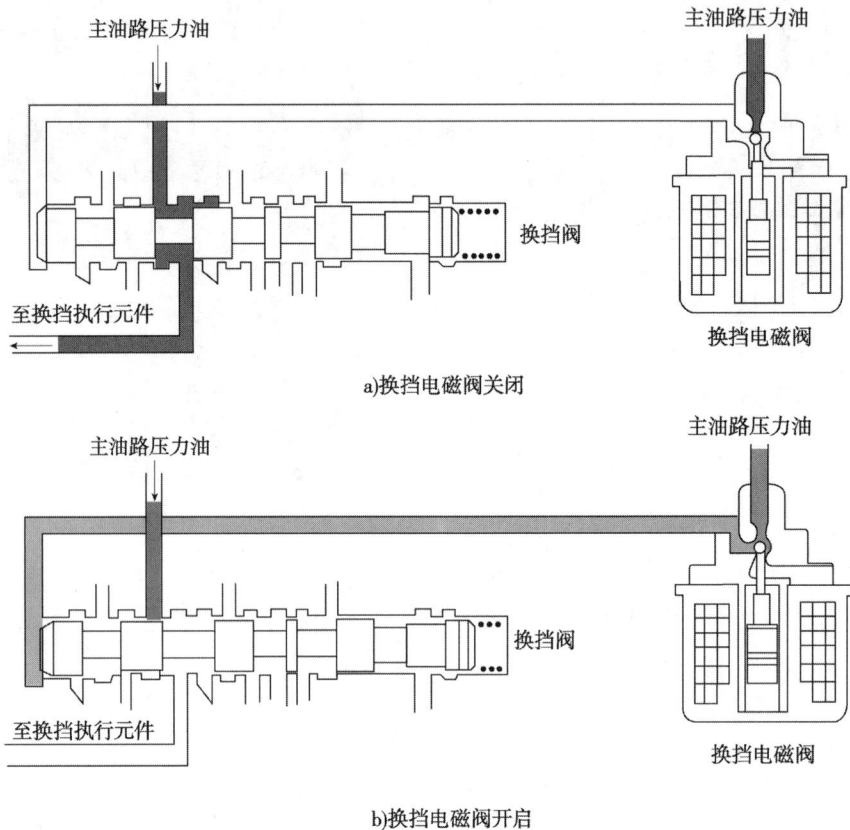

a)换挡电磁阀关闭

b)换挡电磁阀开启

图3-3-24 电控换挡阀工作原理

❻ 锁止离合器控制阀

锁止电磁阀采用脉冲式电磁阀，ECU 可利用脉冲电信号占空比大小来调节锁止电磁阀的开度，以控制作用在锁止离合器控制阀右端的油压，调节锁止离合器控制阀左移时排油孔的开度，从而控制锁止离合器活塞右侧油压的大小（图 3-3-25）。当作用在锁止电磁阀上的脉冲电信号的占空比为 0 时，电磁阀关闭，没有油压作用在锁止离合器控制阀的右端，此时锁止离合器活塞左右两侧的油压相同，锁止离合器处于分离状态。当作用在锁止电磁阀上的脉冲电信号较小时，电磁阀的开度和作用在锁止离合器控制阀右端的油压以及锁止控制阀左移打开的排油孔开度均较小，锁止离合器活塞左右两侧油压差以及由此产生的锁止离合器接合力也较小，使锁止离合器处于半接合状态。脉冲信号的占空比越大，锁止离合器活塞左右两侧油压差以及锁止离合器接合力也越大。当脉冲信号的占空比达到一定数值时，锁止离合器即可完全接合。这样，ECU 在控制锁止离合器接合时，可以通过电磁阀来调节其接合速度，让接合力逐渐增大，使接合过程更加柔和。

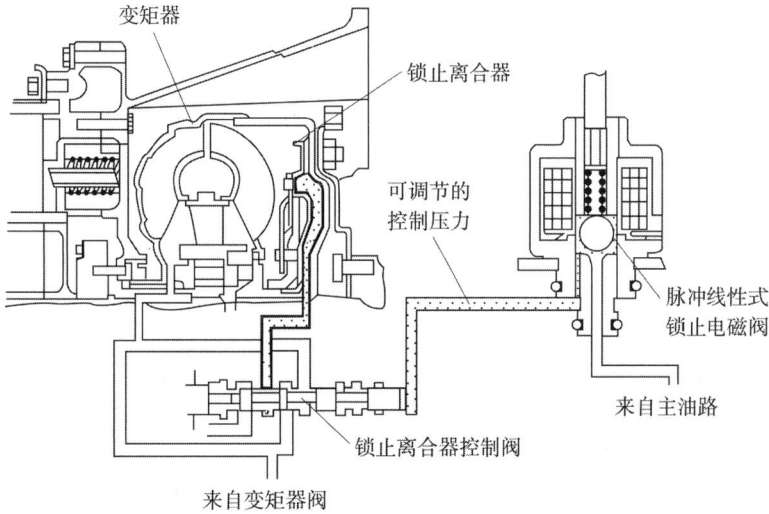

图3-3-25 锁止离合器控制阀工作原理（脉冲式电磁阀）

5 电子控制系统

1 组成

自动变速器的电子控制系统包括传感器及开关、电子控制单元（ECU）和执行器三部分，其组成框图如图 3-3-26 所示。

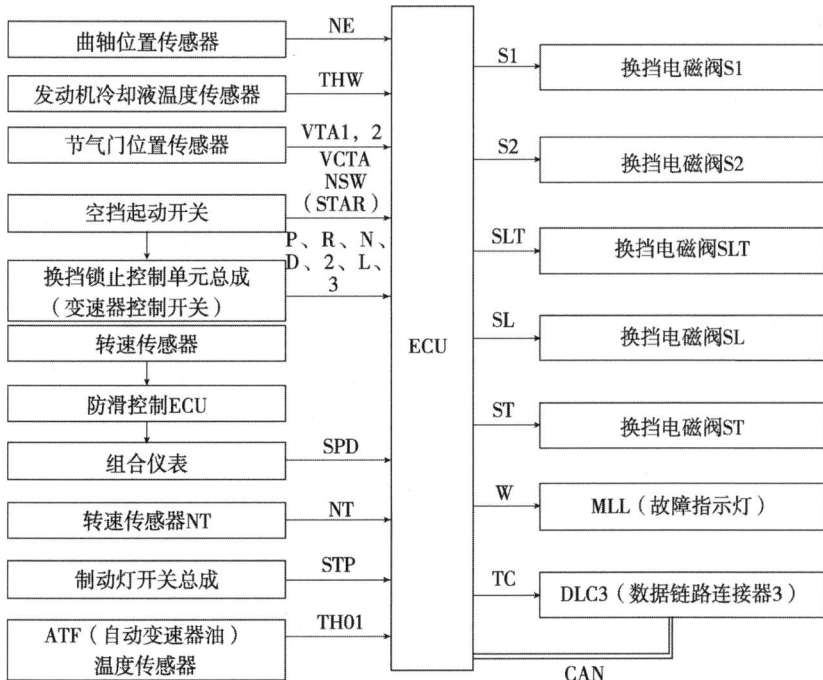

图3-3-26 电子控制系统组成框图

传感器部分主要包括节气门位置传感器、车速传感器、发动机转速传感器、冷却液温度传感器、ATF 温度传感器、空挡起动开关、制动灯开关等。

执行器部分主要包括各种电磁阀和故障指示灯等。

ECU 主要完成换挡控制、锁止离合器控制、油压控制、故障诊断和失效保护等功能。

❷ 传感器

❶ 车速传感器（VSS）

车速传感器用于检测自动变速器输出轴转速，自动变速器 ECU 根据车速传感器输入的信号计算出车速，并以此信号控制自动变速器的换挡和锁止离合器的锁止。

常见的车速传感器有电磁式、舌簧开关式、光电式 3 种形式。

如图 3-3-27 所示，电磁式车速传感器主要由永久磁铁、电磁感应线圈、转子等组成。转子一般安装在变速器输出轴上，永久磁铁和电磁感应线圈安装在变速器壳体上。

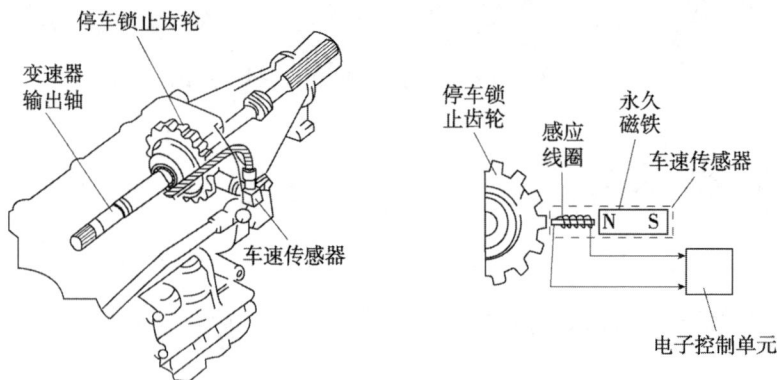

图3-3-27 电磁式车速传感器的结构、原理

❷ 空挡起动开关

空挡起动开关有两个功用，一是给自动变速器 ECU 提供挡位信息，二是保证只有换挡杆置于 P 或 N 位才能起动发动机。

空挡起动开关的外形如图 3-3-28 所示，当换挡杆置于不同的挡位时，仪表板上相应的挡位指示灯会点亮，且只有当换挡杆置于 P 位或 N 位时，才能起动发动机。

❸ 制动灯开关

制动灯开关安装在制动踏板支架上，如图 3-3-29 所示。自动变速器 ECU 通过制动灯开关检测是否踩下制动踏板，如果踩下制动踏板，ECU 会取消锁止离合器的工作。

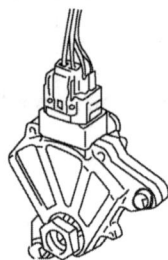

图3-3-28 空挡起动开关

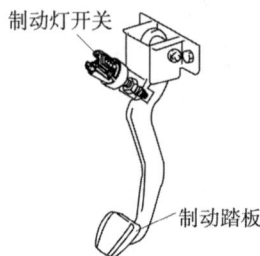

图3-3-29 制动灯开关

3 执行器

电子控制系统的执行器主要指电磁阀和故障指示灯，这里只介绍电磁阀。

电磁阀根据功能的不同，可以分为换挡电磁阀、锁止离合器电磁阀和油压电磁阀。根据工作原理的不同，可以分为开关式电磁阀和占空比式电磁阀。绝大多数换挡电磁阀是采用开关式电磁阀，油压电磁阀是采用占空比式电磁阀，而锁止离合器电磁阀采用开关式的和占空比式的都有。

① 开关式电磁阀

开关式电磁阀的功用是开启或关闭液压油路，通常用于控制换挡阀和部分车型锁止离合器的工作。

开关式电磁阀由电磁线圈、衔铁、阀芯等组成，如图3-3-30所示。当电磁阀通电时，在电磁吸力作用下衔铁和阀芯下移，关闭泄油口，主油压供给到控制油路。当电磁阀断电时，在复位弹簧的作用下衔铁和阀芯上移，打开泄油口，主油压被泄掉，控制油路压力很小。

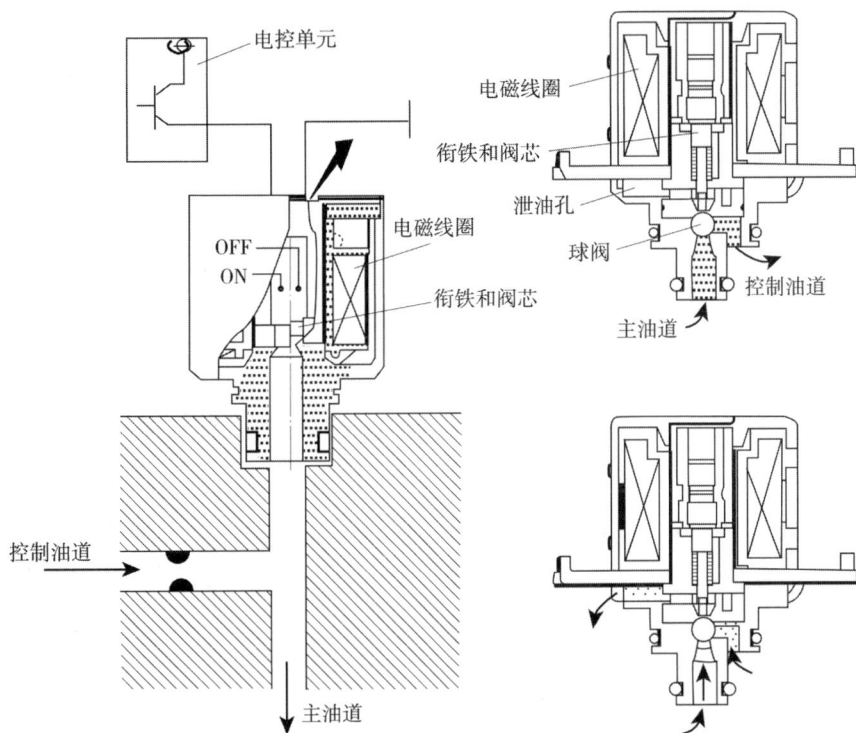

图3-3-30 开关式电磁阀

② 占空比式电磁阀

占空比式电磁阀（又称为线性脉冲式电磁阀）与开关式电磁阀类似，也是有电磁线圈、滑阀、弹簧等组成，如图3-3-31所示。它通常用于控制油路的油压，有的车型的锁止离合器也采用此种电磁阀控制。与开关式电磁阀不同的是，控制占空比式电磁阀的电信号不是恒定不变的电压信号，而是一个固定频率的脉冲电信号。在脉冲电信号的作用下，电磁阀不断开启、关闭泄油口。

占空比式电磁阀有两种工作方式，一是占空比越大，经电磁阀泄油越多，油压就越低；另一种是占空比越大，油压越高。

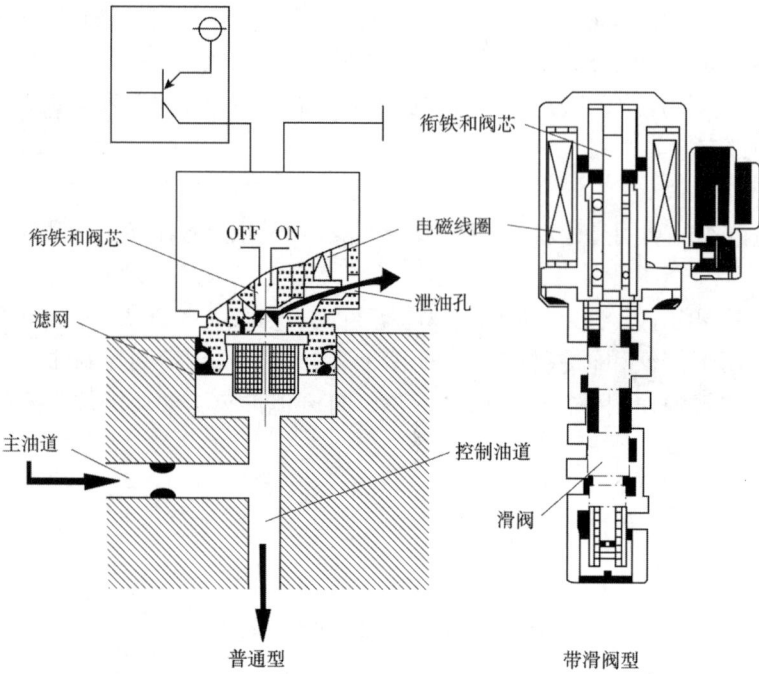

图3-3-31　占空比式电磁阀

四 典型自动变速器齿轮变速机构的构造与工作原理

1 辛普森式行星齿轮自动变速器齿轮变速机构

辛普森式行星齿轮自动变速器行星齿轮变速机构是以其设计者美国福特公司的工程师霍华德·辛普森的名字来命名的。如图 3-3-32 所示，辛普森Ⅰ型行星齿轮变速机构是由两个单排行星齿轮组连接而成的一种双排行星齿轮变速机构，其结构特点是前、后两个行星齿轮变速机构共用一个太阳轮；辛普森Ⅱ型行星齿轮变速机构是在辛普森Ⅰ型行星齿轮变速机构的基础上加以改变而得来的，丰田、通用、日产、福特等公司生产的自动变速器大量采用Ⅱ型结构。

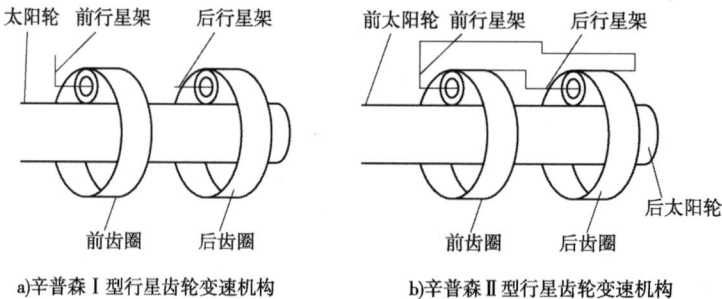

a)辛普森Ⅰ型行星齿轮变速机构　　　b)辛普森Ⅱ型行星齿轮变速机构

图3-3-32　辛普森行星齿轮变速机构原理图

❶ 辛普森Ⅰ型行星齿轮变速机构

❶ 结构和组成

图 3-3-33 所示为典型四挡辛普森（Ⅰ型）（丰田 A340E 型自动变速器）行星齿轮变速机构的结构简图。

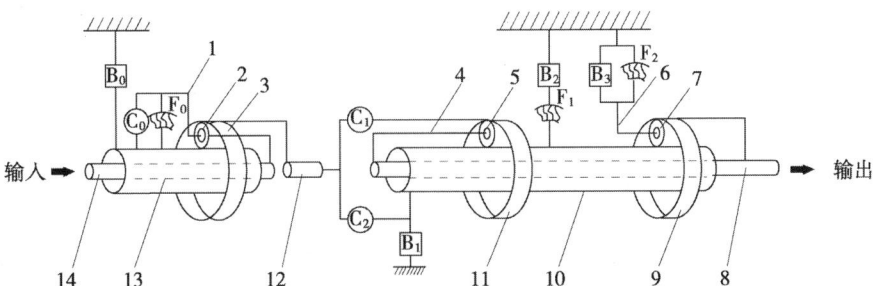

图3-3-33　四挡辛普森（Ⅰ型）行星齿轮变速器的结构简图

1-超速（OD）行星排行星架；2-超速（OD）行星排行星齿轮；3-超速（OD）行星排齿圈；4-前行星排行星架；5-前行星排行星齿轮；6-后行星排行星架；7-后行星排行星齿轮；8-输出轴；9-后行星排齿圈；10-前后行星排太阳轮；11-前行星排齿圈；12-中间轴；13-超速（OD）行星排太阳轮；14-输入轴；C_0-超速挡（OD）离合器；C_1-前进挡离合器；C_2-直接挡、倒挡离合器；B_0-超速挡（OD）制动器；B_1-2挡滑行制动器；B_2-2挡制动器；B_3-低、倒挡制动器；F_0-超速挡（OD）单向离合器；F_1-2挡（一号）单向离合器；F_2-低挡（二号）单向离合器

四挡辛普森行星齿轮机构由三排行星齿轮机构组成，前面一排为超速行星排，中间一排为前行星排，后面一排为后行星排。输入轴与超速行星排的行星架相连，超速行星排的齿圈与中间轴相连，中间轴通过前进挡离合器或直接挡、倒挡离合器与前、后行星排相连。前、后行星排的结构特点是，共用一个太阳轮，前行星排的行星架与后行星排的齿圈相连并与输出轴相连。

换挡执行机构包括 3 个离合器、4 个制动器和 3 个单向离合器，具体的功能见表 3-3-2。

换挡执行元件的功能　　　　　　　　　　　　　　　　　　表 3-3-2

	换挡执行元件	功　能
C_0	超速挡（OD）离合器	连接超速行星排太阳轮与超速行星排行星架
C_1	前进挡离合器	连接中间轴与前行星排齿圈
C_2	直接挡、倒挡离合器	连接中间轴与前后行星排太阳轮
B_0	超速挡（OD）制动器	制动超速行星排太阳轮
B_1	2挡滑行制动器	制动前后行星排太阳轮
B_2	2挡制动器	制动F_1外座圈，当F_1也起作用时，可以防止前后行星排太阳轮逆时针转动
B_3	低、倒挡制动器	制动后行星排行星架
F_0	超速挡（OD）单向离合器	连接超速行星排太阳轮与超速行星排行星架
F_1	2挡（一号）单向离合器	当B_2工作时，防止前后行星排太阳轮逆时针转动
F_2	低挡（二号）单向离合器	防止后行星排行星架逆时针转动

❷ 各挡动力传动路线

在自动变速器各挡位时，换挡执行元件的动作情况见表 3-3-3。

各挡位时换挡执行元件的动作情况表　　　　　　　　　　　　　　表 3-3-3

选挡杆位置	挡　位	换挡执行元件										发动机制动
		C_0	C_1	C_2	B_0	B_1	B_2	B_3	F_0	F_1	F_2	
P	驻车挡	○										
R	倒挡	○		○				○	○			
N	空挡	○										
D	1挡	○	○						○		○	
	2挡	○	○				○		○	○		
	3挡	○	○	○					○			
	4挡（OD挡）		○	○	○							
2	1挡	○	○						○		○	
	2挡	○	○			○	○		○	○		○
	3挡*	○	○	○					○			○
L	1挡	○	○					○	○		○	○
	2挡*	○	○			○	○		○	○		○

注：*表示只能降挡不能升挡，○表示换挡元件工作或有发动机制动。

（1）D_1 挡。如图 3-3-34 所示，D 位 1 挡时，C_0、C_1、F_0、F_2 工作。C_0 和 F_0 工作将超速行星排的太阳轮和行星架相连，此时超速行星排成为一个刚性整体，输入轴的动力顺时针传到中间轴。C_1 工作将中间轴与前行星排齿圈相连，前行星排齿圈顺时针转动驱动前行星排行星齿轮转动，前行星排行星齿轮即顺时针自转又顺时针公转，前行星排行星齿轮顺时针公转则输出轴也顺时针转动，这是一条动力传动路线。由于前行星排行星齿轮顺时针自转，则前后行星排太阳轮逆时针转动，再驱动后行星排行星齿轮顺时针自转，此时后行星排行星齿轮在前后行星排太阳轮的作用下有逆时针公转的趋势，但由于 F_2 的作用，使得后行星排行星架不动。这样顺时针转动的后行星排行星齿轮驱动齿圈顺时针转动，从输出轴也输出动力，这是第二条动力传动路线。

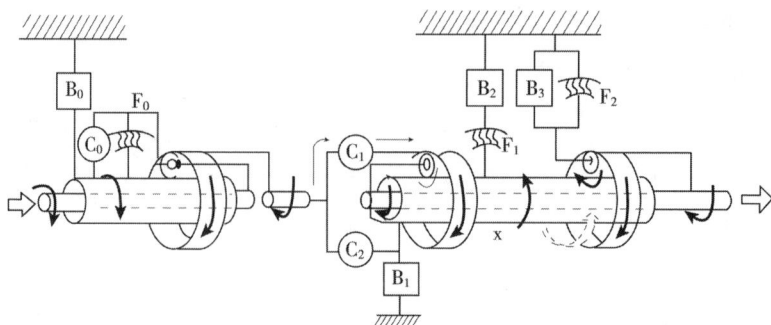

图3-3-34　D位1挡动力传动路线

（2）D_2挡。如图3-3-35所示，D位2挡时，C_0、C_1、B_2、F_0、F_1工作。C_0和F_0工作如前所述直接将动力传给中间轴。C_1工作，动力顺时针传到前行星排齿圈，驱动前行星排行星齿轮顺时针转动，并使前后太阳轮有逆时针转动的趋势，由于B_2的作用，F_1将防止前后太阳轮逆时针转动，即前后太阳轮不动。此时前行星排行星齿轮将带动行星架也顺时针转动，从输出轴输出动力。后行星排不参与动力的传动。

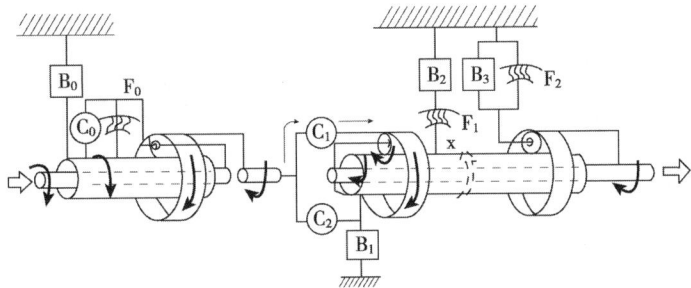

图3-3-35　D位2挡动力传动路线

（3）D_3挡。如图3-3-36所示，D位3挡时，C_0、C_1、C_2、B_2、F_0工作。C_0和F_0工作如前所述直接将动力传给中间轴。C_1、C_2工作将中间轴与前行星排的齿圈和太阳轮同时连接起来，前行星排成为刚性整体，动力直接传给前行星排行星架，从输出轴输出动力。此挡为直接挡。

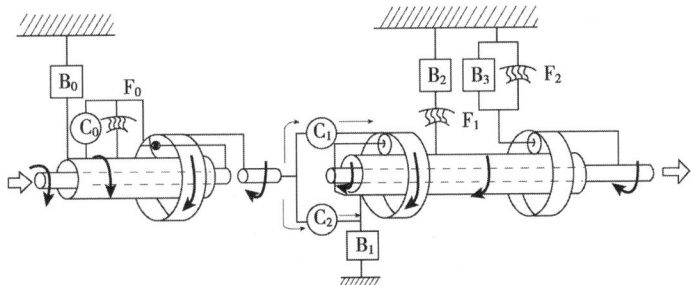

图3-3-36　D位3挡动力传动路线

（4）D_4挡。如图3-3-37所示，D位4挡时，C_1、C_2、B_0、B_2工作。B_0工作，将超速行星排太阳轮固定。动力由输入轴输入，带动超速行星排行星架顺时针转动，并驱动行星齿轮及齿圈都顺时针转动，此时的传动比小于1。C_1、C_2工作使得前后行星排的工作同D_3挡，即处于直接挡。所以整个机构以超速挡传递动力。B_2的作用同前所述。

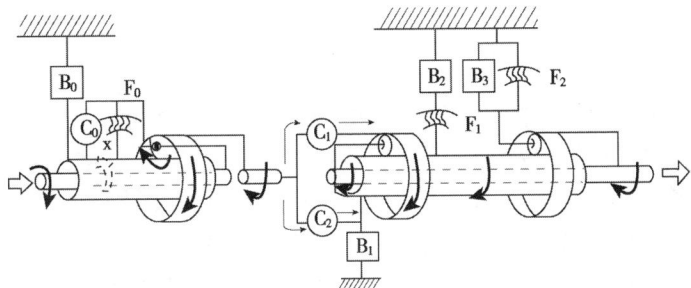

图3-3-37　D位4挡动力传动路线

（5）2_1挡。2位1挡的工作与D位1挡相同。

（6）2_2挡。如图3-3-38所示，2位2挡时，C_0、C_1、B_1、B_2、F_0、F_1工作。动力传动路线与D位2挡时相同。区别只是由于B_1的工作，使得2位2挡有发动机制动，而D位2挡没有。此挡为高速发动机制动挡。

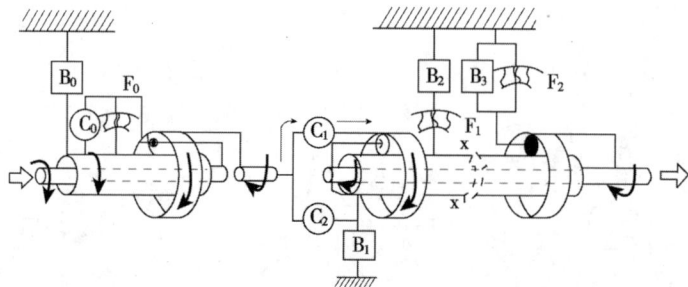

图3-3-38　2位2挡动力传动路线

　　发动机制动是指利用发动机怠速时的较低转速以及自动变速器的较低挡位来使较快的车辆减速。D位2挡时，如果驾驶人抬起加速踏板，发动机进入怠速工况，而汽车在原有的惯性作用下仍以较高的车速行驶。此时，驱动车轮将通过变速器的输出轴反向带动行星齿轮变速机构运转，各元件都将以相反的方向转动，即前后太阳轮将有顺时针转动的趋势，F_1不起作用，使得反传的动力不能到达发动机，无法利用发动机进行制动。而在2位2挡时，B_1工作使得前后太阳轮固定，既不能逆时针转动也不能顺时针转动，这样反传的动力就可以传到发动机，所以有发动机制动。

（7）2_3挡。2位3挡的工作与D位3挡相同。

（8）L_1挡。如图3-3-39所示，L位1挡时，C_0、C_1、B_3、F_0、F_2工作。动力传动路线与D位1挡时相同。区别只是由于B_3的工作，使后行星排行星架固定，有发动机制动，原因同前所述。此挡为低速发动机制动挡。

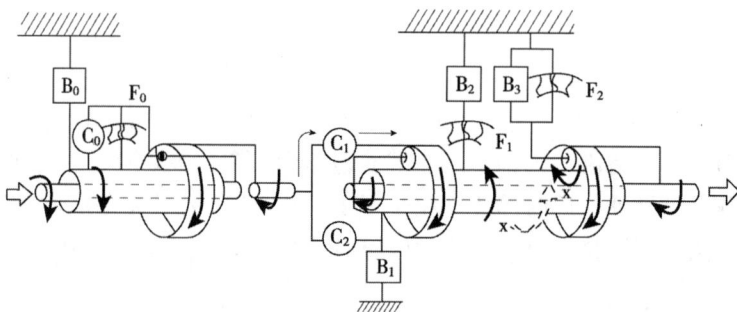

图3-3-39　L位1挡动力传动路线

（9）L_2挡。L位2挡的工作与2位2挡相同。

（10）R位。如图3-3-40所示，倒挡时，C_0、C_2、B_3、F_0工作。C_0和F_0工作如前所述直接将动力传给中间轴。C_2工作将动力传给前后行星排太阳轮。由于B_3工作，将后行星排行星架固定，使得行星齿轮仅相当于一个惰轮。前后行星排太阳轮顺时针转动驱动后行星排行星齿轮逆时针转动，进而驱动后行星排齿圈也逆时针转动，从输出轴逆时针输出动力。

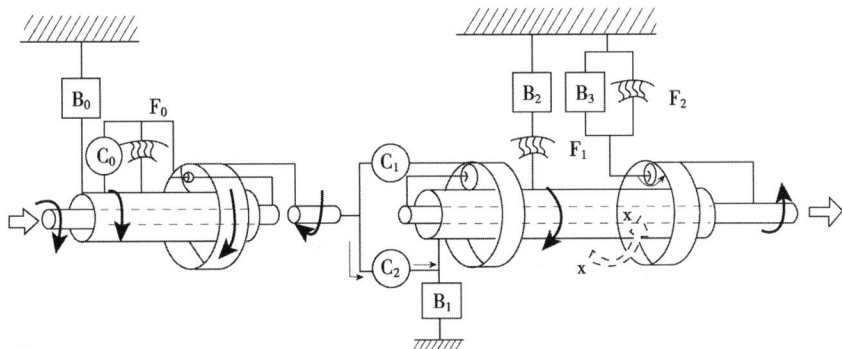

图3-3-40　R位动力传动路线

（11）P位（驻车挡）。换挡杆置于P位时，一般自动变速器都是通过驻车锁止机构将变速器输出轴锁止实现驻车。如图3-3-41所示，驻车锁止机构由输出轴外齿圈、锁止棘爪、锁止凸轮等组成。锁止棘爪与固定在变速器壳体上的枢轴相连。当换挡杆处于P位时，与换挡杆相连的手动阀通过锁止凸轮将锁止棘爪推向输出轴外齿圈，并嵌入齿中，使变速器输出轴与壳体相连而无法转动，如图3-3-41a）所示。当换挡杆处于其他位置时，锁止凸轮退回，锁止棘爪在复位弹簧的作用离开输出轴外齿圈，锁止撤销，如图3-3-41b）所示。

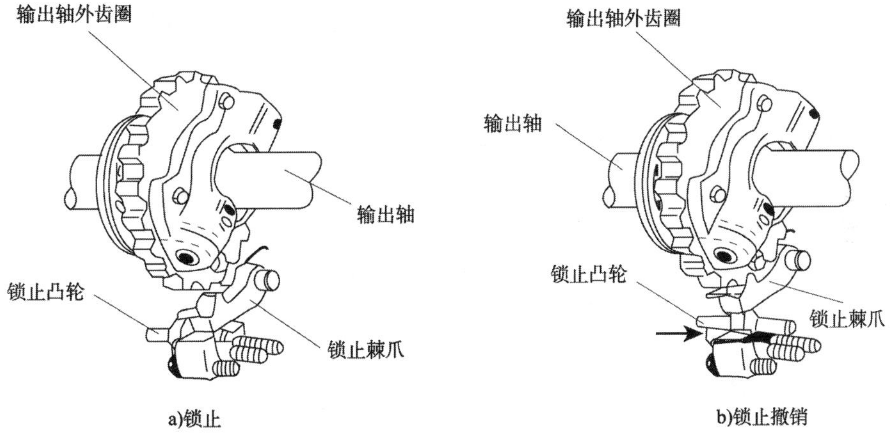

图3-3-41　驻车锁止机构

❷ 辛普森Ⅱ型行星齿轮变速机构

丰田卡罗拉乘用车配备的U341E型自动变速器行星齿轮变速机构（辛普森Ⅱ型行星齿轮变速机构），采用了CR-CR式行星齿轮机构，即将两组单行星排的行星架C（planetcarrier）和齿圈R（gearring）分别组配，该行星齿轮机构仅有4个独立元件（前太阳轮、后太阳轮、前行星架和后齿圈组件、前齿圈和后行星架组件），其特点是变速比大、效率高、元件轴转速低。

U341E型自动变速器行星齿轮变速传动机构的结构如图3-3-42所示，主要部件的功能见表3-3-4，各换挡执行元件的工作情况见表3-3-5。

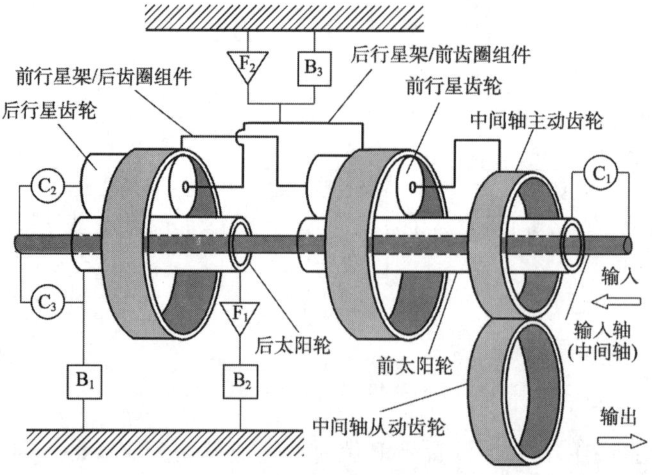

图3-3-42 U341E型自动变速器行星齿轮变速传动机构的结构

主 要 部 件 功 能

表 3-3-4

部 件		功 能
C_1	前进挡离合器	连接输入轴和前排太阳轮
C_2	直接离合器	连接输入轴和后排行星架
C_3	倒挡离合器	连接输入轴和后太阳轮
B_1	OD挡和2挡制动器	固定后排太阳轮
B_2	2挡制动器	固定F_1的外圈
B_3	1挡和倒挡制动器	固定后行星架/前齿圈组件
F_1	1号单向离合器	与B_2配合，阻止后太阳轮逆时针转动
F_2	2号单向离合器	阻止后行星架/前齿圈组件逆时针转动
前行星齿轮组		根据各换挡执行元件的工作情况，改变齿轮动力传递路线，以升高或降低输出转速
后行星齿轮组		
中间轴齿轮副		将动力传递给差速器，并改变传动方向，降低输出转速

各换挡执行元件的工作情况

表 3-3-5

换挡杆位置	挡 位	离 合 器			制 动 器			单向离合器	
		C_1	C_2	C_3	B_1	B_2	B_3	F_1	F_2
P	驻车挡								
R	倒挡			○			○		
N	空挡								
D	1挡	○							○
	2挡	○				○		○	
	3挡	○	○			○			
	4挡		○		○	○			
3	1挡	○							○
	2挡	○				○		○	
	3挡	○	○			○			
2	1挡	○							○
	2挡	○			○	○		○	
L	1挡	○					○		○

注：○表示工作。

54

❸ 辛普森式行星齿轮自动变速器各挡的动力传递路线

（1）1挡。换挡杆处于"D""3"和"2"位置的1挡时，参与工作的换挡执行元件有 C_1、F_2，动力传递路线如图3-3-43所示。1挡时，动力传递发生在前行星排，F_2 阻止前齿圈逆输入轴的旋转方向（逆时针）转动，此时，后排行星齿轮组没有元件被约束，因此处于空转状态，动力传递路线如下：

输入轴→C_1 前太阳轮→前行星齿轮→前行星架→中间轴主从动齿轮→输出轴

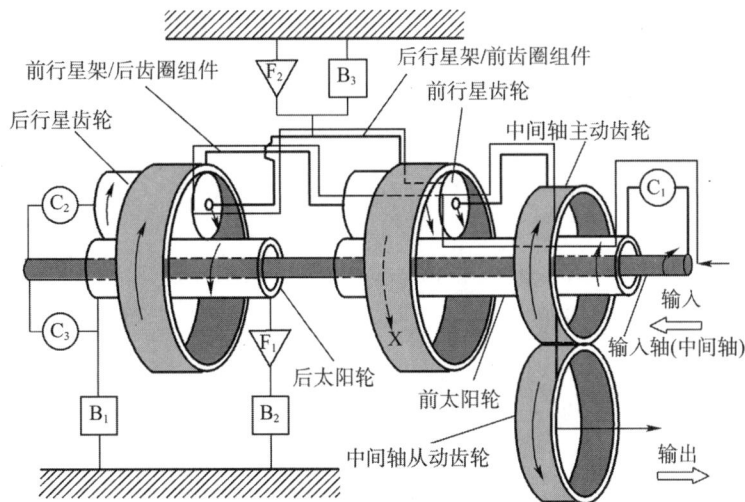

图3-3-43 1挡动力传递路线

放松加速踏板时，前行星架转速高（接驱动轮），前太阳轮转速低（接发动机），使前齿圈试图被带动加速顺着前行星架（前太阳轮）的旋转方向转动。由于单向离合器 F_2 不阻止前齿圈顺着行星架的旋转方向转动，整个行星排不能反向传递动力，所以无发动机制动效果。

为了提供有发动机制动的1挡，在L位1挡时，除了使上述的1挡换挡执行元件工作外，还使 B_3 也工作，使得车辆行驶时，不论是踩下还是放松加速踏板，行星排都有动力传递能力，从而获得发动机制动效果。

（2）2挡。换挡杆处于"D"和"3"位置的2挡时，参与工作的换挡执行元件有 C_1、B_2、F_1，动力传递路线如图3-3-44所示。2挡时，动力传递发生在前、后2个行星排，B_2、F_1 联合作用，阻止后太阳轮逆输入轴的旋转方向转动，动力传递路线如下：

输入轴→C_1→前太阳轮→前行星齿轮→┌→前行星架─────────────┐ 中间轴主从动
└前齿圈→后行星架→后行星齿轮→后齿圈┘ 齿轮→输出轴

放松加速踏板时，前行星架和后齿圈组件转速高（接驱动轮），前太阳轮转速低（接发动机），使前齿圈和后行星架组件加速转动，进而使后太阳轮试图被带动加速顺着前行星架（前太阳轮）的旋转方向转动。由于单向离合器 F_1 不阻止后太阳轮顺着行星架的旋转方向转动，整个行星排不能反向传递动力，所以无发动机制动效果。

为了提供有发动机制动的2挡，在2位2挡时，除了使上述的2挡换挡执行元件工作外，还使 B_1 也工作，使得车辆获得发动机制动效果。

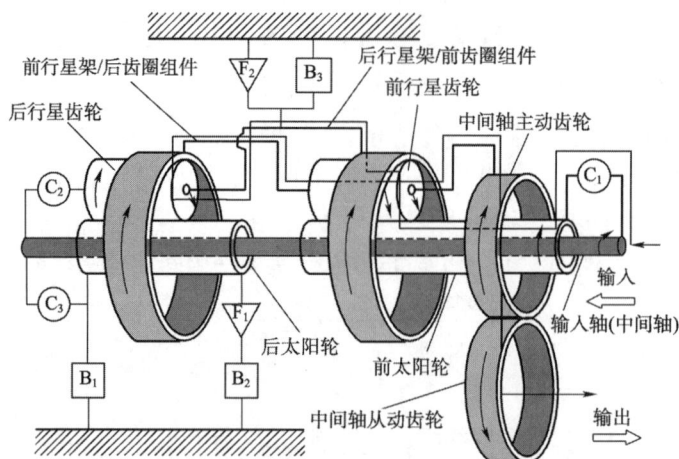

图3-3-44　2挡动力传递路线

（3）3挡。换挡杆处于"D"和"3"位置的3挡时，参与工作的换挡执行元件有 C_1、C_2、B_2，动力传递路线如图 3-3-45 所示。3挡时，前、后排行星齿轮机构互锁与一体旋转，动力传递路线如下：

$$\text{输入轴}\rightarrow\begin{cases}\rightarrow C_1\rightarrow\text{前太阳轮} \\ \rightarrow C_1\rightarrow\text{后行星架}\rightarrow\text{前齿圈}\end{cases}\rightarrow\text{前行星架}\rightarrow\text{中间轴主从动齿轮}\rightarrow\text{输出轴}$$

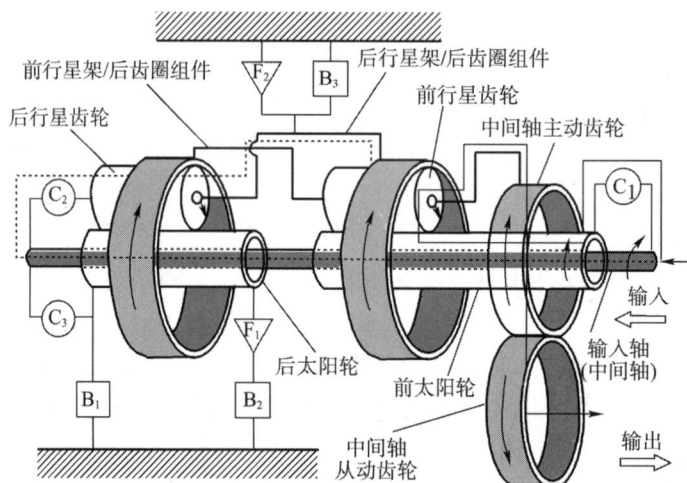

图3-3-45　3挡动力传递路线

由于行星齿轮机构的3个元件（太阳轮、行星架、齿圈）中有2个转速相等（前太阳轮、前行星架都与输入轴相连），因此在放松加速踏板时，驱动轮的动力可以经前行星架传给前太阳轮，所以有发动机制动效果。

（4）4挡。换挡杆处于"D"位置的4挡时，参与工作的换挡执行元件有 C_2、B_1、B_2，动力传递如图 3-3-46 所示。4挡时，动力传递发生在后行星排，此时前排行星齿轮组处于空转状态，动力传递路线如下：

$$\text{输入轴}\rightarrow C_2\rightarrow\text{后行星架}\rightarrow\text{后行星齿轮}\rightarrow\text{后齿圈}\rightarrow\text{中间轴主从动齿轮}\rightarrow\text{输出轴}$$

由于行星齿轮机构的 3 个元件（太阳轮、行星架、齿圈）中有 1 个固定（后太阳轮被固定），因此在放松加速踏板时，驱动轮的动力可以经后齿圈传给后行星架，所以有发动机制动效果。

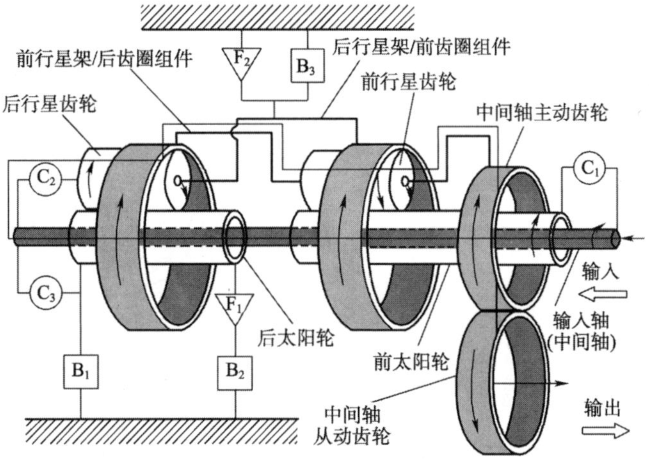

图3-3-46　4挡动力传递路线

（5）R 挡。换挡杆处于"R"位置时，参与工作的换挡执行元件有 C_3、B_3，动力传递路线如图 3-3-47 所示。R 挡时动力传递发生在后行星排，此时前排行星齿轮组处于空转状态，动力传递路线如下：

输入轴→ C_3 →后太阳轮→后行星齿轮→后齿圈→中间轴主、从动齿轮→输出轴

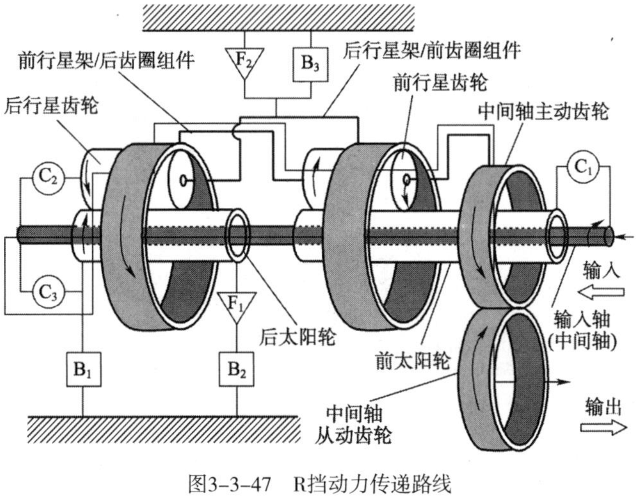

图3-3-47　R挡动力传递路线

由于行星齿轮机构的 3 个元件（太阳轮、行星架、齿圈）中有 1 个固定（后行星架被固定），因此在放松加速踏板时，驱动轮的动力可以经后太阳轮传给后齿圈，所以有发动机制动效果。

2 拉威娜式行星齿轮自动变速器行星齿轮变速机构

拉威娜式行星齿轮自动变速器行星齿轮变速机构结构示意图如图 3-3-48 所示，它是一种双排单、双级复合式行星齿轮变速机构。前排为单级机构，后排是双级机构，前、后

排共用一个齿圈和一个行星架。在行星架上，外行星齿轮为长行星齿轮，与齿圈、短行星齿轮和大太阳轮同时啮合；内行星齿轮为短行星齿轮，与小太阳轮和长行星齿轮同时啮合。大众、别克、三菱等公司生产的自动变速器多采用此结构。

图3-3-48　拉威娜式行星齿轮自动变速器行星齿轮变速机构结构示意图

1 结构和组成

桑塔纳 2000GSi-AT 型乘用车的 01N 型四挡自动变速器为拉威娜式行星齿轮自动变速器，其结构如图 3-3-49 所示，包括拉威娜行星齿轮变速机构、离合器、制动器和单向离合器等。

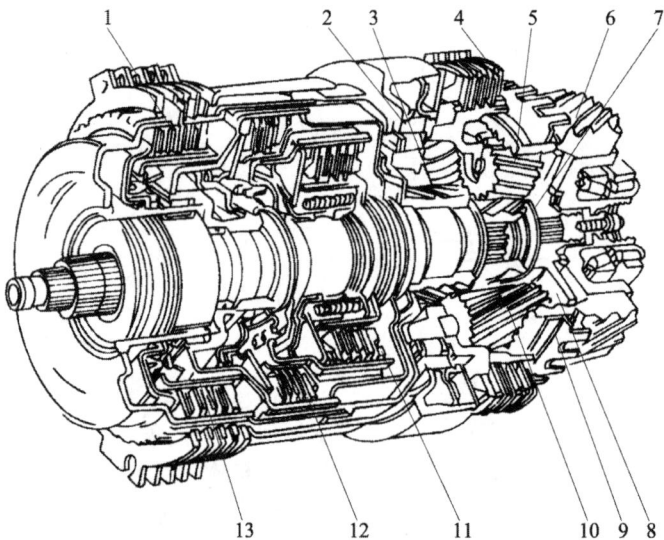

图3-3-49　拉威娜行星齿轮变速器

1-第2挡和第4挡制动器（B_2）；2-单向离合器；3-大太阳轮；4-倒挡制动器（B_1）；5-短行星齿轮；6-主动锥齿轮；7-小太阳轮；8-行星架；9-车速传感器齿轮；10-长行星齿轮；11-第3和第4挡离合器（K_3）；12-倒挡离合器（K_2）；13-第1到第3挡离合器（K_1）

拉威娜式行星齿轮变速机构的结构如图 3-3-50 所示。行星齿轮变速机构由大、小太阳轮各一个，长、短行星齿轮各 3 个，行星架和齿圈组成。短行星齿轮与长行星齿轮及小太阳轮啮合；长行星齿轮同时与大太阳轮、短行星齿轮及齿圈啮合，动力通过齿圈输出。离合器 K_1 用于驱动小太阳轮，离合器 K_2 用于驱动大太阳轮，离合器 K_3 用于驱动行星架，制动器 B_1 用于制动行星架，制动器 B_2 用于制动大太阳轮，单向离合器 F 防止行星架逆时针转动。

图3-3-50 拉威娜行星齿轮变速器的结构

1-输入轴；2-大太阳轮；3-小太阳轮；4-长行星齿轮；5-短行星齿轮；6-齿圈；7-输出齿轮；8-主减速器齿圈；K_1-1~3挡离合器；K_2-倒挡离合器；K_3-3~4挡离合器；B_1-1、倒挡制动器；B_2-2、4挡制动器；F-单向离合器

❷ 各挡动力传动路线

拉威娜行星齿轮变速器的简图如图3-3-51所示，其中锁止离合器（LC）将液力变矩器的泵轮和涡轮刚性连在一起。

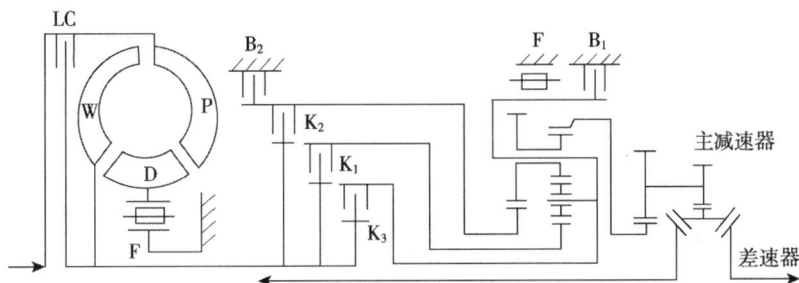

图3-3-51 拉威娜行星齿轮变速器的简图

各挡位换挡元件的工作情况见表3-3-6。

各挡位换挡元件的工作情况　　　　　　　　　　　　　　　　表3-3-6

挡　　位	B_1	B_2	K_1	K_2	K_3	F
R	○			○		○
1挡			○			○
2挡		○	○			
3挡			○		○	
4挡		○			○	

注：○表示离合器、制动器或单向离合器工作。

各挡动力传动路线如图3-3-51所示。

（1）1挡。1挡时，离合器 K_1 接合，单向离合器 F 工作，动力传动路线为：泵轮→涡轮→涡轮轴→离合器 K_1 →小太阳轮→短行星齿轮→长行星齿轮驱动齿圈。

（2）2挡。2挡时，离合器 K_1 接合，制动器 B_2 制动大太阳轮，动力传动路线为：泵轮→涡轮→涡轮轴→离合器 K_1 →小太阳轮→短行星齿轮→长行星齿轮围绕大太阳轮转动并

驱动齿圈。

（3）3挡。3挡时，离合器K_1和K_3接合，驱动小太阳轮和行星架，因而使行星齿轮变速机构锁止并一同转动，动力传动路线为：泵轮→涡轮→涡轮轴→离合器K_1和K_3→整个行星齿轮转动。

（4）4挡。4挡时，离合器K_3接合，制动器B_2工作，使行星架工作，并制动大太阳轮，动力传动路线为：泵轮→涡轮→涡轮轴→离合器K_3→行星架→长行星齿轮围绕大太阳轮转动并驱动齿圈。

（5）R挡。换挡杆在"R"位置时，离合器K_2接合，驱动大太阳轮；制动器B_1工作，使行星架制动，动力传动路线为：泵轮→涡轮→涡轮轴→离合器K_2→大太阳轮→长行星齿轮反向驱动齿圈。

3 平行轴式自动变速器

广州本田雅阁轿车MAXA自动变速器采用了定轴式齿轮变速传动机构，可以提供4个前进挡和一个倒车挡。

1 结构和组成

广州本田雅阁乘用车用MAXA自动变速器的内部结构如图3-3-52所示，图3-3-53所示为MAXA自动变速器的齿轮变速机构。平行轴式齿轮变速机构主要由平行轴、各挡齿轮和湿式多片离合器等组成。平行轴有3根，即主轴（输入轴）、中间轴和副轴（输出轴）。

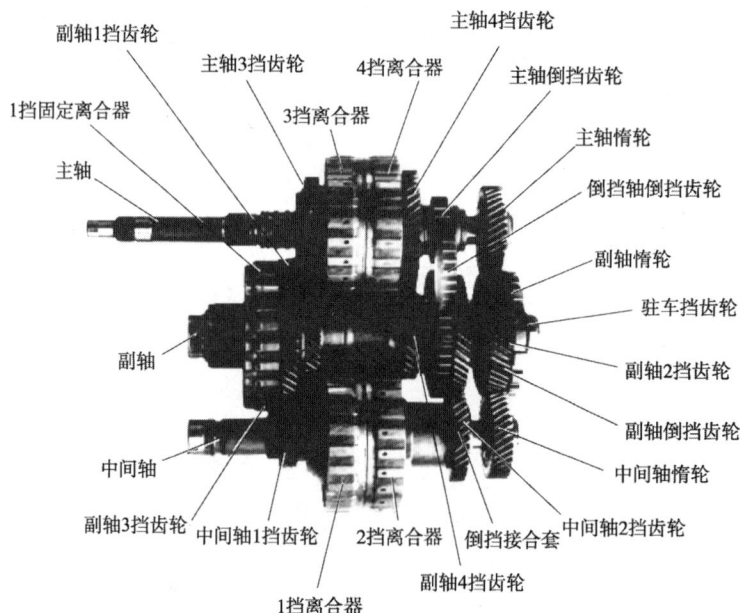

图3-3-52　广州本田雅阁乘用车用MAXA自动变速器的内部结构

2 各挡动力传动路线

MAXA型自动变速器各挡位参与工作的相关部件见表3-3-7。

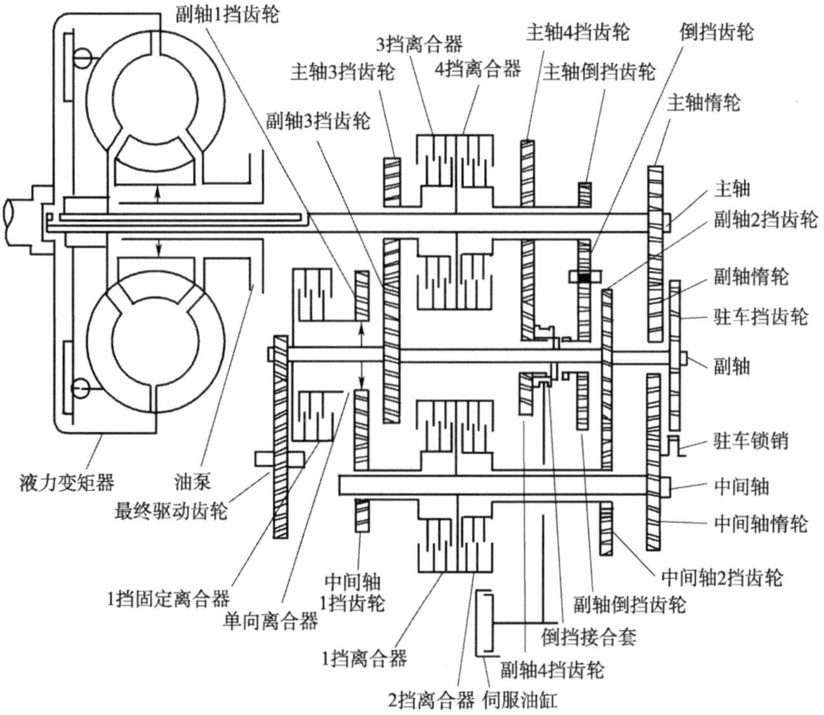

图3-3-53　MAXA自动变速器的齿轮变速机构

MAXA 型自动变速器各挡位参与工作的相关部件　　　　　表 3-3-7

挡位		液力变矩器	1挡齿轮 1挡离合器	1挡固定离合器	2挡齿轮 2挡离合器	3挡齿轮 3挡离合器	4 挡		倒挡齿轮	驻车挡齿轮
							齿轮	离合器		
P		○								○
R		○						○	○	
N		○								
D₄	1挡	○	○							
	2挡	○	○		○					
	3挡	○	○			○				
	4挡	○	○				○	○		
D₃	1挡	○	○							
	2挡	○	○		○					
	3挡	○	○			○				
2		○	○		○					
1		○	○	○						

注：○表示工作。

各挡动力传动路线如图 3-3-53 所示。

（1）P 位：液压油不作用到任何离合器，所有离合器均分离，动力不传递给副轴。此时，依靠制动锁销与驻车挡齿轮的互锁作用实现驻车。

（2）N 位：发动机动力由液力变矩器传递给主轴惰轮、副轴惰轮和中间轴惰轮，但液压油没有作用到任何离合器上，动力没有传递给副轴。当换挡杆从 D₄ 位变换到 N 位时，倒挡接合套将副轴4挡齿轮与倒挡接合套及副轴相连；当换挡杆从R位变换到N位时，副轴倒挡齿轮也将处于啮合状态。但由于无动力传递给副轴，上述两种情况均无动力输出，从而使车辆处于空挡位置。

（3）D_4 或 D_3 位1挡：液力变矩器→主轴→主轴惰轮→副轴惰轮→中间轴惰轮→中间轴→1挡离合器→中间轴1挡齿轮→副轴1挡齿轮→单向离合器→副轴→最终驱动齿轮。

（4）D_4 或 D_3 位2挡或2位：液力变矩器→主轴→主轴惰轮→副轴惰轮→中间轴惰轮→2挡离合器→中间轴2挡齿轮→副轴2挡齿轮→最终驱动齿轮。

（5）D_4 或 D_3 位3挡：液力变矩器→主轴→3挡离合器→主轴3挡齿轮→副轴3挡齿轮→副轴→最终驱动齿轮。

（6）D_4 位4挡：液力变矩器→主轴→4挡离合器→主轴4挡齿轮→副轴4挡齿轮→倒挡接合套→副轴→最终驱动齿轮。

（7）1位1挡：动力传递路线与D4或D3位1挡基本相同，区别仅在于1挡固定离合器接合，使动力分流，实现发动机制动。阻力传递路线：车轮→驱动桥→最终驱动齿轮→副轴→1挡固定离合器→副轴1挡齿轮→中间轴1挡齿轮→1挡离合器→中间轴→中间轴惰轮→副轴惰轮→主轴惰轮→主轴→液力变矩器→发动机。

（8）R位：液力变矩器→主轴→4挡离合器→主轴倒挡齿轮→倒挡惰轮→副轴倒挡齿轮→副轴→最终驱动齿轮。

项目二　自动变速器的拆装

本项目以卡罗拉（1.6L）乘用车自动变速器的拆装为例进行说明。

自动变速器安装位置如图3-3-54所示。

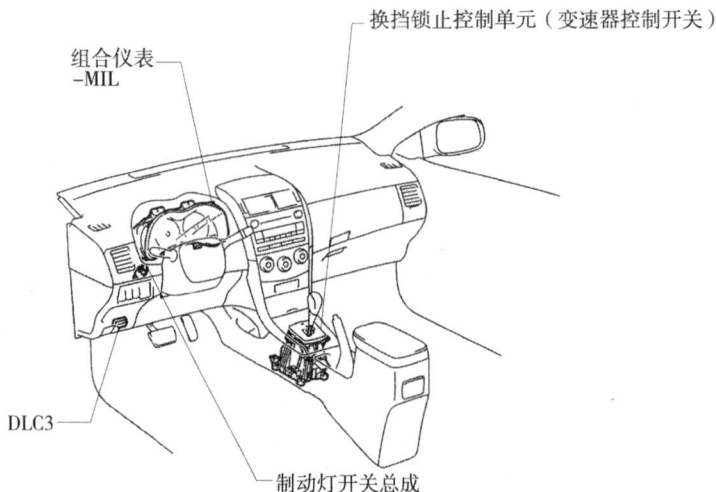

图　3-3-54

转速传感器NT

换挡电磁阀SL

驻车挡/空挡起动开关

ECM

换挡电磁阀SLT

换挡电磁阀ST

变速器线束
（ATF温度传感器）

换挡电磁阀S2

换挡电磁阀S1

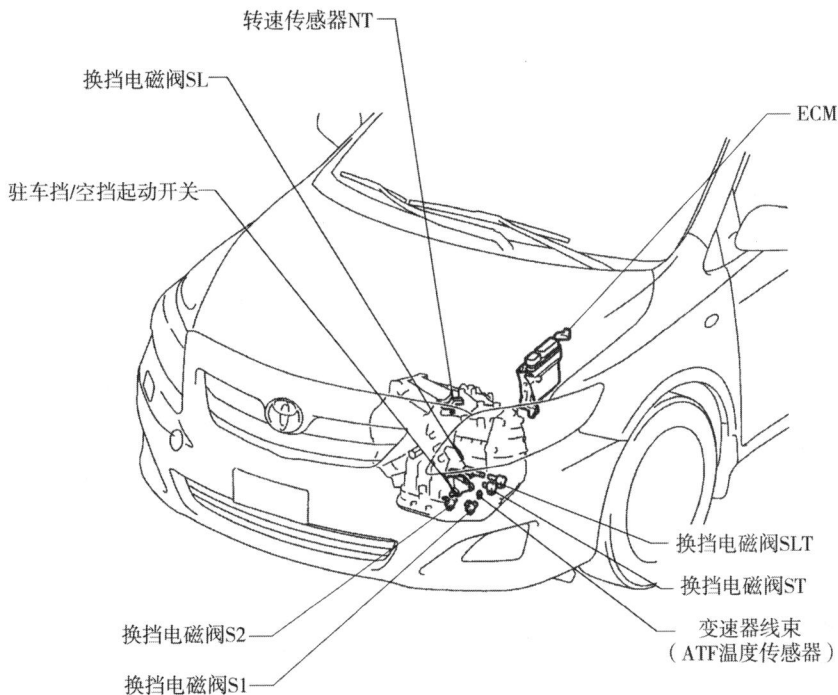

图3-3-54 自动变速器安装位置

拆装自动变速器相关部件的分解图如图 3-3-55~ 图 3-3-62 所示。

2号通风软管

空气滤清器盖分总成

蓄电池卡夹分总成

17

3.5

2号汽缸盖罩

空气滤清器滤芯 ×3

7.0

蓄电池

空气滤清器壳

蓄电池托盘

19

散热器管

×2

19 ×4

蓄电池托架

×6

散热器上空气导流板

×5

发动机后部
右侧底罩

发动机2号底罩

×5

发动机1号底罩

×5

发动机后部左侧底罩

N·m ：规定的拧紧力矩

图3-3-55 拆装自动变速器相关部件的分解图（1）

图3-3-56　拆装自动变速器相关部件的分解图（2）

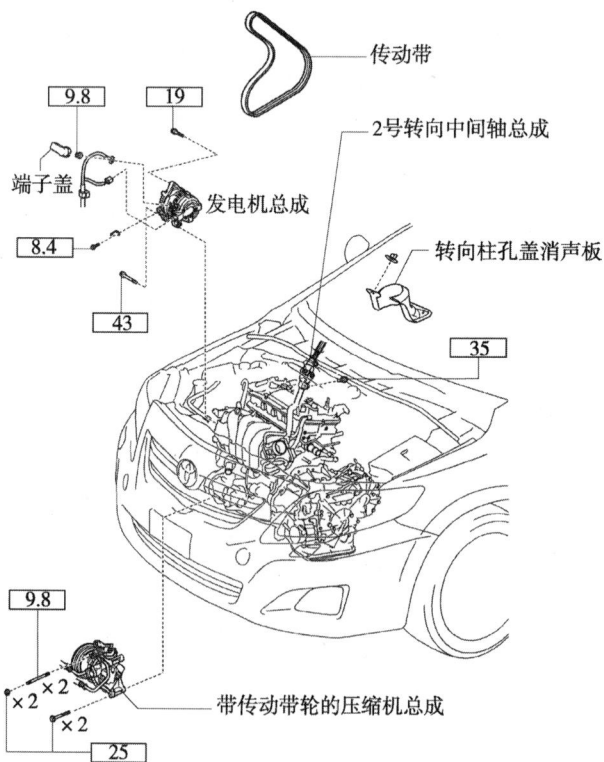

N·m：规定的拧紧力矩

图3-3-57　拆装自动变速器相关部件的分解图（3）

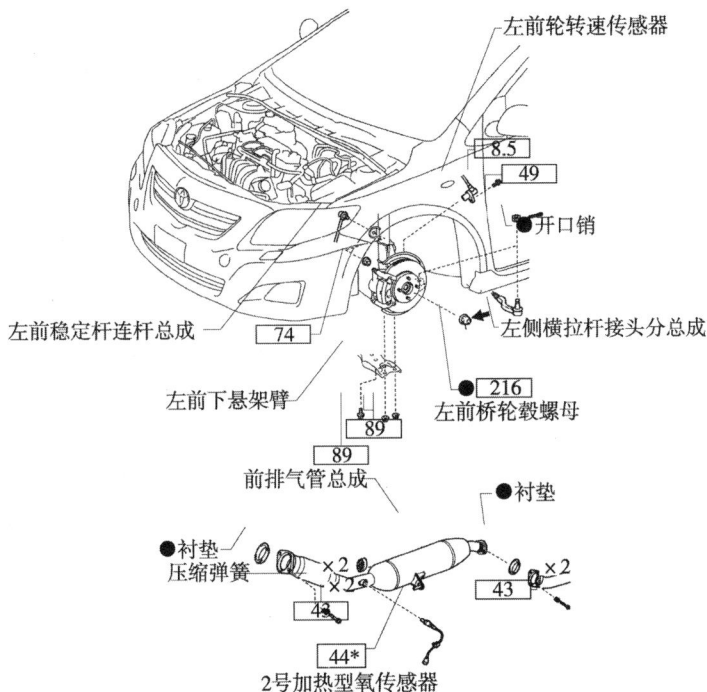

左前轮转速传感器

8.5

49

开口销

左侧横拉杆接头分总成

左前稳定杆连杆总成

74

左前下悬架臂

216

左前桥轮毂螺母

89

89

前排气管总成

●衬垫

●衬垫
压缩弹簧

×2

×2

43

43

×2

44*

2号加热型氧传感器

N·m ：规定的拧紧力矩
*：配合SST使用
●：不可重复使用零件
◄：切勿在螺纹上涂抹润滑脂

图3-3-58 拆装自动变速器相关部件的分解图（4）

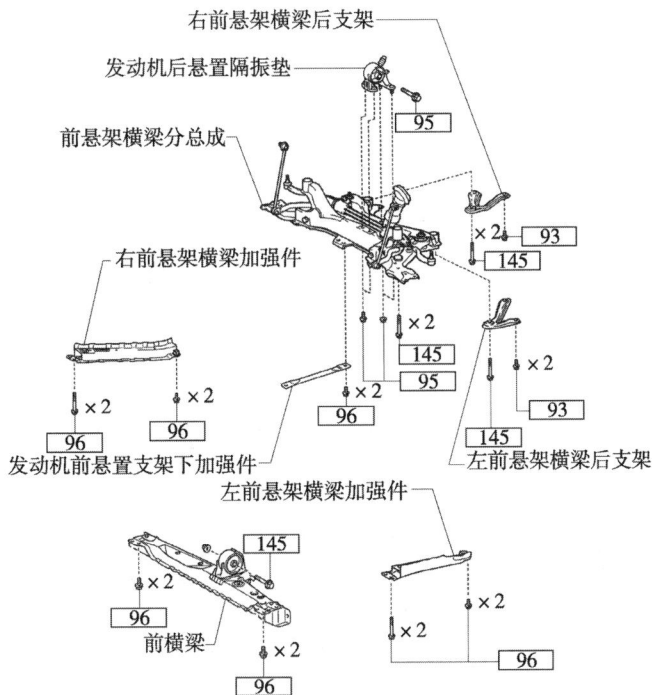

右前悬架横梁后支架

发动机后悬置隔振垫

95

前悬架横梁分总成

右前悬架横梁加强件

×2

93

145

145

95

145

×2

×2

93

96

×2

145

96

×2

96

96

左前悬架横梁后支架

发动机前悬置支架下加强件

左前悬架横梁加强件

145

96

×2

×2

96

×2

96

前横梁

N·m ：规定的拧紧力矩

图3-3-59 拆装自动变速器相关部件的分解图（5）

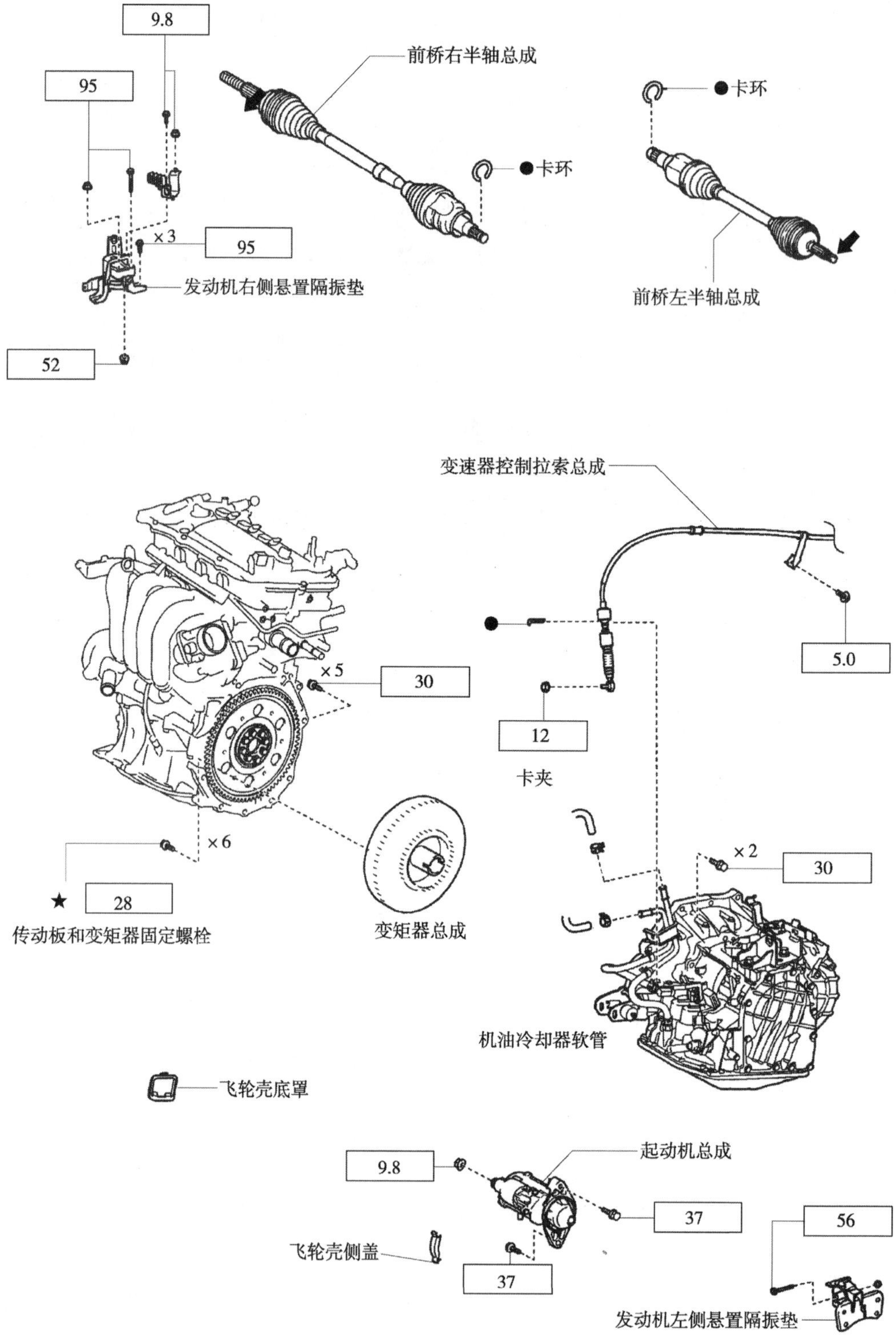

9.8

95

95

发动机右侧悬置隔振垫

52

前桥右半轴总成

●卡环

●卡环

前桥左半轴总成

变速器控制拉索总成

×5

30

5.0

12

卡夹

×6

★ 28

传动板和变矩器固定螺栓

变矩器总成

×2

30

机油冷却器软管

飞轮壳底罩

9.8

起动机总成

37

56

飞轮壳侧盖

37

发动机左侧悬置隔振垫

N·m ：规定的拧紧力矩

●：不可重复使用零件

★：预涂零件

◀：切勿在螺纹零件上涂抹润滑脂

图3-3-60　拆装自动变速器相关部件的分解图（6）

变速器油位计分总成

机油冷却器管分总成

变速器加油管分总成

5.5

5.0

线束

变速器拉索支架

12

64 ×3

●O形圈

软管卡夹

发动机左侧悬置支架

自动变速器连同驱动桥总成

64 ×2

发动机前悬置支架

25

线束

12 ×2

49
加油螺塞

25

线束卡夹支架

线束

变速器1号控制拉索支架

N·m：规定的拧紧力矩

●：不可重复使用零件

←：ATF WS（自动变速器油）

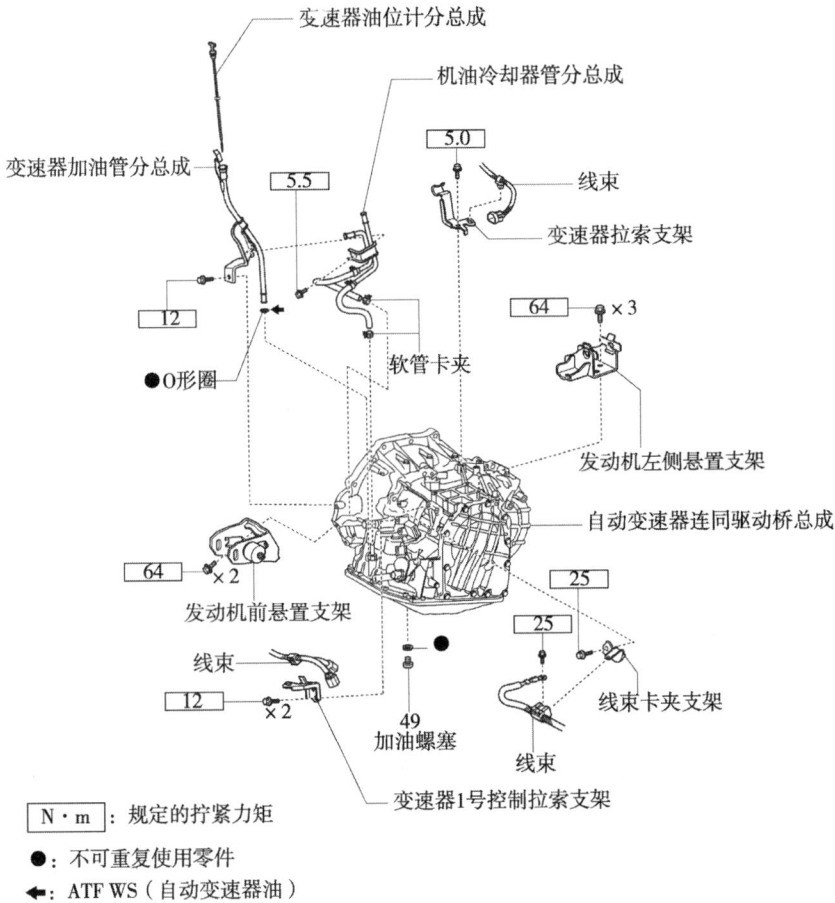

图3-3-61　拆装自动变速器相关部件的分解图（7）

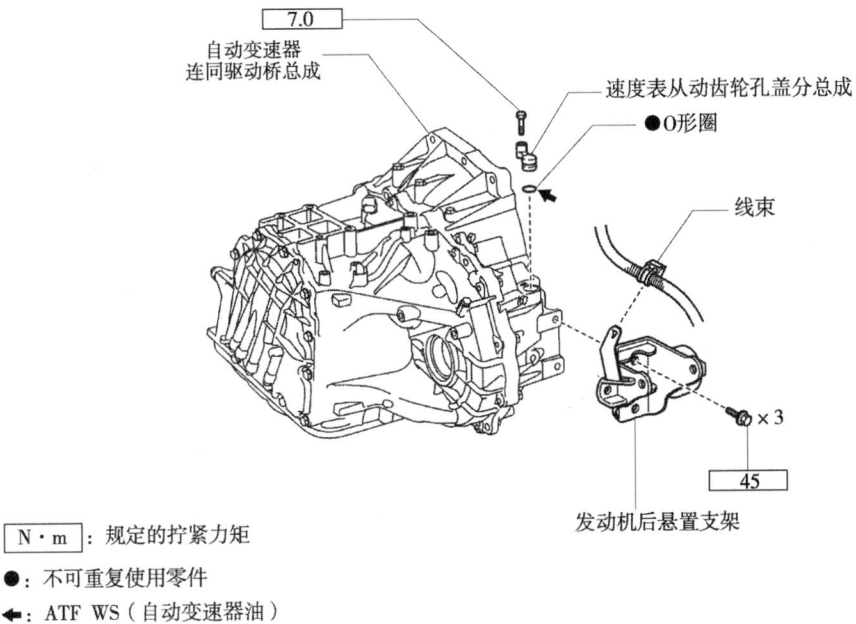

7.0

自动变速器
连同驱动桥总成

速度表从动齿轮孔盖分总成

●O形圈

线束

×3

45

发动机后悬置支架

N·m：规定的拧紧力矩

●：不可重复使用零件

←：ATF WS（自动变速器油）

图3-3-62　拆装自动变速器相关部件的分解图（8）

① 自动变速器的拆卸

（1）燃油系统卸压。

（2）使前轮处于正前位置。

（3）拆卸前轮。

（4）拆卸发动机后部左侧底罩。

（5）拆卸发动机后部右侧底罩。

（6）拆卸发动机 1 号底罩。

（7）拆卸发动机 2 号底罩。

（8）排净发动机冷却液。

（9）排空自动变速器油（ATF）。

（10）拆卸散热器上空气导流板。

（11）拆卸 2 号汽缸盖罩。

（12）拆卸空气滤清器盖分总成。

（13）拆卸空气滤清器壳。

（14）拆卸蓄电池。

（15）拆卸蓄电池托架。

（16）分离散热器进水软管。

（17）分离散热器出水软管。

（18）断开自动变速器控制拉索总成。

（19）断开机油冷却器软管。

（20）断开加热器出水软管。

（21）断开加热器进水软管。

（22）断开燃油管分总成。

（23）拆卸传动带。

（24）拆卸发电机总成。

（25）分离带传动带轮的压缩机总成。

（26）断开线束。

（27）固定转向盘。

（28）拆卸转向柱孔盖消声板。

（29）分离 2 号转向中间轴总成。

（30）断开转向柱 1 号孔盖分总成。

（31）拆卸 2 号加热型氧传感器。

（32）拆卸前排气管总成。

（33）拆卸左前桥轮毂螺母。

（34）拆卸右前桥轮毂螺母。注意：执行与左侧相同的操作程序。

（35）断开左前轮转速传感器。

（36）断开右前轮转速传感器。注意：执行与左侧相同的操作程序。

（37）分离左侧横拉杆接头分总成。

（38）分离右侧横拉杆杆分总成。注意：执行与左侧相同的操作程序。

（39）分离左前稳定杆连杆总成。

（40）分离右前稳定杆连杆总成。注意：执行与左侧相同的操作程序。

（41）分离左前悬架下臂。

（42）分离右前悬架下臂。注意：执行与左侧相同的操作程序。

（43）分离带左车桥轮毂的转向节。

（44）分离右车桥轮毂的转向节。注意：执行与左侧相同的操作程序。

（45）拆卸前桥左半轴总成。

（46）拆卸前桥右半轴总成。

（47）如图 3-3-63 所示，拆卸飞轮壳底罩。

（48）拆卸传动板和变矩器固定螺栓。如图 3-3-64 所示，用扳手固定曲轴传动带轮螺栓，以拆下 6 个变矩器固定螺栓。

图3-3-63　自动变速器的拆卸（1）

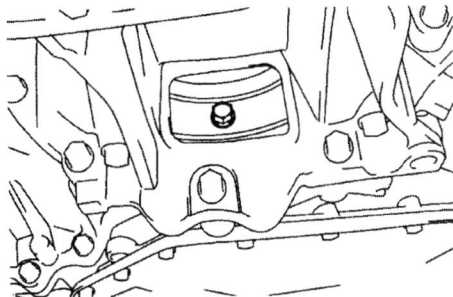

图3-3-64　自动变速器的拆卸（2）

（49）拆卸发动机前悬置支架下加强件。

（50）拆卸左前悬架横梁加强件。

（51）拆卸右前悬架横梁加强件。

（52）拆卸左前悬架横梁后支架。

（53）拆卸右前悬架横梁后支架。

（54）拆卸前悬架横梁分总成。

（55）拆卸前横梁。

（56）拆卸带自动变速器连同驱动桥总成的发动机总成。

（57）拆卸发动机后悬置隔振垫。

（58）安装发动机吊架。

（59）拆卸自动变速器连同驱动桥总成壳侧盖。

（60）拆卸起动机总成。

（61）拆卸自动变速器连同驱动桥总成。如图 3-3-65 所示，拆下 7 个螺栓，从发动机上拆下自动变速器连同驱动桥总成。

（62）拆卸发动机左侧悬置支架。如图 3-3-66 所示，拆下 3 个螺栓，从自动变速器连同驱动桥总成上拆下发动机左悬置支架。

（63）拆卸发动机前悬置支架。如图 3-3-67 所示，拆下 2 个螺栓，从自动变速器连同驱动桥总成上拆下发动机前悬置支架。

（64）拆卸发动机后悬置支架。分离线束卡夹，从发动机后悬置支架上拆下线束。如图 3-3-68 所示，拆下 3 个螺栓，从自动变速器连同驱动桥总成上拆下发动机后悬置支架。

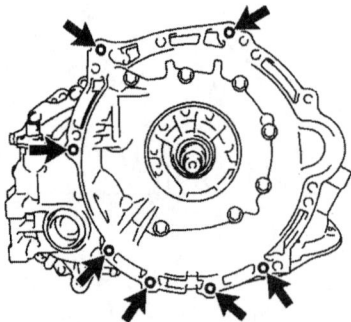

图3-3-65　自动变速器的拆卸（3）

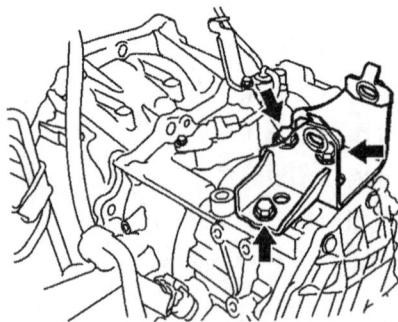

图3-3-66　自动变速器的拆卸（4）

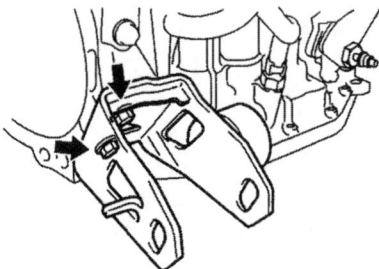

图3-3-67　自动变速器的拆卸（5）

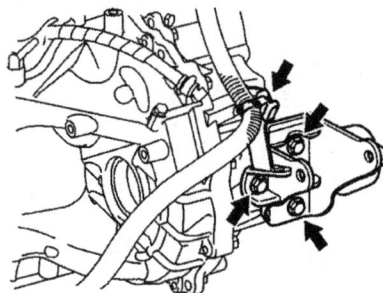

图3-3-68　自动变速器的拆卸（6）

（65）拆卸自动变速器控制拉索支架。分离转速传感器连接器和自动变速器控制拉索支架，从自动变速器连同驱动桥总成上拆下线束。如图 3-3-69 所示，拆下螺栓，从自动变速器连同驱动桥总成上拆下自动变速器控制拉索支架。

（66）拆卸机油冷却器管分总成。如图 3-3-70 所示，拆下 2 个软管卡夹和螺栓，拆下机油冷却器管分总成。

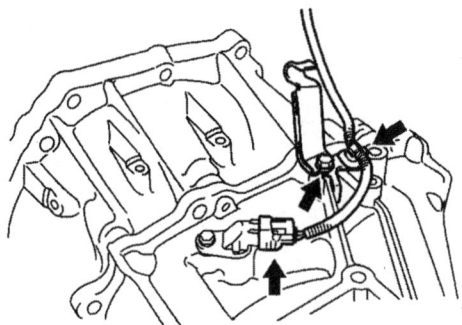

图3-3-69　自动变速器的拆卸（7）

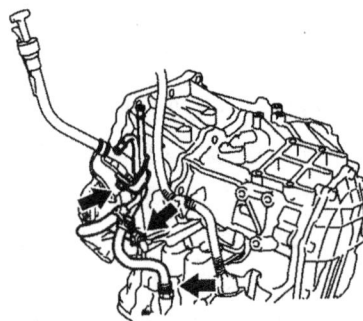

图3-3-70　自动变速器的拆卸（8）

（67）拆卸自动变速器加油管分总成。拆下自动变速器油位计分总成。如图 3-3-71 所示，拆下螺栓和自动变速器加油管分总成。从自动变速器加油管分总成上拆下 O 形圈。

（68）拆卸自动变速器 1 号控制拉索支架。如图 3-3-72 所示，分离 2 个连接器和线束卡夹，从自动变速器连同驱动桥总成上拆下线束。拆下 2 个螺栓，从自动变速器连同驱动桥总成上拆下自动变速器 1 号控制拉索支架。

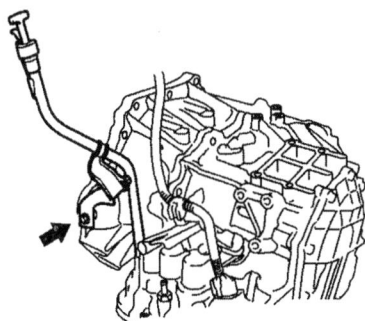

图3-3-71 自动变速器的拆卸（9）

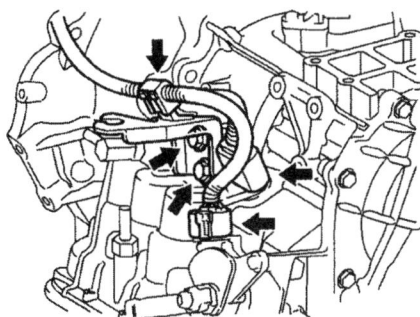

图3-3-72 自动变速器的拆卸（10）

（69）拆卸速度表从动齿轮孔盖分总成。如图 3-3-73 所示，拆下螺栓和速度表从动齿轮孔盖分总成。

（70）拆卸变矩器总成。从自动变速器连同驱动桥总成上拆下变矩器。

2 自动变速器的安装

（1）检查变矩器总成。

（2）安装变矩器总成。

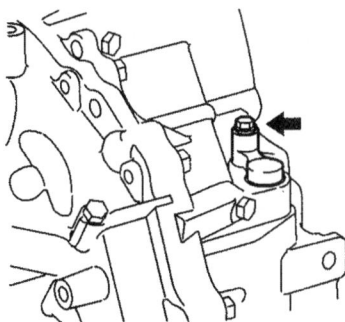

图3-3-73 自动变速器的拆卸（11）

①如图 3-3-74 所示，使用游标卡尺，测量发动机和自动变速器连同驱动桥总成装配部件与传动板变矩器装配部件之间的尺寸 A。

②如图 3-3-75 所示，将键放在前机油泵主动齿轮顶部，并在壳体上做好装配标记。

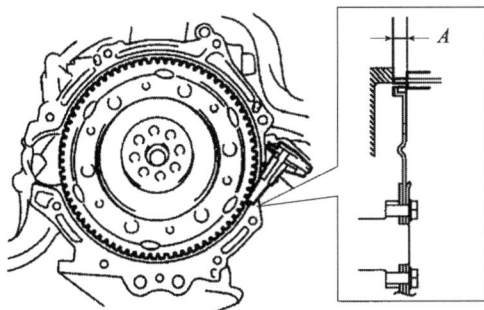

图3-3-74 自动变速器的安装（1）

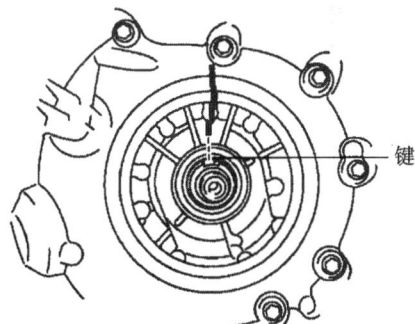

键

图3-3-75 自动变速器的安装（2）

③如图 3-3-76 所示，在变矩器上做好装配标记，以清晰指示它的凹槽。

④如图 3-3-77 所示，对准壳体和变矩器上的装配标记，将输入轴花键装配到涡轮转子花键上。

⑤如图 3-3-78 所示，转动变矩器，将定子轴花键装配到定子花键上。注意：转动变矩器约 180°。

⑥如图 3-3-79 所示，转动变矩器，再次对准壳体和变矩器上的标记，将机油泵主动齿轮键装配到变矩器键槽中。注意：转动时请勿过度推动变矩器。

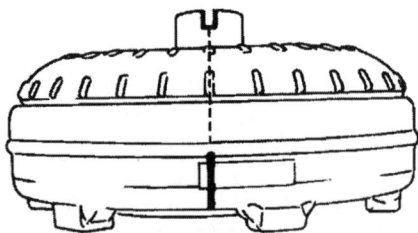

图3-3-76　自动变速器的安装（3）

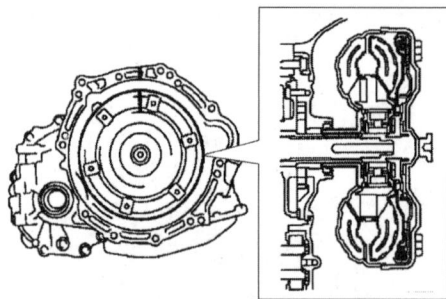

图3-3-77　自动变速器的安装（4）

图3-3-78　自动变速器的安装（5）

图3-3-79　自动变速器的安装（6）

⑦用游标卡尺和直尺，测量如图3-3-80所示的尺寸 B。检查并确认尺寸 B 比在步骤①测量的尺寸 A 大。标准：$A+1mm$ 或更大。注意：用测量值减去直尺的厚度以得到尺寸 B。

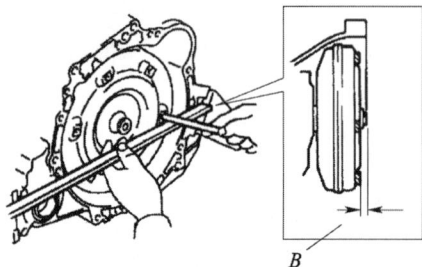

图3-3-80　自动变速器的安装（7）

（3）安装速度表从动齿轮孔盖分总成（图3-3-73）。用螺栓将速度表从动齿轮孔盖分总成安装至自动变速器连同驱动桥总成。

（4）安装自动变速器1号控制拉索支架（图3-3-72）。用2个螺栓将自动变速器1号控制拉索支架安装至自动变速器连同驱动桥总成。连接2个连接器，并将卡夹安装至自动变速器连同驱动桥总成。

（5）安装自动变速器加油管分总成（图3-3-71）。在新O形圈上涂ATF，并将其安装至自动变速器加油管分总成。用螺栓将自动变速器加油管分总成安装至自动变速器连同驱动桥总成。将自动变速器油位计分总成安装至自动变速器加油管分总成。

（6）安装机油冷却器管分总成（图3-3-70）。用2个软管卡夹将2个机油冷却器软管连接至2个接头。用螺栓将机油冷却器管分总成安装至自动变速器连同驱动桥总成。

（7）安装自动变速器控制拉索支架（图3-3-69）。用螺栓将自动变速器控制拉索支架安装至自动变速器连同驱动桥总成。将卡夹连接至自动变速器控制拉索支架上，并将转速传感器连接器连接至转速传感器。

（8）安装发动机后悬置支架（图3-3-68）。用3个螺栓将发动机后悬置支架安装至自动变速器连同驱动桥总成。用线束卡夹将线束安装至发动机后悬置支架。

（9）安装发动机前悬置支架（图3-3-67）。用2个螺栓将发动机前悬置支架安装到自动变速器连同驱动桥总成上。

（10）安装发动机左侧悬置支架（图 3-3-66）。用 3 个螺栓将发动机左悬置支架安装至自动变速器连同驱动桥总成。

（11）安装自动变速器连同驱动桥总成（图 3-3-65）。用 7 个螺栓将自动变速器连同驱动桥总成安装至发动机。

（12）安装起动机总成。

（13）安装飞轮壳侧盖。

（14）安装发动机后悬置隔振垫。

（15）安装带自动变速器连同驱动桥总成的发动机总成。

（16）安装前横梁。

（17）安装前悬架横梁分总成。

（18）安装左前悬架横梁后支架。

（19）安装右前悬架横梁后支架。

（20）安装左前悬架横梁加强件。

（21）安装右前悬架横梁加强件。

（22）安装发动机前悬置下支架加强件。

（23）安装传动板和变矩器固定螺栓（图 3-3-64）。在 6 个变矩器固定螺栓尖头的 2 个圈螺纹上滴黏合剂。黏合剂采用丰田原厂黏合剂：1342、THREE BOND1342 或同等产品。用扳手固定曲轴传动带轮螺栓，以安装 6 个变矩器固定螺栓。注意：先安装黑色螺栓，然后安装其余 5 个螺栓。

（24）安装飞轮壳底罩（图 3-3-63）。安装飞轮壳底罩至自动变速器连同驱动桥总成。

（25）安装前桥左半轴总成。

（26）安装前桥右半轴总成。

（27）安装带左车桥轮毂的转向节。

（28）安装带右车桥轮毂的转向节。注意：执行与左侧相同的程序。

（29）安装左前悬架下臂。

（30）安装右前悬架下臂。注意：执行与左侧相同的程序。

（31）安装左前稳定杆连杆总成。

（32）安装右前稳定杆连杆总成。注意：执行与左侧相同的程序。

（33）连接左侧横拉杆接头分总成。

（34）连接右侧横拉杆接头分总成。注意：执行与左侧相同的程序。

（35）安装左前轮转速传感器。

（36）安装右前轮转速传感器。注意：执行与左侧相同的程序。

（37）安装左前桥轮毂螺母。

（38）安装右前桥轮毂螺母。注意：执行与左侧相同的程序。

（39）安装前排气管总成。

（40）安装 2 号加热型氧传感器。

（41）安装转向柱 1 号孔盖分总成。

（42）安装 2 号转向中间轴总成。

（43）安装转向柱孔盖消声板。

（44）安装线束。

（45）安装带传动带轮的压缩机总成。

（46）安装发电机总成。

（47）安装传动带。

（48）调整传动带。

（49）检查传动带。

（50）连接燃油管分总成。

（51）连接加热器进水软管。

（52）连接加热器出水软管。

（53）连接单向阀软管接头。

（54）连接机油冷却器软管。

（55）安装自动变速器控制拉索总成。

（56）连接散热器出水软管。

（57）连接散热器进水软管。

（58）安装蓄电池托架。

（59）安装蓄电池。

（60）安装空气滤清器壳。

（61）拆卸空气滤清器盖分总成。

（62）安装前轮。

（63）添加发动机冷却液。

（64）添加自动变速器油。油液类型：丰田原厂 ATF WS ；容量：2.9L。

（65）检查自动变速器油。

（66）检查自动变速器油是否泄漏。

（67）检查燃油是否泄漏。

（68）检查冷却液是否泄漏。

（69）检查机油是否泄漏。

（70）检查废气是否泄漏。

（71）调整换挡杆位置。

（72）检查换挡位置。

（73）安装发动机 2 号底罩。

（74）安装发动机 1 号底罩。

（75）安装发动机后部左侧底罩。

（76）安装发动机后部右侧底罩。

（77）检查点火正时。

（78）检查发动机怠速转速。

（79）检查 CO/HC。

（80）检查并调整前轮定位。

（81）安装 2 号汽缸盖罩。

（82）安装散热器上空气导流板。

（83）进行初始化。

（84）检查防抱死制动系统（ABS）的车轮转速传感器信号。

单元4　万向传动装置和驱动桥

项目一　万向传动装置和驱动桥的结构与工作原理

一　万向传动装置

1 万向传动装置的功用和组成

❶ 功用

万向传动装置在汽车上有很多应用，结构也稍有不同，但其功用都是一样的，即在轴线相交且相互位置经常发生变化的两转轴之间传递动力。

图 3-4-1 所示为万向传动装置在汽车中最常见的应用，位于变速器与驱动桥之间。

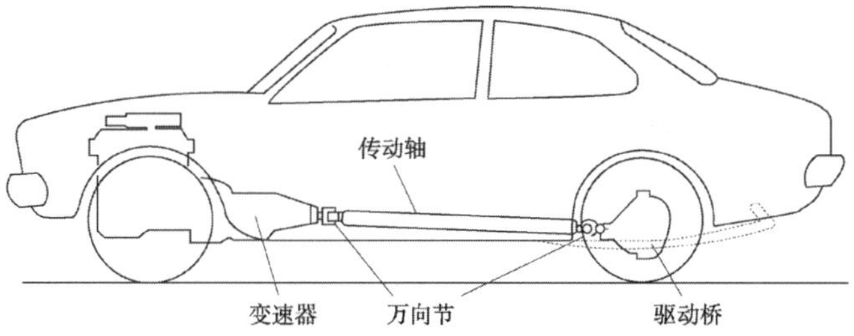

传动轴

变速器　万向节　　　驱动桥

图3-4-1　变速器与驱动桥之间的万向传动装置

❷ 组成

万向传动装置主要包括万向节和传动轴，对于传动距离较远的分段式传动轴，为了提高传动轴的刚度，还设置有中间支承，如图 3-4-2 所示。

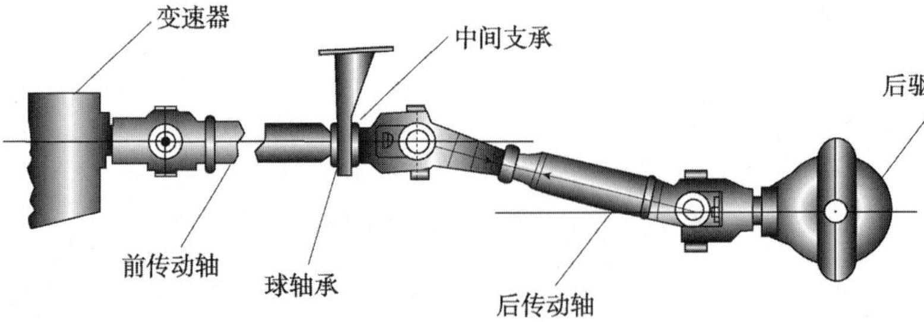

图3-4-2　万向传动装置的组成

③ 万向传动装置的应用

万向传动装置在汽车上的应用主要有以下几个方面。

（1）变速器与驱动桥之间的传动装置（4×2汽车）如图3-4-3所示。一般汽车的变速器、离合器与发动机三者装合为一体装在车架上，驱动桥通过悬架与车架相连。在负荷变化及汽车在不平路面行驶时引起的跳动，会使驱动桥输入轴与变速器输出轴之间的夹角和距离发生变化，需安装万向传动装置。

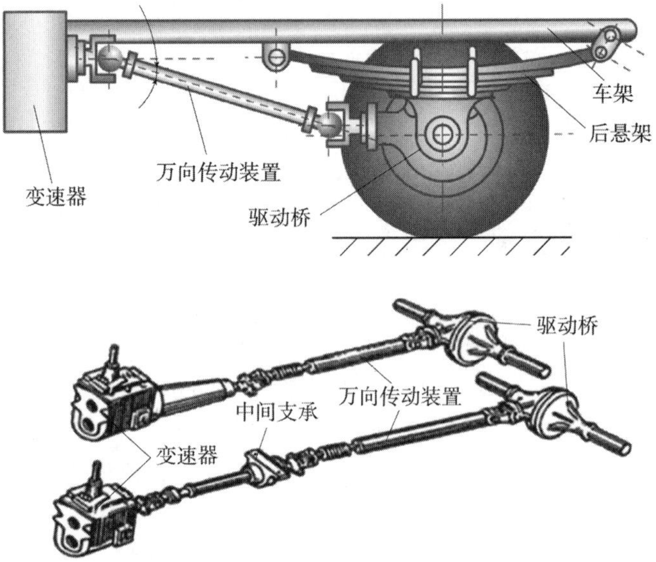

图3-4-3　变速器与驱动桥之间的万向传动装置

（2）变速器与分动器、分动器与驱动桥之间（越野汽车）的传动装置如图 3-4-4 所示。为消除车架变形及制造、装配误差等引起的其轴线同轴度误差对动力传递的影响，需装有万向传动装置。

（3）转向驱动桥的内、外半轴之间的传动装置如图 3-4-5 所示。转向时两段半轴轴线相交且交角变化，因此要用万向节。

（4）断开式驱动桥的半轴之间的传动装置如图 3-4-6 所示。主减速器壳在车架上是固定的，桥壳上下摆动，半轴是分段的，需用万向节。

（5）转向机构的转向轴和转向器之间的传动装置如图 3-4-7 所示。这种传动装置有利于转向机构的总体布置。

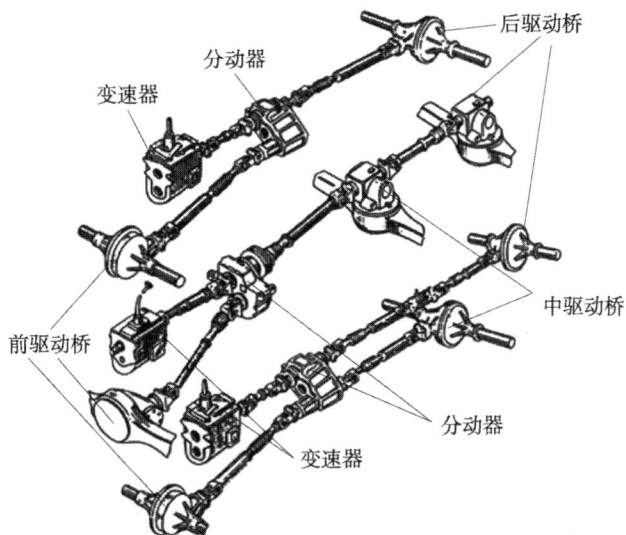

图3-4-4 变速器与分动器、分动器与驱动桥之间的万向传动装置

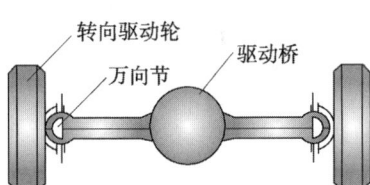

图3-4-5 转向驱动桥内、外半轴之间的
万向传动装置

图3-4-6 断开式驱动桥半轴之间的万向
传动装置

图3-4-7 转向机构的转向轴与转向器之间的万向传动装置

2 万向传动装置主要部件的结构

1 万向节

汽车上使用的万向节按其刚度大小，可分为刚性万向节和柔性万向节。刚性万向节按其速度特性分为不等速万向节（常用的为十字轴式）、准等速万向节（双联式和三销轴式）和等速万向节（包括球叉式和球笼式等）。目前在汽车上应用较多的是十字轴式刚性万向

节和等速万向节。十字轴式刚性万向节主要用于发动机前置后轮驱动的变速器与驱动桥之间，等角速万向节主要用于发动机前置前轮驱动的内、外半轴之间。

❶ 十字轴刚性万向节

常见的不等速万向节为十字轴式刚性万向节，如图3-4-8所示，它允许相邻两轴的最大交角为 $15° \sim 20°$。

十字轴式刚性万向节主要由十字轴、万向节叉等组成。万向节叉上的孔分别套在十字轴的4个轴颈上。在十字轴轴颈与万向节叉孔之间装有滚针和套筒，用带有锁片的螺钉和轴承盖来使之轴向定位。为了润滑轴承，十字轴内钻有油道，且与油嘴、安全阀相通，如图3-4-9所示。为避免润滑油流出及尘垢进入轴承，十字轴轴颈的内端套装着油封。

图3-4-8　十字轴式刚性万向节

图3-4-9　润滑油道及密封装置

单个十字轴式刚性万向节在主动轴和从动轴之间有夹角的情况下，当主动叉等角速转动时，从动叉是不等角速的，这称为十字轴式刚性万向节的不等速特性。且两转轴之间的夹角越大，不等速性就越大，如图3-4-10所示为传动轴每转一圈时速度变化情况。

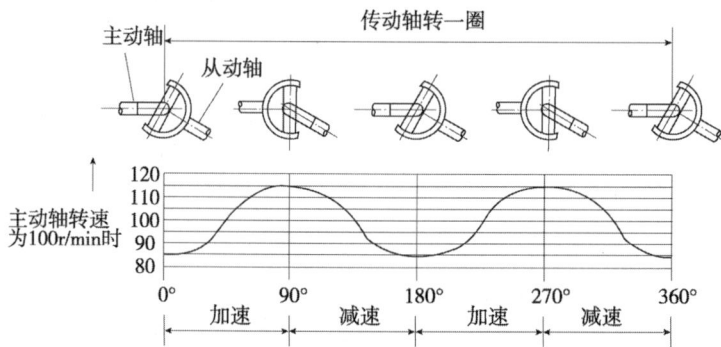

图3-4-10　十字轴式刚性万向节的不等速特性

十字轴式刚性万向节的不等速特性将使从动轴及其相连的传动部件产生扭转振动，从而产生附加的交变载荷，影响部件寿命。可以采用如图3-4-11所示的双十字轴刚性万向节的传动方式，第一万向节的不等速特性可以被第二万向节的不等速特性所抵消，从而实现两轴间的等角速传动。具体条件是：第一万向节两轴间夹角 α_1 与第二万向节两轴间夹角 α_2 相等；第一万向节的从动叉与第二万向节的主动叉处于同一平面。

由于悬架的振动，不可能在任何时候都保证 $\alpha_1 = \alpha_2$，因此，这种双十字轴刚性万向节的传动只能近似地解决等速传动问题，且由于两轴夹角最大只能是20°，因此，使用上受到限制。

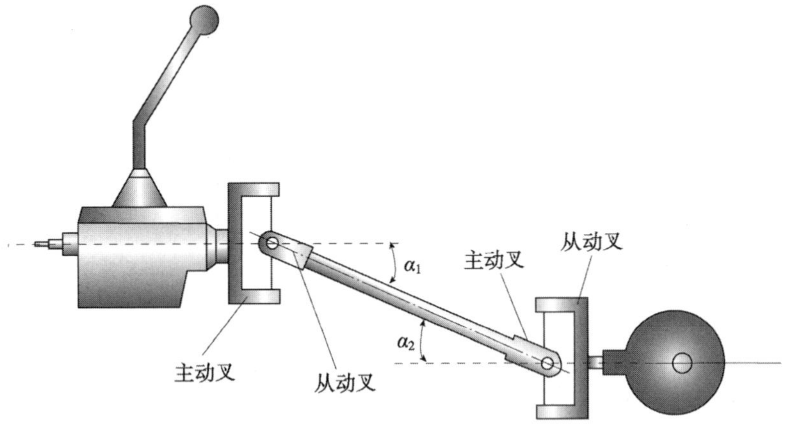

图3-4-11 双十字轴刚性万向节等速传动布置图

❷ 等速万向节

等速万向节的工作原理是保证万向节在工作过程中，其传力点永远位于两轴交角的平分面上，如图 3-4-12 所示。

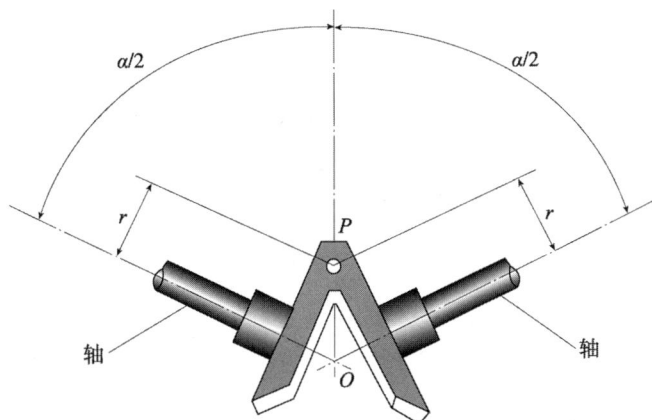

图3-4-12 等速万向节的工作原理

常见的球笼式等速万向节有固定型球笼式等速万向节（RF 节）和伸缩型球笼式等速万向节（VL 节）。

如图 3-4-13 所示，固定型球笼式万向节由 6 个钢球、星形套、球形壳和保持架等组成。万向节星形套与主动轴用花键固接在一起，星形套外表面有 6 条弧形凹槽滚道，球形壳的内表面有相应的 6 条凹槽，6 个钢球分别装在各条凹槽中，由球笼使其保持在同一平面内。动力由主动轴、钢球、球形壳输出。

球笼式万向节工作时 6 个钢球都参与传力，故承载能力强、磨损小、寿命长。它被广泛应用于各种型号的转向驱动桥和独立悬架的驱动桥。

伸缩型球笼式等角速万向节又称直槽滚道型等速万向节。如图 3-4-14 所示，其结构与上述球笼式相近，只是内、外滚道为圆筒形直槽，使万向节本身可轴向伸缩（伸缩量可达 40 ~ 50mm），省去其他万向节传动中的滑动花键，且滚动阻力小，适用于断开式驱动桥的万向传动装置。这种万向节所连接的两轴夹角不能太大，因此，常常和固定型球笼式等速万向节组合在一起使用，以保证在夹角和距离发生变化的条件下传递动力。

主动轴

钢带箍

外罩

钢带箍

卡环

星形套(内滚道)

球形壳(外滚道)

保持架(球笼)

星形套(内滚道)

钢球

钢球

保持架(球笼)

球形壳(外滚道)

图3-4-13　固定型球笼式等速万向节

筒形壳（外滚道）

保持架（球笼）

星形套（内滚道）

主动轴

钢球

图3-4-14　伸缩型球笼式等速万向节

　　RF节和VL节广泛应用于采用独立悬架的轿车转向驱动桥，如红旗、桑塔纳、捷达、宝来、奥迪等乘用车的前桥。其中RF节用于靠近车轮处，VL节用于靠近驱动桥处，如图 3-4-15 所示。

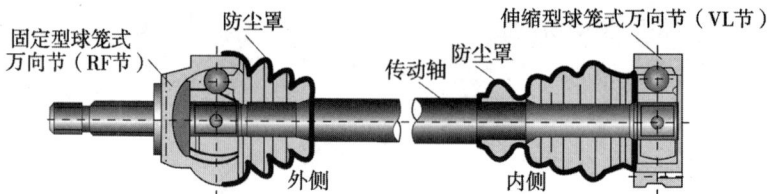

固定型球笼式万向节（RF节）

防尘罩

伸缩型球笼式万向节（VL节）

传动轴

防尘罩

外侧

内侧

图3-4-15　RF节与VL节在转向驱动桥中的布置

② 传动轴

传动轴是万向传动装置中的主要传力部件。通常用来连接变速器（或分动器）和驱动桥，在转向驱动桥和断开式驱动桥中，则用来连接差速器和驱动车轮。

图3-4-16所示为传动轴的构造。传动轴有实心轴和空心轴之分。为了减轻传动轴的质量，节省材料，提高轴的强度、刚度，传动轴多为空心轴，超重型货车则直接采用无缝钢管。转向驱动桥、断开式驱动桥或微型汽车的传动轴通常制成实心轴。传动轴两端的连接件装好后，应进行动平衡试验。在质量轻的一侧补焊平衡片，使其不平衡量不超过规定值。

图3-4-16 传动轴的构造

汽车行驶过程中，变速器与驱动桥的相对位置会发生变化，随着传动轴角度的改变，其长度也会改变，因此采用滑动叉和花键组成的滑套连接，以实现传动轴长度的变化，如图3-4-17所示。

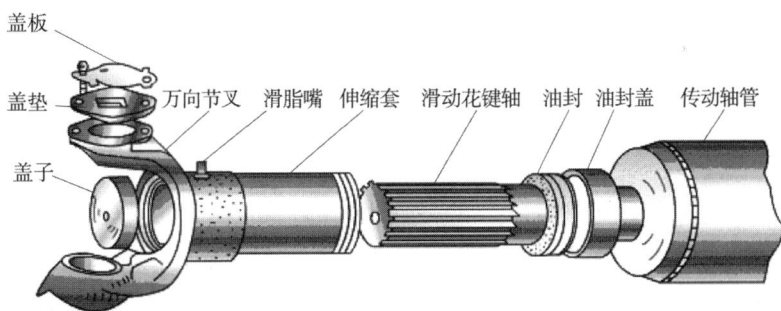

图3-4-17 滑动叉的构造

③ 中间支承

传动轴分段时需加中间支承，中间支承通常装在车架横梁上，能补偿传动轴轴向和角度方向的安装误差，以及汽车行驶过程中因发动机窜动或车架变形等引起的位移。

图3-4-18所示的中间支承是由支架和轴承等组成，轴承固定在中间传动轴后部的轴颈上。带油封的支承盖之间装有弹性元件橡胶垫环，用3个螺栓紧固。紧固时，橡胶垫环会径向扩张，其外圆被挤紧于支架的内孔。

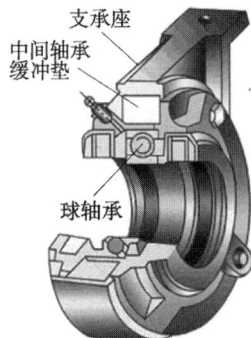

图3-4-18 中间支承

二 驱动桥

1 驱动桥功用、组成和分类

1 驱动桥功用

驱动桥的功用是将由万向传动装置传来的发动机转矩传给驱动车轮，并经降速增矩、改变动力传动方向，使汽车行驶，而且允许左右驱动车轮以不同的转速旋转。

2 驱动桥的组成

驱动桥是传动系的最后一个总成，一般由主减速器、差速器、半轴和桥壳等组成，如图 3-4-19 所示。驱动桥的主要零部件都在装在驱动桥的桥壳中。

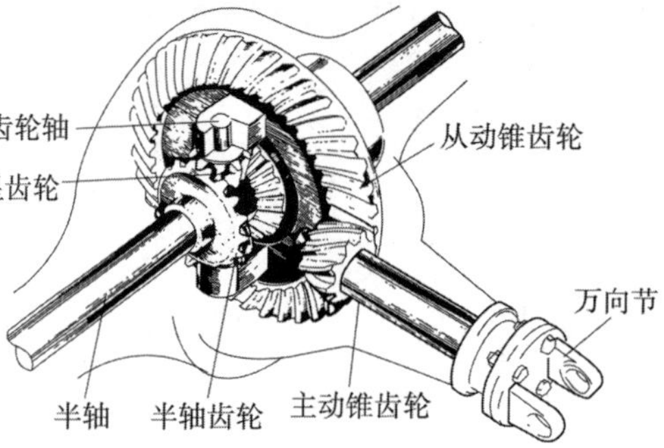

图3-4-19　驱动桥的组成

3 驱动桥的分类

按照悬架结构的不同，驱动桥可以分为整体式驱动桥和断开式驱动桥，整体式驱动桥又称为非断开式驱动桥。

整体式驱动桥与非独立悬架配用。其驱动桥壳为一刚性的整体，驱动桥两端通过悬架与车架或车身连接，左右半轴始终在一条直线上，即左右驱动轮不能相互独立地跳动。当某一侧车轮通过地面的凸出物或凹坑升高或下降时，整个驱动桥及车身都要随之发生倾斜，车身波动大。

断开式驱动桥与独立悬架配用。其主减速器固定在车架或车身上，驱动桥壳制成分段并用铰链连接，半轴也分段并用万向节连接。驱动桥两端分别用悬架与车架或车身连接。这样，两侧驱动车轮及桥壳可以彼此独立地相对于车架或车身上下跳动。

2 驱动桥主要部件的构造

1 主减速器

❶ 主减速器的功用

主减速器的功用是：将发动机转矩传给差速器；在动力的传动过程中要将转矩增大并

相应降低转速；对于纵置发动机，还要将转矩的旋转方向改变90°。

❷ 主减速器的类型

按参加传动的齿轮副数目，可分为单级式主减速器和双级式主减速器。有些重型汽车又将双级式主减速器的第二级圆柱齿轮传动设置在两侧驱动车轮附近，称为轮边减速器。

按主减速器传动比个数，可分为单速式和双速式主减速器。单速式的传动比是固定的，而双速式则有两个传动比供驾驶人选择。

按齿轮副结构形式，可分为圆柱齿轮式（又可分为定轴轮系和行星轮系）主减速器和圆锥齿轮式（又可分为螺旋锥齿轮式和准双曲面锥齿轮式）主减速器。

❸ 单级主减速器

单级主减速器结构简单，质量小，体积小，传动效率高，主要用于乘用车及中型以下客货车。

对于发动机纵向布置的汽车，由于需要改变动力传递方向，单级主减速器都采用一对圆锥齿轮传动；对于发动机横向布置的汽车，单级主减速器采用一对圆柱齿轮即可。

桑塔纳2000型乘用车主减速器和差速器如图3-4-20所示，其传动比为4.444。由于发动机纵向前置前轮驱动，整个传动系都集中布置在汽车前部，因此，其主减速器装于变速器壳体内，没有专门的主减速器壳体。由于省去了变速器到主减速器之间的万向传动装置，所以变速器输出轴即为主减速器主动轴。

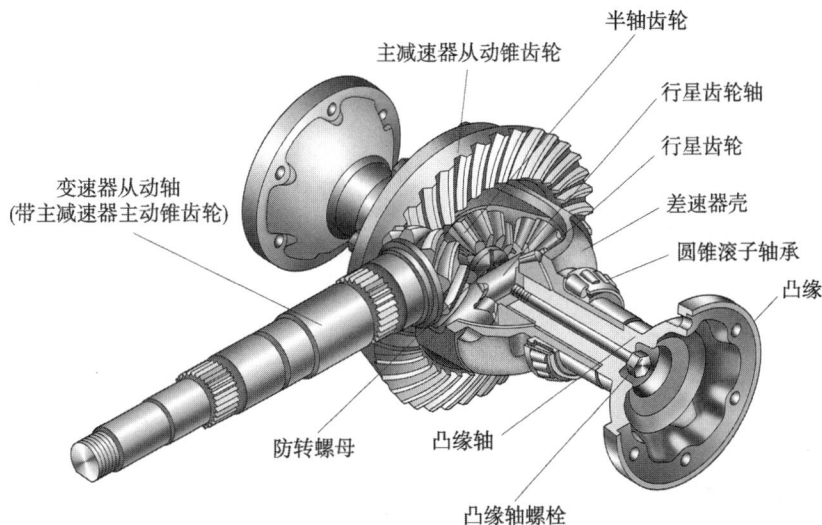

图3-4-20 桑塔纳2000型乘用车主减速器和差速器

❷ 差速器

❶ 差速器的功用

差速器的功用是将主减速器传来的动力传给左、右两半轴，并在必要时允许左、右半轴以不同转速旋转，使左、右驱动车轮相对地面纯滚动而不是滑动。

当汽车转弯行驶时，内外两侧车轮中心在同一时间内移过的曲线距离显然不同，即外侧车轮移过的距离大于内侧车轮，如图3-4-21所示。若两侧车轮都固定在同一刚性转轴上，两轮角速度相等，则此时外轮必然是边滚动边滑移，内轮必然是边滚动边滑转。

❷ 差速器的结构和工作原理

应用最广泛的普通齿轮差速器为锥齿轮差速器。桑塔纳2000型乘用车差速器如图3-4-22所示，它由差速器壳、行星齿轮轴、2个行星齿轮、2个半轴齿轮、球面垫片和垫圈等组成。行星齿轮轴装入差速器壳体后用弹簧销定位。行星齿轮和半轴齿轮的背面制成球面，与球面垫片和垫圈相配合，以减摩、耐磨。螺纹套用于紧固半轴齿轮。差速器通过一对圆锥滚子轴承支承在变速器壳体中。

图3-4-21 汽车转向时驱动车轮的运动示意图

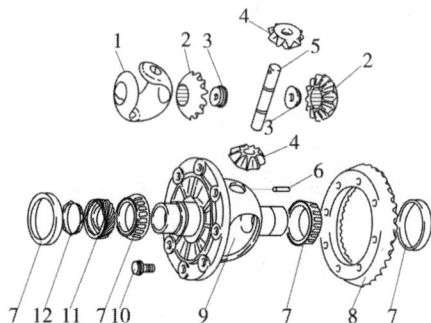

图3-4-22 桑塔纳2000型乘用车差速器
1-复合式推力垫片；2-半轴齿轮；3-螺纹套；4-行星齿轮；5-行星齿轮轴；6-止动销；7-圆锥滚子轴承；8-主减速器从动锥齿轮；9-差速器壳；10-螺栓；11-车速表齿轮；12-车速表齿轮锁紧套筒

差速器的工作原理如图3-4-23所示。主减速器传来的动力带动差速器壳转动，经过行星齿轮轴、行星齿轮、半轴齿轮、半轴，最后传给两侧驱动车轮。

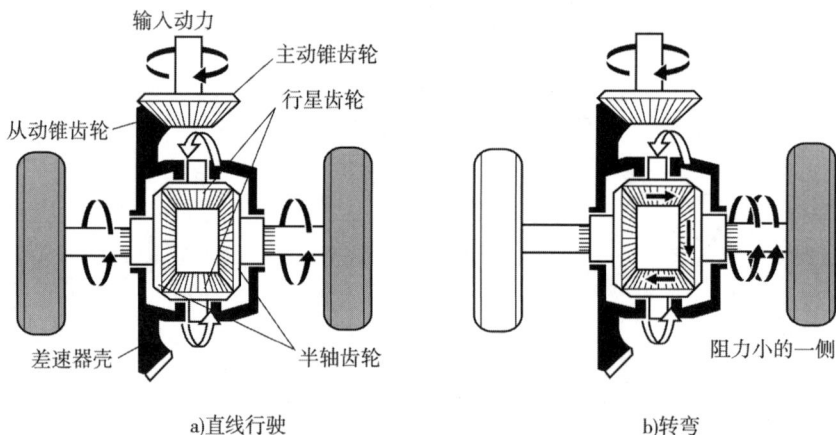

a)直线行驶　　　　　　　　　　　　b)转弯

图3-4-23 差速器运动原理

半轴在差速器内分成左右两段，并装上半轴齿轮。差速器壳固定在从动锥齿轮上，半轴齿轮和行星齿轮啮合，行星齿轮支承在差速器壳上。当从动锥齿轮旋转时，行星齿轮公转。当单侧半轴齿轮受到阻力时，行星齿轮一边公转一边自转，允许两侧车轮以不同的速度旋转。

普通齿轮式差速器的速度特性为：左、右两半轴的转速之和等于差速器壳转速的2

倍，而与行星齿轮的转速无关；差速器转矩特性为：左、右两侧半轴的转矩始终相同，即平分特性。

❸ 半轴

半轴的功用是将差速器传来的动力传给驱动轮。因其传递的转矩较大，常制成实心轴。

半轴的结构因驱动桥结构形式的不同而异。整体式驱动桥中的半轴为一刚性整轴。而转向驱动桥和断开式驱动桥中的半轴则分段并用万向节连接。

现代汽车常采用全浮式和半浮式两种半轴支承形式。

❶ 全浮式半轴支承

全浮式半轴支承广泛应用于各型货车上。图3-4-24所示为全浮式半轴支承的示意图。半轴外端锻造有半轴凸缘，用螺栓紧固在轮毂上，轮毂用一对圆锥滚子轴承支承在半轴套管上，半轴套管与空心梁压配成一体，组成驱动桥壳。这种半轴支承形式，半轴与桥壳没有直接联系，半轴只在两端承受转矩，不承受其他任何反力和弯矩，所以称为全浮式半轴支承。

❷ 半浮式半轴支承

图3-4-25所示为半浮式半轴支承的示意图。半轴用一个圆锥滚子轴承直接支承在桥壳凸缘的座孔内。车轮与桥壳之间无直接联系，而支承于悬伸出的半轴外端。因此，地面作用于车轮的各种反力都须经半轴外端的悬伸部分传给桥壳，使半轴外端不仅要承受转矩，而且还要承受各种反力及其形成的弯矩。半轴内端通过花键与半轴齿轮连接，不承受弯矩，故称这种支承形式为半浮式半轴支承。

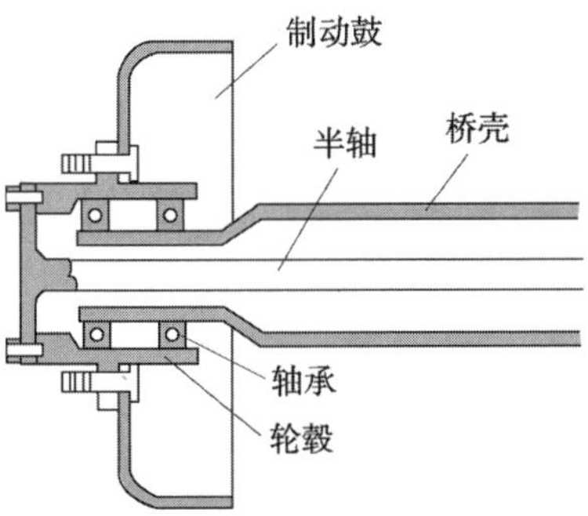

图3-4-24　全浮式半轴示意图 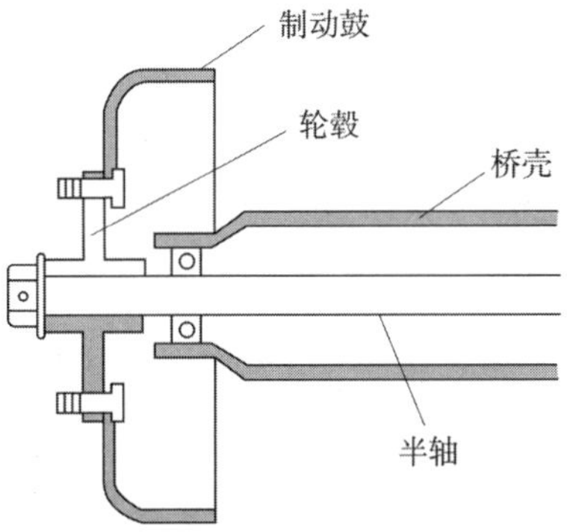　　　图3-4-25　半浮式半轴示意图

❹ 桥壳

驱动桥壳既是传动系统的组成部分，同时也是行驶系统的组成部分。作为传动系统的组成部分，其功用是安装并保护主减速器、差速器和半轴。作为行驶系统的组成部分，其功用是安装悬架或轮毂，和从动桥一起支承汽车悬架以上各部分质量，承受驱动轮传来的反力和力矩，并在驱动轮与悬架之间传力。

驱动桥壳可分为整体式桥壳和分段式桥壳两种类型。整体式桥壳一般是铸造，具有较大的强度和刚度，且便于主减速器的拆装和调整，适用于中型以上货车。分段式桥壳一般分为两段，由螺栓将两段连成一体，现已很少应用。

项目二　万向传动装置和驱动桥的拆装

本项目以桑塔纳 2000GSi 型乘用车的万向传动装置和驱动桥的拆装为例进行说明。

一　传动轴（半轴）总成的拆装

桑塔纳 2000GSi 型乘用车传动轴（半轴）示意图如图 3-4-26 所示。

图3-4-26　桑塔纳2000GSi型轿车传动轴（半轴）示意图

1　传动轴（半轴）总成的拆卸

（1）在车轮着地时，旋下轮毂的紧固螺母。

（2）旋下传动轴凸缘上的紧固螺栓（图 3-4-27 中箭头所示），将传动轴与凸缘分开。

（3）从车轮轴承壳内拉出传动轴，或利用 V.A.G1389 压力装置拉出传动轴。

注意：拆卸传动轴时轮毂绝对不能加热，否则，会损坏车轮轴承，原则上应使用拉具。其次，拆掉传动轴后，应装上一根连接轴来代替传动轴，防止移动卸掉传动轴的车辆时，损坏前轮轴承总成。

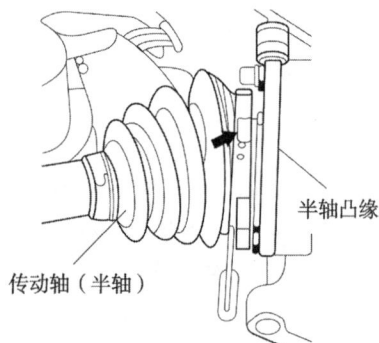

图3-4-27　传动轴总成的拆卸

2　传动轴（半轴）总成的安装

（1）如图 3-4-28 所示，在等速万向节的花键涂上一圈 5mm 的防护剂 D6，然后装上传动轴花键套。涂防护剂 D6 后的传动轴装车后应停车

86

60min 之后才可使用汽车。

（2）如图3-4-29所示，将球销接头重新装配在原位置，并拧紧螺母。在安装球销接头时；不能损坏波纹管护套。

图3-4-28　传动轴总成的安装（1）

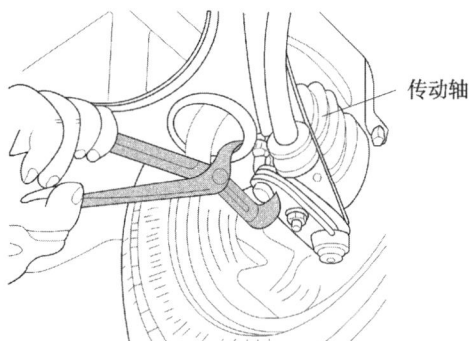

图3-4-29　传动轴总成的安装（2）

（3）必要时检查前轮外倾角。

（4）车轮着地后，拧紧轮毂固定螺母。

二　万向节的分解和组装

桑塔纳2000GSi型乘用车传动轴和万向节分解图如图3-4-30所示。

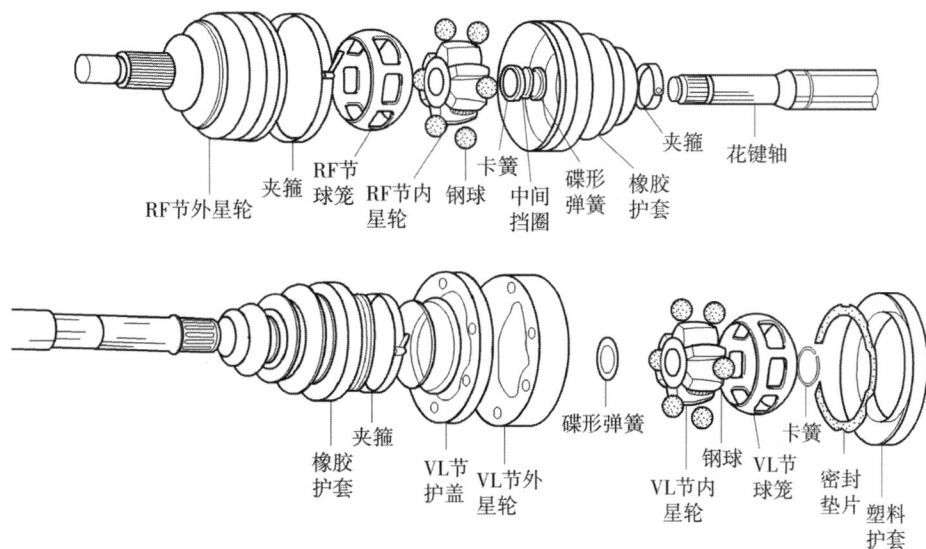

图3-4-30　桑塔纳2000GSi型乘用车传动轴和万向节分解图

1　万向节的分解

（1）用钢锯将等速万向联轴器金属环锯开（图3-4-31中箭头处），拆卸防尘罩。

（2）如图3-4-32所示，用一把轻金属锤子用力从传动轴上敲下RF节（外等速万向节）。

87

图3-4-31　万向节的分解（1）

图3-4-32　万向节的分解（2）

（3）如图 3-4-33 所示，拆卸 VL 节（内等速万向节）的卡簧。

（4）如图 3-4-34 所示，从传动轴上压出 VL 节。

图3-4-33　万向节的分解（3）

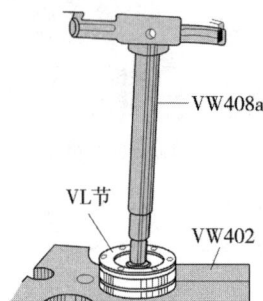

图3-4-34　万向节的分解（4）

（5）分解 RF 节。

①拆散之前用电蚀笔或油石在钢球球笼和外星轮上标出内星轮的位置。

②如图 3-4-35 所示，旋转内星轮与球笼，依次取出钢球。

③用力转动钢球笼直至两个方孔（图 3-4-36 中箭头所示）与外星轮对齐，连外星轮一起拆下球笼。

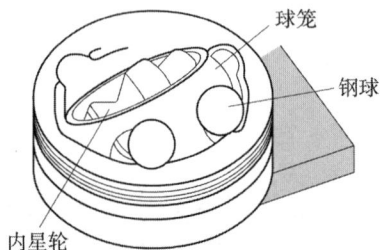

图3-4-35　万向节的分解（5）

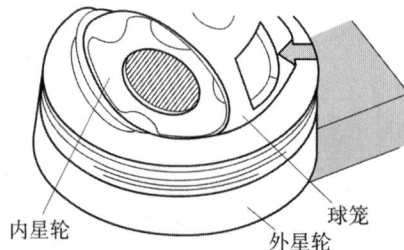

图3-4-36　万向节的分解（6）

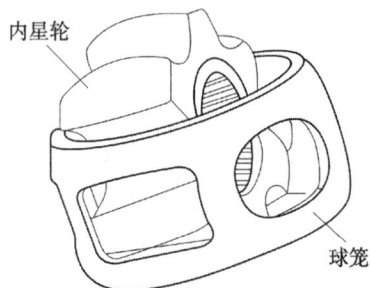

图3-4-37　万向节的分解（7）

④如图 3-4-37 所示，把内星轮上扇形齿旋入球笼的方孔，然后从球笼中取下内星轮。

（6）分解 VL 节。

①转动内星轮与球笼，按图 3-4-38 中箭头所示方向压出球笼里的钢球。

②内星轮与外星轮一起选配，不能互换。

③从球槽上面（图 3-4-39 中箭头所示）取出球笼里的内星轮。

图3-4-38 万向节的分解（8）

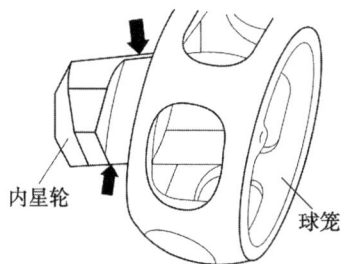

图3-4-39 万向节的分解（9）

② 万向节的组装

（1）组装 VL 节。

①对准凹槽将内星轮嵌入球笼，内星轮在球笼内的位置无关紧要。

②如图 3-4-40 所示，将钢球压入球笼，并注入润滑脂。

③将带钢球与球笼的外星轮垂直装入壳体。安装时应注意旋转之后，外星轮上的宽间隔 a 应对准内星轮上的窄间隔 b（图 3-4-41），转动球笼。嵌入到位，内星轮内径（花键齿）上的倒角必须对准外星轮的大直径端。

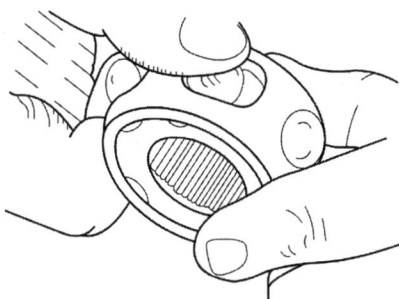

图3-4-40 万向节的组装（1）

图3-4-41 万向节的组装（2）

④扭转内星轮，这样内星轮就能转出球笼（图 3-4-42 中箭头所示），使钢球在与壳体中的球槽相配合有足够的间隙。

⑤用力撬压球笼（图 3-4-43 中箭头所示），便装有钢球的内星轮完全转入外星轮内。

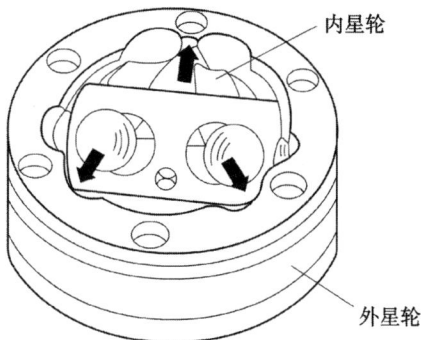

图3-4-42 万向节的组装（3）

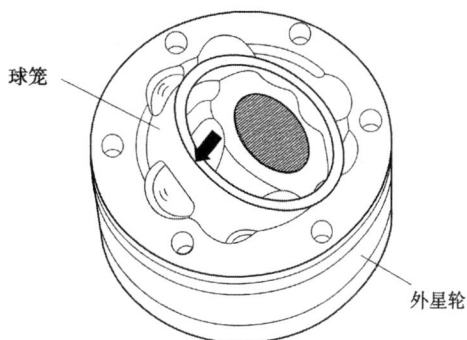

图3-4-43 万向节的组装（4）

89

⑥用手能将内星轮在轴向范围内来回推动，应灵活。

（2）组装 RF 节。

①用汽油清洗各部件，将 G-6 润滑脂总量的一半（45g）注入万向节内。

②将球笼连同内星轮一起装入外星轮。

③对角交替地压入钢球，必须保持内星轮在球笼以及外星轮内的原先位置。

④将弹簧锁环装入内星轮，将剩余的润滑脂压入万向节。

⑤用手将内星轮在轴向范围内来回推动，检查安装是否正确。

三 主动锥齿轮和从动锥齿轮总成的拆装

桑塔纳 2000GSi 型乘用车的主减速器和差速器分解图如图 3-4-44 所示。

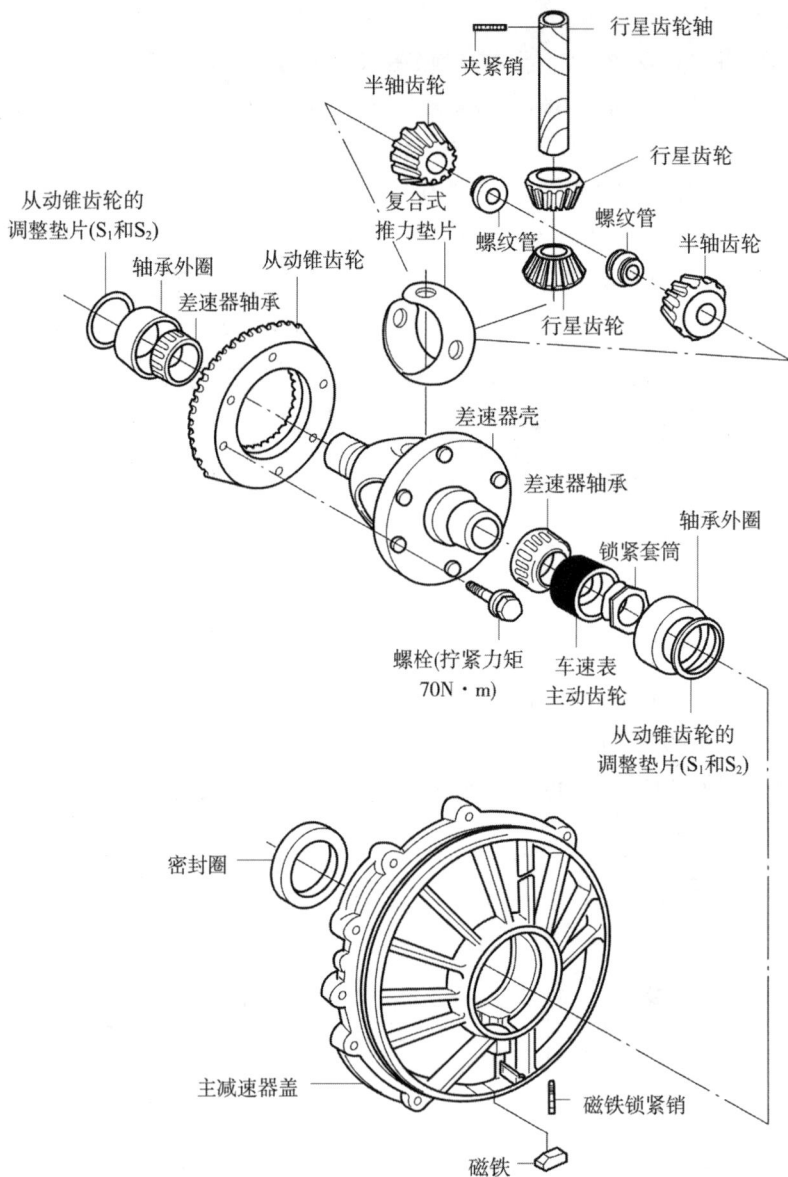

图3-4-44　主减速器和差速器分解图

❶ 主动锥齿轮和从动锥齿轮总成的拆卸

（1）拆卸变速器，将其固定在支架上（图 3-4-45）。拆下轴承支座和后盖。

（2）如图 3-4-46 所示，取下车速—里程表的传感器。

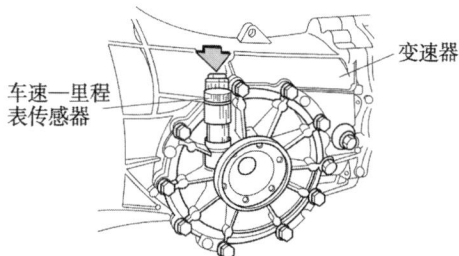

图3-4-45　主动锥齿轮和从动锥齿轮总成的拆卸（1）　图3-4-46　主动锥齿轮和从动锥齿轮总成的拆卸（2）

（3）如图 3-4-47 所示，锁住传动轴（半轴），拆下紧固螺栓，取下传动轴凸缘。

（4）取下车速—里程表的主动齿轮导向器和齿轮。

（5）如图 3-4-48 所示，拆下主减速器盖，从变速器壳体上取下差速器。

图3-4-47　主动锥齿轮和从动锥齿轮　　　　图3-4-48　主动锥齿轮和从动锥齿轮总成的
　　　　　　总成的拆卸（3）　　　　　　　　　　　　　拆卸（4）

（6）如图 3-4-49 所示，用铝质的夹具将差速器壳固定在台虎钳上，拆下从动齿轮的紧固螺栓。从动锥齿轮的紧固螺栓是自动锁紧的，一经拆卸就必须更换。

（7）取下从动锥齿轮。

（8）拆下并分解变速器输出轴。仔细检查所有零件，尤其是同步器环和齿轮，对于损坏和磨损的，应进行更换。

❷ 主动锥齿轮和从动动锥齿轮总成的安装

（1）在变速器输出轴上装上所有齿轮、轴承及同步器，计算输出轴的调整垫片的厚度。

（2）如图 3-4-50 所示，用 120℃的温度给从动锥齿轮加热，并将其装在差速器壳上，安装时用两个螺纹销做导向。

（3）装上新的从动锥齿轮螺栓（图3-4-49），并用70N·m的力矩交替旋紧。

（4）把计算好的垫片装在适当的位置上。

图3-4-49 主动锥齿轮和从动锥齿轮总成的拆卸（5）

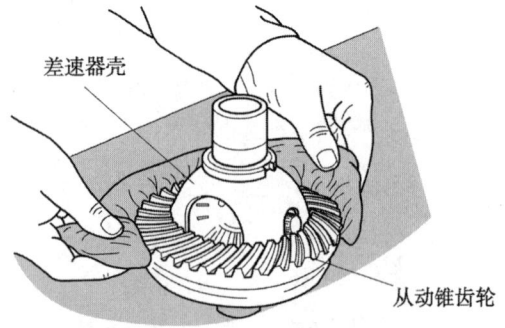

图3-4-50 主动锥齿轮和从动锥齿轮总成的安装

（5）将轴承支座装在变速器壳体上，并用新的衬垫。装上变速器后盖。

（6）将差速器装在变速器壳体上。将主减速器盖装在壳体上，用25N·m的力矩旋紧螺栓。

（7）装上车速—里程表的主动齿轮和导向器。装上车速—里程表的传感器（图3-4-46）。

（8）装上传动轴凸缘中的一个（图3-4-47），用凿子将它锁住，装上螺栓，用20N·m的力矩把它旋紧。装另一个传动轴凸缘。

（9）加注齿轮油并装上变速器。

四 半轴齿轮和行星齿轮的拆装

桑塔纳2000GSi型乘用车的主减速器和差速器分解图如图3-4-51所示。

图3-4-51 桑塔纳2000GSi型乘用车的主减速器和差速器分解图

❶ 半轴齿轮和行星齿轮的拆卸

（1）拆卸变速器，拆下差速器，拆下从动锥齿轮。

（2）如图 3-4-52 所示，拆下行星齿轮轴的夹紧销。

（3）取下行星齿轮轴，再取下行星齿轮和半轴齿轮。

❷ 半轴齿轮和行星齿轮的安装

在安装之前，检查复合式推力垫片有否损坏，如需要应进行更换。

（1）如图 3-4-53 所示，通过半轴凸缘将半轴齿轮固定在差速器壳上。

（2）如图 3-4-54 所示，将行星齿轮放在适当的位置上，接着转动半轴凸缘使行星齿轮进入差速器壳。

（3）如图 3-4-55 所示，装上行星齿轮轴，在行星齿轮轴装上夹紧销。

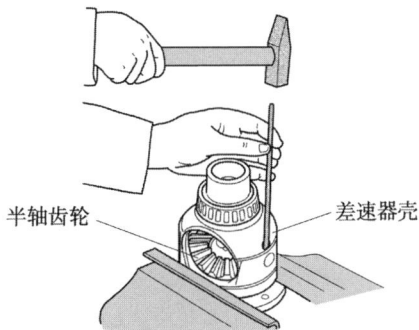

图3-4-52　半轴齿轮和行星齿轮的拆卸

图3-4-53　半轴齿轮和行星齿轮的安装（1）

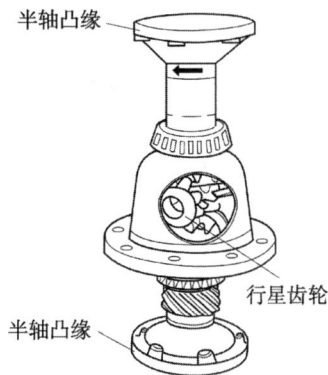

图3-4-54　半轴齿轮和行星齿轮的安装（2）

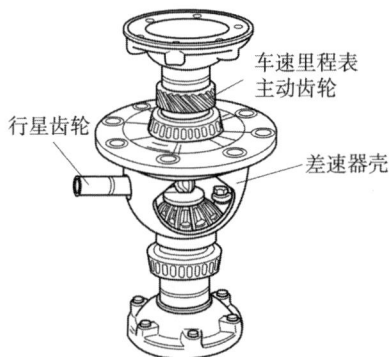

图3-4-55　半轴齿轮和行星齿轮的安装（3）

（4）取下差速器半轴凸缘（图 3-4-50）。用 120℃的温度加热，将从动锥齿轮装在差速器壳上。

（5）将差速器装在变速器壳体内。装上半轴凸缘。

（6）装上变速器。

单元5 车架、车桥与车轮总成

项目一 车架、车桥与车轮总成的结构

一 车架

1 车架作用与分类

车架俗称"大梁"，是跨接在前后车轮上的桥梁式结构，是构成整个汽车的骨架，是整个汽车的装配基体，汽车绝大多数的零部件、总成都要安装在车架上。

汽车上采用的车架有4种类型：边梁式车架、中梁式车架、综合式车架和无梁式车架。目前汽车上多采用边梁式车架和无梁式车架。

2 车架的结构

1 边梁式车架

边梁式车架由两根位于两边的纵梁和若干横梁组成，用铆接法或焊接法将纵梁与横梁连接成坚固的刚性构架（图3-5-1）。边梁式车架结构简单、便于整车的布置，在各种类型的汽车上都广泛应用。

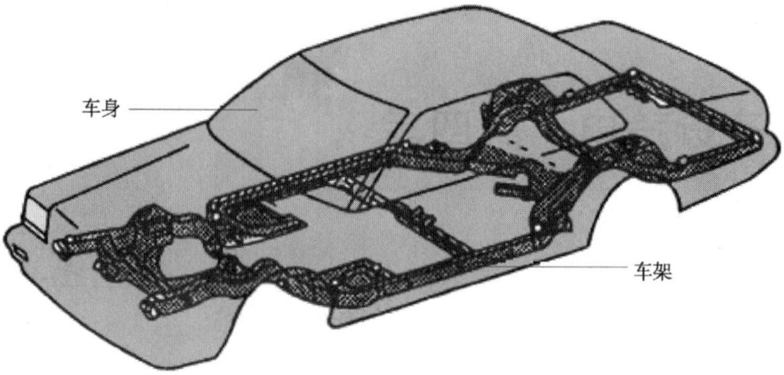

图3-5-1 边梁式车架

② 中梁式车架

中梁式车架又称脊梁式车架，由一根贯穿汽车纵向的中央纵梁和若干根横向悬伸托架所组成（图 3-5-2）。中梁的断面一般是管形或箱形，其前端做成伸出支架，用以固定发动机。传动轴在中梁内穿过。主减速器壳通常固定在中梁的尾端，形成断开式后驱动桥，中梁上的悬伸托架用以支承汽车车身和安装其他机件。

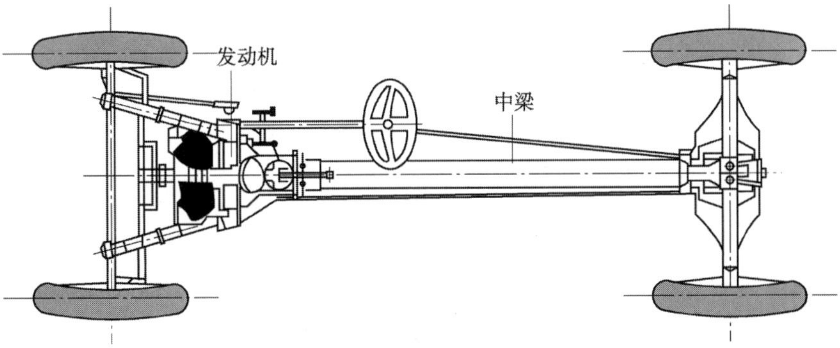

图3-5-2　中梁式车架

③ 综合式车架

综合式车架是由边梁式和中梁式车架结合而成的，如图 3-5-3 所示。车架前段或后段近似边梁式结构，便于分别安装发动机或驱动桥。传动轴从中梁中间穿过。这种结构制造工艺复杂，目前应用也不多。

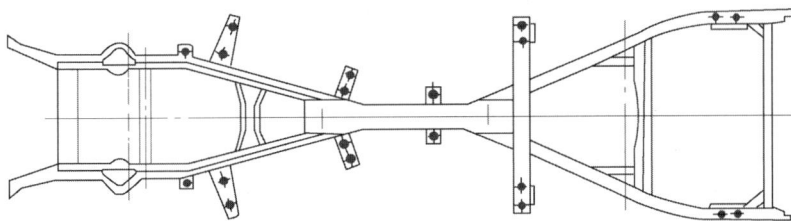

图3-5-3　综合式车架

④ 无梁式车架

部分乘用车和客车为减轻自身质量，以车身代替车架，这种车身又称为承载式车身或无梁式车架，图 3-5-4 所示为桑塔纳 2000 型乘用车的车身组成件。采用承载式车身的特点是没有车架（大梁），车身就作为发动机和底盘各总成的安装基础，各种载荷全部由车身承受。

乘用车车身总成结构主要包括：车身壳体、车门、车窗、车前后钣金件、车身内外装饰件、车身附件、座椅以及通风装置等。车身壳体是一切车身部件和零件的安装基础，由纵、横梁支柱等主要承力元件，以及与它们相连接的钣金件经焊接而共同组成的刚性空间结构。车前后钣金件，包括散热器框架前后围板、发动机舱盖、前后翼子板、挡泥板等。这些钣金件形成容纳发动机、车轮等部件的空间。

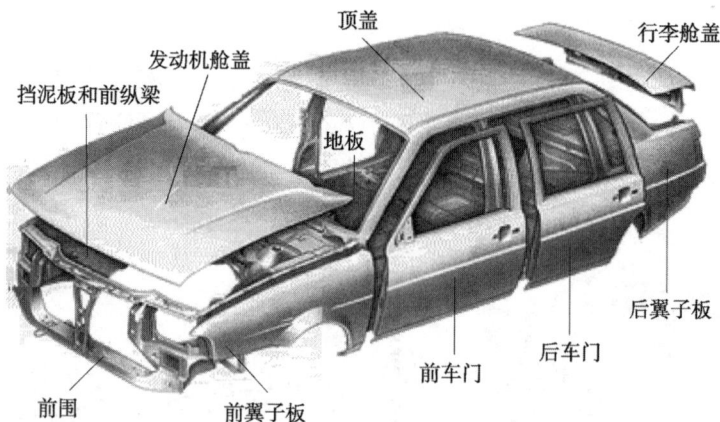

图3-5-4 桑塔纳2000型乘用车车身组成件

（图中标注：挡泥板和前纵梁、发动机舱盖、顶盖、行李舱盖、地板、后翼子板、后车门、前车门、前翼子板、前围）

二 车桥及车轮定位

1 车桥

车桥位于悬架与车轮之间，其两端安装车轮，通过悬架与车架（或车身）相连，其功用是传递车架（或车身）与车轮之间各种载荷的作用。

按悬架结构不同，车桥分为整体式车桥和断开式车桥两种。整体式车桥与非独立悬架配用；断开式车桥与独立悬架配用。

按车桥上车轮的作用不同，车桥分为转向桥、驱动桥、转向驱动桥和支持桥4种类型，其中转向桥和支持桥都属于从动桥。

在后轮驱动的汽车中，前桥不仅用于承载，而且兼起转向作用，称为转向桥；后桥不仅用于承载，而且兼起驱动的作用，称为驱动桥。

越野汽车和前轮驱动汽车的前桥，除了承载和转向的作用外，还兼起驱动作用，所以称为转向驱动桥。

只起支承作用的车桥称为支持桥。挂车的车桥就是支持桥。支持桥除不能转向外，其他功能和结构与转向桥相同。

❶ 转向桥

转向桥通常位于汽车前部，故也称为前桥。转向桥的作用是支承汽车部分质量，安装前轮及前轮制动器，连接车架，承受车架与车轮之间的作用力及其产生的弯矩和转矩，同时还要使前轮偏转以实现转向。转向桥基本结构由前轴、转向节、主销、轮毂等部分组成，如图 3-5-5 所示。前轴是转向桥的主体，根据断面形状分有"工"字梁式和管式两种。

❷ 转向驱动桥

转向驱动桥如图 3-5-6 所示，它同一般驱动桥一样，由主减速器、差速器、半轴和桥壳组成。但由于转向时转向车轮需要绕主销偏转一个角度，故与转向轮相连的半轴必须分成内外两段（内半轴和外半轴），其间用万向节（一般多用等速万向节）连接，同时主销也因此而分制成两段（或用球头销代替）。转向节轴颈部分做成中空的，以便外半轴穿过其中。

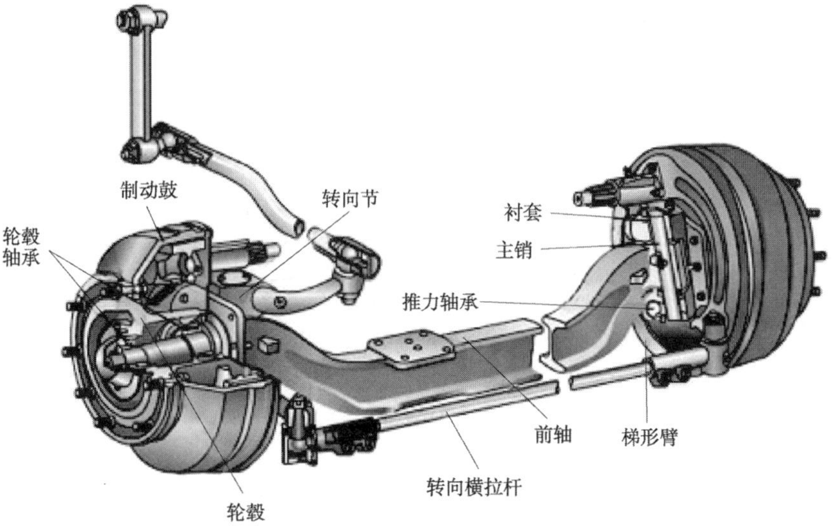

图3-5-5　汽车整体式转向桥结构

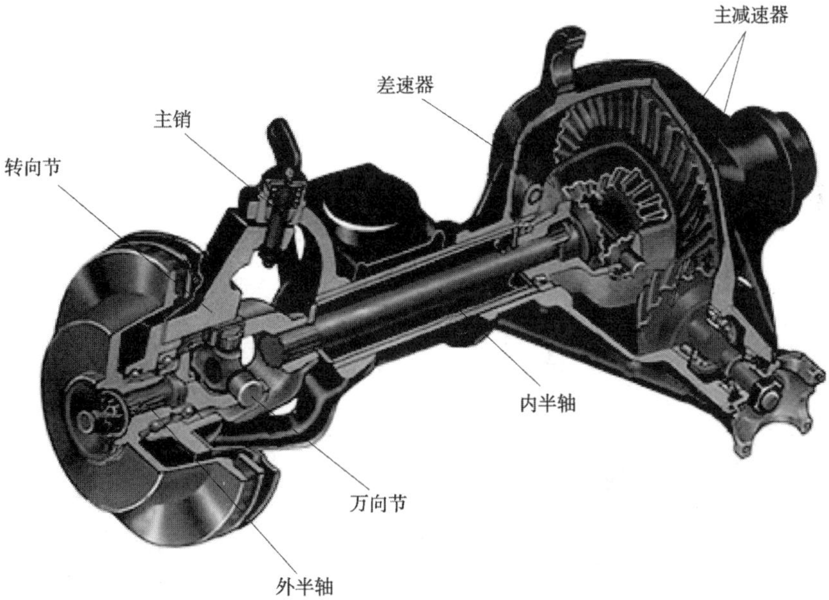

图3-5-6　转向驱动桥示意图

图 3-5-7 所示为桑塔纳 2000 型乘用车的前桥总成，采用的是断开式、独立悬架转向驱动桥。车桥上端通过左、右悬架与承载式车身相连接，下端通过左、右下摆臂与固定在车身上的副车架相连接。悬架车轮轴承壳与下摆臂之间通过可移动球形接头连接，从而使前轮固定，并通过下摆臂上的长孔可调整车轮外倾角，为了减小车辆转向时的车身倾斜，在副车架与下摆臂之间还装有横向稳定器。

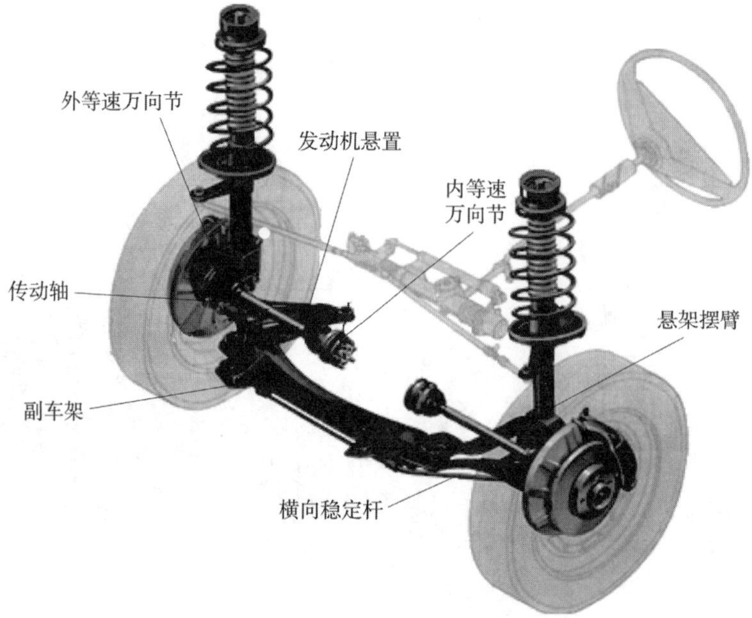

图3-5-7　桑塔纳2000型乘用车的转向驱动桥

❸ 支持桥

桑塔纳 2000GSi 型乘用车后桥是纵向摆臂式非驱动桥，其结构如图 3-5-8 所示。

图3-5-8　桑塔纳2000GSi型乘用车后桥结构示意图

　　该车桥轮毂、制动鼓以及车轮与车桥的连接方式与转向桥一样，通过轴承支承，轴向定位。车桥只向其传递横、纵向推力或拉力，不传递转矩。

2 车轮定位

1 转向轮定位

为了保证汽车直线行驶的稳定性和操纵的轻便性，减少轮胎和其他机件的磨损，转向轮、转向节和前轴三者与车架的安装应保持一定的相对位置关系，这种安装位置关系称为转向车轮定位，也称前轮定位。

对于两端装有主销的转向桥，汽车转向时，转向车轮会围绕主销轴线偏转，如图3-5-9a）所示。但在大多数断开式转向桥中没有主销，采用上、下球头销代替主销，上、下球头销球头中心的连心线相当于主销轴线，如图3-5-9b）所示。

图3-5-9　主销的不同形式

转向轮定位包括主销后倾、主销内倾、车轮外倾及前轮前束4个参数。现以有主销的转向桥为例说明转向车轮定位。

1 主销后倾

主销安装在前轴上，其上端略向后倾斜，这种现象称为主销后倾。在垂直于汽车支承平面的纵向平面内，主销轴线与汽车支承平面垂线之间的夹角 γ 称为主销后倾角，如图3-5-10所示。

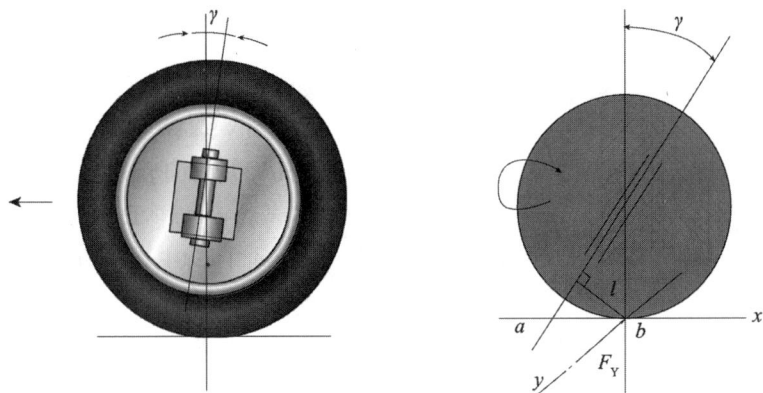

图3-5-10　主销后倾

主销后倾的功用是形成回正力矩，保证汽车直线行驶的稳定性，并使汽车转向后回正操纵轻便。

主销后倾使主销轴线的延长线与地面的交点 a 位于车轮与路面的接触点 b 之前，a、b 两点之间的距离称为主销后倾移距。设 b 点到主销轴线延长线之间的距离为 l，汽车直线行驶时，若转向轮偶然受到外力作用而偏转（图 3-5-10 中所示为向右偏转），汽车将偏离行驶方向而右转弯。由于汽车本身离心力的作用，在轮胎与路面接触点 b 处将产生一个路面对车轮的侧向反作用力 F_Y，由于反作用力 F_Y 没有通过主销轴线，因而形成了一个使车轮绕主销轴线旋转的力矩 $F_Y \cdot l$，其方向正好与车轮偏转方向相反。在力矩作用下，车轮可恢复到原来中间位置，从而保证了汽车直线行驶的稳定性。同理，在汽车转向后的回正过程中，此力矩具有帮助驾驶人使转向车轮回正的作用，使汽车转向后回正操纵轻便。

主销后倾角越大、车速越高，回正力矩越大，转向轮偏转后自动回正的能力也越强。

此外，有些汽车由于采用超低压轮胎，弹性增加，转向时因轮胎弹性变形而使轮胎与路面的接触点后移，使回正力矩增加，故主销后倾角可以减小，甚至为负值（即主销前倾）。

主销后倾角一般是将前轴连同悬架安装在车架上时，使前轴向后倾斜而形成的。

❷ 主销内倾

主销安装在前轴上，其上端略向内侧倾斜，这种现象称为主销内倾。在垂直于汽车支承平面的横向平面内，主销轴线与汽车支承平面垂线之间的夹角 β 称为主销内倾角，如图 3-5-11 所示。

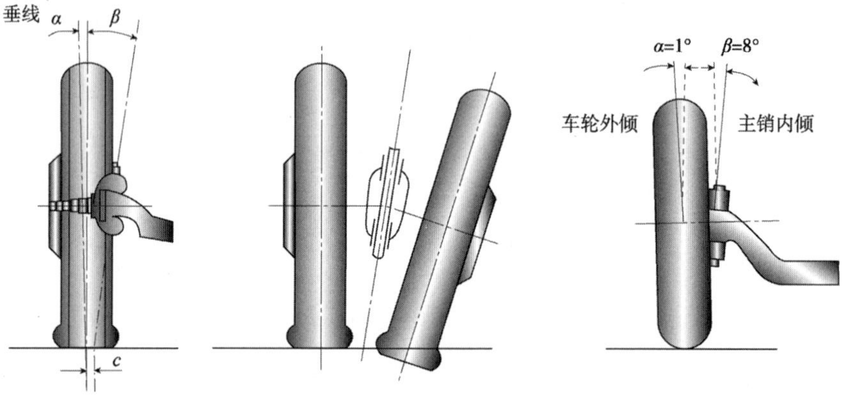

图3-5-11　主销内倾及车轮外倾

主销内倾的功用是使转向轮自动回正，并使转向操纵轻便。

由于主销内倾，转向时，路面作用在转向轮上的阻力对主销轴线产生的力矩减小，从而可减少转向时驾驶人施加在转向盘上的力，使转向操纵轻便。同时还可以减小因路面不平而从转向轮传到转向盘上的冲击力。

当转向轮在外力作用下绕主销旋转而偏离中间位置时，由于主销内倾，车轮连同整个汽车前部被向上抬起。一旦外力消失，转向轮就会在汽车前部重力作用下力图自动回正到旋转前的中间位置。主销内倾角越大、转向轮偏转角越大，汽车前部就抬起得越高，转向轮自动回正的作用就越大。

主销后倾和主销内倾都具有使车轮自动回正及保证汽车直线行驶稳定性的作用，但其区别在于：主销后倾角的回正作用随着车速的增高而增大，而主销内倾的回正作用几乎与车速无关。

❸ 车轮外倾

转向轮安装在转向节上时，其旋转平面上端向外倾斜，这种现象称为转向车轮外倾。车轮旋转平面与垂直于车辆支承面的纵向平面之间的夹角 α 称为车轮外倾角，如图 3-5-12 所示。

车轮外倾角的功用是提高车轮工作的安全性和转向操纵的轻便性。

由于主销与衬套之间、轮毂与轴承等处都存在着装配间隙，若空车时车轮的安装正好垂直于路面，则满载时上述间隙将发生变化，车桥也因承载而变形，从而引起车轮向内倾斜，引起轮胎内侧磨损加剧；车轮内倾还将使路面对车轮的垂直反作用力的轴向分力压向轮毂外端的小轴承，使该轴承及其锁紧螺母等件承受的载荷增大，降低了它们的使用寿命，严重时会损坏锁紧螺母而使车轮脱落。为此，安装车轮时预先留有一定的外倾角，以防止上述不良影响。此外，车轮有一定的外倾角也可以与拱形路面相适应。

❹ 前轮前束

车轮安装在车桥上，两前车轮的中心平面不平行，其前端略向内侧收束，这种现象称为前轮前束。两前轮后端距离 A 大于前端距离 B，其差值 $A-B$ 称为前轮前束值。如图 3-5-13 所示。

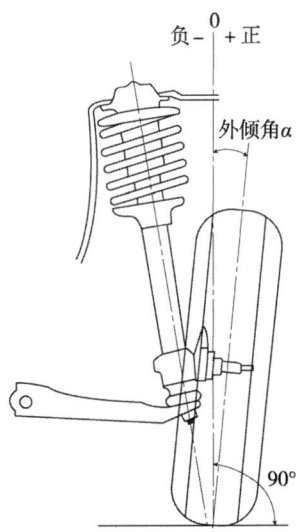

图3-5-12　车轮外倾

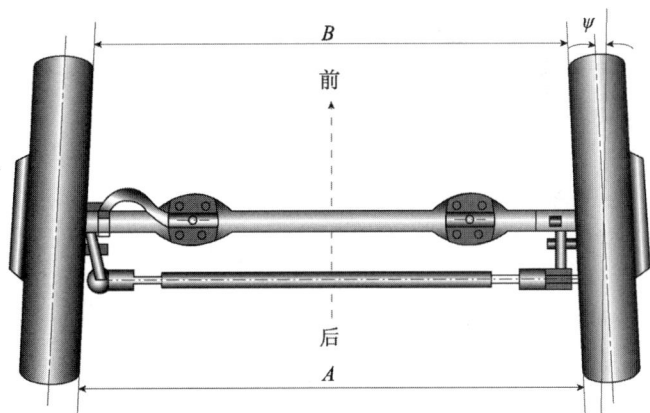

图3-5-13　前轮前束

前轮前束的功用是消除因车轮外倾所造成的不良后果，保证车轮不向外滚动，防止车轮侧滑和减轻轮胎的磨损。

由于车轮外倾，汽车行驶时，两个车轮的滚动类似于两个锥体的滚动，其滚动轨迹不再是直线而是逐渐向各自的外侧滚开。但因受车桥和转向横拉杆的约束，两侧车轮不可能向外滚开，这样，车轮在路面上滚动行驶的同时又被强制地拉向内侧，产生向内的侧滑，从而加剧轮胎的磨损。有了前轮前束，车轮滚动的轨迹是向内侧偏斜，只要前轮前束值与车轮外倾角配合适当，车轮向内、外侧滚动的偏斜量就会相互抵消，使车轮每一瞬间的滚动方向都朝着正前方，从而消除了侧滑，减轻了轮胎的磨损。

❷ 非转向轮定位

后轮与后轴之间的相对安装位置关系，称为后轮定位。随着车速的不断提高，为了提高汽车高速行驶的稳定性，在结构设计上应确保汽车具有不足转向特性。为此，转向轮定位的内容已扩展到非转向轮（后轮）。汽车后轮具有一定程度的外倾角和前束。

后轮定位内容主要包括后轮外倾角和后轮前束。

（1）后轮外倾角。为了对载荷进行补偿，采用独立后悬架的大多数车辆常带有一个较小的正后轮外倾角。

（2）后轮前束。后轮前束的作用与前轮前束基本相同。一般前驱汽车，前驱动轮宜采用正前束，后从动轮宜采用负前束；对于后驱汽车，前从动轮宜采用负前束，后驱动轮宜采用正前束。

三 车轮总成

❶ 概述

汽车车轮总成如图3-5-14所示，是由车轮和轮胎两大部分组成，是汽车行驶系统中及其重要的部件之一，它处于车桥和地面之间，具有如下基本功用：

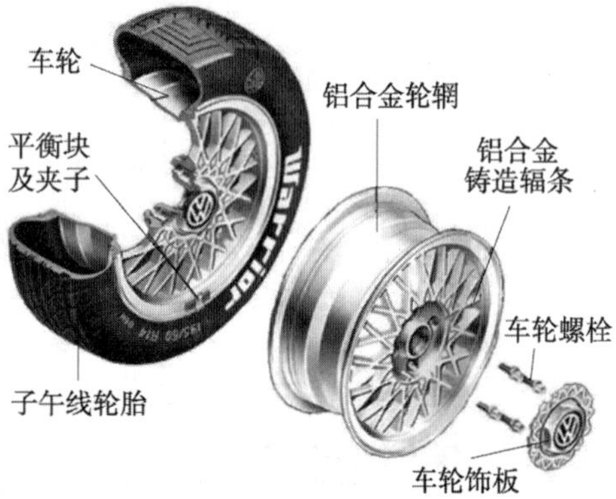

图3-5-14　车轮总成

（1）支承整车质量，包括在汽车上下运动时产生的惯性动载荷。

（2）缓和由路面传递来的冲击载荷。

（3）通过轮胎和路面之间的附着作用，产生驱动和阻止汽车运动的外力，即为汽车提供驱动力和制动力。

（4）产生平衡汽车转向离心力的侧向力，以便顺利转向，并通过轮胎产生的自动回正力矩，使车轮具有保持直线行驶的能力。

（5）承担跨越障碍的作用，保证汽车的通过性。

❷ 车轮

车轮是介于轮胎和车桥之间承受负荷的旋转组件，其功用是安装轮胎，承受轮胎与车桥之间的各种载荷。

车轮一般是由轮毂、轮辋和轮辐组成，如图3-5-15所示。轮毂通过圆锥滚子轴承装在车桥或转向节轴颈上，用于连接车轮与车桥。轮辋用于安装和固定轮胎。轮辐用于将轮毂和轮辋连接起来，并通过螺栓与轮毂连接起来。

① 轮辐

按轮辐结构的不同，车轮可以分为两种形式：辐板式车轮和辐条式车轮。

普通乘用车和轻、中型货车普遍采用辐板式车轮（图 3-5-15），由挡圈、轮辋、辐板和气门嘴伸出口组成。车轮中用以连接轮毂和轮辋的钢质圆盘称为辐板，大多是冲压制成的，少数是和轮毂铸成一体，后者主要用于重型汽车。

轿车的辐板所用板料较薄，常冲压成起伏多变的形状，以提高其刚度，目前广泛采用的乘用车车轮为铝合金车轮，如图 3-5-16 所示，且多为整体式的，即轮辋和轮辐铸成一体。它质量小，尺寸精度高，生产工艺好，美观大方，可以明显改善车轮的空气动力学特性，降低汽车油耗。

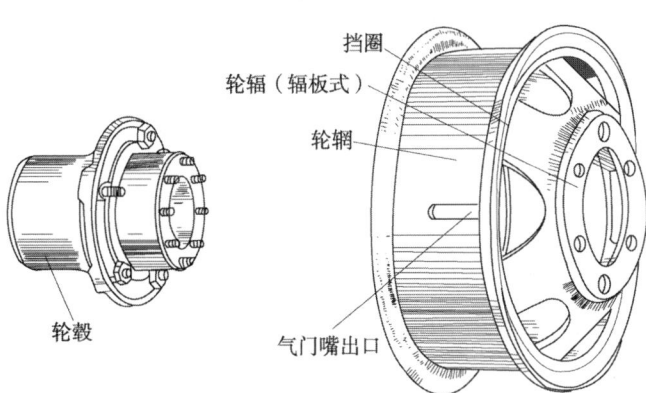

图3-5-15　车轮的组成

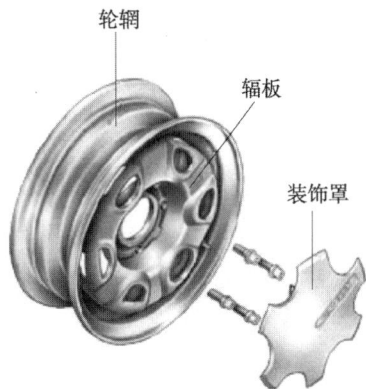

图3-5-16　乘用车铝合金车轮

辐条式车轮按辐条结构的不同分为钢丝辐条式车轮和铸造辐条式车轮，如图 3-5-17 所示。

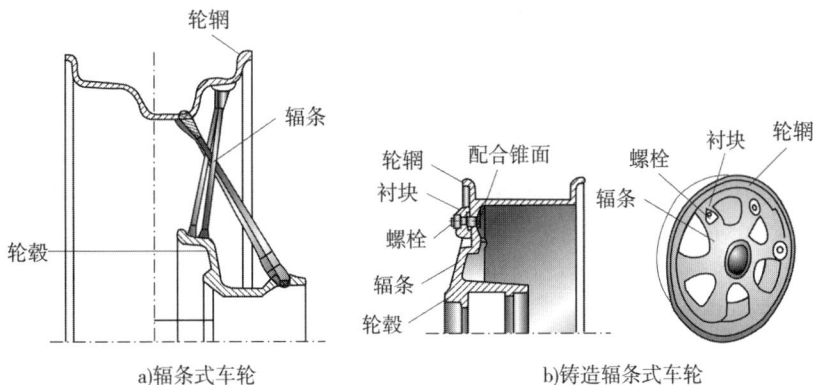

a)辐条式车轮

b)铸造辐条式车轮

图3-5-17　辐条式车轮

② 轮辋

轮辋用于安装和固定轮胎。按其结构不同，轮辋的常见结构形式有：深槽轮辋、平底轮辋和对开式轮辋，如图 3-5-18 所示。此外，还有半深槽轮辋、深槽宽轮辋、平底宽轮辋、全斜底轮辋等。

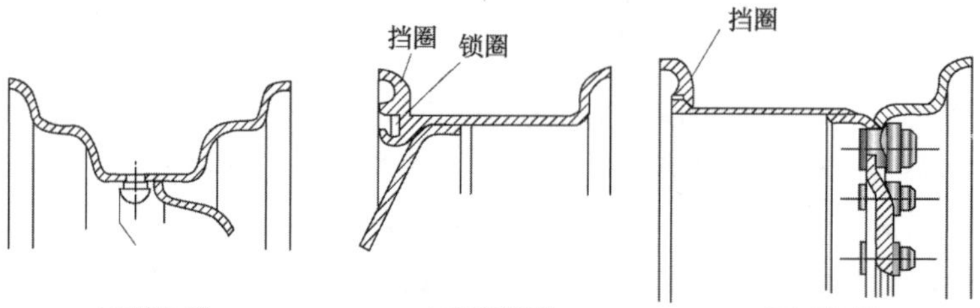

a)深槽轮辋　　　　b)平底轮辋　　　　c)对开式轮辋

图3-5-18　轮辋的常见结构形式

3 轮胎

1 轮胎的功用和类型

1 轮胎的功用

现代汽车都采用充气式轮胎，轮胎安装在轮辋上，直接与路面接触，它的功用有如下方面。

（1）支承汽车的质量，承受路面传来的各种载荷。

（2）和汽车悬架共同来缓和汽车行驶中所受到的冲击，并衰减由此而产生的振动，以保证汽车有良好的乘坐舒适性和行驶平顺性。

（3）保证车轮和路面有良好的附着性，以提高汽车的动力性、制动性和通过性。

2 轮胎的类型

（1）按轮胎内空气压力的大小，轮胎分为高压胎（0.5~0.7MPa）、低压胎（0.2~0.5MPa）和超低压胎（0.2MPa以下）3种。低压胎弹性好、减振性能强、壁薄散热性好、与地面接触面积大附着性好，因而广泛用于轿车。超低压胎在松软路面上具有良好的通过能力，多用于越野汽车及部分高级乘用车。

（2）按轮胎有无内胎，轮胎分为有内胎轮胎和无内胎轮胎（俗称真空胎）两种。目前乘用车上普遍采用无内胎轮胎。

（3）按胎体帘布层结构的不同，轮胎分为斜交轮胎和子午线轮胎。目前，子午线胎在汽车上广泛应用。

（4）根据花纹不同分为：普通花纹轮胎、组合花纹轮胎、越野花纹轮胎。

（5）根据帘线材料不同分为：人造丝（R）轮胎、棉帘线（M）轮胎、尼龙（N）轮胎、钢丝（G）轮胎。

目前乘用车上应用的轮胎主要是低压（超低压）、无内胎的子午线轮胎。

2 轮胎的结构

充气轮胎按结构不同，可分为有内胎轮胎和无内胎轮胎2种，如图3-5-19所示。

有内胎轮胎由外胎、内胎和垫带等组成，使用时安装在汽车车轮的轮辋上。无内胎轮胎俗称真空胎，在外观上与普通轮胎相似，但是没有内胎及垫带。它的气门嘴用橡胶垫圈和螺母直接固定在轮辋上，空气直接充入外胎中，其密封性由外胎和轮辋来保证。

外胎是轮胎的主要组成部分，它是用耐磨橡胶以及帘线制成的强度较高而又有弹性的外壳，直接与地面接触来保护内胎，使其不受损伤，主要由胎面、胎圈和胎体等组成。

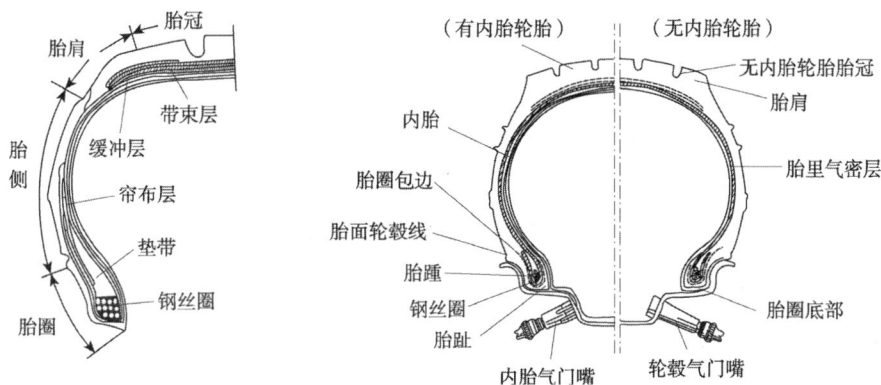

图3-5-19　轮胎的结构

❶胎面

胎面是轮胎的外表面，可分为胎冠、胎肩和胎侧三部分。

胎冠也称行驶面，它与路面直接接触，直接承受冲击与摩擦，并保护胎体免受机械损伤。为使轮胎与地面有良好的附着性能，防止纵向、横向滑移，在胎面上制有各种形状的花纹。如图 3-5-20 所示，主要有普通花纹、组合花纹、越野花纹等。

a)普通花纹　　　　　b)组合花纹　　　　　c)越野花纹

图3-5-20　胎面花纹

胎肩是较厚的胎冠和较薄的胎侧间的过渡部分，一般也制有各种花纹，以提高该部位的散热性能。

胎侧又称胎壁，它由数层橡胶构成，覆盖轮胎两侧，保护内胎免受外部损坏。胎侧可承受较大的挠曲变形，在行驶过程中，不断地在载荷作用下挠曲变形。胎侧上标有厂家名称、轮胎尺寸及其他资料。

胎冠部分磨损到磨损标记以下后将非常危险。如图 3-5-21 所示，胎面磨损标志位于胎面花纹沟底部，当胎面磨损到此处时，花纹沟断开，表明轮胎必须停止使用并送去翻新或报废。为便于用户找到磨损标志，通常在磨损标志对应的胎肩处标出"△"符号。这种磨损标志按国家标准的规定，每只轮胎应沿圆周等距离设置，不少于 4 个。

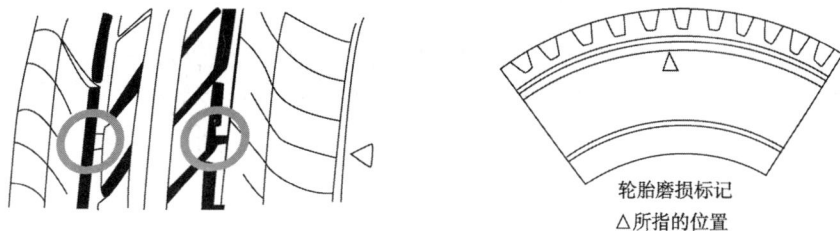

轮胎磨损标记
△所指的位置

图3-5-21　轮胎磨损标记

❷ 胎圈

胎圈是帘布层的根基，由钢丝圈、帘布层包边和胎圈包布组成，具有很大的刚度和强度，可以使外胎牢固地安装在轮辋上。

❸ 胎体

胎体由帘布层和缓冲层组成。

（1）帘布层。帘布层是外胎的骨架，主要用于承受载荷，保持外胎的形状和尺寸，并使其具有足够的强度。为使载荷均匀分布，帘布层通常由成偶数的多层帘布用橡胶贴合而成，相邻层的帘线交叉排列。帘布层数越多，轮胎的强度越大，但弹性下降。在外胎表面上标有帘布层数。

按照帘布层帘线排列方式的不同，外胎可以分为斜交轮胎和子午线轮胎，如图 3-5-22 所示。

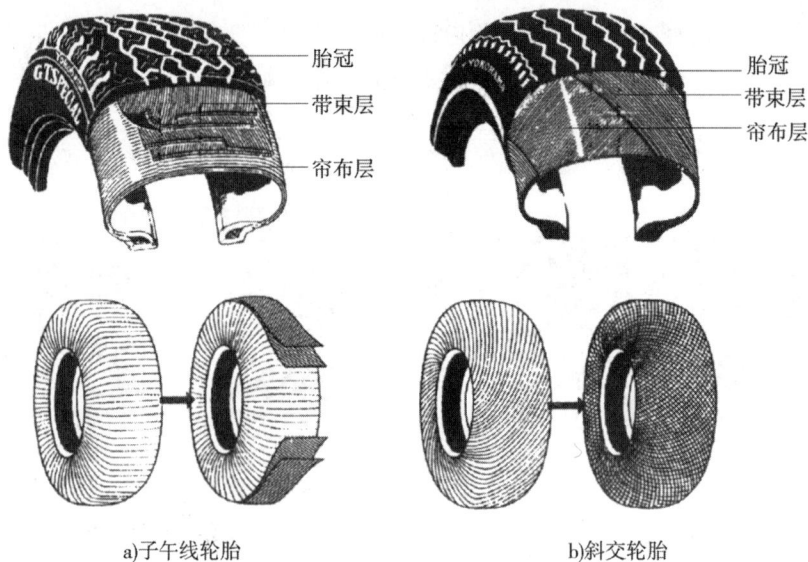

a)子午线轮胎   b)斜交轮胎

图3-5-22　轮胎的结构形式

斜交轮胎帘布层的帘线按一定角度交叉排列，帘线与轮胎横断面的交角通常为 50°。子午线轮胎帘布层帘线排列的方向与轮胎横断面一致，即垂直于轮胎胎面中心线，类似于地球仪上的子午线。子午线轮胎胎侧比斜交轮胎软，在径向上容易变形，可以增加轮胎的接地面积，即使在充足气后，两侧壁上也有一个特殊的凸起部分。

子午线胎与斜交轮胎相比较具有行驶里程长、滚动阻力小、节约燃料、承载能力大、减振性能好、附着性能好、不易爆胎等优势，目前在汽车上应用广泛。

（2）缓冲层。缓冲层夹在胎面和帘布层之间，质软而弹性大，一般由两层或数层较稀疏的帘布和橡胶制成，其相邻两层的帘线也是交叉排列的。其作用是加强胎面与帘布层之间的结合，防止汽车紧急制动时胎面与帘布层脱离，并缓和汽车行驶时所受到的路面冲击。

❸ 轮胎规格的表示方法

轮胎的尺寸标注如图 3-5-23 所示。

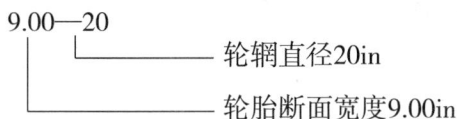

图3-5-23 轮胎的尺寸标注

D–轮胎外径；*d*–轮胎内径；*H*–轮胎断面高度；*B*–轮胎断面宽度

❶ 斜交轮胎的规格

普通斜交轮胎的规格用 *B*-*d* 表示，载货汽车斜交轮胎和乘用车斜交轮胎的尺寸 *B* 和 *d* 均使用英寸（inch）为单位。示例如下：

$$9.00\text{---}20$$

轮辋直径20in

轮胎断面宽度9.00in

❷ 子午线轮胎的规格

子午线轮胎的规格如图 3-5-24 所示。

（1）185——轮胎名义断面宽度代号，表示轮胎宽度 185mm。

（2）60——轮胎名义扁平比代号，表示扁平比为 60%。扁平比为轮胎高度 *H* 与宽度 *B* 之比，有 60、65、70、75、80 五个级别。

图3-5-24 子午线轮胎的规格

（3）R——子午线轮胎结构代号，即 "Radial" 的第一个字母。

（4）14——轮胎名义直径代号，表示轮胎内径 14 英寸（inch）。

（5）82——荷重等级，即最大载荷质量。荷重等级为 82 的轮胎的最大载荷质量为 475kg。

（6）H——速度等级代号，表明轮胎能行驶的最高车速。H 表示最高车速为 210km/h。

❸ 轮胎侧面标记

轮胎侧面标记如图 3-5-25 所示。在轮胎规格前加 "P" 表示乘用车轮胎；在胎侧标有 "REINFORCED" 表示经强化处理，"RADIAL" 表示子午线胎，"TUBELESS"（或 TL）表示无内胎（真空胎），"M + S"（Mud and Snow）表示适于泥地和雪地，"→" 表示轮胎旋向，不可装反。

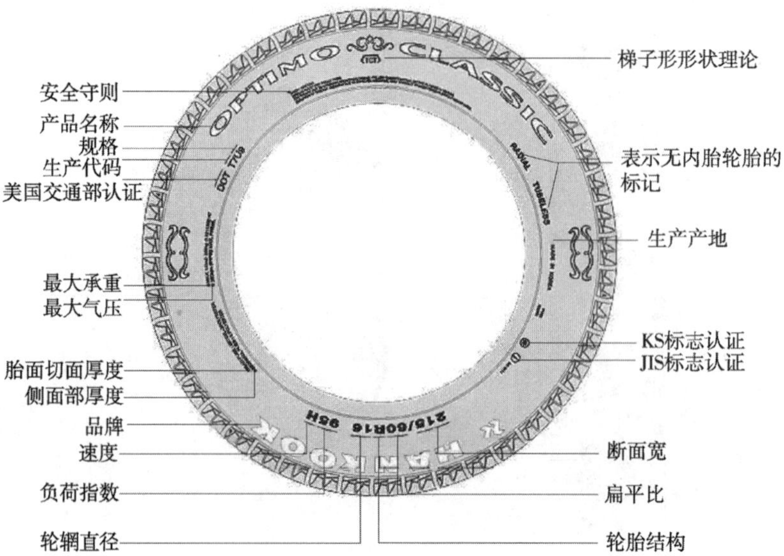
安全守则
产品名称
规格
生产代码
美国交通部认证
最大承重
最大气压
胎面切面厚度
侧面部厚度
品牌
速度
负荷指数
轮辋直径
梯子形形状理论
表示无内胎轮胎的标记
生产产地
KS标志认证
JIS标志认证
断面宽
扁平比
轮胎结构
OPTIMO CLASSIC
215/60R16 95H

图3-5-25　轮胎侧面标记

项目二　车桥和车轮总成的拆装

本项目以桑塔纳 2000GSi 型乘用车车桥和车轮总成的拆装为例进行说明。

一　后桥轮毂的拆装

桑塔纳 2000GSi 型乘用车后轮制动器的结构如图 3-5-26 所示。

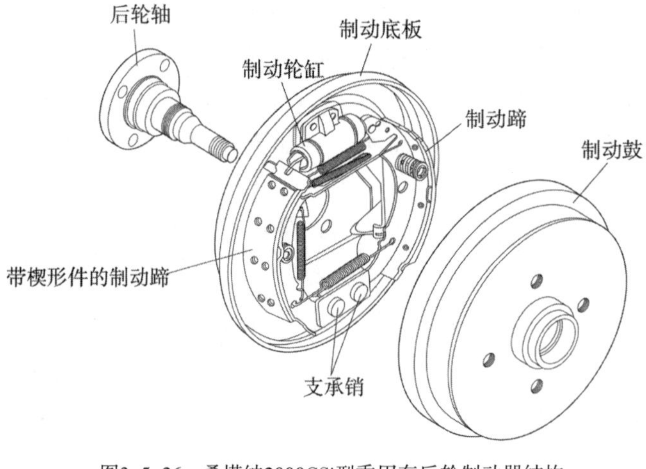
后轮轴
制动底板
制动轮缸
制动蹄
制动鼓
带楔形件的制动蹄
支承销

图3-5-26　桑塔纳2000GSi型乘用车后轮制动器结构

❶ 后桥轮毂轴承的拆卸

（1）用千斤顶支起后轮，撬下后轮毂盖。

（2）取下开口销及开槽垫圈。拧下六角螺母，取出推力垫圈。

（3）如图 3-5-27 所示，拆下一个车轮螺栓，用一把螺丝刀通过车轮螺栓孔，向上拨动楔形块，使制动摩擦片与制动鼓放松。

（4）拉出车轮和制动鼓，并带出车轮外轴承。

（5）取出车轮内轴承和油封，用铜冲头敲出内外轴承外圈。

❷ 后桥轮毂轴承的检查

（1）检查轴承或座圈，如有损坏，应换用新件。

（2）检查制动鼓表面磨损情况，磨损严重或端面圆跳动大于 0.2mm，则应更换制动鼓。

（3）检查后轮毂短轴的弯曲情况。如图 3-5-28 所示，用游标卡尺和直尺沿圆周方向测量直尺和轴颈的距离。至少测量 3 处，比较不同位置测得的读数，不得超过 0.25mm，否则应更换短轴。

图3-5-27　后桥轮毂轴承的拆卸

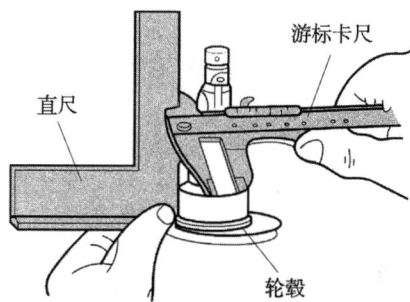

图3-5-28　后桥轮毂轴承的检查

❸ 后桥轮毂轴承的安装

（1）用专用工具将内、外轴承外圈压入轮毂。

①如图 3-5-29 所示，压入车轮内轴承的外轴承圈。

②如图 3-5-30 所示，压入车轮外轴承的外轴承圈。

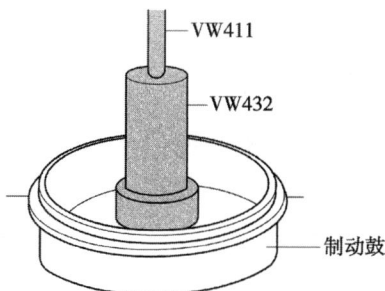

图3-5-29　后桥轮毂轴承的安装（1）

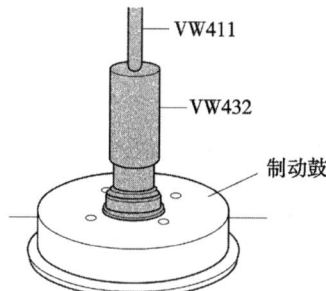

图3-5-30　后桥轮毂轴承的安装（2）

图3-5-31 后桥轮毂轴承的安装（3）

（2）放上油封，用橡胶锤均匀地敲入。

（3）将内轴承装入，并涂以适量的锂基润滑脂。

（4）将制动鼓装入，注意：不能使制动鼓内表面沾上油脂。

（5）装上外轮承和推力垫圈，旋上六角螺母。

（6）如图3-5-31所示，调整车轮轴承间隙，正确的间隙是用一字形螺丝刀在手指的加压下，刚好能够拨动推力垫圈。

（7）装上开槽垫圈，换上新的开口销，在轮毂盖内加入适量的润滑脂，用橡胶锤轻轻敲入。

二 拆装与更换轮胎时的注意事项

桑塔纳2000GSi型乘用车车轮和轮胎的结构如图3-5-32所示。

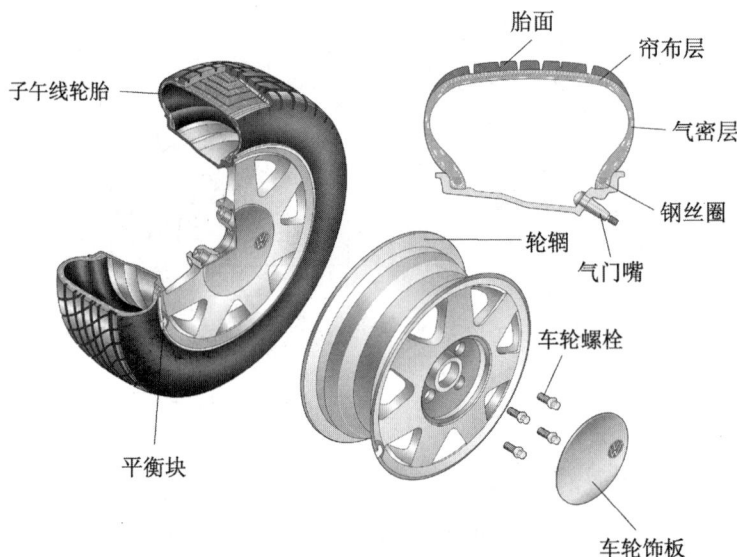

图3-5-32 桑塔纳2000GSi型乘用车车轮和轮胎的结构

（1）不能装用其他型号的轮胎，桑塔纳2000系列乘用车用轮胎侧面压铸有"WARRIOR 195/60 R1485H"标记（图3-5-33），以供选用时识别。

（2）车轮及车轮螺栓是相互配对的，调换不同规格的车轮（如合金车轮或带冬季用轮胎的车轮），必须采用长度及锥度合适的螺栓。它影响车轮的紧固程度及制动系统的功能。

（3）应使所有的轮胎磨损均匀一致。如果发现前轮磨损量比后轮大，应按图3-5-34所示互相调换。较深的花纹使汽车行驶更为安全，尤其是在潮湿的路面上。

（4）基于安全原因，轮胎应成对调换，而不可单个调换，花纹深的轮胎应装有前轮。在装上新的无内胎轮胎时应同时装上新的橡胶气门。

（5）如图3-5-35所示，拆轮胎时，应用千斤顶将车身顶起，但必须将千斤顶顶在指定的位置上。

（6）轮胎与轮辋必须配套使用，拆装时需用轮胎拆装机，不允许对轮辋进行敲击，也不能用撬棒去撬。

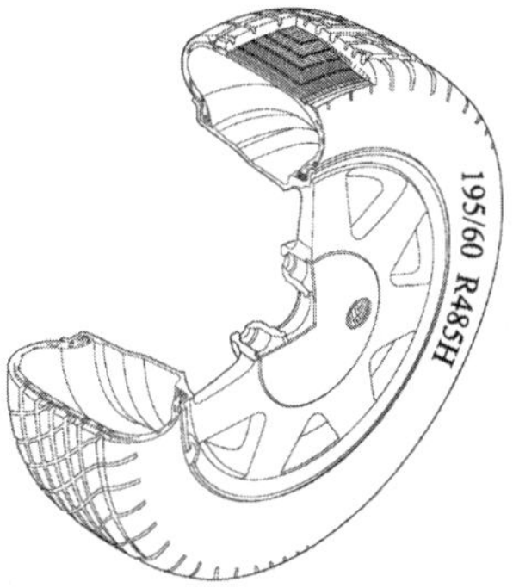

图3-5-33　桑塔纳2000系列乘用车用轮胎的标记

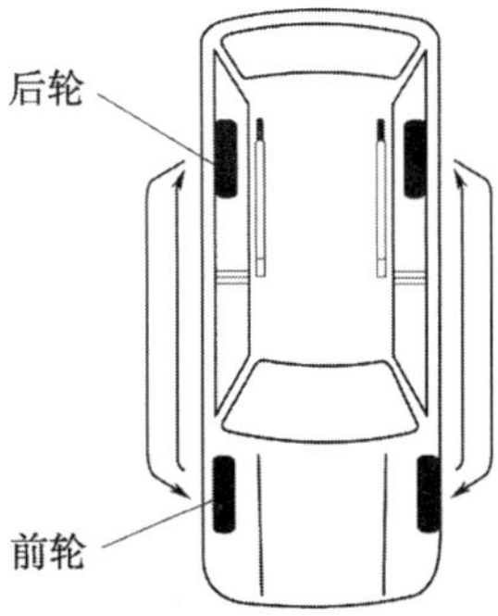

图3-5-34　轮胎换位

（7）如图 3-5-36 所示，新车上的车轮是经过动平衡的，但汽车行驶后很多因素会影响车轮的平衡性，从而影响汽车的操纵稳定性，并且加速轮胎磨损。所以修理过的或新的轮胎必须经过动平衡才能使用。车轮动态不平衡量应在规定的范围内。

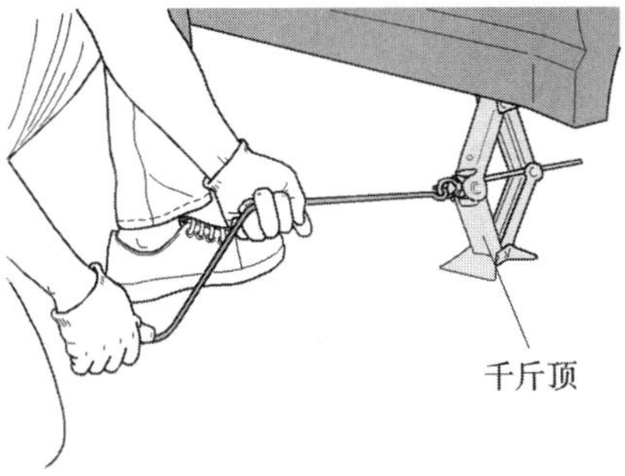

图3-5-35　千斤顶的使用方法

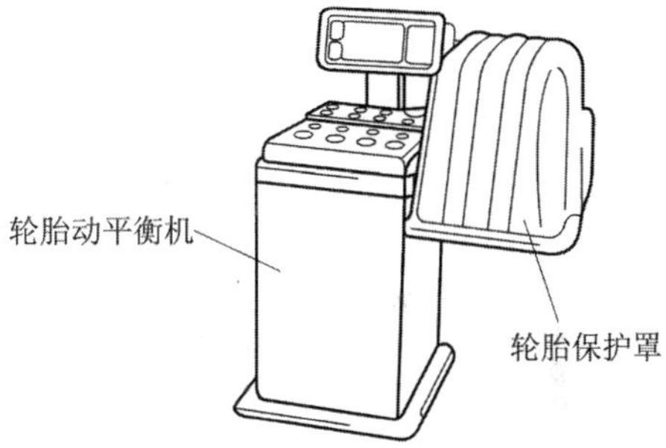

图3-5-36　车轮动平衡

三　前轮定位的检查和调整

桑塔纳 2000GSi 型乘用车前桥和前悬架的结构如图 3-5-37 所示。
在前桥进行拆装后，有必要对前轮定位进行检查和调整。

1　准备工作

检查前轮定位前，车辆应先满足以下条件。

（1）车轮无负载，轮胎气压符合规定。

（2）车轮正确调试，悬架活动自如。

（3）转向器调整正确，前悬架中无大的间隙和损坏。

（4）上海桑塔纳 2000 系列乘用车前轮定位最好使用光学测量仪。如果没有，检查前轮外倾角可用专用 3021 量角器，检查前束可用机械轮距测试器。

（5）上海桑塔纳2000系列乘用车前轮定位，仅前束和前轮外倾角可调整的。调整应在车辆行走 1000 ~ 2000km 后，螺旋弹簧的长度基本定型的情况下，测量调整最为适宜。

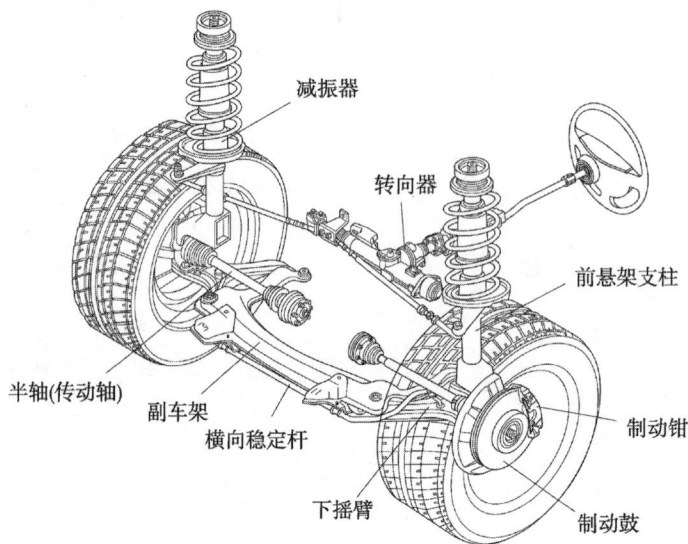

图3-5-37 桑塔纳2000GSi型乘用车前桥和前悬架的结构

❷ 调整外倾角

调整前轮外倾角可通过球销接头在下摇臂长孔中的位移来调整，此时车轮应着地。

（1）松开下摇臂球销接头的固定螺母。

（2）把外倾调整杆 40-200 插于图 3-5-38 中箭头所示的孔中。调整左侧时，从后面插入调整杆；调整右侧时，应从前面插入调整杆。

（3）横向移动球销接头，直至达到外倾角值。外倾角的测量如图 3-5-39 所示。

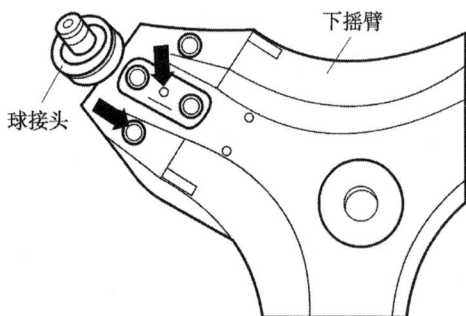

图3-5-38 外倾角的调整（1）

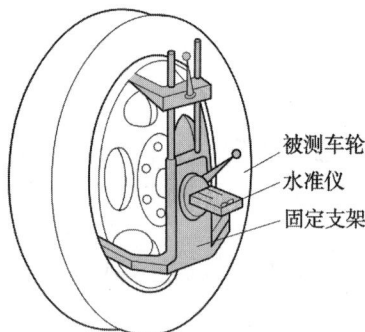

图3-5-39 外倾角的调整（2）

（4）紧固螺母并再次检查外倾角值，必要时调整。

（5）检查，并在必要时调整前束。

❸ 调整前束

调整前束使用光学测量仪外，还需要专用工具 3075。调整前束是通过改变两侧转向横拉杆的长度来实现的。

（1）如图 3-5-40 所示，将转向器置于中间位置。旋出中间轴盖上的螺栓。

（2）如图 3-5-41 所示，将带有挂钩的专用工具安置在左横拉杆的紧固螺母上。

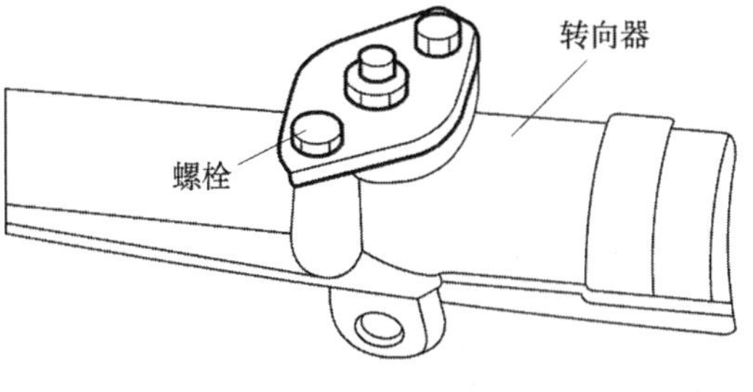

图3-5-40　前束的调整（1）

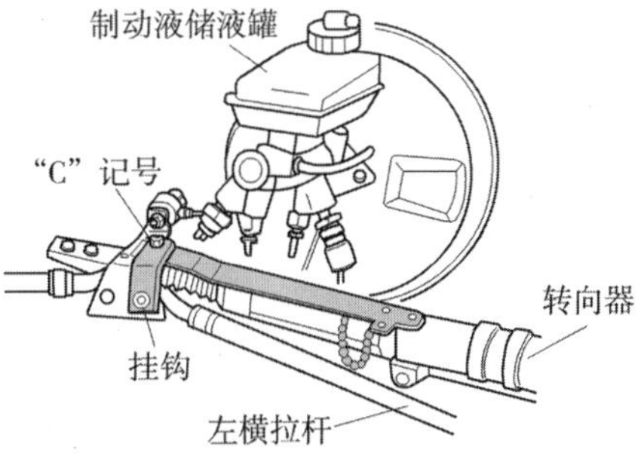

图3-5-41　前束的调整（2）

（3）然后用提供的螺钉和作衬垫的间隔件固定到标有"C"记号的转向器孔中。注意不得使用一般螺钉，因为太短，会碰坏转向盘的螺纹。

（4）如图 3-5-42 所示，总前束值分两半，分别在左右横拉杆上调整。

（5）固定横拉杆，必要时调整转向盘。

（6）拆出专用工具 3075。重新拧紧盖上螺栓，拧紧力矩为 20N·m。

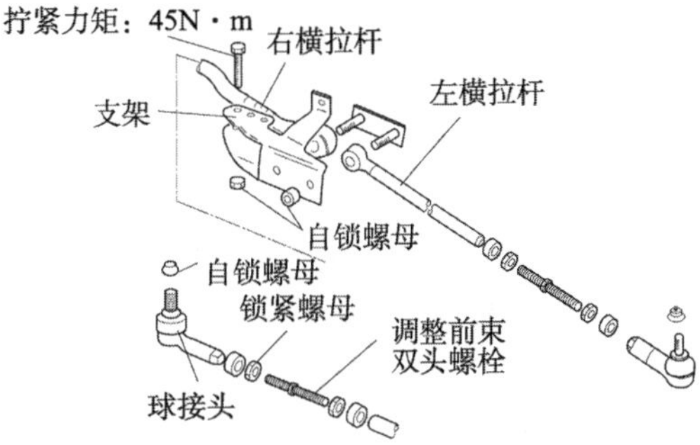

图3-5-42　前束的调整（3）

单元 6　悬　　架

项目一　悬架的结构与工作原理

一　悬架的功用和分类

1　悬架的功用

悬架是车架（或车身）与车桥（或车轮）之间一切传力连接装置的总称。悬架具有如下的功用。

（1）连接车架（或车身）和车轮，把路面作用到车轮的各种力传给车架（或车身）。

（2）缓和冲击、衰减振动，使驾驶人与乘员乘坐舒适，使汽车具有良好的平顺性。

（3）保证汽车具有良好的操纵稳定性。

❷ 悬架的分类

汽车悬架可分为两大类：非独立悬架和独立悬架（图3-6-1）。

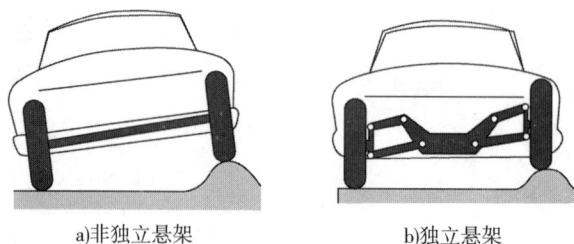

a)非独立悬架　　　　　　　　b)独立悬架

图3-6-1　非独立悬架与独立悬架的示意图

非独立悬架的特点是左右车轮安装在一根整体式车桥两端，车桥则通过悬架与车架相连。当一侧车轮发生位置变化后会导致另一侧车轮的位置也发生变化。

独立悬架的结构特点是车桥做成断开的，每一侧车轮单独通过悬架与车架（或车身）连接。与非独立悬架相比较，汽车采用独立悬架有以下优点：

（1）两侧车轮可以单独运动而互不影响，这样在不平道路上可减少车架和车身的振动，而且有助于消除转向轮不断偏摆的不良现象。

（2）减少了汽车的非簧载质量（即不由弹簧支承的质量）。在道路条件和车速相同时，非簧载质量越小，悬架受到的冲击载荷也就越小，因而采用独立悬架可以提高汽车的平均行驶速度。

（3）由于采用断开式车桥，发动机总成的位置可以降低和前移，使汽车重心下降，因而可提高汽车的行驶稳定性；同时由于给予了车轮较大的上下运动的空间，故可以将悬架刚度设计得较小，以降低车身振动频率，改善行驶平顺性。

（4）越野汽车全部车轮采用独立悬架还可保证汽车在不平道路上行驶时，所有车轮和路面有良好的接触，从而可增大牵引力；此外，可增大汽车的离地间隙，使汽车的通过性能大大提高。

由于具有以上优点，独立悬架被现代汽车广泛采用。但是，独立悬架结构复杂，制造成本高，维修及维护不便，在一般情况下，车轮跳动时，由于车轮外倾角与轮距变化较大，轮胎磨损较严重。

▣ 悬架的结构

现代汽车的悬架虽有不同的结构形式，但一般都由弹性元件、减振器、导向机构等组成，乘用车一般还有横向稳定器。悬架的组成如图3-6-2所示。

弹性元件使车架（或车身）与车桥（或车轮）之间做弹性连接，可以缓和由于不平路面带来的冲击，并承受和传递垂直载荷。减振器可以衰减由于路面冲击产生的振动，使振动的振幅迅速减小。导向机构包括纵向推力杆和横向推力杆，用于传递纵向载荷和横向载荷，并保证车轮相对于车架（或车身）的运动关系。横向稳定器可以防止车身在转向等情况下发生过大的横向倾斜。

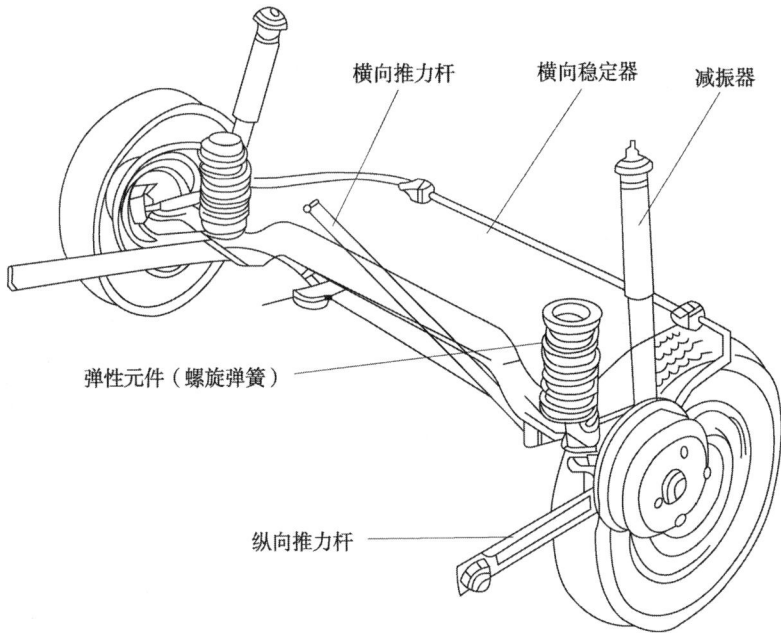

图3-6-2 悬架的组成

❶ 弹性元件

汽车上常用的弹性元件包括钢板弹簧、螺旋弹簧、扭杆弹簧和气体弹簧等。

❶ 钢板弹簧

钢板弹簧也称叶片弹簧，其结构如图 3-6-3 所示，在车桥靠近车架或车身时靠钢板弹簧的弹性形变来起缓冲作用，并在车桥靠近和离开车架或车身的整个过程中，通过各片相互之间的滑动摩擦，部分衰减路面的冲击作用。

图3-6-3 钢板弹簧结构

一副钢板弹簧通常由很多曲率半径不同、长度不等、宽度一样、厚度相等的弹簧钢板片叠成，在整体上近似等强度的弹性梁。第一片最长的钢板弹簧，称为主片，其两端或一端弯成卷耳状。在钢板弹簧全长内装有 2~4 个钢板夹。钢板弹簧的中部通过 "U" 形螺栓和压板与车桥刚性固定，两端用销子铰接在车架的支架和吊耳上。

❷ 螺旋弹簧

螺旋弹簧广泛应用于独立悬架,有些乘用车的后轮非独立悬架也采用螺旋弹簧做弹性元件。螺旋弹簧如图 3-6-4 所示,由特殊的弹簧钢棒卷制而成,可以制成圆柱形或圆锥形,也可以制成等螺距或不等螺距。圆柱形等螺距螺旋弹簧的刚度是不变的,圆锥形或不等螺距螺旋弹簧的刚度是可变的。

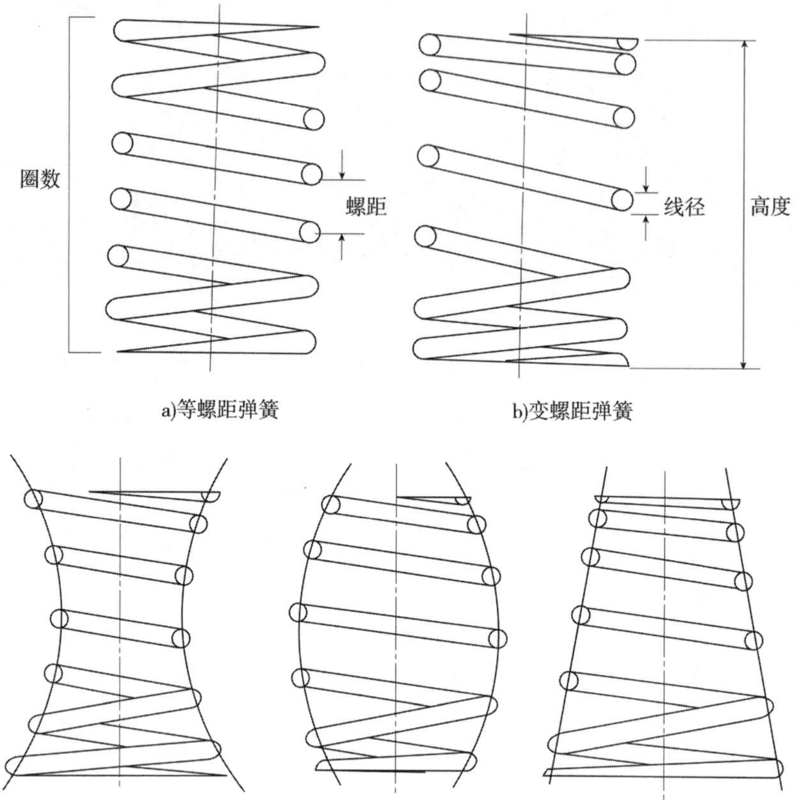

a)等螺距弹簧   b)变螺距弹簧

c)非线形弹簧

图3-6-4　螺旋弹簧

螺旋弹簧与钢板弹簧相比,无须润滑,防污能力强,质量小,单位质量的能量吸收率较高。但是,螺旋弹簧本身减振作用很差,因此在螺旋弹簧悬架中,必须另装减振器;螺旋弹簧只能承受垂直载荷,故必须加装导向装置,以传递垂直力以外的各种力和力矩。

❸ 扭杆弹簧

扭杆弹簧是一根由铬钒弹簧钢制成的扭杆,如图 3-6-5 所示。扭杆一端固定在车架上,另一端固定在悬架的摆臂上,摆臂则与车轮相连。当车轮跳动时,摆臂便绕着扭杆轴线而摆动,使扭杆产生扭转导致弹性变形,以保证车轮与车架的弹性联系。

扭杆弹簧在制造时,经热处理后预先施加一定的扭转力矩,使之产生一个永久的扭转变形,从而使其具有一定的预应力。左、右扭杆的预加扭转的方向都与扭杆安装在车上后承受工作载荷时扭转的方向相同,目的是减少工作时的实际应力,以延长使用寿命。如果左、右扭杆换位安装,则将导致扭杆弹簧的实际工作应力加大,使用寿命缩短。因此,左、右扭杆弹簧刻有不同的标记,不可互换。

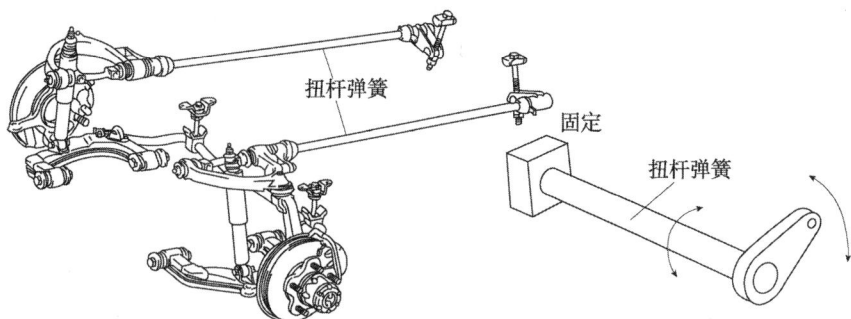

图3-6-5　扭杆弹簧示意图

❷ 减振器

❶ 减振器的功用及原理

减振器在汽车中的作用是迅速衰减由车轮通过悬架弹簧传给车身的冲击和振动，提高汽车行驶的平顺性能。减振器在汽车悬架中是与弹性元件并联安装的（图3-6-6）。

目前，汽车悬架系统中广泛采用液压减振器，其基本原理如图3-6-7所示。当车架与车桥作往复的相对运动而使活塞在缸筒内往复移动时，减振器壳体内的油液便反复地从一个内腔通过一些窄小的孔隙流入另一个内腔，此时孔壁与油液间的摩擦及

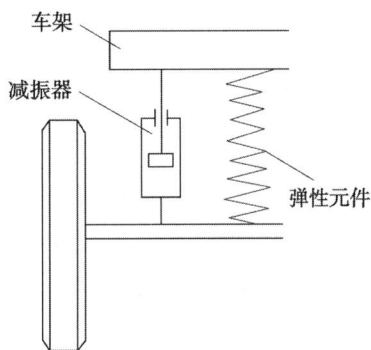

图3-6-6　减振器与弹性元件的安装示意图

液体分子内的摩擦便形成对振动的阻尼力，使车身和车架的振动能量转化为热能被油液和减振器壳体所吸收，然后扩散到大气中。减振器阻尼力的大小随车架与车桥（或车轮）间相对速度的变化而增减，并且与油液的黏度有关。

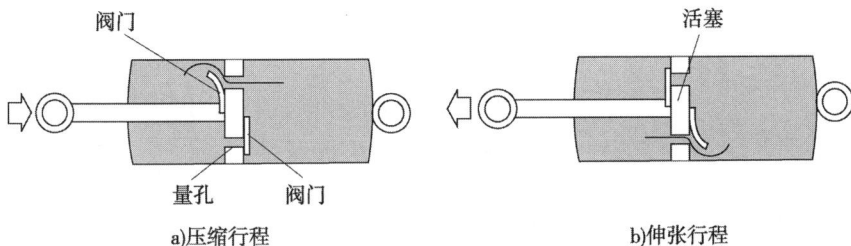

a)压缩行程　　　　　　　　　　　　　　　　b)伸张行程

图3-6-7　液压减振器的基本原理

阀门越大，阻尼力越小，反之亦然。相对运动速度越大，阻尼力越大，反之亦然。

阻尼力越大，振动的衰减越快，但悬架弹性元件的缓冲效果不能发挥，乘坐也不舒适，因此弹性元件的刚度与减振器的阻尼力要合理搭配，才能保证乘坐舒适性和操纵稳定性的要求。

❷ 双向作用筒式减振器

目前在汽车上应用最广泛的液力减振器是双向作用筒式减振器，它在伸张行程和压缩行程都具有阻尼减振作用。

双向作用筒式减振器的基本组成如图3-6-8所示，它有3个同心缸筒，外面的缸筒

117

是防尘罩，其上部的吊耳与车架相连，中间是储油缸筒，内装有一定量的油液，其下端的吊耳与车桥相连，里面是工作缸筒，其内装满油液。它还有 4 个阀，即压缩阀、伸张阀、流通阀和补偿阀。流通阀和补偿阀是一般的止回阀，其弹簧很弱，当阀上的油压作用力与弹簧弹力同向时，阀处于关闭状态，完全不通油液；而当油压作用力与弹簧弹力反向时，只要很小的油压，阀便能开启。压缩阀和伸张阀是卸载阀，其弹簧刚度较大，预紧力较大，只有当油压增高到一定程度时，阀才能开启；而当油压减低到一定程度时，阀即自行关闭。

双向作用筒式减振器的工作原理可用压缩和伸张两个行程加以说明。

（1）压缩行程。当车桥移近车架（或车身）时，减振器受压缩，活塞下移，使其下腔室容积减小，油压升高。具有一定压力的油液顶开流通阀进入活塞上腔室。由于活塞杆占去上腔室的部分容积，使上腔室增加的容积小于下腔室减小的容积，因此还有一部分油液不能进入上腔室而只能压开压缩阀，流回储油缸筒。油液流经上述阀孔时，受到一定的节流阻力，为克服这种阻力而消耗了振动能量，使振动衰减。

（2）伸张行程。当车桥相对远离车架（或车身）时，减振器受拉伸，活塞上移，使其上腔室油压升高。上腔室的油液便推开伸张阀流入下腔室。同样由于活塞杆的存在，上腔室减小的容积小于下腔室增加的容积，因而从上腔室流出来油液不足以充满下腔室所增加的容积，使下腔室产生一定的真空，这时储油缸筒中的油液在真空作用下推开补偿阀流进下腔室进行补充。

从上面的原理可以得知，这种减振器在压缩、伸张两个行程都能起减振作用，因此称为双向作用减振器。

图3-6-8　双向作用筒式减振器的基本组成

❸ 横向稳定器

横向稳定器如图 3-6-9 和图 3-6-10 所示。横向稳定器利用扭杆弹簧原理，将左右车轮通过横向稳定杆连接起来。在车身倾斜时，稳定杆两边的纵向部分向不同方向偏转，于是横向稳定杆便被扭转。弹性的稳定杆产生的扭转内力矩就阻碍了悬架弹簧的变形，从而减少车身的横向倾斜。

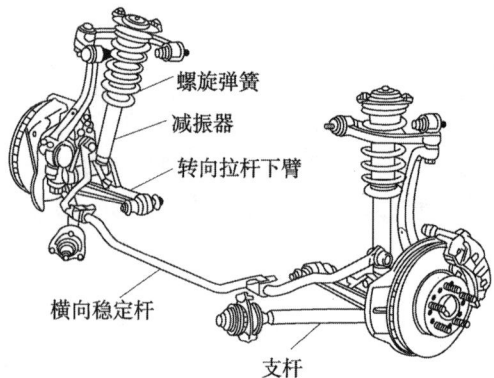

图3-6-9　横向稳定器

图3-6-10　横向稳定器的作用

三 非独立悬架

非独立悬架结构简单，工作可靠，一些乘用车的后悬架中采用这一结构类型。

按照采用弹性元件的不同，非独立悬架可以分为钢板弹簧式非独立悬架和螺旋弹簧式非独立悬架。

1 钢板弹簧非独立悬架

图 3-6-11 所示为钢板弹簧式非独立悬架。钢板弹簧中部通过 U 形螺栓（骑马螺栓）固定在前桥上。钢板弹簧的前端卷耳用弹簧销与前支架相连，形成固定式铰链支点，起传力和导向作用；而后端卷耳则用吊耳销与可在车架上摆动的吊耳相连，形成摆动式铰链支点，从而保证了弹簧变形时两卷耳中心线间的距离有改变的可能。

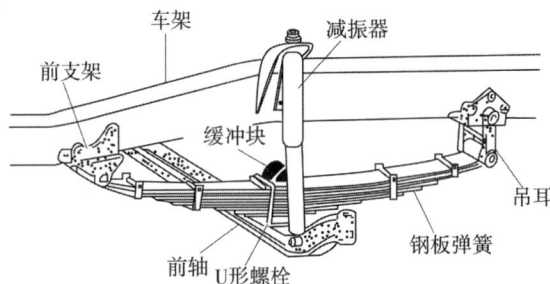

图3-6-11　钢板弹簧式非独立悬架

减振器的上、下两个吊环通过橡胶衬套和连接销分别与车架上的上支架和车桥上的下支架相连接。盖板上装有橡胶缓冲块，以限制弹簧的最大变形，并防止弹簧直接碰撞车架。

2 螺旋弹簧非独立悬架

螺旋弹簧非独立悬架由螺旋弹簧、减振器、纵向推力杆和横向推力杆组成。一般只用于乘用车的后悬架，如图 3-6-12 所示。

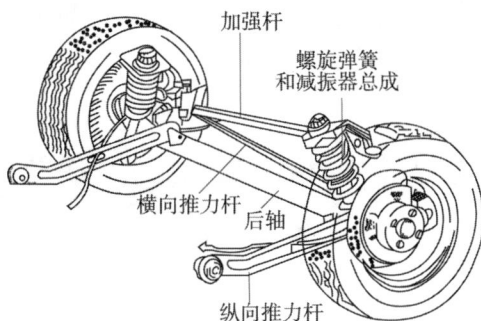

图3-6-12　螺旋弹簧非独立悬架

119

四 独立悬架

1 横臂式独立悬架

横臂式独立悬架分为单横臂式和双横臂式两种，目前单横臂式独立悬架应用较少。

双横臂式独立悬架的两个横摆臂有等长的和不等长的，如图 3-6-13 所示。摆臂等长的独立悬架当车轮上下跳动时，虽然车轮平面不倾斜、主销轴线的方向也不发生变化，但轮距发生较大的变化，这将引起车轮的侧滑和轮胎的磨损。而摆臂不等长的独立悬架当车轮上下跳动时，虽然车轮平面、主销轴线、轮距都发生变化，但如果选择长度比例合适，可使车轮和主销的角度及轮距变化不大，这种独立悬架被广泛用在乘用车前轮上。图 3-6-14 所示为奥迪乘用车不等长双横臂式螺旋弹簧独立悬架。

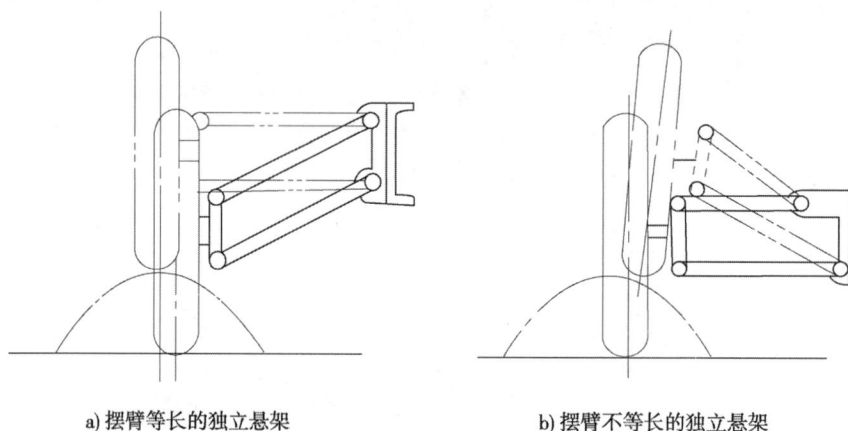

a) 摆臂等长的独立悬架　　　　　　　b) 摆臂不等长的独立悬架

图3-6-13　双横臂式独立悬架示意图

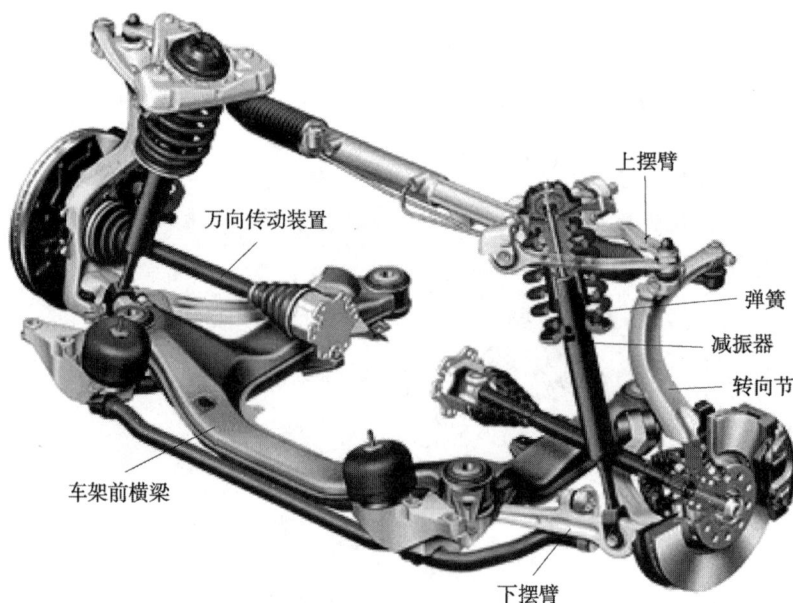

万向传动装置

上摆臂

弹簧

减振器

转向节

车架前横梁

下摆臂

图3-6-14　不等长双横臂式独立悬架

❷ 纵臂式独立悬架

纵臂式独立悬架也分为单纵臂式和双纵臂式两种。

单纵臂式独立悬架如果用于前轮，车轮上下跳动时会使主销后倾角变化很大，所以单纵臂式独立悬架都用于后轮。

双纵臂式独立悬架的两纵摆臂一般长度相等，形成平行四连杆机构，如图3-6-15所示。这种悬架当车轮上下跳动时，车轮外倾角、轮距和主销后倾角都不发生变化，所以适用于前轮。

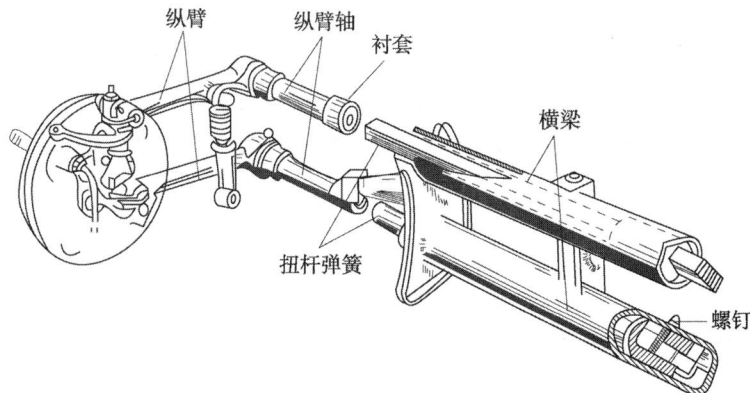

图3-6-15　双纵臂式独立悬架

❸ 烛式独立悬架

图3-6-16所示为烛式独立悬架，主销的上下两端刚性地固定在车架上。套在主销上的套管固定在转向节上。套管的中部固定装着螺旋弹簧的下支座。筒式减振器的下端与转向节相连，上端与车架相连。悬架的摩擦部分套着防尘罩。通气管与防尘罩内腔相通，以免罩中空气被密封而影响悬架的弹性。

烛式独立悬架的优点是当悬架变形时，主销的定位角不会发生变化，仅轮距、轴距稍有改变；有利于汽车的转向操纵性和行驶稳定性。缺点是侧向力全部由套筒和主销承受，两者间的摩擦阻力大，磨损严重。因此，这种结构形式目前很少采用。

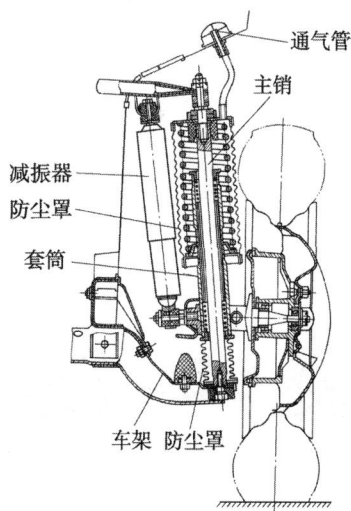

图3-6-16　烛式独立悬架

❹ 麦弗逊式独立悬架

麦弗逊式悬架是目前乘用车和某些轻型客车应用比较普遍的悬架结构形式。如图3-6-17所示，筒式减振器为滑动立柱，横摆臂的内端通过铰链与车身相连，外端通过球铰链与转向节相连。减振器的上端与车身相连，减振器的下端与转向节相连，车轮所受的侧向力大部分由横摆臂承受，其余部分由减振器活塞和活塞杆承受。筒式减振器上铰链的中心与横摆臂外端球铰链中心的连线为主销轴线，此结构也为无主销结构。当车轮上下跳动时，减振器下支点随前悬架摇臂摆动，故主销轴线角度是变化的，这说明车轮是沿着摆

121

动的主销轴线而运动。

烛式独立悬架和麦弗逊式独立悬架都属于车轮沿主销移动的独立悬架，烛式独立悬架的车轮沿固定不动的主销移动，麦弗逊式独立悬架的车轮沿摆动的主销轴线移动。

5 多连杆式独立悬架

独立悬架中多采用螺旋弹簧，因而对于侧向力、垂直力以及纵向力需增设导向装置，即采用杆件来承受和传递这些力，因而一些乘用车上为减轻车重和简化结构采用多连杆式悬架，如图 3-6-18 所示。上连杆用上连杆支架与车身（或车架）相连，上连杆外端与第三连杆相连。上连杆的两端都装有橡胶隔振套。第三连杆的下端通过重型推力轴承与转向节连接。下连杆与普通的下摆臂相同，其内端通过橡胶隔振套与前横梁相连接，球铰将下连杆的外端与转向节相连。多杆前悬架系统的主销轴线从下球铰延伸到上面的轴承，它与上连杆和第三连杆无关。

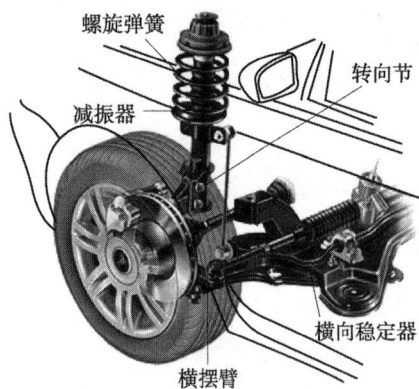

图3-6-17　麦弗逊式独立悬架

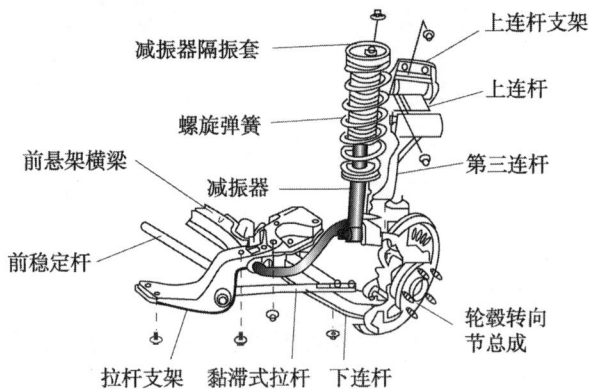

图3-6-18　多连杆前悬架系统

项目二　悬架的拆装

本项目以桑塔纳 2000GSi 型乘用车悬架的拆装为例进行说明。

一　前悬架总成的拆装

桑塔纳 2000GSi 型乘用车前悬架分解图如图 3-6-19 所示。

1 前悬架总成的拆卸

（1）取下车轮装饰罩。

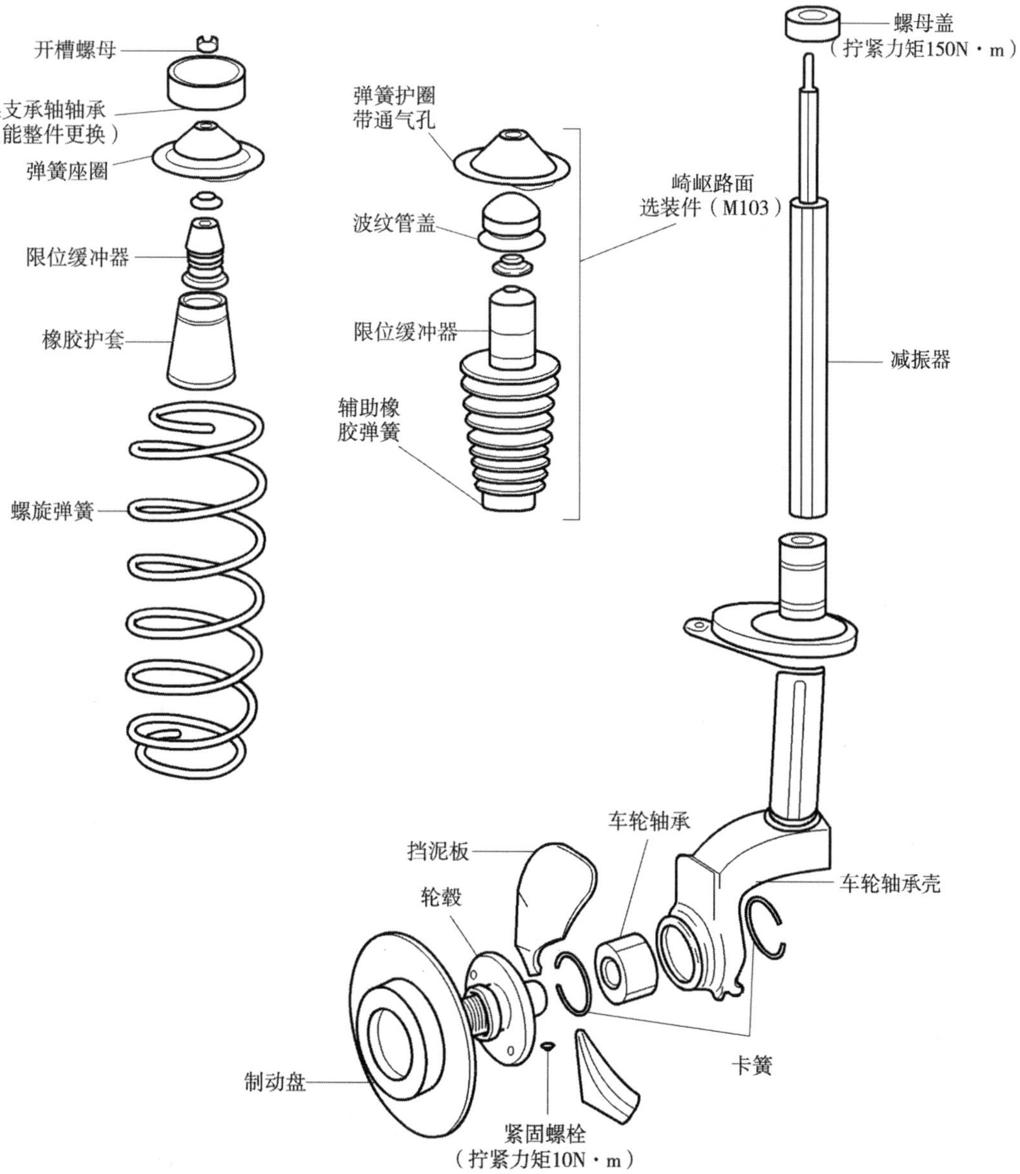

开槽螺母

悬架支承轴轴承
（只能整件更换）

弹簧座圈

限位缓冲器

橡胶护套

螺旋弹簧

弹簧护圈
带通气孔

波纹管盖

崎岖路面
选装件（M103）

限位缓冲器

辅助橡
胶弹簧

螺母盖
（拧紧力矩150N·m）

减振器

车轮轴承

挡泥板

轮毂

车轮轴承壳

卡簧

制动盘

紧固螺栓
（拧紧力矩10N·m）

图3-6-19　桑塔纳2000GSi型乘用车前悬架分解图

（2）如图 3-6-20 所示，旋下轮毂与传动轴的紧固螺母，车轮必须着地。

（3）卸下垫圈。旅松车轮紧固螺母，拆下车轮。

（4）旋下制动钳紧固螺栓，旋下制动盘。

（5）取下制动软管支架，并用铁丝将制动钳固定在车身上（图 3-6-21 中上部箭头所示，注意不要损坏制动软管）。拆下球形接头紧固螺栓（图 3-6-21 中下部箭头所示）。

（6）如图 3-6-22 所示，压下横拉杆接头。

（7）如图 3-6-23 所示，旋下稳定杆的紧固螺栓。

（8）向下掀压下臂，从车轮轴承壳内拉出传动轴。或利用两个固定车轮凸缘上的螺孔，将压力装置 V.A.G1389 固定在轮毂上，用液压装置从轮毂中压出传动轴，如图 3-6-24 所示。

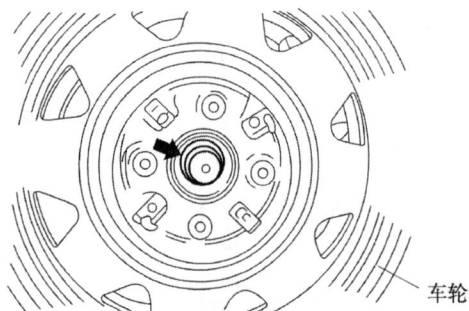

图3-6-20 前悬架总成的拆卸（1）

图3-6-21 前悬架总成的拆卸（2）

图3-6-22 前悬架总成的拆卸（3）

图3-6-23 前悬架总成的拆卸（4）

（9）如图 3-6-25 所示，拆掉压力装置。取下盖子，支承减振器支柱下部，旋下活塞杆的螺母，用内六角扳手阻止活塞杆的转动。

图3-6-24 前悬架总成的拆卸（5）

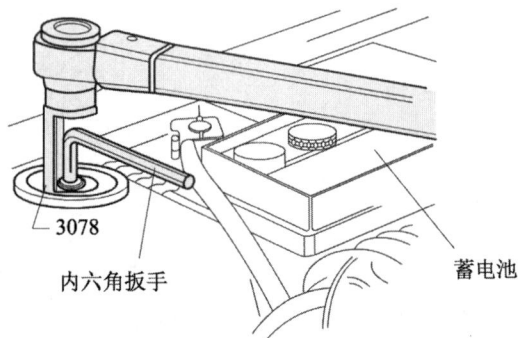

图3-6-25 前悬架总成的拆卸（6）

❷ 前悬架总成的安装

前悬架总成的安装顺序基本上与拆卸顺序相反，但在安装时应注意以下事项。

（1）不允许对前悬架总成进行焊接或整形处理，不合格的要换用新的零部件总成。

（2）安装传动轴时，应擦净传动轴与轮毂花键齿面上的油污，去除防护剂的残留物。将外等速万向节（RF 节）花键面涂上一圈 5mm 宽的防护剂 D6（图 3-6-26），然后进行传动轴装配。涂防护剂 D6 的传动轴装车后应停车 60min 之后才可使用。

（3）如图 3-6-27 所示，安装时，所有螺栓和螺母的紧固力矩应符合规定。所有自锁螺母，必须换用新件。

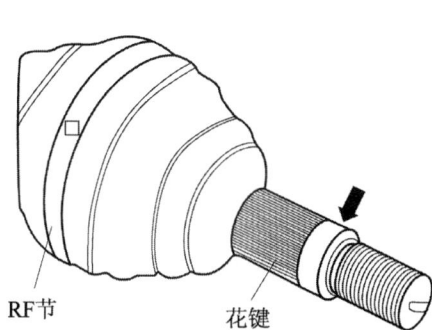

图3-6-26　前悬架总成的安装（1）

图3-6-27　前悬架总成的安装（2）

▤ 前悬架减振器的更换

桑塔纳 2000GSi 型乘用车前悬架及减振器的结构如图 3-6-28 所示。

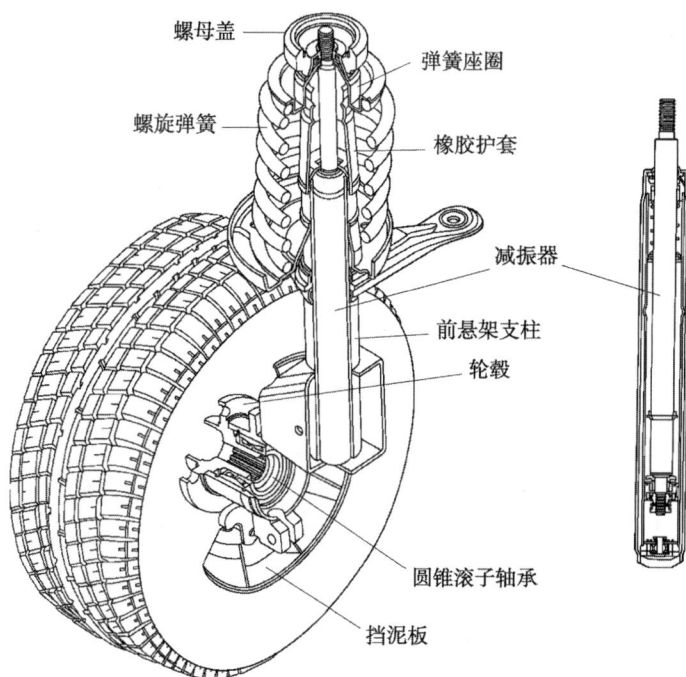

图3-6-28　桑塔纳2000GSi型乘用车前悬架及减振器的结构

在车辆行驶过程中，如减振器发出异常的响声，则说明该减振器已损坏，必须更换。一般减振器是不进行修理的。减振器上如有很小渗油现象不必调换，如有漏油多则必须推拉减振器活塞杆，通过拉伸和压缩减振器来检查渗油现象，漏出的减振器油，不能再加入减振器内重新使用。漏油的减振器不能再使用。

图3-6-29　前悬架减振器的更换（1）

更换减振器的拆装方法为如下步骤。

（1）如图 3-6-29 所示，用拉具压住弹簧座圈，压缩压紧弹簧。如果没有 V.A.G1403 工具，可用 VW340 代替。

（2）如图 3-6-30 所示，松开与紧固开槽螺母，放松弹簧，可以用扳手 A 阻止活塞杆的转动以使松开螺母。

（3）如图 3-6-31 所示，拆卸减振器。

（4）按照与拆卸相反的顺序安装减振器。

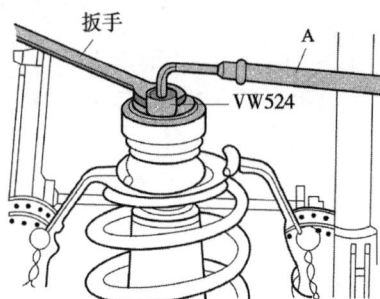

图3-6-30　前悬架减振器的更换（2）

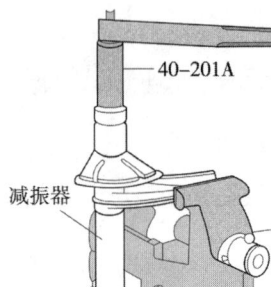

图3-6-31　前悬架减振器的更换（3）

三　后桥和后悬架的拆装

桑塔纳 2000GSi 型乘用车后桥和后悬架的分解图如图 3-6-32 所示。

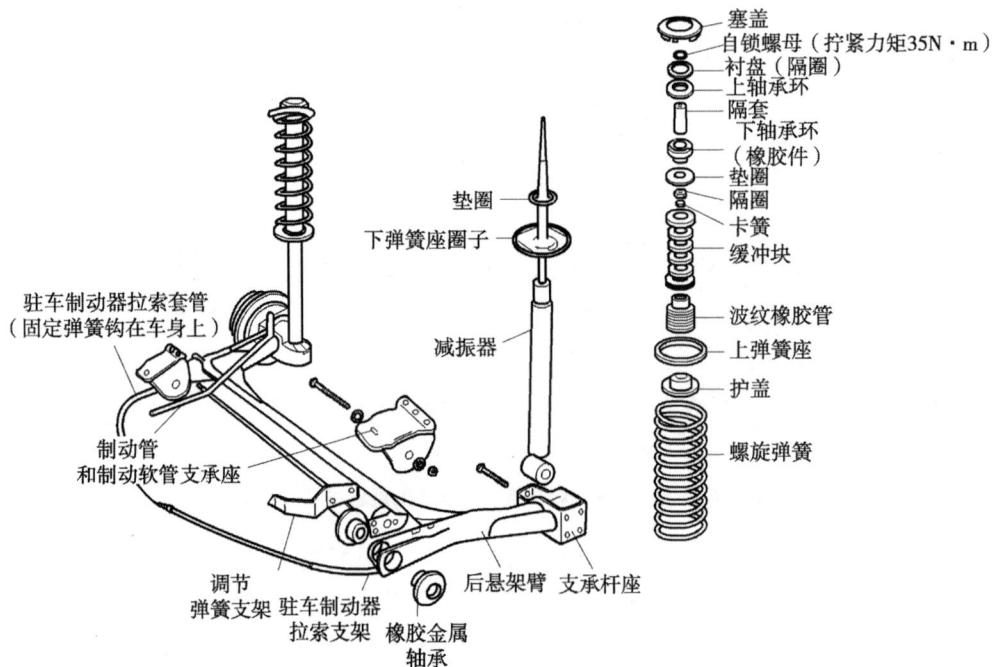

图3-6-32　桑塔纳2000GSi型乘用车后桥和后悬架的分解图

❶ 后桥和后悬架的拆卸

（1）将驻车制动器拉索从拉杆上吊出。必要时脱开制动蹄。

（2）如图 3-6-33 所示，分开轴体上的制动管和制动软管。

（3）松开车身上的支承座，仅留一个螺母支承。

注意：如要把支承座留在车身上，需拆出支承座与横梁上的固定螺栓。安装时要绝对注意，为了避免金属橡胶支座在行驶中橡胶扭曲，在旋紧螺栓之前，横梁须平放。

（4）拆下排气管吊环。用专用工具支承住后桥横梁。

（5）如图 3-6-34 所示，取下车室内减振器盖板。从车身上旋下支承杆座螺母。

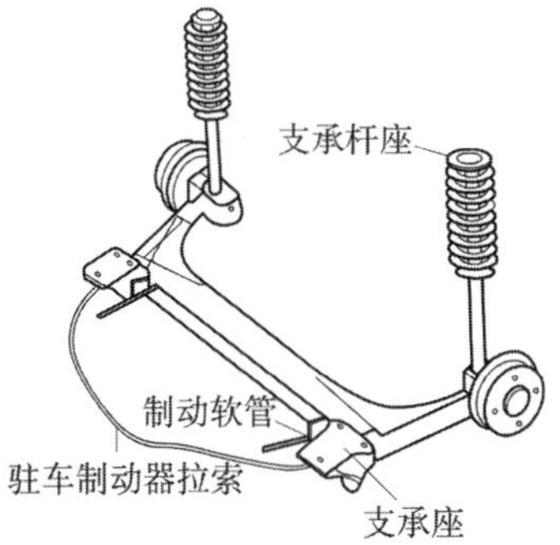

图3-6-33　后桥和后悬架的拆卸（1） 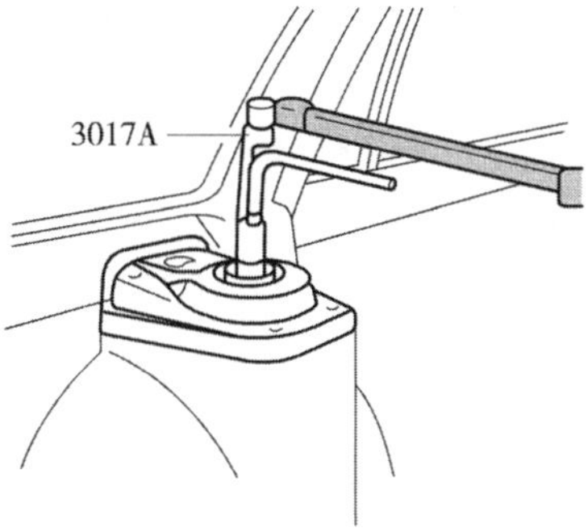　　图3-6-34　后桥和后悬架的拆卸（2）

（6）拆卸车身上的整个支承座。

（7）慢慢升起车辆。将驻车制动拉索从排气管上拉出。

（8）将后桥从车子底下拆出。注意：维修时不允许对后桥进行焊接和整形。

❷ 后桥和后悬架的安装

后桥、后悬架总成的安装可按拆卸相反的顺序进行，但应注意以下事项。

（1）将驻车制动拉索铺设在排气管上面，然后将后桥装到车身上。

（2）将减振器支承杆座装入车身的支架中，并用螺母固定。

（3）如图 3-6-35 所示，横梁必须平放，车身与横梁的夹角应为 17° ± 2°36′。

（4）如图 3-6-36 所示，更换所有自锁螺母，且按规定力矩拧紧。

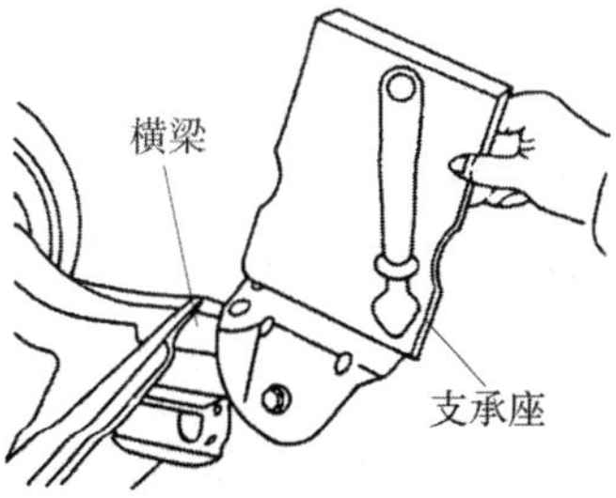

图3-6-35　后桥和后悬架的安装（1） 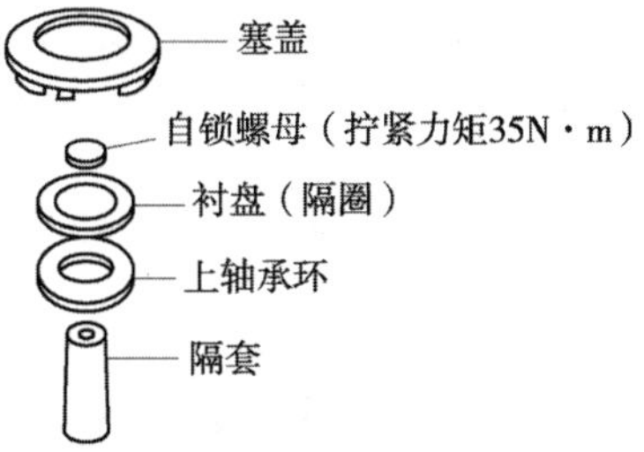　　图3-6-36　后桥和后悬架的安装（2）

四 后桥减振器和弹簧的拆装

桑塔纳 2000GSi 型乘用车的后桥和后悬架的结构如图 3-6-37 所示。

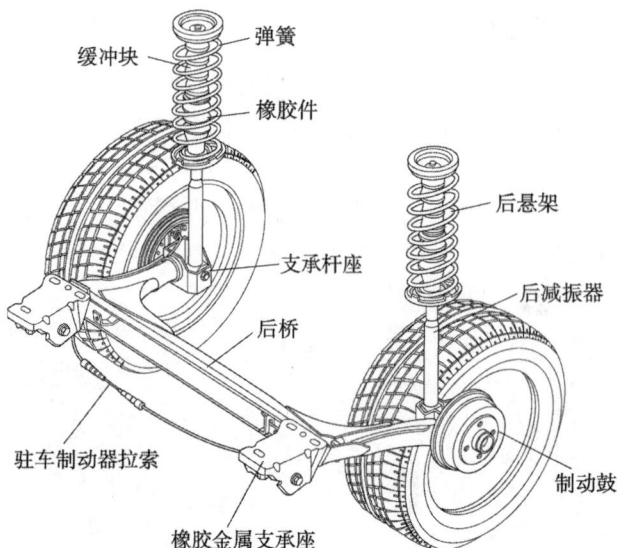

图3-6-37　桑塔纳2000GSi型轿车的后桥和后悬架的结构

❶ 减振器和弹簧的拆卸

（1）将车辆在硬实的地面上停稳，用千斤顶或垫块支承起后桥。

（2）如图3-6-38中箭头所示，向上弯起车厢内减振器上方三角区域底隔板。

（3）如图3-6-39中所示，拆去减振器上端与车身的固定螺母、下端与后桥的固定螺母。

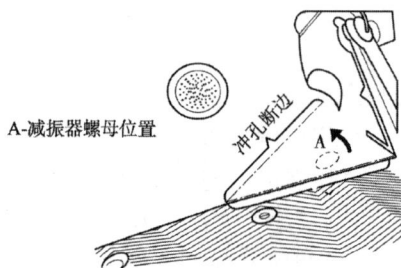

图3-6-38　减振器和弹簧的拆卸（1）

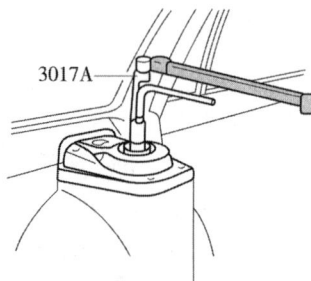

图3-6-39　减振器和弹簧的拆卸（2）

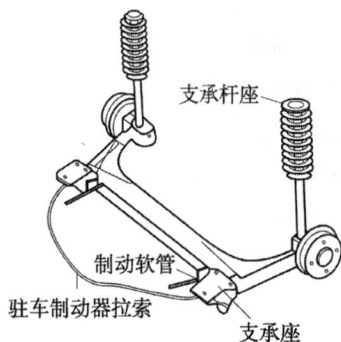

图3-6-40　减振器和弹簧的拆卸（3）

（4）如图3-6-40中所示，抬高车身，慢慢从车轮与轮罩之间拆出支承座。注意：不要同时拆卸两边的支承杆座，以免使金属橡胶支承受压过大。

❷ 减振器和弹簧的安装

减振器和弹簧的安装应按拆卸相反的顺序进行，但同时注意螺母的拧紧力矩：支承座的自锁螺母拧紧力矩为35N·m，减振器支承杆座上的螺母拧紧力矩为60~70N·m。安装完后，应将后隔板两边用黏带封住。

单元7 转向系统

项目一 转向系统的结构与工作原理

一 概述

1 转向系统的功用

转向系统是指由驾驶人操纵，能实现转向轮偏转和复位的一套机构。转向系的功用是按照驾驶人的意愿改变汽车的行驶方向和保持汽车稳定的直线行驶。

2 转向系统的分类及基本组成

汽车转向系统按转向动力源的不同分为机械转向系统和动力转向系统两大类。

机械转向系统以驾驶人的体力作转向动力源，系统的所有传动件都是机械的，如图3-7-1所示。

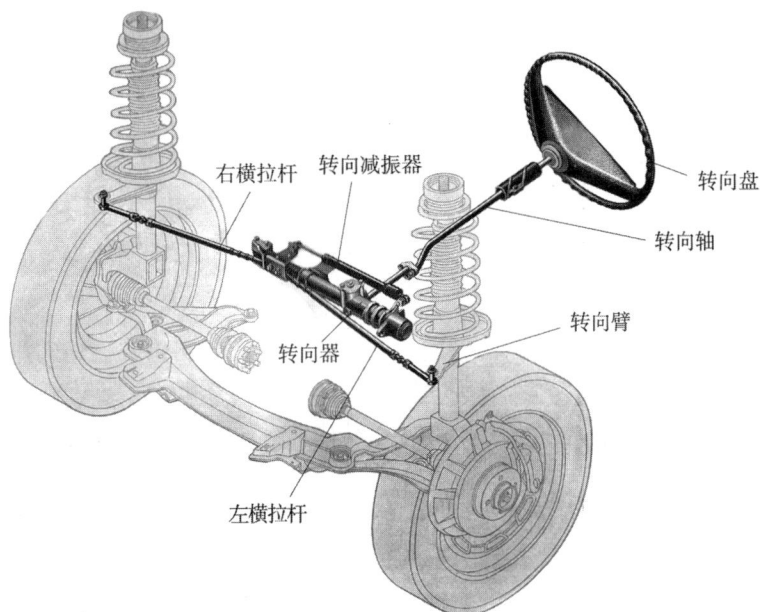

图3-7-1 机械转向系统的组成

动力转向系统是兼用驾驶人体力和发动机（或电动机）的动力作为转向能源的转向系统。动力转向系统是在机械转向系统的基础上加设一套转向加力装置而形成的，如图 3-7-2 所示。

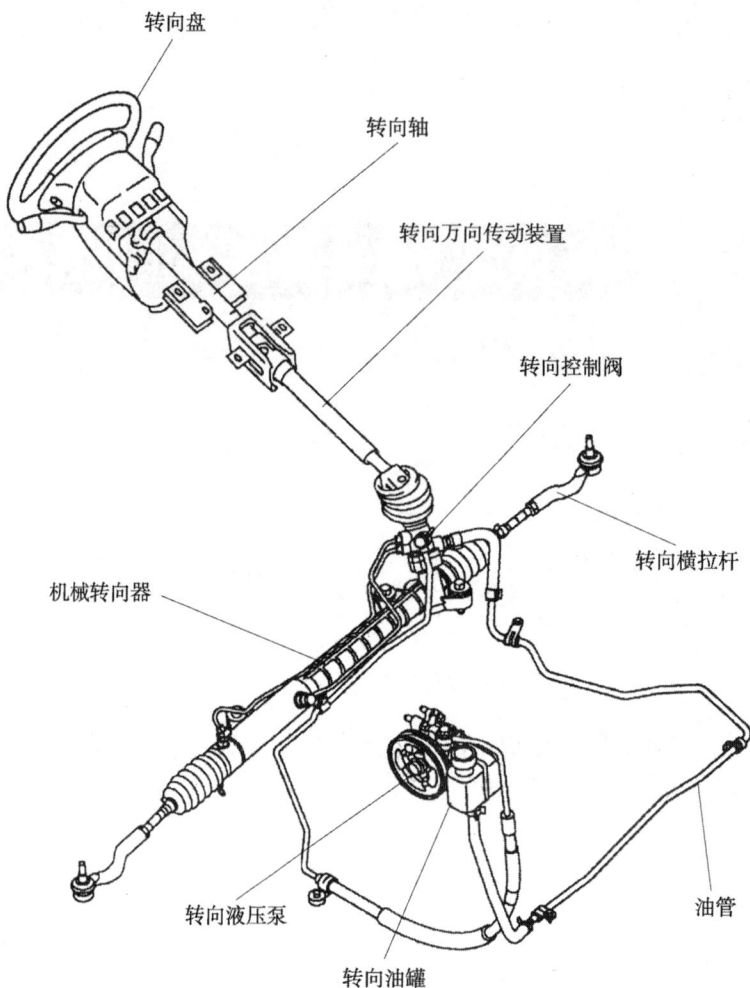

图3-7-2　动力转向系统的组成

3 转向理论

1 转向系统角传动比

转向系统角传动比是指转向盘的转角与转向盘同侧的转向轮偏转角的比值，一般用 i_w 表示。转向系统角传动比是转向器角传动比 i_1 和转向传动机构角传动比 i_2 的乘积。转向器角传动比是转向盘转角和转向摇臂摆角之比。转向传动机构角传动比是转向摇臂摆角与同侧转向轮偏转角之比。

2 转向盘的自由行程

转向盘的自由行程是指转向盘在空转阶段的角行程，这主要是由于转向系统各传动件之间的装配间隙和弹性变形所引起的。由于转向系各传动件之间都存在着装配间隙，而且这些间隙将随零件的磨损而增大，因此在一定的范围内转动转向盘时，转向节并不马上同步转动，而是在消除这些间隙并克服机件的弹性变形后，才做相应的转动，即转向盘有一空转过程。

转向盘自由行程对于缓和路面冲击及避免驾驶人过于紧张是有利的，但过大的自由行程会影响转向灵敏性。

❸ 转向时车轮运动规律

汽车转向时，内侧车轮和外侧车轮滚过的距离是不等的。为保证转向过程中车轮作纯滚动，要求所有车轮的轴线都交于一点方能实现。此交点 O 称为汽车的转向中心，如图3-7-3所示。汽车转向时内侧转向轮偏转角 β 大于外侧转向轮偏转角 α。α 与 β 的关系是：

$$\cot\alpha = \cot\beta + \frac{B}{L}$$

式中：B——两侧主销中心距（可近似认为是转向轮轮距）；

L——汽车轴距。

从转向中心 O 到外侧转向轮与地面接触点的距离 R 称为汽车转弯半径。转弯半径 R 越小，则汽车转向所需要场地就越小，汽车的机动性也越好。当外侧转向轮偏转角达到最大值 $\alpha_{\max}$ 时，转弯半径 R 最小。

❹ 转向特性

驾驶人将转向盘转过一定角度后固定，保持汽车以某一稳定车速开始转向，可能出现以下几种转向特性，如图3-7-4所示。

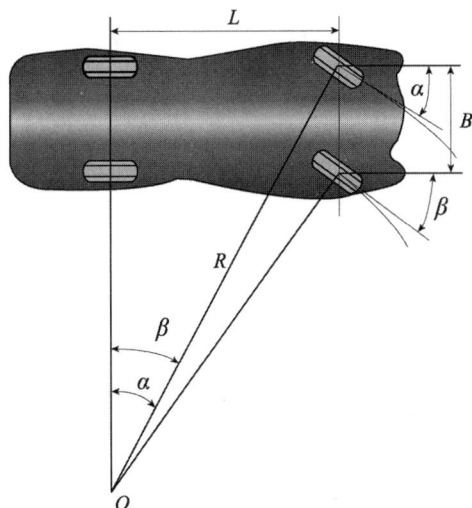

图3-7-3 汽车转向示意图

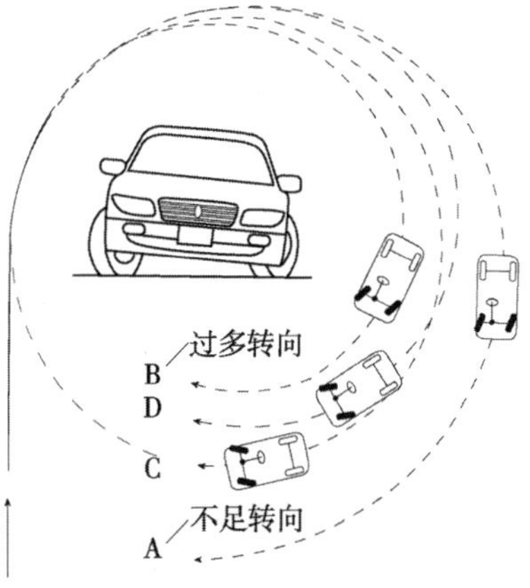

图3-7-4 汽车转向特性

（1）不足转向：偏离圆周轨迹向外动力，且转弯半径越来越大。

（2）过多转向：偏离圆周轨迹向内运动，且转弯半径越来越小。

（3）中性转向：沿着圆周轨迹运动。

（4）交变转向：最初偏离轨迹向外运动，过一段时间后突然开始向内运动。

对于不足转向，汽车转弯半径越来越大，这种运动状态和人的运动感觉一致。对于过多转向，转弯半径越来越小，这和人的运动感觉不一致，转弯时驾驶人重心向内倾斜，使驾驶人难以往回转动转向盘。因此除了特殊的赛车，一般都将汽车设计成具有轻微的不足转向特性。交变转向特性只极少地应用于后置发动机的汽车。

二 机械转向系统

汽车机械转向系统由转向操纵机构、机械转向器和转向传动机构 3 大部分组成。

1 机械转向器

转向器是转向系统中的降速增矩的装置，其功用是增大由转向盘传到转向节的力，并改变力的传动方向。

常用的机械转向器可以分为齿轮齿条式和循环球式。

❶ 齿轮齿条式转向器

齿轮齿条式转向器分两端输出式和中间（或单端）输出式两种结构形式，如图 3-7-5 所示。齿轮齿条式转向器采用一级传动副，主动件是齿轮，从动件是齿条。

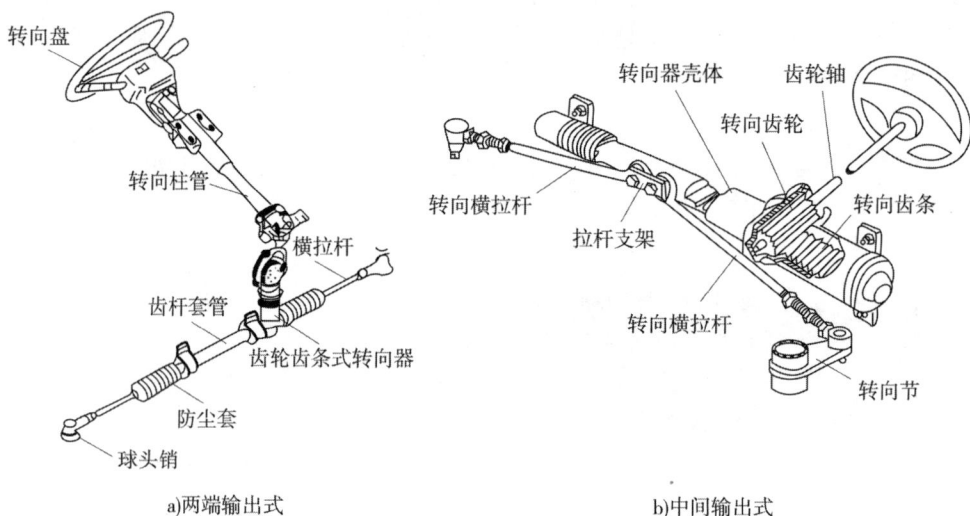

a)两端输出式　　　　　　　　　　　　b)中间输出式

图3-7-5　齿轮齿条式转向器结构形式

齿轮齿条式转向器是利用齿轮顺时针或逆时针方向的转动带动齿条左右移动，再通过横拉杆推动转向节，达到转向的目的，如图 3-7-6 所示。

齿轮齿条式转向器结构简单，可靠性好，便于独立悬架的布置；同时，由于齿轮齿条直接啮合，转向灵敏、轻便，在各类型汽车上的应用越来越多。

❷ 循环球式转向器

循环球式转向器由侧盖、底盖、壳体、钢球、带齿扇的摇臂轴、圆锥轴承、制有齿形的螺母、转向螺杆等组成，如图 3-7-7 所示。

循环球式转向器采有两级传动副，第一级是转向螺杆与螺母，第二级是齿条与齿扇。

循环球式转向器工作时，转向螺杆转动，在摩擦力的作用下，所有钢球在螺母与转向螺杆之间形成"球流"，并推动齿形螺母沿转向螺杆轴线前后移动；然后通过齿条带动齿扇摆动，并使摇臂轴旋转，带动摇臂摆动；最后由传动机构传至转向轮，使转向轮偏转以实现转向。

循环球式转向器的最大优点是传动效率高、操纵轻便、且工作可靠、使用寿命长。其主要缺点是结构复杂、制造精度要求高。

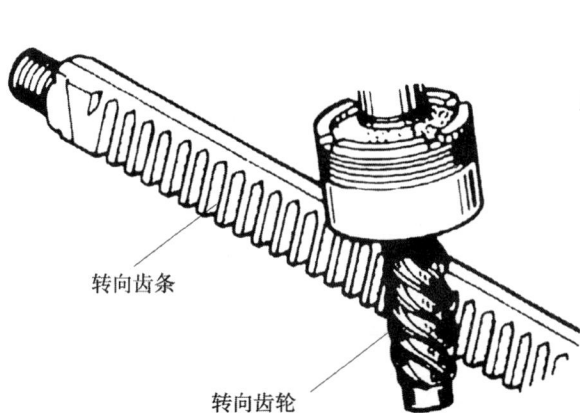

图 3-7-6　齿轮齿条传动原理

图 3-7-7　循环球式转向器

❷ 转向操纵机构

汽车转向操纵机构主要由转向盘、转向轴、转向柱管等组成。它的功用是产生转动转向器所必需的操纵力，并具有一定的调节和安全性能。

汽车的转向操纵机构如图 3-7-8 所示。转向轴是连接转向盘和转向器的传动件，并传递它们之间的转矩。转向柱管安装在车身上，转向轴从转向柱管中穿过，支承在柱管内的轴承和衬套上。转向盘利用键和螺母将其固定在转向轴的轴端。

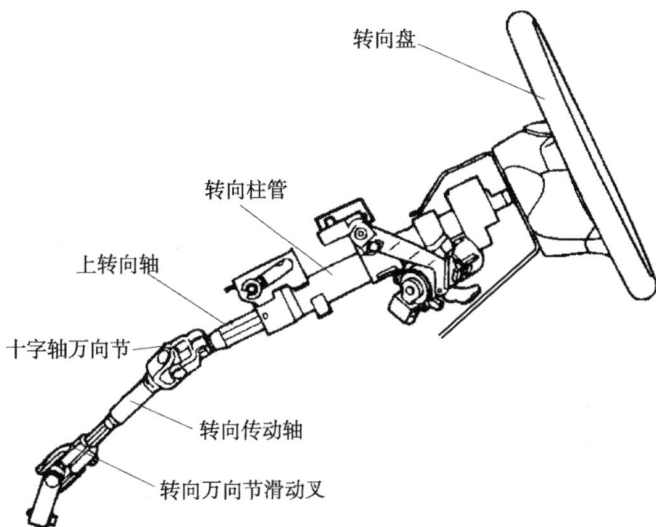

图3-7-8　转向操纵机构

乘用车的转向操纵机构要求转向柱管必须装备能够缓和冲击的吸能装置。转向轴和转向柱管吸能装置的基本工作原理是：当转向轴受到巨大冲击而产生轴向位移时，通过转向柱管或支架产生塑性变形、转向轴产生错位等方式，吸收冲击能量。

❸ 转向传动机构

转向传动机构的功用是将转向器输出的力和运动传给转向轮，使两侧转向轮偏转以实现汽车转向，并保证左右转向轮的偏转角按一定关系变化。

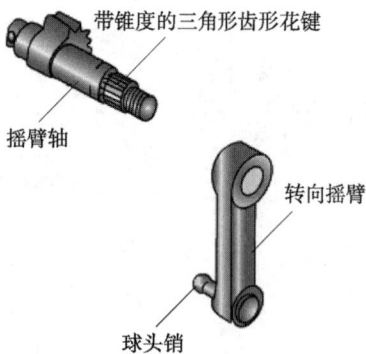

图3-7-9　转向摇臂

❶ 转向摇臂

图 3-7-9 所示为常见转向摇臂的结构形式。循环球式转向器通过转向摇臂与转向直拉杆相连。转向摇臂的大端用锥形三角细花键与转向器中摇臂轴的外端连接，小端通过球头销与转向直拉杆作空间铰链连接。

❷ 转向直拉杆

图 3-7-10 所示为汽车的转向直拉杆，它是连接转向摇臂和转向节臂的杆件，具有传力和缓冲作用。在转向轮偏转且因悬架弹性变形而相对于车架跳动时，转向直拉杆与转向摇臂及转向节臂的相对运动都是空间运动，为了不发生运动干涉，三者之间的连接件都是球形铰链。

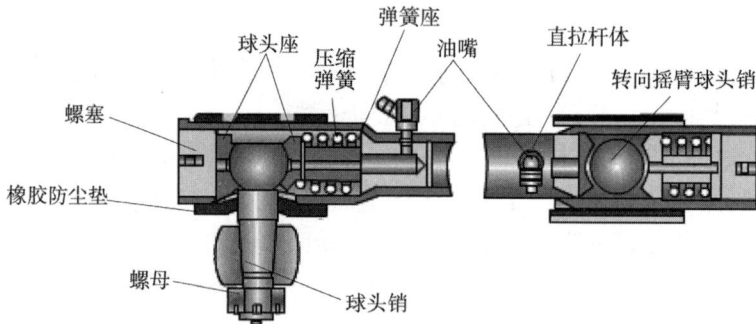

图3-7-10　转向直拉杆

❸ 转向横拉杆

图 3-7-11 所示为转向横拉杆示意图，由横拉杆体和两个旋装在两端的拉杆接头组成。其特点是长度可调，通过调整横拉杆的长度，可以调整前轮前束。

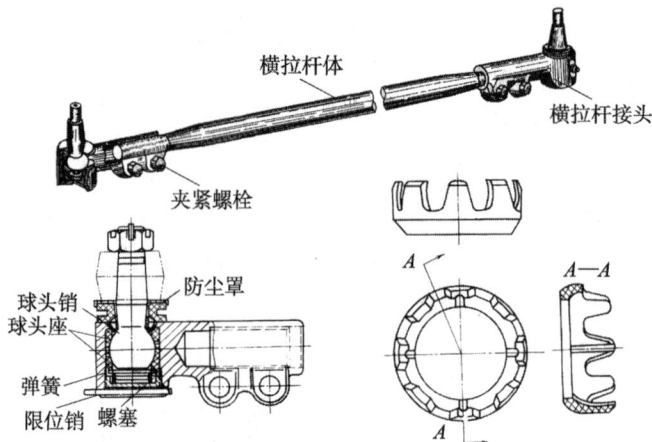

图3-7-11　转向横拉杆示意图

图 3-7-12 所示为断开式转向桥的横拉杆组成。转向器齿条的两端制有内螺纹。转向横拉杆的内端装有带螺纹的球头，并将其旋入齿条中。横拉杆的外端也通过螺纹与横拉杆接头连接，并用螺母锁紧。横拉杆接头外端通过球头销与转向节连接。松开锁紧螺母，转动转向横拉杆（左右两侧横拉杆的转动量应相同）可以调整前轮前束。

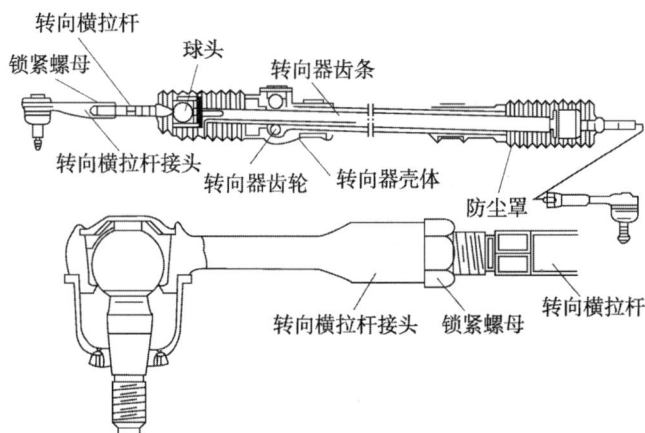

图3-7-12　断开式转向桥的横拉杆

❹ 转向减振器

为了衰减由于道路不平而传递给转向盘的冲击、振动，防止转向盘"打手"，稳定汽车行驶方向，许多乘用车装有转向减振器。转向减振器一端与车身（或前桥）铰接，另一端与转向直拉杆（或转向器）铰接。转向减振器的结构如图 3-7-13 所示，其工作原理与悬架中的减振器相类似。

图3-7-13　转向减振器的结构

三 液压动力转向系统

为了减轻驾驶人的疲劳强度，改善转向系统的技术性能，目前很多汽车都采用了动力转向系统。采用动力转向的汽车转向时，所需的能量在正常情况下，只有小部分是驾驶人提供的体能，而大部分是发动机驱动转向油泵旋转，将发动机输出的部分机械能转化为压力能。并在驾驶人控制下，对转向传动装置或转向器中某一传动件施加不同方向的随动渐进压力，从而实现转向。

❶ 动力转向液

汽车动力转向液是汽车液压动力转向系统的工作介质，长期以来，液压动力转向液一直采用自动变速器油（ATF），如上海桑塔纳 2000 系列乘用车等的动力转向液。但目前有采用动力转向专门用油的趋势。采用动力转向液可减小磨损、防止氧化起泡、降低工作温度、保护油封及管路，使转向机构操作轻便、滑顺。动力转向液含有去污添加剂的成分，可以有效清洁动力转向系统。

很多厂商没有对动力转向液的更换周期作出规定，这可能是因为劣化周期较长的原因。所以无法指定更换周期，但如果动力转向液变色为褐色时应进行更换。一般乘用车的动力转向液要求每 6 个月或行驶 10000km 检查一次，必要时进行添加。

❷ 动力转向系统的分类

动力转向系统按传能介质的不同，可以分为气压式和液压式两种。

液压式动力转向系统按液流形式的不同，可分为常压式和常流式两种。

根据转向加力装置的零部件布置和连接组合方式的不同，可以分为整体式动力转向系统、半整体式动力转向系统和组合式动力转向系统 3 种。

液压式动力转向系统按其转向控制阀阀芯的运动力式的不同，还可分为滑阀式和转阀式两种形式。

❸ 液压式动力转向系统的组成及原理

液压式动力转向系统由机械转向器、转向控制阀（转阀式）、转向动力缸以及将发动机输出的部分机械能转换为压力能的转向油泵（或空气压缩机）、转向油罐等组成，如图 3-7-14 所示。转向油泵安装在发动机上，由曲轴通过传动带驱动运转向外输出油压，转向油罐有进、出油管接头，通过油管分别和转向油泵和转向控制阀连接。动力转向器为整体式动力转向器，其转向控制阀用以改变油路。

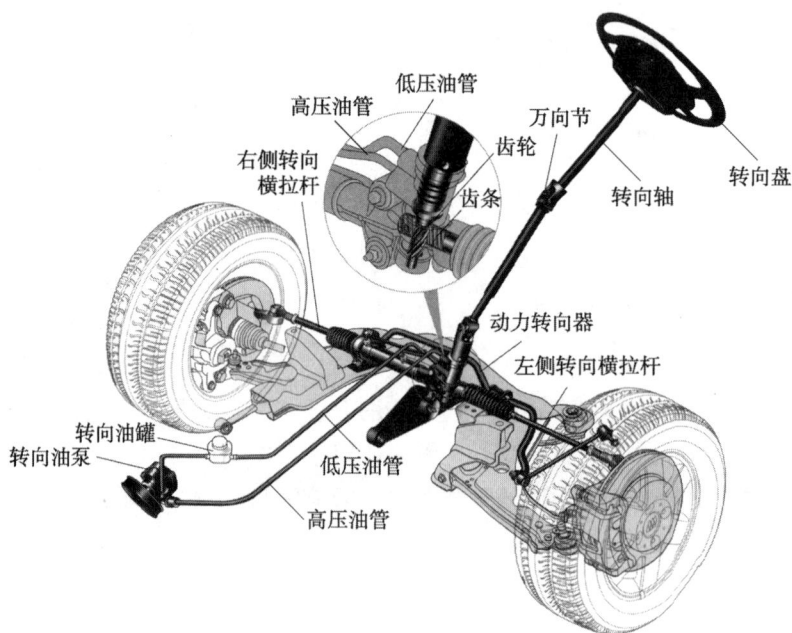

图3-7-14　液压式动力转向系统

❶ 转向控制阀

液压常流转阀式转向控制阀的结构如图 3-7-15 所示。转向控制阀的转子安装在转向齿轮轴上，在其中间插入控制阀扭杆并固定。在转向齿轮上部有控制阀体，它与控制阀扭杆相连。控制阀体和转向油泵相通，且在其两端有与动力缸相通的阀门孔，由其所处位置决定是否向动力缸供油。转向盘转动时，根据控制阀扭杆的扭转量提供相应的油压辅助力。转向油泵的供油压力由转向控制阀控制。高压油经过控制阀内的空隙进入动力活塞两端，使活塞左右运动，带动转向齿条运动。

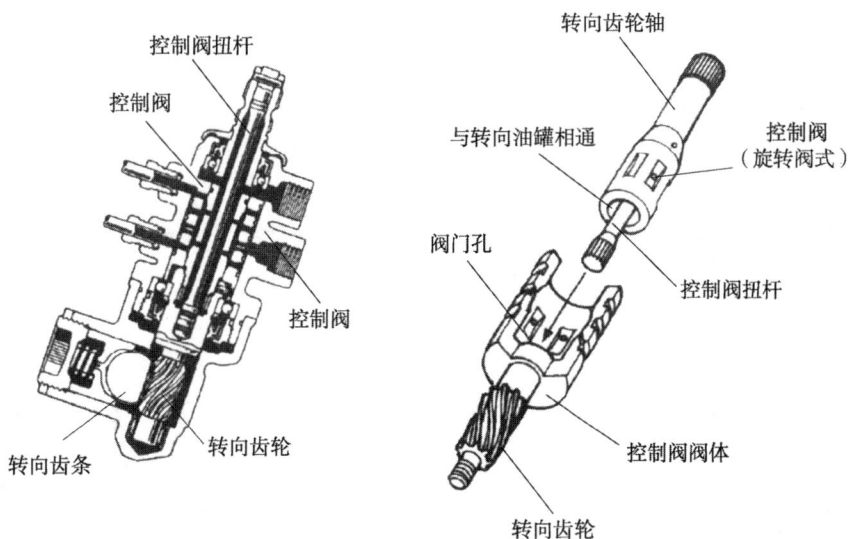

图3-7-15　转向控制阀的结构

如图 3-7-16 所示，转向盘旋转时，带动控制阀扭杆旋转，使控制阀缸体旋转，阀门孔打开，开始供油。当转向盘转角很大时，控制阀扭杆转角大，进入动力缸的油液多，推动动力缸活塞运动，从而减轻转向操纵力。高速时，转向角转角小，进入动力缸的油液很少，转向操纵力大。当进入动力缸的油液流量很大时，过剩油液通过电磁阀流回转向油罐。当转向盘旋转停止时，阀门孔被关闭，动力缸活塞两端的油压相同。

图3-7-16　动力转向系统的工作原理

137

❷转向油泵

转向油泵是动力转向系统的动力源，其功用是将发动机的机械能变为驱动转向动力缸工作的液压能，再由转向动力缸输出的转向力，驱动转向车轮转向。

转向油泵的结构类型有多种，常见的有齿轮式、转子式和叶片式。目前最常用的是双作用叶片式转向油泵，其工作原理如图3-7-17所示。当发动机带动油泵顺时针旋转时，叶片在离心力的作用下紧贴在定子的内表面上，工作容积开始由小变大，从吸油口吸进油液，而后工作容积由大变小，压缩油液，经压油口向外供油。再转180°，又完成一次吸压油过程。

转向油泵的转子是通过发动机驱动或电动机驱动的，工作时油压及流量的变化是通过安全阀和溢流阀来实现的，如图3-7-18所示。当输出压力过高时，这个压力传到溢流阀右侧，使安全阀左移开启，高压油流回进油腔，降低了输出油压。当输出油量过大时，节流孔处油液的流速很高，但该处的压力很小，此压力经横向油道传到溢流阀右侧，使节流阀左右两侧的压差增大，在压差的作用下，节流阀压缩弹簧右移，使进油道和出油道相同，部分油液在泵内循环流动，减少了出油量。

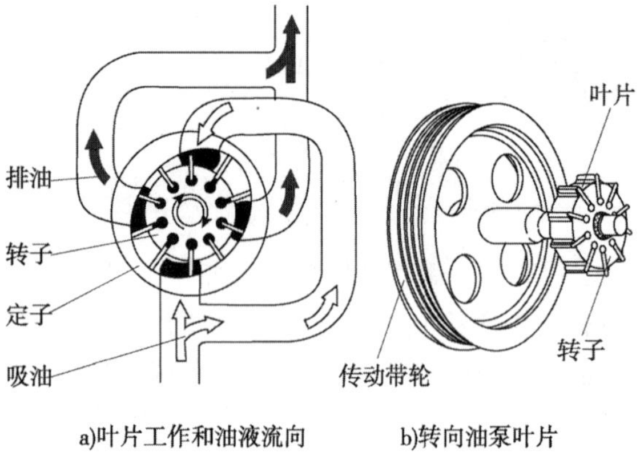

排油		叶片
转子		
定子		
吸油	传动带轮	转子

a)叶片工作和油液流向　　b)转向油泵叶片

图3-7-17　双作用叶片泵的结构及工作原理

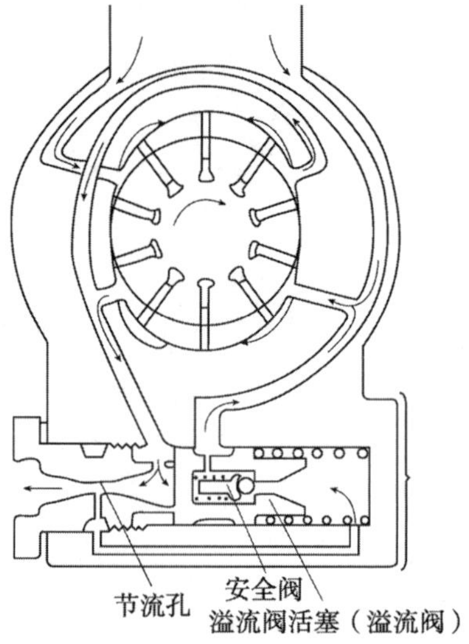

节流孔　安全阀
　　　溢流阀活塞（溢流阀）

图3-7-18　双作用卸荷式叶片泵结构及原理示意图

四 电子控制动力转向系统

电子控制动力转向系统（Electronic Control Power Steering，简称EPS）可分为液压式电控动力转向系统和电动式电控动力转向系统等多种形式。

1 液压式电控动力转向系统

液压式电控动力转向系统是在传统的液压动力转向系统的基础上增设了电子控制装置而构成的，根据控制方式的不同，可分为流量控制式、反力控制式和阀灵敏控制式3种形式。下面仅介绍反力控制式电控动力转向系统。

1 基本组成

图 3-7-19 所示为反力控制式动力转向系统的组成，主要由转向控制阀、电磁阀、分流阀、转向动力缸、转向油泵、转向油罐、车速传感器和电子控制单元组成。

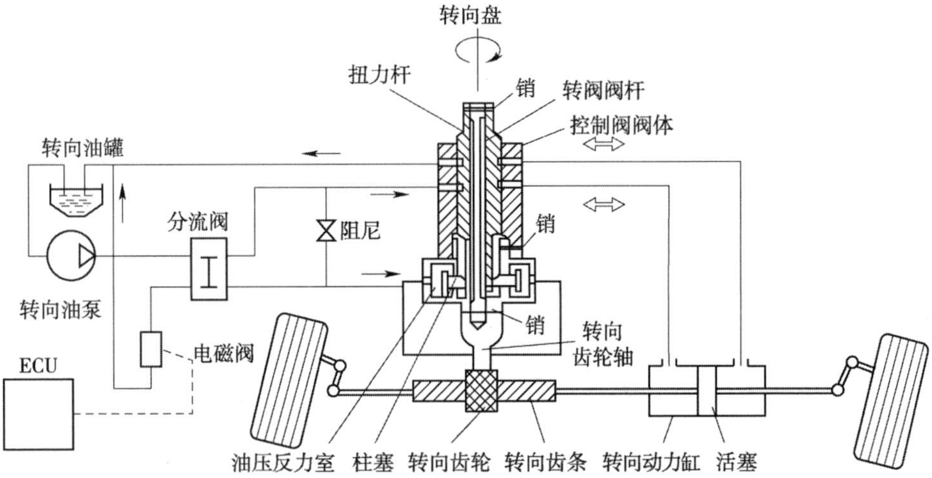

图3-7-19　反力控制式动力转向系统的组成

反力控制式动力转向系统是按照车速的变化，由电子控制油压反力，调整动力转向器，从而使汽车在各种条件下转向盘上所需的转向操纵力都达到最佳状态。有时也把这种动力转向系统称为渐进型动力转向系统 PPS（Progressive Power Steering）。

电子控制的渐近型动力转向系统结构如图 3-7-20 所示，除了旧式动力转向装置中用来控制加力的主控制阀之外，又增设了反力油压控制阀和油压反力室。

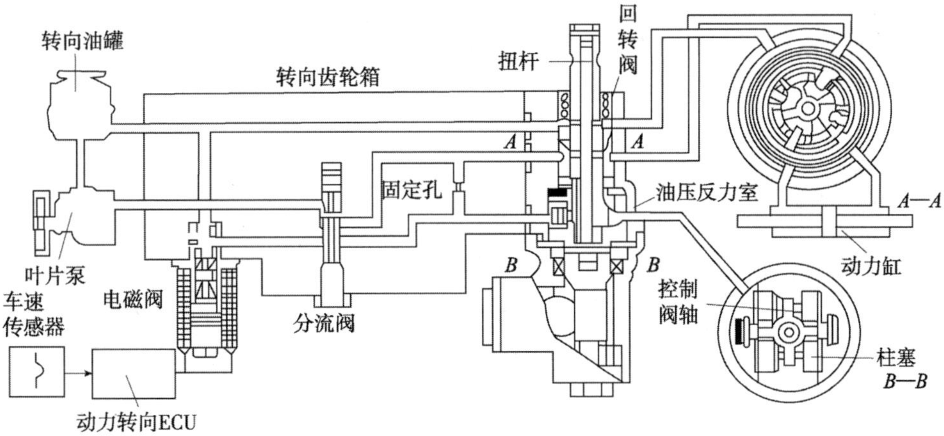

图3-7-20　电子控制的渐进型动力转向系统结构

经反力油压控制阀调整后的油压加到油压反力室内，扭杆与转向轴相连，当 PPS 根据油压反力的大小改变转向扭杆的扭曲量时，就可以控制转向时所要加的力。动力转向用的微机安装在电子控制器 ECU 内，ECU 根据车速传感器的信号控制电磁阀的输入电流；电磁阀设在反力控制阀上。

2 工作原理

❶ 汽车静止或低速行驶时

如图 3-7-21 所示，汽车在低速范围内运行时，ECU 输出一个大的电流，使电磁阀的开度增加，由分流分出的液体流过电磁阀回到转向油罐中的流量增加。油压反力室的压力减小，柱塞推动控制阀杆的力减小，因此只需要较小的转向力就可使扭杆扭转变形，使阀体与阀杆发生相对转动而使控制阀打开，油泵输出油压作用到动力缸右室（或左室），使动力缸活塞左移（或右移），产生转向助力。

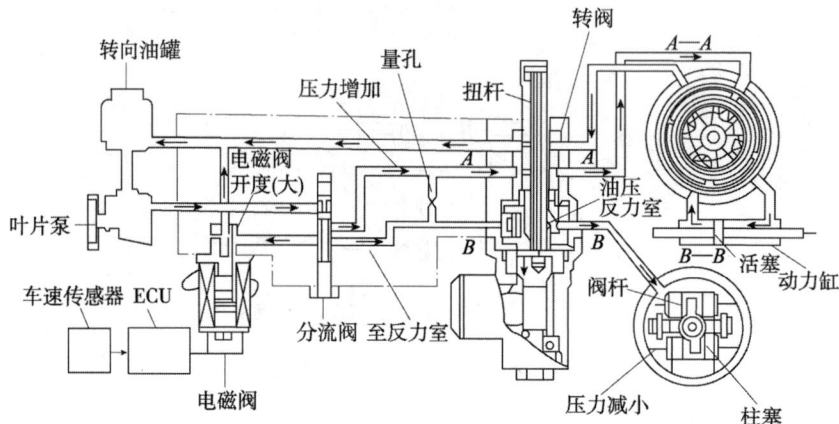

图3-7-21　停车或低速行驶时的工作情况

❷ 汽车中、高速行驶时

如图 3-7-22 所示，此时转向盘微量转动时，控制阀杆根据扭转角度而转动，转阀的开度减小，转阀里面的压力增加，流向电磁阀和油压反力室中的液流量增加。当车速增加时，ECU 输出电流减小，电磁阀开度减小，流入油压反力室中的液流量增加，反力增大，使得柱塞推动控制阀杆的力变大。液流还从量孔流进油压反力室中，这也增大了油压反力室中的液体压力，故转向盘的转动角度增加时，将要求一个更大的转向操纵力，使得在中高速时驾驶人可获得良好的转向手感和转向特性。

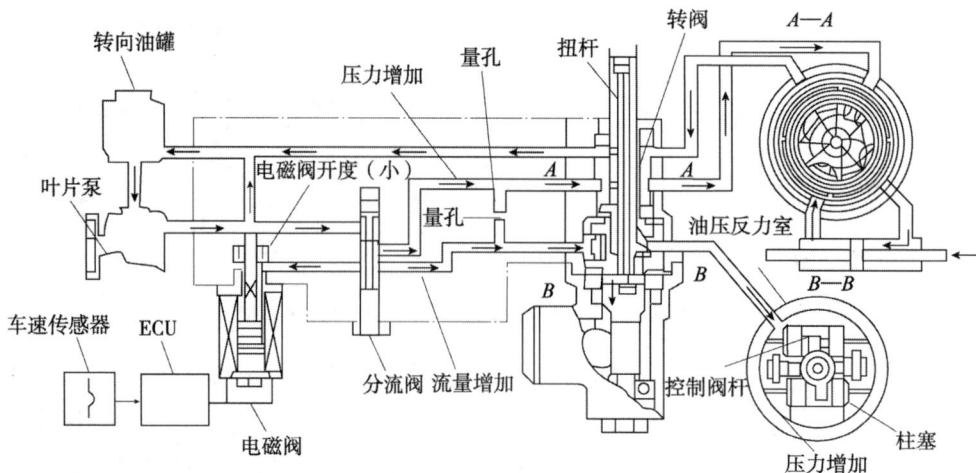

图3-7-22　中、高速行驶时的工作情况

❸中、高速直行状态

车辆直行时，转向偏摆角小，扭杆相对转矩小，控制阀油孔开度减小，控制阀侧油压升高。由于分流阀的作用，使电磁阀侧油量增加。同时，随着车速的升高，通电电流减小，通过电磁阀流回油箱的阻尼增大，油压反力室的反力增大，使柱塞推动控制阀阀杆的力矩增大，转向盘手感增强。

② 电动式电控动力转向系统

① 基本组成和工作原理

电动式电控动力转向系统的基本组成如图 3-7-23 所示，主要由转矩传感器、转角传感器、车速传感器、电动机、电磁离合器、减速机构、电子控制单元等组成。

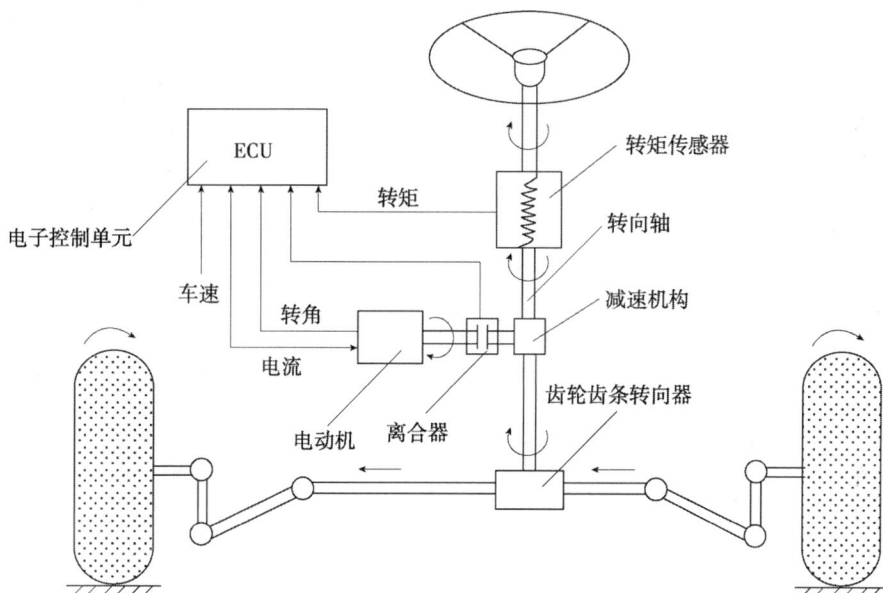

图3-7-23 电动式电控动力转向系统的基本组成

电动式电控动力转向系统的基本原理是根据汽车行驶速度（车速传感器输出信号）、转矩及转向角信号，由 ECU 控制电动机及减速机构产生助力转矩，使汽车在低、中和高速下都能获得最佳的转向效果。

电动机连同离合器和减速齿轮一起，通过一个橡胶底座安装在车架上。电动机的输出转矩由减速齿轮增大，并通过万向节、转向器中的助力小齿轮把输出转矩送至齿条，向转向轮提供转矩。ECU 根据各传感器的信号确定助力转矩的幅值和方向，并且直接控制驱动电路去驱动电动机。转矩传感器、转角传感器和汽车速度传感器等为助力转矩的信号源。

根据电动机布置位置的不同，直接助力式电动转向系统可以分为转向轴助力式、齿轮助力式和齿条助力式 3 种类型，如图 3-7-24 所示。

② 上海大众 TOURAN（途安）电控机械式助力转向系统

上海大众 TOURAN 的电动机械转向助力器与传统的液压转向器相比，具有许多优点：

它可以协助驾驶人行车，并减轻身体和心理负担；同时，它仅在需要时进行工作，也就是说，只有当驾驶人需要转向助力时，它便会自动提供帮助；此外，转向助力与车速、转向力矩和转向角等有关。

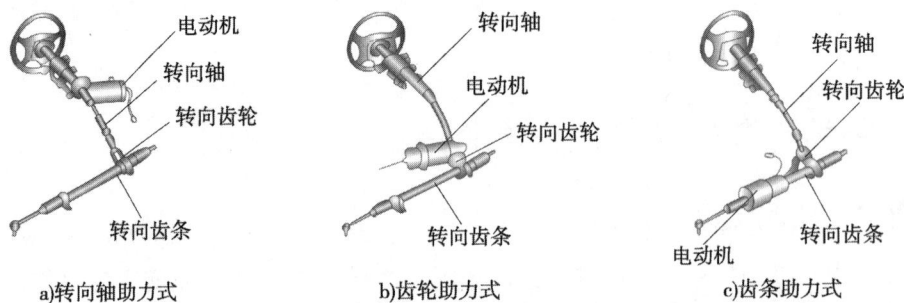

a)转向轴助力式　　　　　　b)齿轮助力式　　　　　　　c)齿条助力式

图3-7-24　电动式动力转向系统的类型

带双小齿轮的电动机械转向助力系统如图3-7-25所示。转向系统的部件主要包括：转向盘、带转向角度传感器G85的组合开关、转向柱G527、转向力矩传感器G269、电动机械转向助力器电机V187、转向器、转向辅助控制单元J500等。转向器由一只转向力矩传感器G269、一根扭转棒、一只转向齿轮和一只驱动小齿轮、一只蜗轮传动装置、一只带控制单元的电动机组成。电动机械转向助力的核心部件是一根齿条，它有两只花键啮合在转向器中。

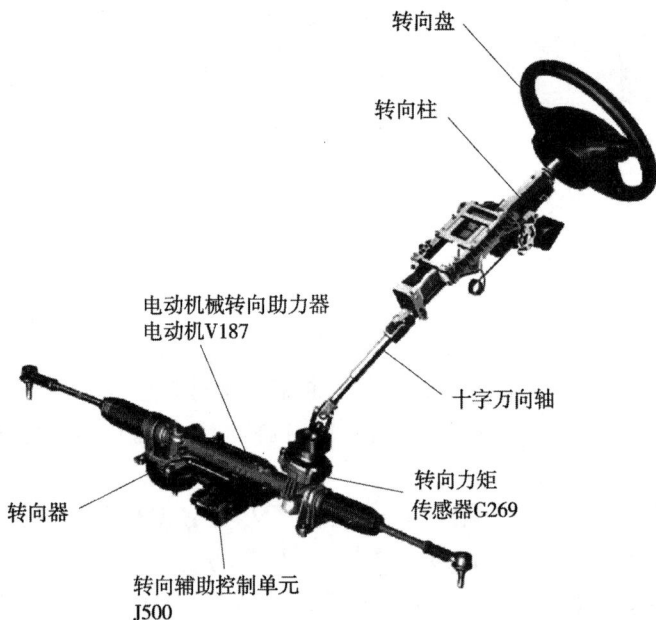

图3-7-25　TOURAN电动机械转向助力系统组成

如图3-7-26所示，在带双小齿轮的电动机械转向助力器上，需要的转向力是通过转向小齿轮和驱动小齿轮传送到齿条上。转向小齿轮负责传送驾驶人施加的转向力矩，驱动小齿轮则通过一只蜗轮传动装置，传送由电动机械转向助力器电机提供的助力力矩。该电动机具有用于转向助力的控制单元和传感装置，并安装在第二只小齿轮上。这种结构可以使转向盘和齿条之间形成机械连接。所以，当伺服电动机失灵时，可以确保车辆仍能够进行机械转向，但此时不具备转向助力的功能，转向时会感到很沉重。

图3-7-26　电动机械转向助力系统各零件的布置

项目二　转向系统的拆装

本项目以科鲁兹（1.6L）乘用车转向系统的拆装为例进行说明。

一 中间转向轴的拆装

1 中间转向轴的拆卸

注意：使车轮保持朝向正前位置，利用转向柱防转销、转向柱锁止装置或箍带固定转向盘以避免旋转。转向柱的锁止可防止安全气囊的损坏和可能出现的故障。断开转向柱、中间转向轴和转向器之前，转向盘必须牢固就位。

断开上述部件后，切勿旋转转向盘或移动前轮，不遵循这些程序会导致安全气囊线圈总成不对中，从而损坏安全气囊线圈。

（1）将转向盘转到正向前位置，支承住并防止移动。

（2）如图 3-7-27 所示，拆下 2 个中间转向轴螺栓。

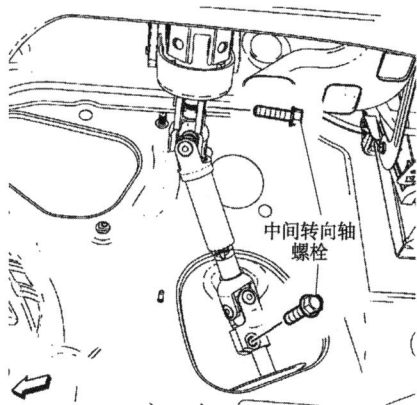

图3-7-27　中间转向轴的拆卸（1）

143

（3）如图 3-7-28 所示，拆下中间转向轴。

❷ 中间转向轴的安装

（1）安装中间转向轴（图 3-7-28）。

（2）将上万向节小心地推至转向柱上。

（3）如图 3-7-29 所示，将下万向节向下推至转向器小齿轮轴上。

图3-7-28　中间转向轴的拆卸（2）

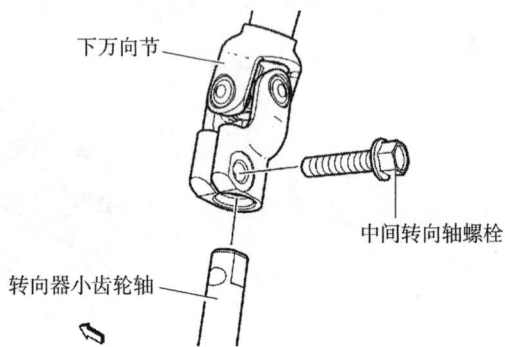

图3-7-29　中间转向轴的安装（1）

注意：如图 3-7-30 所示，万向节内的凹槽必须精确对准转向小齿轮轴上的凹槽，万向节的孔必须对准转向小齿轮轴上的凹槽。

图3-7-30　中间转向轴的安装（2）

（4）安装 2 个新的中间转向轴螺栓，并紧固至 34N·m（图 3-7-27）。注意：所有紧固件应遵守《紧固件告诫》。

（5）对中转向盘转角传感器。

⬛ 转向柱的拆装

注意：转向柱从车辆上拆下后极易损坏。如果转向柱端部朝下掉在地上，则可能损坏转向轴或使保持转向柱刚度的注塑件松动，倾靠在转向柱上会导致套管弯曲或变形。上述任何一种损坏都会损坏转向柱的可溃缩式设计。如需拆下转向盘，只能使用专用的转向盘拔出器。在任何情况下都不要向上敲击轴的端部，否则会使保持转向柱刚度的注塑件松动。

❶ 转向柱的拆卸

（1）如图 3-7-31 所示，拆下仪表板左下装饰板。

（2）拆下中间转向轴。

（3）拆卸安全气囊转向盘模块。

①如图 3-7-32 所示，拆卸转向柱上装饰盖。

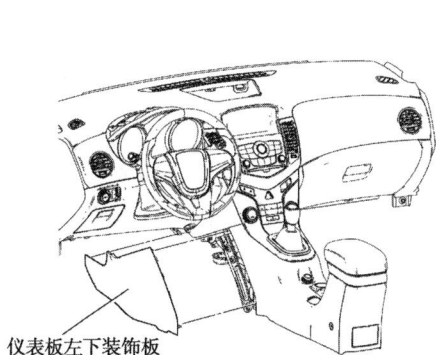

仪表板左下装饰板

图3-7-31 转向柱的拆卸（1）

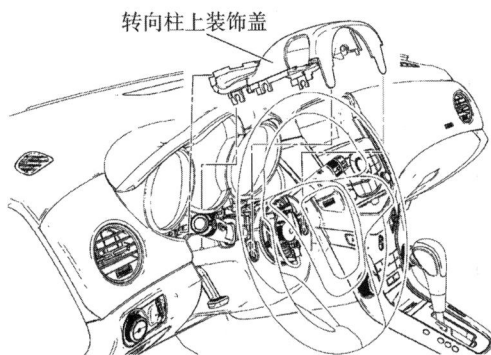

转向柱上装饰盖

图3-7-32 转向柱的拆卸（2）

②将适当的工具插入转向盘两侧开口中，按照图 3-7-33 所示箭头方向松开弹簧，拆下安全气囊转向盘模块。

③断开电气连接器。

（4）拆下转向盘。如图 3-7-34 所示，拧下转向盘螺栓，小心地拆下转向盘。

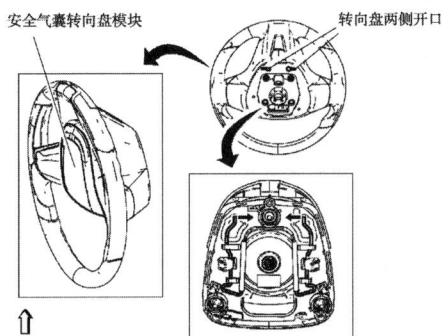

安全气囊转向盘模块　转向盘两侧开口

图3-7-33 转向柱的拆卸（3）

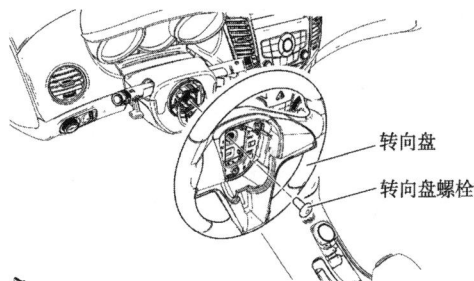

转向盘

转向盘螺栓

图3-7-34 转向柱的拆卸（4）

（5）拆下转向信号开关托架。如图 3-7-35 所示，分离 2 个凸舌，以便将转向信号开关托架从转向柱上分离。

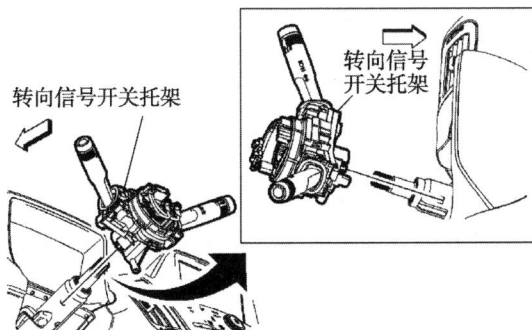

转向信号开关托架

转向信号开关托架

图3-7-35 转向柱的拆卸（5）

（6）安装扎带。注意：在倾斜度调节杆托架和转向柱基座间安装扎带，以免拉开转向柱套管。转向柱拆卸和安装过程中，倾斜调节杆必须在锁止（最高）位置，以确保倾斜调节杆托架保持刚度。同时，在倾斜调节杆和转向柱套管周围安装扎带以保持倾斜调节杆在锁止位置。不要弯曲位于上转向柱安装托架的吸能式转向柱扎带。

（7）如图 3-7-36 所示，拆下并报废 4 个转向柱螺母。

（8）如图 3-7-37 所示，拆下转向柱。注意：转向柱捆扎带螺栓为扭矩敏感型并在车辆生产过程中被紧固。在维修过程中不要松开或紧固捆扎带螺栓，因为这样做可能会导致转向柱损坏。如果车辆发生碰撞，那么受损的转向柱会导致车辆故障和人身伤亡。

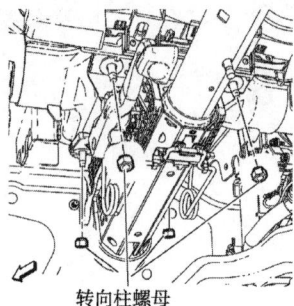

图3-7-36　转向柱的拆卸（6）

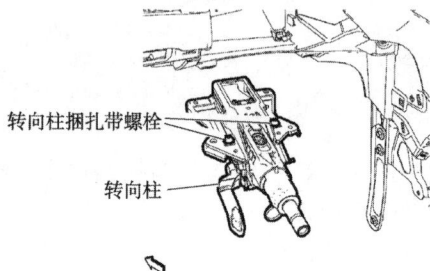

转向柱捆扎带螺栓

转向柱

图3-7-37　转向柱的拆卸（7）

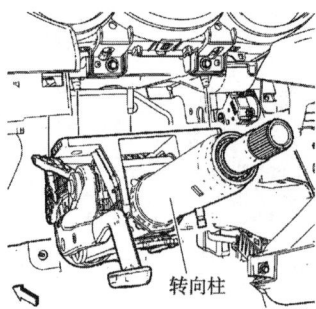

转向柱

图3-7-38　转向柱的安装（1）

❷ 转向柱的安装

注意：在使用工具拧紧螺母之前，先用手拧紧所有螺母。在安装过程中，不要弯曲位于上转向柱安装托架的吸能式转向柱扎带。

（1）如图 3-7-38 所示，安装转向柱。

（2）安装 4 个新的转向柱螺母，首先紧固至 22N·m（图 3-7-36）。注意：所有紧固件应遵守《紧固件告诫》。

（3）最后用 EN-45059 仪表将 4 个新的转向柱螺母再转45°拧紧。注意：为了确保在撞击中实现转向柱的应有功能，为了避免对驾驶人造成伤害，请执行以下步骤。

①在紧固转向柱上紧固件之前，先紧固转向柱下紧固件，否则会损坏转向柱。

②按规定扭矩紧固转向柱紧固件，过度紧固上转向柱紧固件会导致转向柱塌陷。

（4）拆下扎带。

（5）安装转向信号开关托架（图 3-7-35）。

（6）安装转向盘（图 3-7-34）。

①清洁转向盘螺栓的螺纹。

②在转向盘螺栓螺纹上涂抹锁止胶。

③安装转向盘，将转向盘螺栓紧固至 30N·m。注意：所有紧固件应遵守《紧固件告诫》。

（7）安装安全气囊转向盘模块。

①如图 3-7-39 所示，连接电气连接器。

②如图 3-7-40 所示，将安全气囊转向盘模块紧固件对准转向柱紧固件孔。

③将安全气囊转向盘模块牢牢按入转向柱中，使紧固件接合。

④安装转向柱上装饰盖（图 3-7-32）。

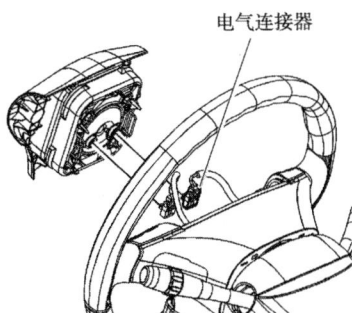

图3-7-39 转向柱的安装（2）

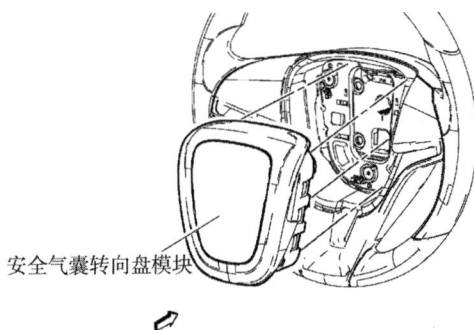

图3-7-40 转向柱的安装（3）

（8）安装中间转向轴。

（9）安装仪表板左下装饰板（图 3-7-31）。

（10）校准转向盘转角传感器。

三 转向器的拆装

1 转向器的拆卸

（1）将中间转向轴从转向器上拆下。

（2）举升和顶起车辆。

（3）拆下车轮总成。

①拆下车轮中心盖。

②标记车轮总成相对于轮毂的位置。

③如图 3-7-41 所示，拆下车轮螺母。注意：如果渗透性机油沾到车轮和制动盘或制动鼓之间的垂直表面上，则在车辆行驶时会导致车轮松动，造成车辆失控和伤人事故。由于车轮和轮毂 / 轴之间所用材料不同或者安装太紧，车轮可能难以拆下，可以通过用橡胶锤轻轻地敲打轮胎侧面来拆下车轮。不遵循此说明可能会导致车轮损坏。

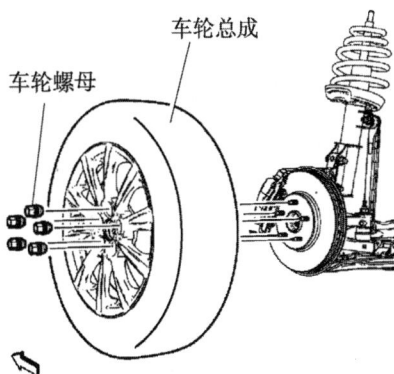

图3-7-41 转向器的拆卸（1）

④将车轮总成从车辆上拆下。

（4）拆下前舱屏蔽板（若装配）。

（5）如图 3-7-42 所示，拆下前排气管。

（6）如图 3-7-43 所示，将转向传动机构外转向横拉杆从两侧的转向节上拆下。注意：使用 CH-161-B 拔出器将转向传动机构外转向横拉杆从转向节上分离。

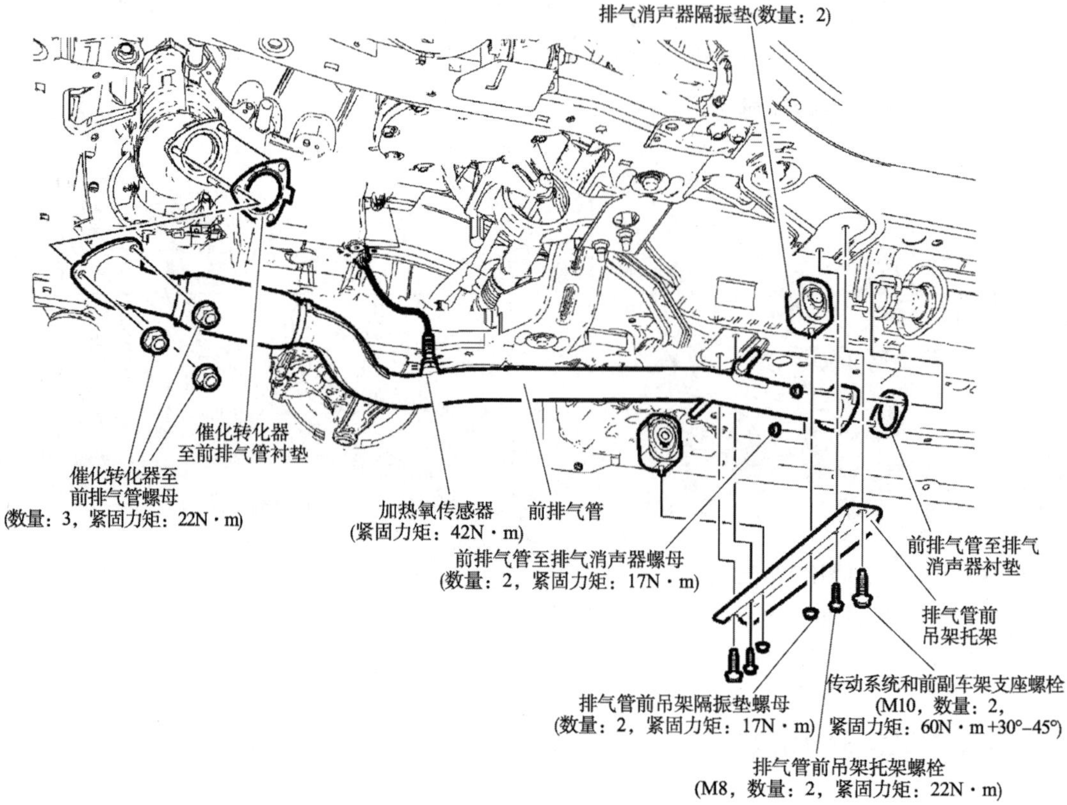

排气消声器隔振垫(数量：2)

催化转化器
至前排气管衬垫

催化转化器至
前排气管螺母
(数量：3，紧固力矩：22N·m)

加热氧传感器　　前排气管
(紧固力矩：42N·m)

前排气管至排气消声器螺母
(数量：2，紧固力矩：17N·m)

前排气管至排气
消声器衬垫

排气管前
吊架托架

传动系统和前副车架支座螺栓
(M10，数量：2，
紧固力矩：60N·m+30°~45°)

排气管前吊架隔振垫螺母
(数量：2，紧固力矩：17N·m)

排气管前吊架托架螺栓
(M8，数量：2，紧固力矩：22N·m)

图3-7-42　转向器的拆卸（2）

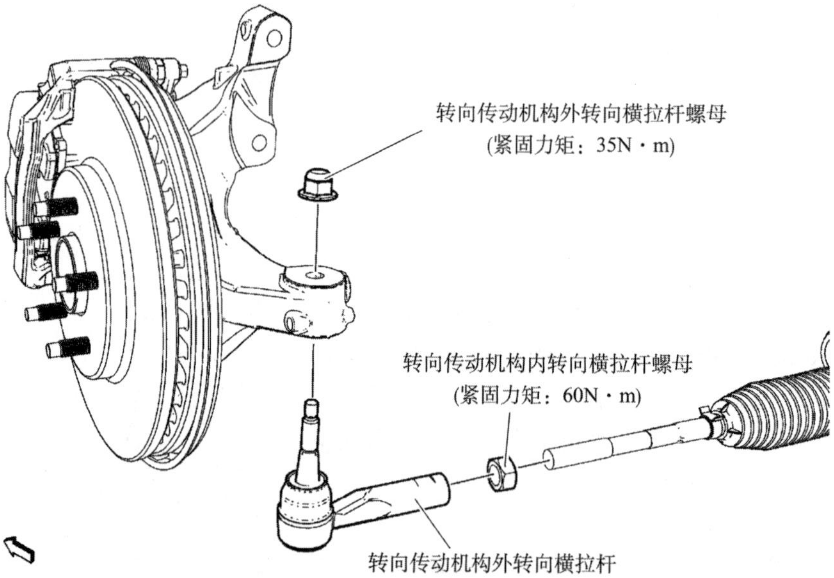

转向传动机构外转向横拉杆螺母
(紧固力矩：35N·m)

转向传动机构内转向横拉杆螺母
(紧固力矩：60N·m)

转向传动机构外转向横拉杆

图3-7-43　转向器的拆卸（3）

（7）如图3-7-44所示，拆下并弃用两侧的稳定杆连杆下螺母，拆下稳定杆处的稳定杆连杆。

（8）如图3-7-45所示，拆下发动机两侧侧盖上的4个紧固件。

稳定杆连杆

稳定杆连杆下螺母

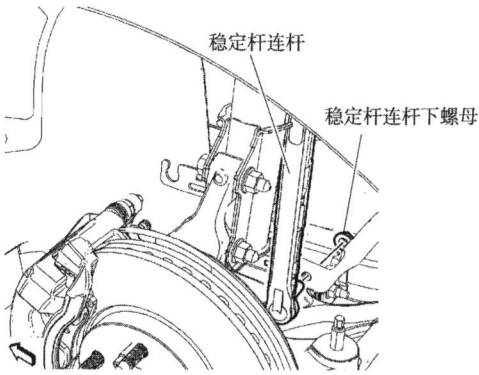

图3-7-44 转向器的拆卸（4）

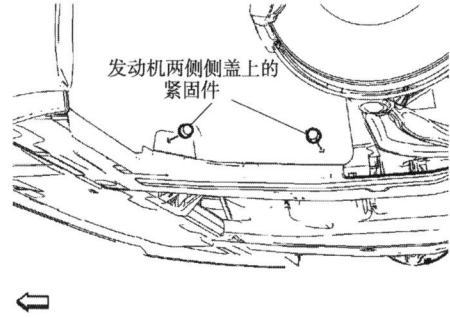

发动机两侧侧盖上的紧固件

图3-7-45 转向器的拆卸（5）

（9）如图 3-7-46 所示，拆下前发动机舱盖的 4 个紧固件。

前发动机舱盖的紧固件

图3-7-46 转向器的拆卸（6）

（10）如图 3-7-47 所示，拆下变速器前支座托架螺栓和变速器后支座托架螺栓。

变速器前支座托架螺栓

变速器后支座托架螺栓

图3-7-47 转向器的拆卸（7）

（11）如图 3-7-48 所示，拆下并报废 2 个后车架螺栓；拆下后车架加强件。

（12）如图 3-7-49 所示，将液压连杆与 CH-904 底座和 CH-49289-50 适配器连接，并安装在副车架上。将前盖弯曲到一侧。降下副车架，最多55mm。

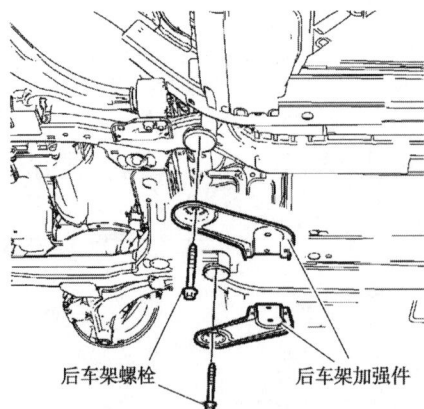

图3-7-48 转向器的拆卸（8）

图3-7-49 转向器的拆卸（9）

（13）如图 3-7-50 所示，将 2 个线束插头从转向器上断开；拆下 2 个线束托架螺栓，从车上卸下托架；将线束护圈从转向器上卸下。

（14）如图 3-7-51 所示，拆下右稳定杆上的 2 个隔振垫夹紧螺栓；将稳定杆悬挂至车身上。

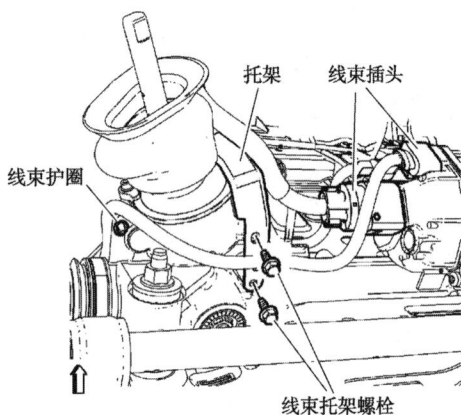

图3-7-50 转向器的拆卸（10）

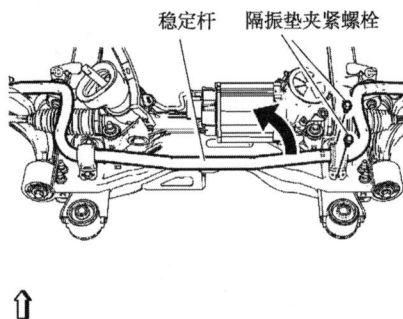

图3-7-51 转向器的拆卸（11）

（15）如图 3-7-52 所示，从前副车架上拆下 2 个转向器螺栓和螺母；将转向器从右侧拆下。

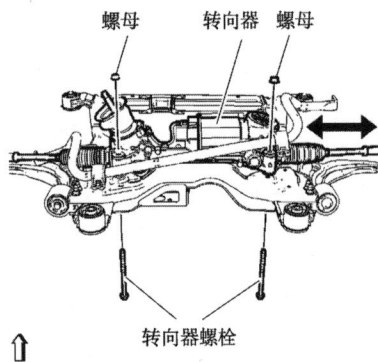

❷ 转向器的安装

注意：确保转向柱仪表板密封件被正确安装至转向器齿条锥齿轮壳体上。密封件唇口必须均匀地分布在下转向柱盖的表面上。在密封件唇口上涂抹肥皂水以方便密封件的安装。安装完成后，确认密封件唇口未向车辆内部凸出。安装不恰当会导致密封性不好，并且导致车辆进水。检查线束布线是否正确，以确保正确安装。

（1）将转向器插入右侧，并将其置于安装位置。安

图3-7-52 转向器的拆卸（12）

装新的转向器螺栓螺母，首先用 110N·m 的力矩紧固，最后将新的转向器螺栓和螺母再转 150°～165° 拧紧（图 3-7-52）。使用 EN-45059 仪表测定。注意：所有紧固件应遵守《紧固件告诫》。

（2）安装 2 个线束托架螺栓，并紧固至 9N·m；将线束护圈紧固至转向器上，连接 2 个线束插头（图 3-7-50）。

（3）将稳定杆和托架置于副车架上，安装新的右稳定杆隔振垫夹紧螺栓，并紧固至 22N·m；最后将右稳定杆隔振垫夹紧螺栓再转 30° 拧紧（图 3-7-51）。使用 EN-45059 仪表测定。

（4）如图 3-7-53 所示，移出 CH-49289 适配器上的定位销。

（5）小心地举升副车架，此操作可使用 CH-49289-50 适配器（图 3-7-49）。

（6）安装后车架加强件，安装新的后车架螺栓，并紧固至 160N·m（图 3-7-48）。注意：切勿重复使用旧螺栓。

（7）安装变速器前支座托架螺栓并紧固至 100N·m；安装变速器后支座托架螺栓并紧固至 100N·m（图 3-7-47）。

（8）安装并紧固发动机两侧侧盖上的 4 个紧固件（图 3-7-45）。

（9）安装并紧固前发动机舱盖的 4 个紧固件（图 3-7-46）。

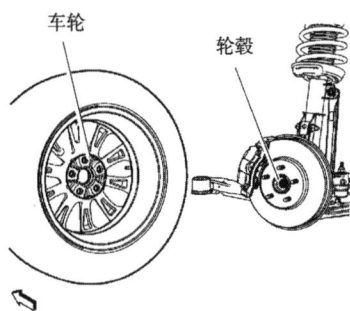

图3-7-53　转向器的安装（1）

（10）安装前舱屏蔽板（若装配）。

（11）安装前排气管（图 3-7-42）。

（12）将转向传动机构外转向横拉杆安装至转向节（图 3-7-43）。

（13）安装稳定杆连杆并将两侧的新稳定杆连杆下螺母紧固至 65N·m（图 3-7-44）。

（14）安装车轮总成。

注意：安装车轮之前，去除车轮支座面、制动鼓或制动盘支座面上的锈蚀。安装车轮时，若安装面金属之间接触不紧密，会引起车轮螺母松动，这将导致车辆行驶时车轮脱落，造成车辆失控以致酿成重大车祸。千万不要润滑车轮螺母、双头螺栓和支座面，或者向其抹油。车轮螺母、双头螺栓或支座面必须清洁干燥。紧固润滑过的零件会损害车轮双头螺栓，这将导致车辆行驶时车轮脱落，造成车辆失控并很可能伤人。

①如图 3-7-54 所示，清除车轮和轮毂安装面上的所有锈蚀或异物。清洁车轮双头螺栓和车轮螺母上的螺纹。

②如图 3-7-55 所示，为阻止车轮中心孔卡住车轮安装，安装车轮之前用轴承油脂轻轻涂抹在车轮中心孔的内侧上。注意：通过使用中心孔或车轮双头螺栓将轮盘与前轮毂对准。

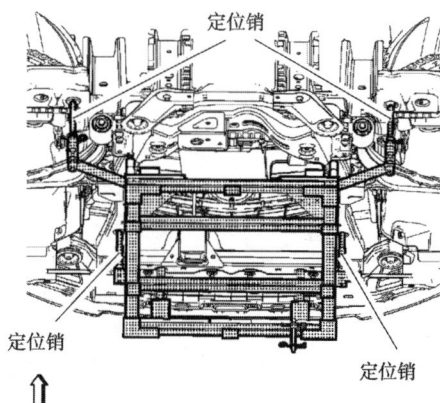

图3-7-54　转向器的安装（2）

③安装车轮总成。将车轮定位标记对准轮毂。

④安装车轮螺母。按图 3-7-56 所示顺序均匀地交替紧固车轮螺母，以避免跳动量过大。按图示顺序将车轮螺母紧固至 140N·m。注意：所有紧固件应遵守《紧固件告诫》。

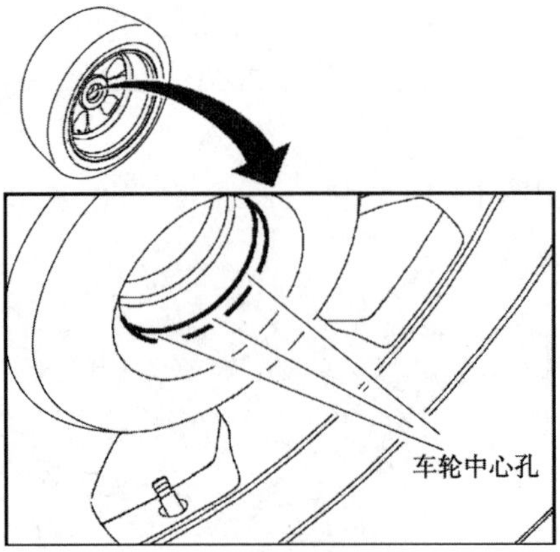

图3-7-55 转向器的安装（3）

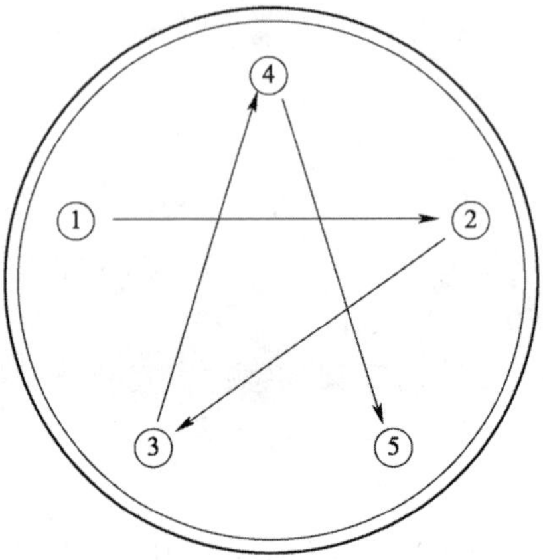

图3-7-56 转向器的安装（4）

⑤安装车轮中心盖。

（15）放下车辆。

（16）将中间转向轴安装至转向器。

（17）对中转向盘转角传感器。

（18）检查并调整车轮定位。

四 动力转向辅助电动机的拆装

注意：静电放电（ESD）会损坏许多固态电气部件；易受静电放电影响的部件上可能标有也可能没有 ESD 符号；小心处理所有电气部件。请遵守如下安全须知，避免部件受静电放电损坏。

①维修任何电子部件前，先触摸金属搭铁点以放出身体中的静电（尤其是在车辆座椅上滑动后）。

②切勿触摸裸露的端子，端子可能与易受静电放电影响的电路连接。

③维修连接器时，切勿使工具接触裸露的端子。

④不得将部件从保护性壳体中拆下，除非要求这样操作。

⑤避免以下操作，除非诊断程序特别要求。

a. 使部件或连接器跨接或搭铁。

b. 将测试设备探头连接到部件或连接器上。使用测试探头时，先连接搭铁线。

⑥在打开部件的保护性壳体之前，先将其搭铁。不得将固态部件放在金属工作台上或者电视机、收音机或其他电气设备的顶部。

1 动力转向辅助电动机的拆卸

（1）捕获来自旧的动力转向辅助电动机的数据。

（2）断开蓄电池。

（3）小心地断开电子动力转向系统的电气连接器。

（4）拆下传动系统和前副车架。

（5）如图 3-7-57 所示，拆下动力转向辅助电动机。

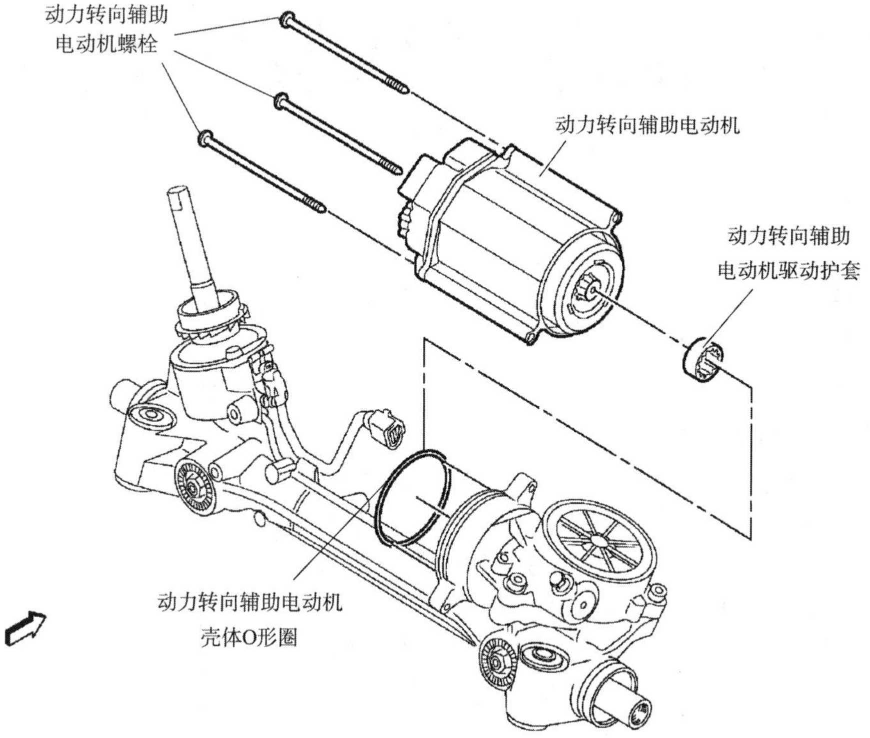

图3-7-57　动力转向辅助电动机的拆卸

2 动力转向辅助电动机的安装

（1）安装动力转向辅助电动机（图 3-7-57），并注意以下事项。

①安装新的动力转向辅助电动机螺栓，切勿使用旧螺栓。将动力转向辅助电动机螺栓紧固至 8N·m。注意：所有紧固件应遵守《紧固件告诫》。

②报废旧的动力转向辅助电动机驱动护套，仅使用新的。将驱动器护套安装至辅助电动机电枢。将辅助电动机电枢上的驱动护套与转向器对准。

③报废旧的动力转向辅助电动机壳体 O 形圈，仅使用新的。润滑 O 形圈。将 O 形圈正确放入电动机壳体凹槽内。

（2）安装传动系统和前副车架。

（3）连接电子动力转向系统的电气连接器。

（4）连接蓄电池。

153

单元8 制动系统

项目一 制动系统的结构与工作原理

一 概述

1 制动系统的功用及分类

汽车制动系统的功用是：按照需要使汽车减速或在最短距离内停车；下坡行驶时保持车速稳定；使停驶的汽车可靠驻停。

按功能的不同，汽车制动系统可以分为：行车制动系统、驻车制动系统以及应急制动系统、安全制动系统和辅助制动系统。应急制动系统是用独立的管路控制车轮的制动器作为备用系统，其作用是当行车制动系失效的情况下保证汽车仍能实现减速或停车；安全制动系统是当制动气压不足时起制动作用，使车辆无法行驶；辅助制动系统是为了下长坡时减轻行车制动器的磨损而设，其中利用发动机排气制动应用最广。

按照制动能源分类，汽车制动系统又可以分为人力制动系统、动力制动系统和伺服制动系统。

2 制动系统的基本组成

汽车制动系统包括行车制动系统和驻车制动系统两大部分，如图3-8-1所示。行车制动系统用于使行驶中的车辆减速或停车，通常由驾驶人用脚操纵，一般包含制动踏板、制动主缸、制动轮缸、制动管路、车轮制动器等；驻车制动系统用于使停驶的汽车驻留原地，通常由驾驶人用手操纵，一般包含驻车制动杆、拉索（或拉杆）、制动器。另外，较为完善的制动系统还包括制动力调节装置以及报警装置、压力保护装置等。

汽车上设置有彼此独立的制动系统，它们起作用的时刻不同，但它们的组成却是相似的，一般由以下4个部分组成。

（1）供能装置。包括供给、调节制动所需能量以及改善传能介质状态的各种部件。如气压制动系统中的空气压缩机、液压制动系统的液压装置。

（2）控制装置。包括产生制动动作和控制制动效果的各种部件，如制动踏板等。

（3）传动装置。将驾驶人或其他动力源的作用力传到制动器，同时控制制动器的工作，从而获得所需的制动力矩。包括将制动能量传输到制动器的各个部件，如制动主缸、制动轮缸等。

（4）制动器。产生阻碍车辆的运动或运动趋势的力的部件。

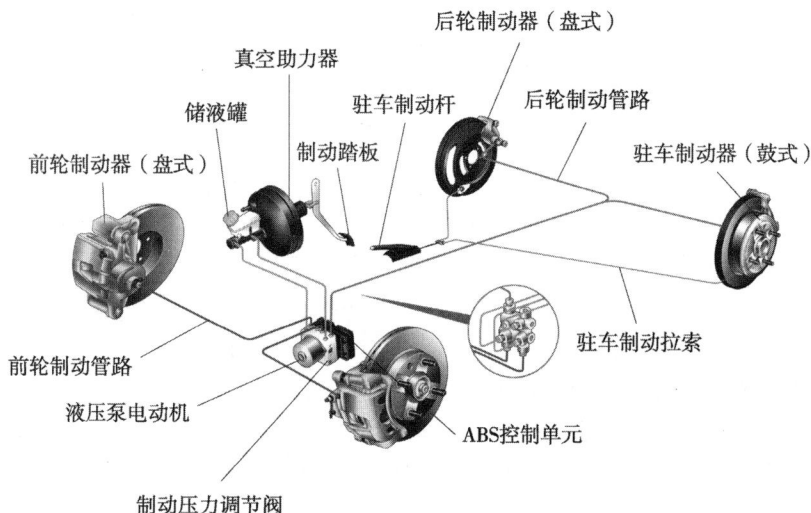

图3-8-1　制动系统的基本组成

3 制动系统的工作原理

行车制动系统的基本结构如图 3-8-2 所示，其工作原理是将汽车的动能通过摩擦转换成热能，并释放到大气中。制动时，踩下制动踏板，制动主缸向各制动轮缸供油，活塞在油压的作用下把摩擦材料压向制动盘实现制动。

4 制动液

1 制动液的选择

汽车制动液是汽车液压制动系统的工作介质，现代汽车的制动液多为合成型制动液，按照合成原料的不同分为醇醚型和酯型两种。

醇醚型制动液是以乙二醇醚为基础添加了

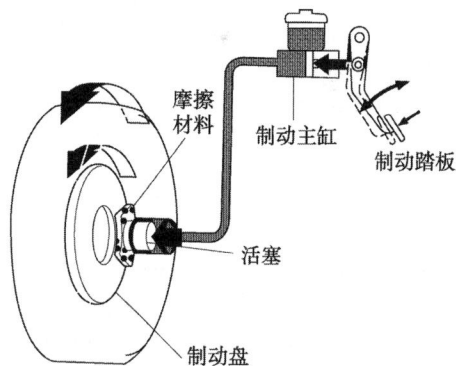

图3-8-2　制动系统的基本结构及工作原理

聚乙二醇、乙二醇等的石油化学制品，因此黏度低，沸点高。常用的进口制动液规格有 DOT3、DOT4 和 DOT5.1。DOT 是美国汽车安全标准规定标称，其数字越大，级别越高。另外，各厂商有不同品牌制动液，在质量和功能上基本没有大的差别。选择制动液产品时，应按照汽车使用说明书要求选用，重要的是按照行驶条件进行选择。行驶条件越苛刻，选用的制动液产品规格应越高。

上海桑塔纳 2000 系列乘用车制动液规格为：N052 766 XO，更换周期为：每 24 个月或行驶 50000km；卡罗拉（1.6L）乘用车制动液规格为：SAE J1703 或 FMVSS 116 号 DOT3。

更换周期为：每 24 个月或行驶 40000km。

❷ 环保和安全注意事项

❶ 环境保护

（1）制动液属于需特别监控的废弃物且对水有轻微污染的液体，不允许将制动液排入下水道，作业时只能在防渗的地面上进行。

（2）废弃的制动液必须单独盛装，并妥善保管和回收利用。

（3）沾上制动液的抹布或物品，不得作为生活垃圾处理。

（4）溅出的制动液必须用液态吸附材料清除。

（5）制动液对油漆有侵蚀作用，因此溅到油漆上的制动液必须立即用水冲洗干净。

❷ 安全措施

（1）制动液对人皮肤有损害，作业时应戴上个人防护装备。

（2）若不慎吸入制动液，须让相关人员到有新鲜空气处。

（3）皮肤接触到制动液，立即用水和肥皂清洗并彻底冲洗。

（4）眼睛接触到制动液，应翻开眼皮并用流水冲洗眼睛几分钟，感觉不舒服时，应到医院治疗。

（5）吞食制动液后，喝下大量清水并到有新鲜空气的地方，立即到医院就诊。

▣ 车轮制动器

车轮制动器由旋转元件和固定元件两大部分组成。旋转元件与车轮相连接，固定元件与车桥相连接。利用旋转元件和固定元件之间的摩擦，产生制动器制动力。

a)盘式制动器　　b)鼓式制动器

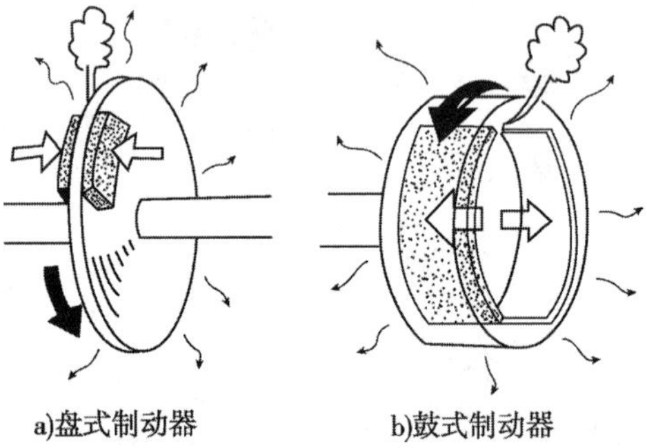

图3-8-3　制动器制动原理示意图

图 3-8-3 所示为常用的盘式和鼓式制动器制动原理示意图。当制动摩擦块或制动摩擦片压紧旋转的制动盘或鼓时，两者接触面之间产生摩擦，通过摩擦将汽车的动能转变为热能，并将热量散发到空气中，最终使车辆减速以至停车。

❶ 盘式车轮制动器

盘式制动器根据其固定元件的结构形式的不同，可分为钳盘式制动器和全盘式制动器。钳盘式制动器广泛应用在乘用车或轻型货车上，近年来前后轮都采用钳盘式制动器的结构日渐增多。

钳盘式制动器按制动钳固定在支架上的结构形式的不同，可分为定钳盘式和浮钳盘式，如图 3-8-4 所示。

❶ 定钳盘式制动器

定钳盘式制动器的结构原理如图 3-8-5 所示，其旋转元件是制动盘，它和车轮固装在一起旋转，以其端面为摩擦工作表面。跨置在制动盘上的制动钳体固定安装在车桥上，它不能旋转也不能沿制动盘轴线方向移动，其内部的两个活塞分别位于制动盘的两侧。制动时，制动液由制动主缸经进油管进入钳体中两个相通的液压腔中，将两侧的摩擦块压向与车轮固定连接的制动盘，从而产生制动。

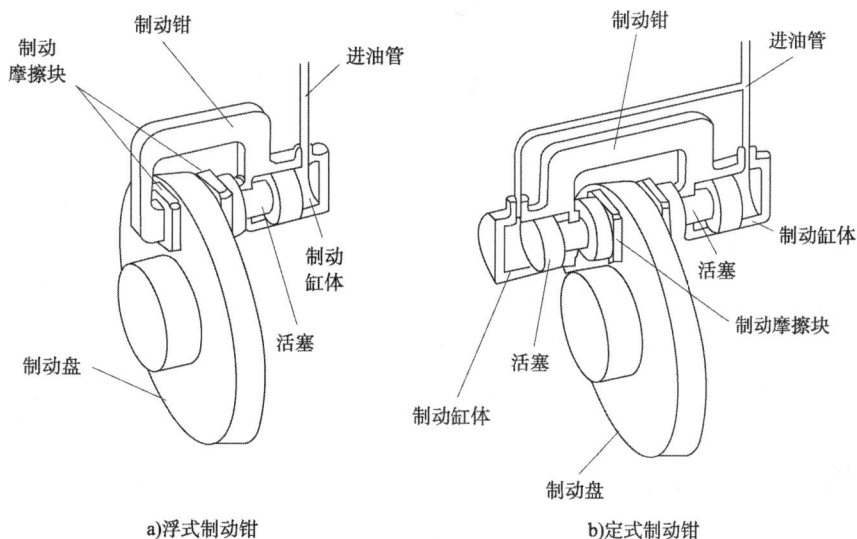

a)浮式制动钳   b)定式制动钳

图3-8-4　盘式制动器的类型

a)定钳盘式制动器不制动时   b)定钳盘式制动器制动时

图3-8-5　定钳盘式制动器的结构原理

❷ 浮钳盘式制动器

　　浮钳盘式制动器的工作情况如图 3-8-6 所示。制动钳通过导向销（图中未画出）与车桥相连，可以相对于制动盘轴向移动。制动钳体只在制动盘的内侧设置液压腔，而外侧的制动块则附装在钳体上。制动时，液压油通过进油管进入制动轮缸，推动活塞及其上的摩擦块向右移动，并压到制动盘上，并使得液压腔连同制动钳整体沿导向销向左移动，直到制动盘右侧的摩擦块也压到制动盘上，夹住制动盘并使其制动。

　　如图 3-8-7 所示，制动缸体内壁槽内安装有活塞密封圈，其作用是防止制动液从活塞与制动缸体间的间隙中流出，对活塞起密封作用。液压使活塞运动，靠近活塞端的密封圈

157

也随活塞一起变形，但槽内的密封圈不变形。当液压消失后，密封圈在橡胶恢复力的作用下往回运动，同时带动活塞往回运动。当制动摩擦块磨损时，活塞会自动从密封圈上滑移相应的距离，因此制动摩擦块和制动盘之间的间隙一般为定值。

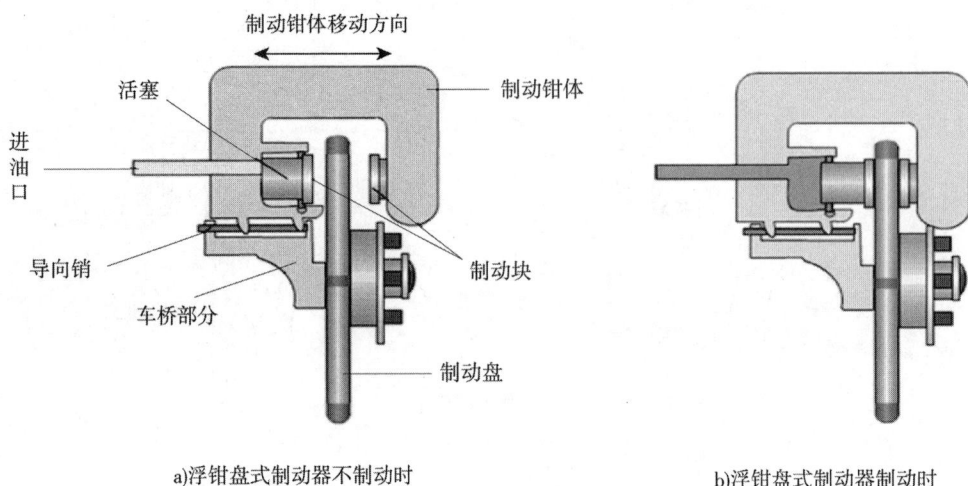

a)浮钳盘式制动器不制动时　　　　　　　　　b)浮钳盘式制动器制动时

图3-8-6　浮钳盘式制动器的工作原理图

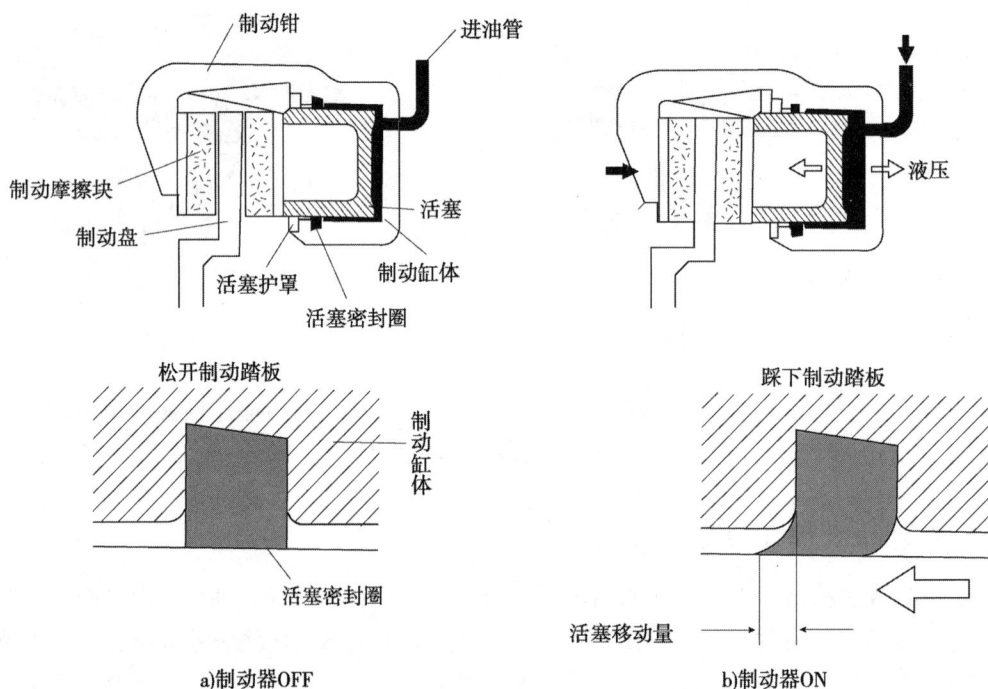

a)制动器OFF　　　　　　　　　　　　b)制动器ON

图3-8-7　盘式制动器的工作原理

　　盘式制动器如图3-8-8所示，该制动器为浮钳盘式制动器，它由制动盘、内外摩擦块、制动钳壳体、制动钳支架和前制动缸等组成。

制动钳支架

制动钳壳体　放气阀
外油封　活塞
内油封
放气阀防尘帽
螺栓
制动盘
制动钳壳体

摩擦衬块
弹簧片
制动钳支架

橡胶衬套
制动钳导向销

摩擦衬块

图3-8-8　盘式制动器

2 鼓式车轮制动器

1 鼓式制动器的结构

简单的鼓式车轮制动器由旋转部分、固定部分、促动装置和间隙调整装置组成，如图 3-8-9 所示。旋转部分为制动鼓；固定部分是制动底板和制动蹄，制动底板固装在车桥的凸缘盘上，通过支承销与制动蹄相连；促动装置的作用是对制动蹄施加力使其向外张开，常用的促动装置有凸轮或制动轮缸；间隙调整装置的作用是保持和调整制动蹄和制动鼓间正确的相对位置。

桑塔纳乘用车后轮制动器的结构如图 3-8-10 所示。制动器的制动鼓通过轴承支承在后桥支承短轴上，与车轮一起旋转。制动蹄的上、下支承面均加工成弧面，下端支靠在固定于制动底板的支承板上。轮缸活塞通过两端带耳槽的支承块对制动蹄的上端施加促动力。该制动器兼作驻车制动器，因此在制动器中还装设了驻车制动机械促动装置。

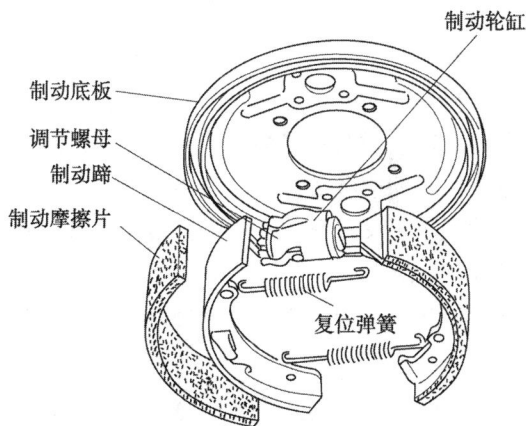

制动轮缸
制动底板
调节螺母
制动蹄
制动摩擦片

复位弹簧

图3-8-9　鼓式制动器的结构

制动时，轮缸活塞在制动液压力的作用下向外推动制动蹄，制动力克服复位弹簧的弹力使制动蹄向外张开，压向制动鼓，产生制动力矩使汽车制动。解除制动时，制动液压力消失，在复位弹簧的作用下制动蹄复位。

2 鼓式制动器的分类

❶ 按促动装置不同分类

鼓式车轮制动器多为内张双蹄式。按促动装置的形式的不同，可分为轮缸式、凸轮式的楔块式，如图 3-8-11 所示。

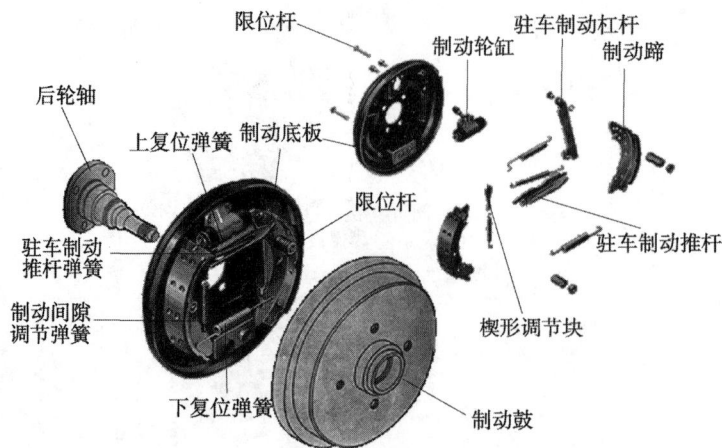

图3-8-10　桑塔纳乘用车后轮鼓式制动器的结构

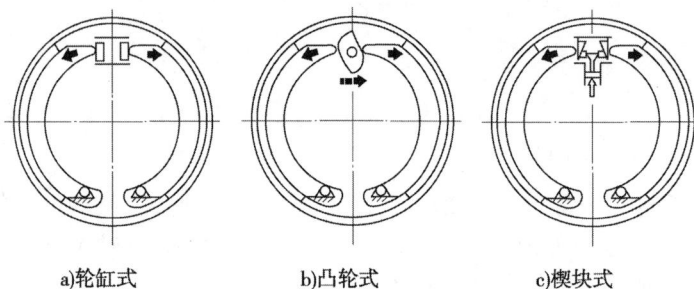

a)轮缸式　　　　　　b)凸轮式　　　　　　c)楔块式

图3-8-11　制动器促动装置的类型

❷ 按产生制动力矩的不同分类

在制动过程中，如果制动蹄绕支承销转动与制动鼓旋转方向相同，在制动鼓上压得更紧，起到增势的作用，称为"增势蹄"或"领蹄"；如果制动蹄绕支承销转动与制动鼓旋转方向相反，有使制动蹄离开制动鼓的趋势，起着减势作用，称为"减势蹄"或称"从蹄"。根据制动过程中两制动蹄产生制动力矩的不同，鼓式制动器可分为领从蹄式、双领蹄式、双向双领蹄式、双从蹄式、单向自增力式和双向自增力式等，如图 3-8-12 所示。

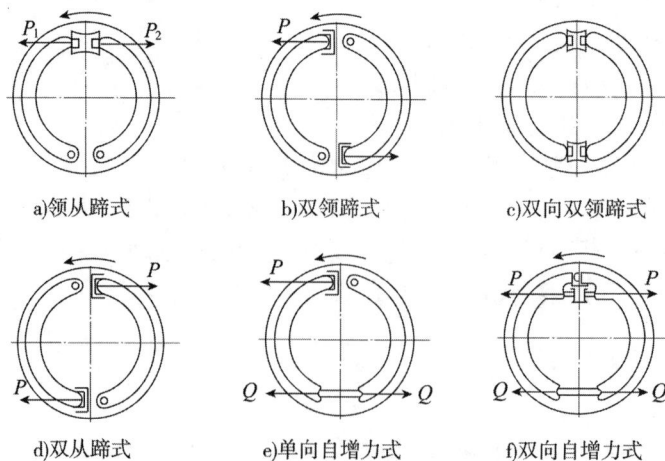

a)领从蹄式　　　　　　b)双领蹄式　　　　　　c)双向双领蹄式

d)双从蹄式　　　　　　e)单向自增力式　　　　　　f)双向自增力式

图3-8-12　鼓式制动器的分类

根据制动时两制动蹄对制动鼓作用的径向力是否平衡，鼓式制动器又可分为简单非平衡式、平衡式和自动增力式 3 种。

3 驻车制动器

驻车制动器的功用是：车辆停驶后防止滑溜；使车辆在坡道上能顺利起步；行车制动系统失效后临时使用或配合行车制动器进行紧急制动。

按驻车制动器在汽车上安装位置的不同，驻车制动装置分中央制动式和车轮制动式两种。前者的制动器通常安装在变速器后面，其制动力矩作用在传动轴上；后者和行车制动装置共用制动器（通常为后轮制动器），又称复合制动器，只是传动装置互相独立。驻车制动传动装置一般采用人力机械式，通过钢索或杠杆来驱动。

驻车制动装置主要由驻车制动杆、制动拉索及后轮制动器中的驻车制动器等组成，如图 3-8-13 所示，它作用于后轮，主要是在坡路或平路上停车时使用或在紧迫情况下作紧急制动。

图 3-8-14 所示为驻车制动系统的工作原理。驻车制动时，拉起驻车制动杆，驻车制动杆力通过操纵机构使驻车制动拉索收紧，拉索则拉动驻车制动杠杆的下端，使之绕上端支点顺时针转动，制动杠杆转动过程中，其中间支点推动驻车制动推杆左移，使前制动蹄压向制动鼓。前制动蹄压向制动鼓后，制动推杆停止运动，则驻车制动杠杆的中间支点变成其继续移动的新支点，于是驻车制动杠杆的上端右移，使后制动蹄压靠在制动鼓上，产生制动作用。此时，驻车制动杆上的棘爪嵌入齿扇上的棘齿内，起锁止作用。

图3-8-13　驻车制动系统

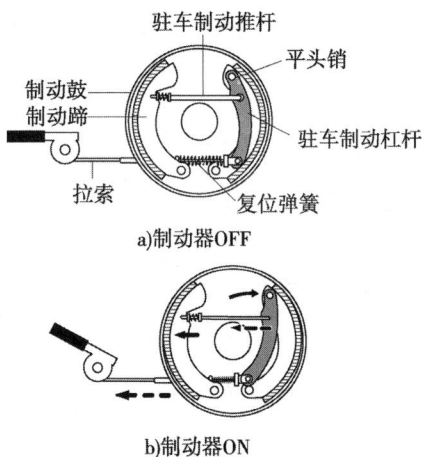

解除驻车制动时，按下驻车制动杆上的按钮，使棘爪脱离棘齿，将驻车制动杆回到释放制动位置，松开驻车制动拉索，则制动蹄在复位弹簧的作用下复位。

对于 4 个车轮采用盘式制动器的乘用车来说，驻车用的小型鼓式驻车制动器内置于后轮盘式制动器中，并通过拉索和连杆等机构固定在盘式制动器上，驻车制动器的结构如图 3-8-15 所示。

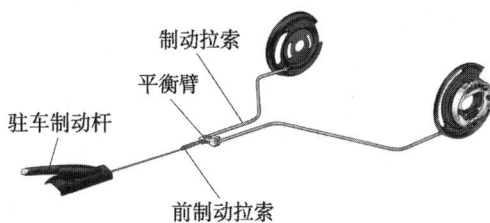

图3-8-14　驻车制动系统的工作原理

图3-8-15　驻车制动器的结构

三 液压制动传动装置

制动传动装置按传力介质的不同可分为液压式、气压式和气—液综合式；按制动管路的套数可分为单管路和双管路制动传动装置。按照交通法规的要求，现代汽车的行车制动系统须采用双管路制动传动装置，若其中一套管路损坏时，另一套仍然起制动作用，从而提高了制动的可靠性和安全性。

❶ 液压制动传动装置的基本组成及工作原理

如图 3-8-16 所示，液压制动传动装置由制动踏板、制动主缸、储液罐、制动轮缸、油管等组成。现代汽车上采用了各种制动力调节装置，用以调节前后车轮制动管路的工作压力，常用的调节装置有限压阀、比例阀、感载比例阀和惯性阀等。

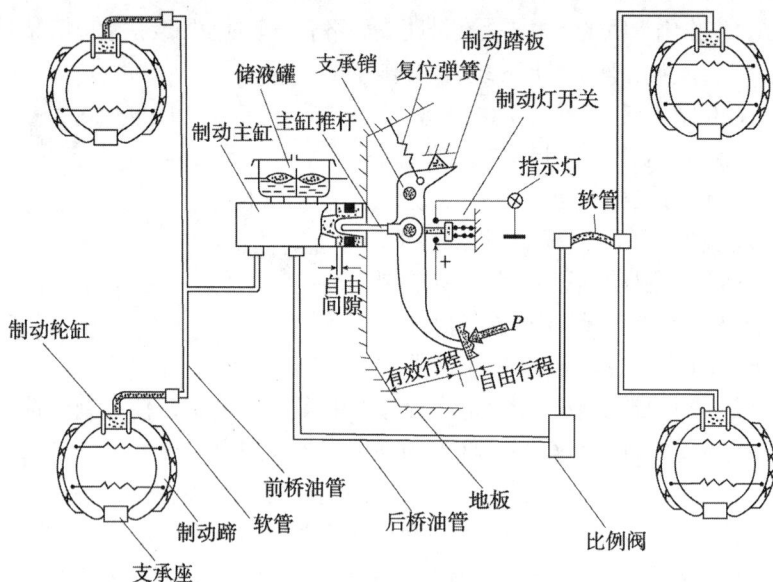

图3-8-16　液压制动传动装置的组成

双管路液压制动传动装置是利用彼此独立的双腔制动主缸，通过两套独立管路，分别控制两桥或三桥的车轮制动器。常见的双管路的布置方案有前后独立式和交叉式两种形式，如图 3-8-17 所示。

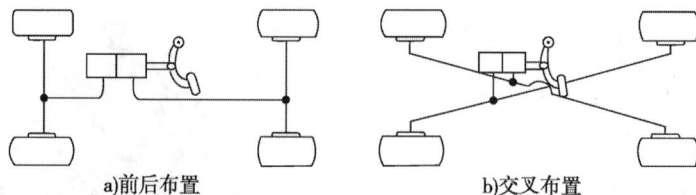

a)前后布置　　　　　　　　　　b)交叉布置

图3-8-17　制动管路的布置

前后独立式双管路液压制动传动装置由双腔制动主缸通过两套独立的管路分别控制前桥和后桥的车轮制动器。这种布置方式结构简单，如果其中一套管路损坏漏油，另一套仍能起作用，但会破坏前后桥制动力分配的比例，主要用于发动机前置后轮驱动的汽车。

交叉式双管路液压制动传动装置由双腔制动主缸通过两套独立的管路分别控制前后桥对角线方向的两个车轮制动器。这种布置方式在任一管路失效时，仍能保持一半的制动力，且前后桥制动力分配比例保持不变，有利于提高制动方向稳定性，主要用于发动机前置前轮驱动的乘用车上。

❷ 液压制动传动装置主要部件

❶ 制动主缸

制动主缸又称为制动总泵，它处于制动踏板与管路之间，其功用是将制动踏板输入的机械力转换成液压力。

制动主缸的结构及工作原理如图 3-8-18 所示。在制动主缸上端装有储液罐，制动主缸内的活塞通过真空助力器内的推杆和制动踏板相连。踩下制动踏板推动活塞运动，进油孔关闭，各制动轮缸产生制动油压。松开制动踏板，活塞恢复到初始位置，制动油压消失，制动解除。

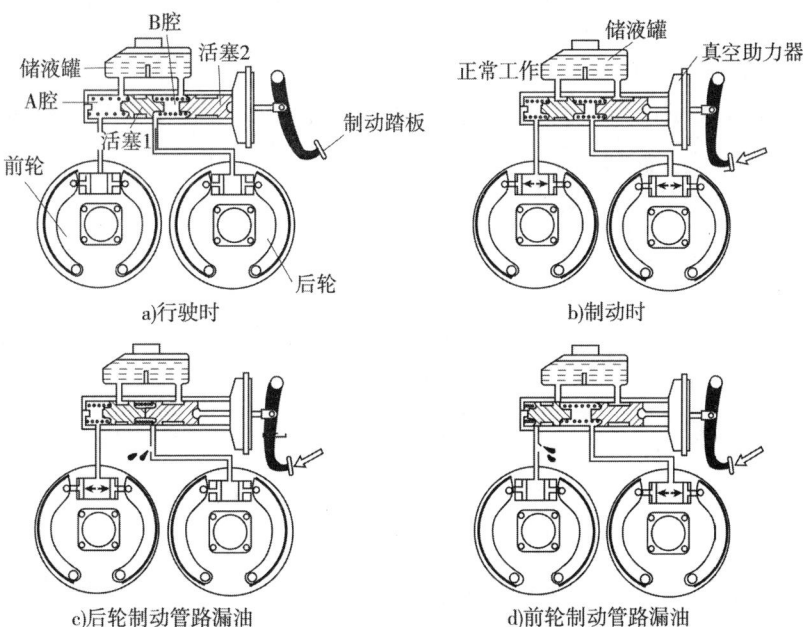

图3-8-18　制动主缸的结构及工作原理

制动液经制动主缸及液压管路到达制动轮缸。当踩下制动踏板，两活塞在主缸推杆的作用下使两活塞运动，并将进油孔关闭，在 A、B 腔内产生油压，如图 3-8-18b）所示，车轮制动器产生制动力。解除制动时，活塞在弹簧作用下复位，制动液自制动轮缸和管路中流回到制动主缸。当后轮制动管路发生泄漏时，如图 3-8-18c）所示，在工作腔 B 内不能产生油压，但在工作腔 A 内仍会产生油压。当前轮制动管路发生泄漏时，如图 3-8-18d）所示，在工作腔 A 内不能产生油压，活塞 1 推着活塞 2 使其顶到制动主缸缸体上，此时在工作腔 B 内产生油压。

❷ 制动轮缸

制动轮缸固定在制动底板上，其作用是将制动主缸传来的液压力转变为使制动蹄张开的机械推力。如图 3-8-19 所示，制动轮缸主要由缸体、活塞、皮碗、弹簧和放气螺钉等

163

组成。放气螺钉的作用是排出混入制动液中的空气。

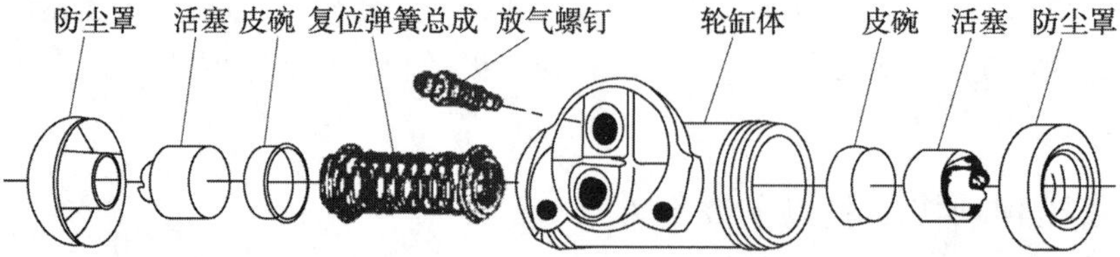

防尘罩　活塞　皮碗　复位弹簧总成　放气螺钉　轮缸体　皮碗　活塞　防尘罩

图3-8-19　双活塞制动轮缸的分解图

❸ 真空助力器

真空助力器的作用是减轻驾驶人的制动操纵力。如图3-8-20所示，其内部有薄而宽的活塞，通过固定在活塞上的膜片将空气室和负压室隔离。负压室和发动机进气管相通。复位弹簧安装在负压室的推杆上和推杆一起运动。橡胶阀门与在膜片座上加工出来的阀座组成真空阀，与控制阀柱塞的大气阀座组成大气阀。真空阀将负压室与空气室相连，空气阀将空气室和外界空气相连。发动机不工作时真空助力器不工作。

如图3-8-20a）所示，负压室内的空气被吸进发动机进气管，产生负压。如图3-8-20b）所示，踩下制动踏板，真空阀关闭，空气阀打开。空气进入空气室，使空气室压力大于负压室压力，活塞向前运动。于是带动制动主缸内的活塞运动，产生制动油压。

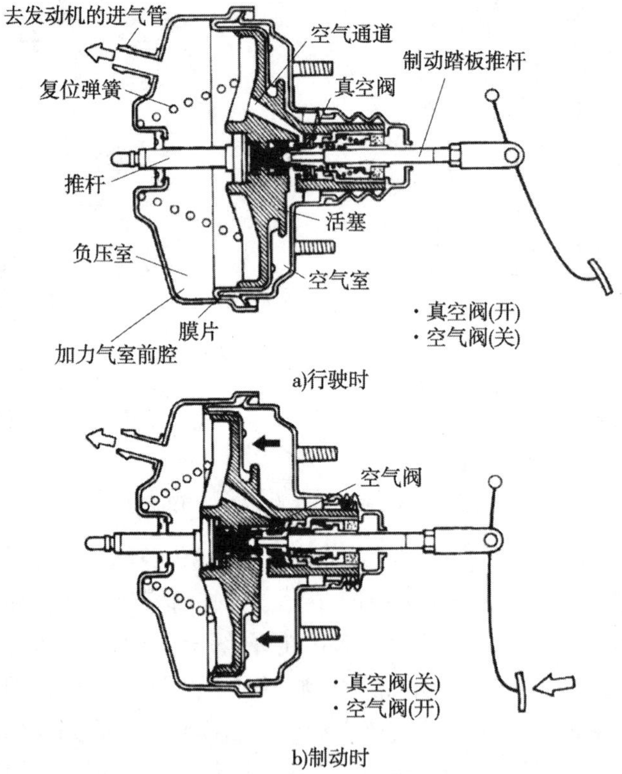

去发动机的进气管　　空气通道　　制动踏板推杆
复位弹簧　　真空阀
推杆
负压室　　活塞
膜片　　空气室
加力气室前腔
· 真空阀(开)
· 空气阀(关)
a)行驶时

空气阀
· 真空阀(关)
· 空气阀(开)
b)制动时

图3-8-20　真空助力器的结构及工作原理

松开制动踏板，助力器活塞在复位弹簧的作用下恢复到原来的位置，制动踏板推杆也往回运动，空气阀关闭，真空阀打开，使真空室和空气室相通。其他制动机构也恢复到原来的位置，制动油压下降，制动解除，如图3-8-20a）所示。

当真空助力器或真空源失效时，作用于主缸推杆上的力取决于驾驶人对制动踏板施加的踏板力，但踏板力要比未失效时大得多。

四 汽车防抱死制动系统（ABS）

汽车防抱死制动系统 ABS（Anti-locked Braking System）是一种安全控制制动系统，目前已经成为乘用车及客车的标准配置。ABS 既有普通制动系统的制动功能，又能防止车轮制动抱死。

紧急制动时，制动力过大使轮胎抱死后滑动，制动距离变长且汽车不受控制。防抱死制动系统可使汽车在制动过程中车轮滑移率保持在 20% 左右范围内，此时轮胎处于边滚边滑状态，制动力最大，保证了汽车的方向稳定性，防止产生侧滑和跑偏。

❶ ABS 的基本组成与工作原理

ABS 的基本组成如图 3-8-21 所示，ABS 通常由轮速传感器、制动压力调节器、电子控制单元（ECU）和 ABS 警示装置等组成。

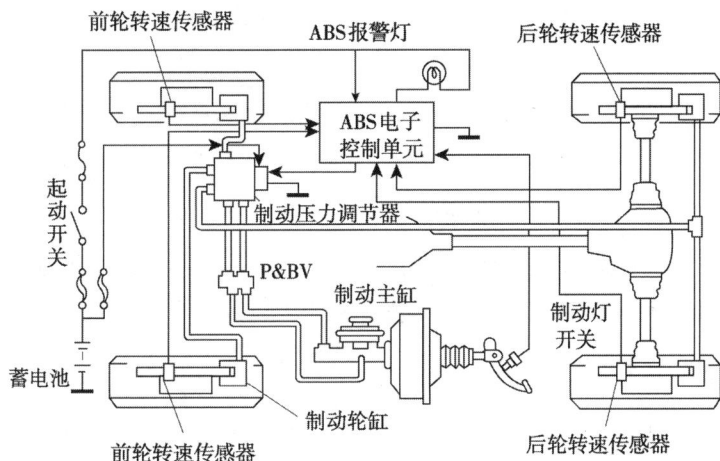

图3-8-21　ABS的基本组成

汽车制动时，轮速传感器将各车轮的转速信号输入 ECU；ECU 根据每个车轮轮速传感器输入的信号对车轮的运动状态进行监测和判定，并形成响应的控制指令，再适时发出控制指令给制动压力调节器；制动压力调节器对各制动轮缸的制动压力进行调节，防止制动车轮抱死。

图 3-8-22 所示为 ABS 部件在车上的位置。

❷ 轮速传感器

轮速传感器的功用是检测车轮的旋转速度，并将速度信号输入电子控制单元。目前，常用的轮速传感器主要有电磁式和霍尔式两种。

❶电磁式轮速传感器

电磁式轮速传感器主要由传感器头和齿圈两部分组成，它可以安装在车轮上，也可以安装在主减速器或变速器中，如图 3-8-23 所示。

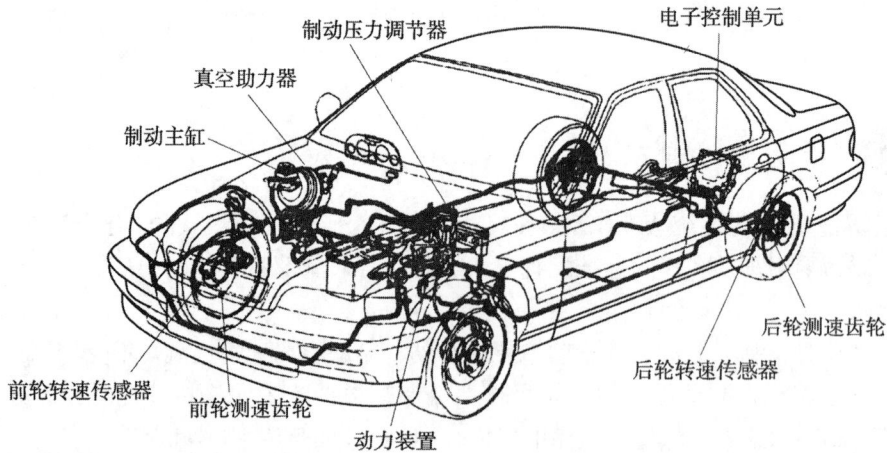

图3-8-22 ABS部件在车上的位置

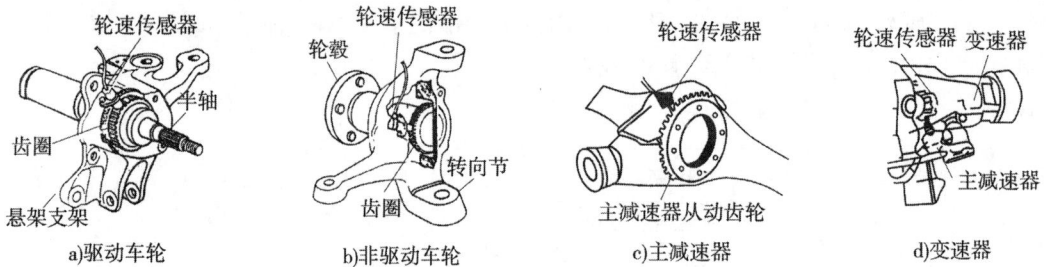

a)驱动车轮　　b)非驱动车轮　　c)主减速器　　d)变速器

图3-8-23 轮速传感器的安装位置

如图 3-8-24 所示，齿圈随车轮或传动轴一起转动，齿圈在磁场中旋转时，齿圈齿顶和电极之间的间隙以一定的速度变化，使磁路中的磁阻发生变化，磁通量周期地增减，在线圈的两端产生正比于磁通量增减速度的感应电压，该交流电压信号输送给 ECU。

图3-8-24 轮速传感器的工作原理

❷ 霍尔式轮速传感器

霍尔式轮速传感器也是由传感头、齿圈组成，其齿圈的结构及安装方式与电磁式轮速传感器的齿圈相同，传感头由永磁体、霍尔元件和电子电路等组成。

传感器的工作原理如图 3-8-25 所示，永磁体的磁力线穿过霍尔元件通向齿圈，齿圈相当于一个集磁器。当齿圈位于图 3-8-25a）所示位置时，穿过霍尔元件的磁力线分散，磁场相对较弱；而当齿圈位于图 3-8-25b）所示位置时，穿过霍尔元件的磁力线集中，磁场相对较强。齿圈转动时，使得穿过霍尔元件的磁力线密度发生变化，因而引起霍尔元件电压的变化，霍尔元件将输出一毫伏级的准正弦波电压。此信号由电子电路转化成标准的脉冲电压。

霍尔式轮速传感器克服了电磁式传感器的缺点，其输出信号电压幅值不受转速的影响，频率响应高，抗电磁波干扰能力强。因而，霍尔式轮速传感器在 ABS 中应用越来越广泛。

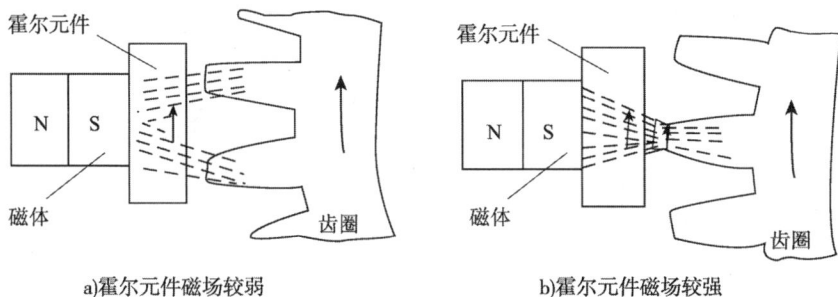

a)霍尔元件磁场较弱　　　　　　　　　　　　b)霍尔元件磁场较强

图3-8-25　　霍尔式轮速传感器

🕄 电子控制单元

电子控制单元（ECU）是 ABS 的控制中枢，其功用是接收轮速传感器及其他传感器输入的信号，对这些输入信号进行测量、比较、分析、放大和判别处理，通过精确计算，得出制动时车轮的滑移率、车轮的加速度和减速度，以判断车轮是否有抱死趋势。再由其输出级发出控制指令，控制制动压力调节器去执行压力调节任务。

电子控制单元还具有监控和保护功能，当系统出现故障时，能及时转换成常规制动，并以故障灯点亮的形式警告驾驶人。

🕄 制动压力调节器

根据制动压力调节器调压方式的不同，可分为循环式和可变容积式两种。循环式制动压力调节器是通过电磁阀直接控制制动轮缸的制动压力；而可变容积式制动压力调节器是通过电磁阀间接改变制动轮缸的制动压力。

❶ 循环式制动压力调节器

循环式制动压力调节器由电磁阀、液压泵和电动机等部件组成。调节器直接装在汽车原有的制动管路中，通过串联在制动主缸和制动轮缸之间的三位三通电磁阀直接控制制动轮缸的压力，可以使制动轮缸的工作处于常规工作状态、增压状态、减压状态或保压状态，如图 3-8-26 所示。三位是指电磁阀有 3 个不同位置，分别控制制动轮缸制动压力的增加、减少或保持，三通是指电磁阀上有 3 个通道，分别通制动主缸、制动轮缸和储液器。

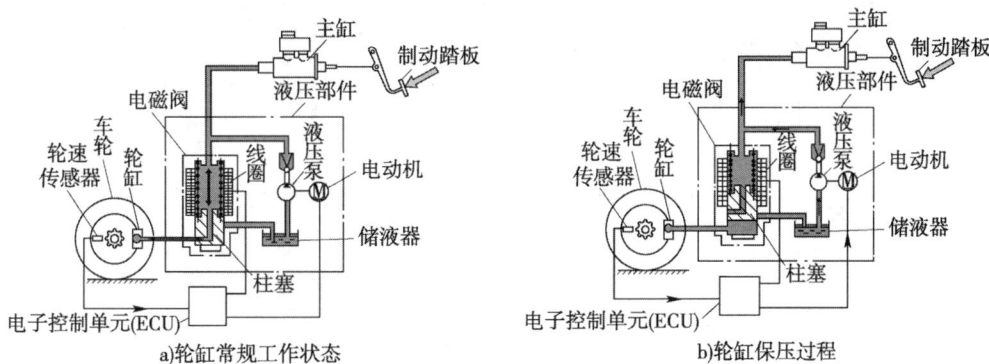

a)轮缸常规工作状态　　　　　　　　　　　　b)轮缸保压过程

图　3-8-26

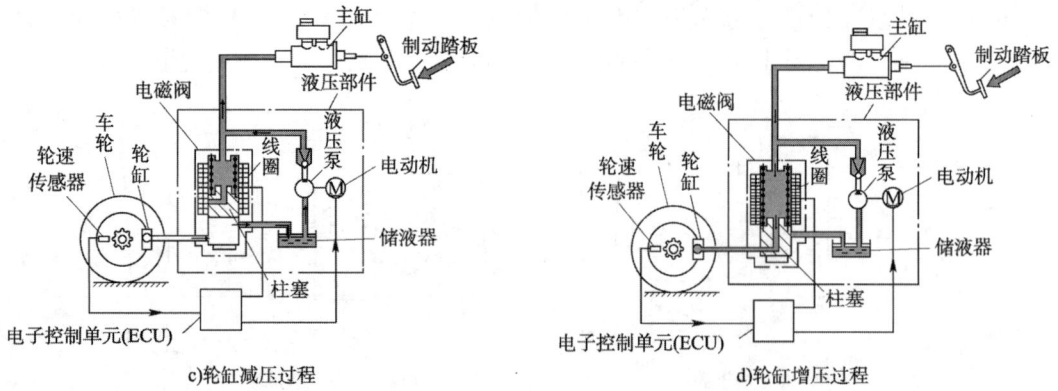

图3-8-26 循环式制动压力调节器的工作过程

❷ 可变容积式制动压力调节器

可变容积式制动压力调节器主要由电磁阀、控制活塞、液压泵和储能器等组成，是在原液压制动系统中增设一套液压控制装置，控制制动管路中容积的增减，以控制制动压力的变化。可变容积式制动压力调节器有 4 个不同工作状态：常规制动状态、轮缸减压状态、轮缸保压状态和轮缸增压状态，如图 3-8-27 所示。

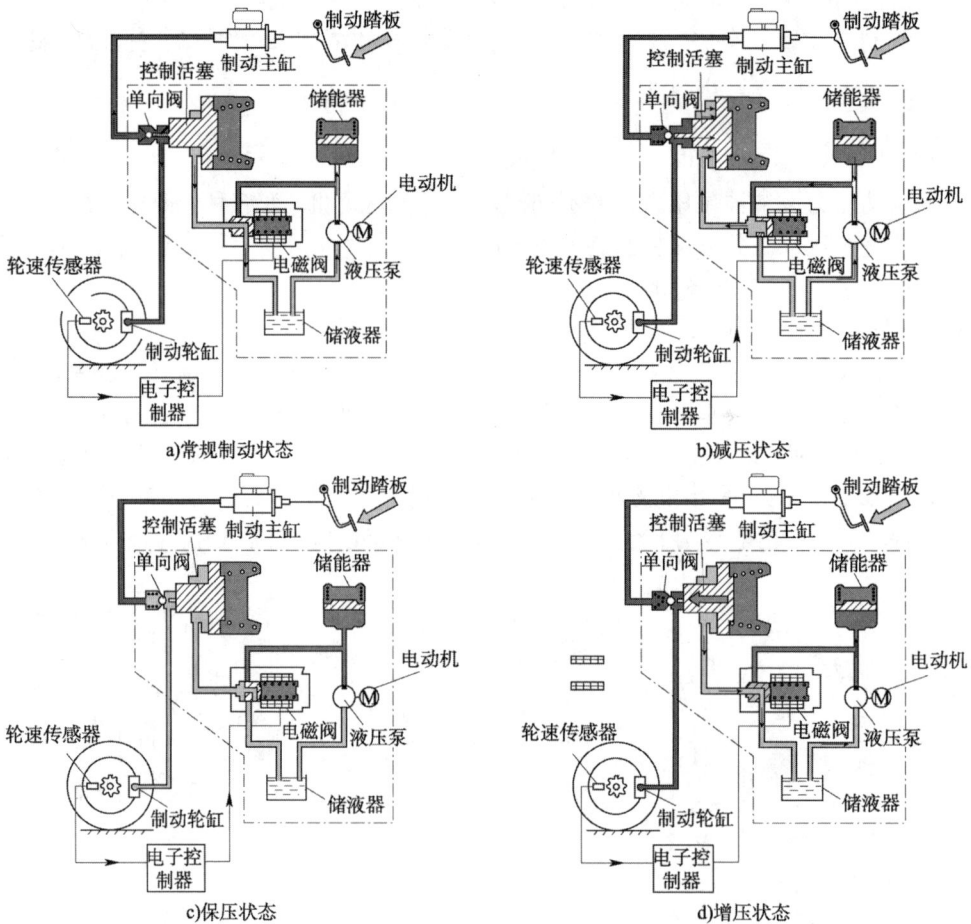

图3-8-27 可变容积式制动压力调节器的工作过程

5 桑塔纳 2000GSi 型乘用车 ABS

桑塔纳 2000GSi 型乘用车采用的是 MK20-Ⅰ型 ABS，是三通道的 ABS 调节回路，前轮单独调节，后轮则以两轮中地面附着系数低的一侧为依据统一调节。

制动压力调节器采用整体式结构、循环式调压，它与 ABS 的电子控制单元（ECU）组合为一体后安装于制动主缸与制动轮缸之间。制动压力调节器的基本组成包括电磁阀、液压泵及低压储液器。低压储液器与电动液压泵合为一体装于液控单元上，液控单元内包括 8 个电磁阀，每个回路一对，其中一个是常开进油阀，另一个是常闭出油阀。

桑塔纳 2000GSi 型乘用车 ABS 的工作过程如图 3-8-28 所示。ABS 制动压力调节器以 5~6 次 /s 的频率按"增压制动—保压制动—减压制动—保压制动—增压制动"的循环对制动压力进行调节，直到停车。

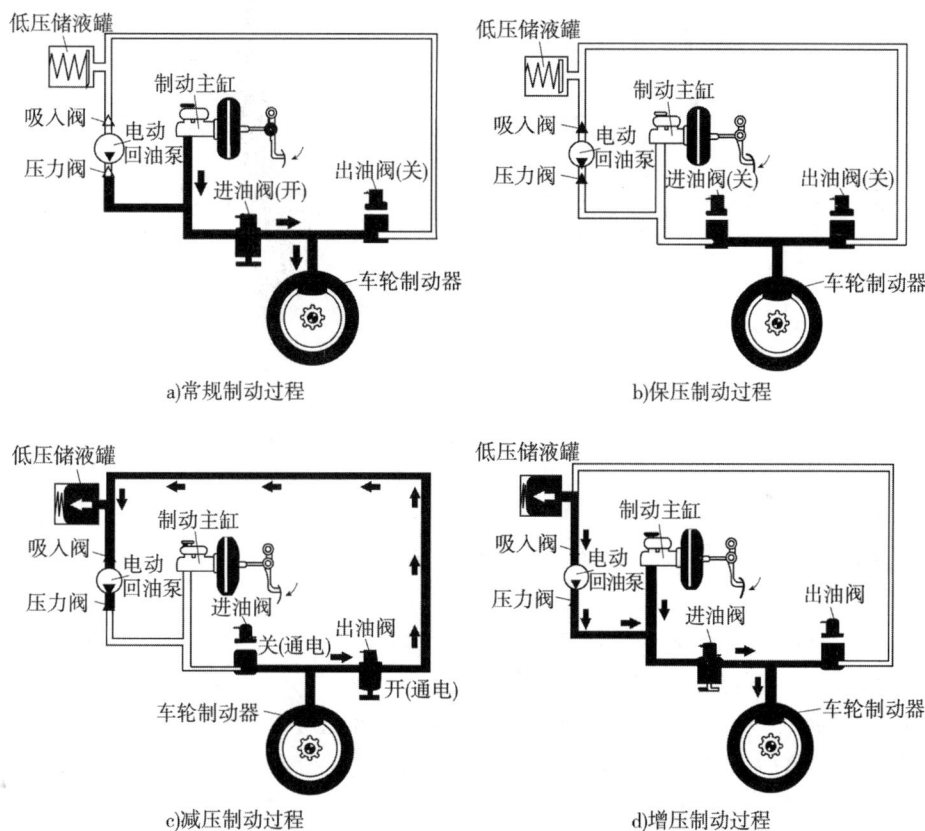

图3-8-28　桑塔纳2000GSi型乘用车ABS的工作过程

五 汽车驱动防滑控制系统及电子稳定程序控制系统

1 汽车驱动防滑控制系统 ASR

驱动防滑系统英文简称 ASR，是 Acceleration Slip Regulation 的缩写，有的车辆称为牵引力控制系统，英文简称 TCS 或 TRC，是 Traction Control System 的缩写。

驱动防滑系统的功用是防止汽车在加速过程中打滑，特别是防止汽车在非对称路面或在转向时驱动轮滑转，以保持汽车行驶方向的稳定性、操纵性和维持汽车的最佳驱动力以及提高汽车的平顺性。

典型 ABS/ASR 系统组成如图3-8-29所示，主要由轮速传感器、ABS/ASR ECU、制动压力调节器、主副节气门开度传感器、副节气门驱动步进电动机等组成。

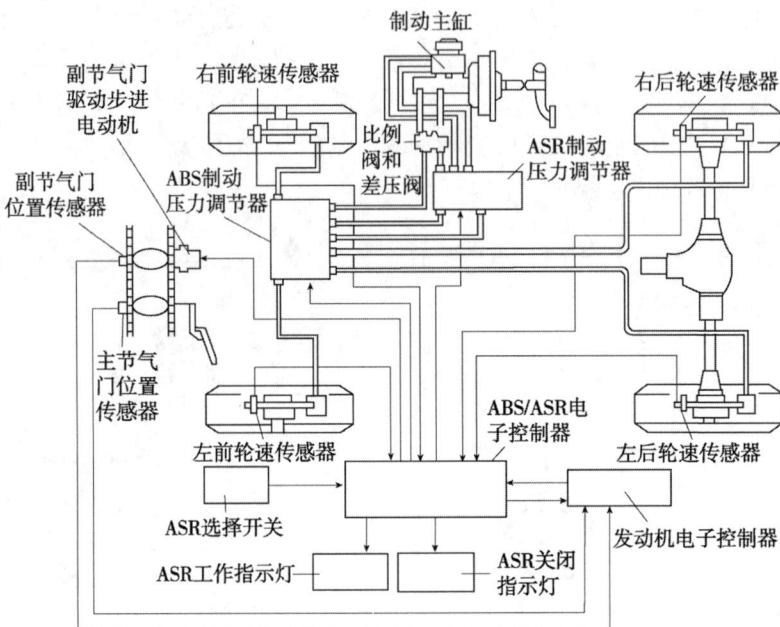

图3-8-29 典型ABS/ASR系统组成

ABS/ASR ECU 根据驱动轮速传感器输送的速度信号计算判断出车轮与路面间的滑转状态，并适时地向其执行机构发出指令，以降低发动机的输出转矩和车轮的转速，从而实现防止驱动轮滑转的目的。

ASR 的传感器主要是轮速传感器和节气门位置传感器。轮速传感器与 ABS 共用，而节气门位置传感器则与发动机控制系统共用。

ASR 专用的信号输入装置是 ASR 选择开关，关闭 ASR 选择开关，可停止 ASR 的作用。如在汽车维修中需要将汽车驱动车轮悬空转动时，ASR 可能对驱动车轮施以制动，影响故障的检查。这时关闭 ASR 开关，停止 ASR 作用，可避免这种影响。

ASR 的电子控制单元（ECU）发出的控制指令有如下几种：控制滑转车轮的制动力；控制发动机输出功率；同时控制发动机输出功率和驱动车轮的制动力。在实际应用的 ASR 中，绝大多数都是采用调节发动机输出转矩的方式来控制汽车驱动力矩。而调节发动机的输出转矩，通常是利用发动机电子控制装置，通过控制节气门开度和点火提前角的方式来实现。

❷ 汽车电子稳定程序控制系统 ESP

汽车电子稳定程序控制系统 ESP（Electronic Stability Program）是改善汽车行驶性能的一种控制系统，是 ABS 和 ASR 在功能上的延伸。利用与 ABS 一起的综合控制可防止汽车在制动时车轮抱死；利用 ASR 可阻止汽车在起步时驱动轮滑转（空转）。ESP 可以通过有选择性地控制各车轮上的制动力，防止车辆滑移，因此，ESP 是一个主动安全系统。

ESP 系统在不同的车型中有不同的名称，如奔驰、奥迪称为 ESP，宝马称其为 DSC（Dynamic Stability Control，即动态稳定性控制），丰田、雷克萨斯称其为 VSC（Vehicle Stability Control，即汽车稳定性控制系统），三菱称为 ASC/AYC（Active Stability Control/Active Yaw Control，即主动稳定控制/主动横摆控制系统），本田称为 VSA（Vehicle Stability Assist，即车身稳定性辅助系统），而 VOLVO 汽车称其为 DSTC（Dynamic Stability and Traction Control，即动态循迹防滑控制系统）。

如图 3-8-30 所示，ESP 系统由传统制动系统、传感器、制动压力调节器、汽车稳定性控制电子控制单元和辅助系统组成，在 ECU 实时监控汽车运行状态的前提下，对发动机及控制系统进行干预和调控。

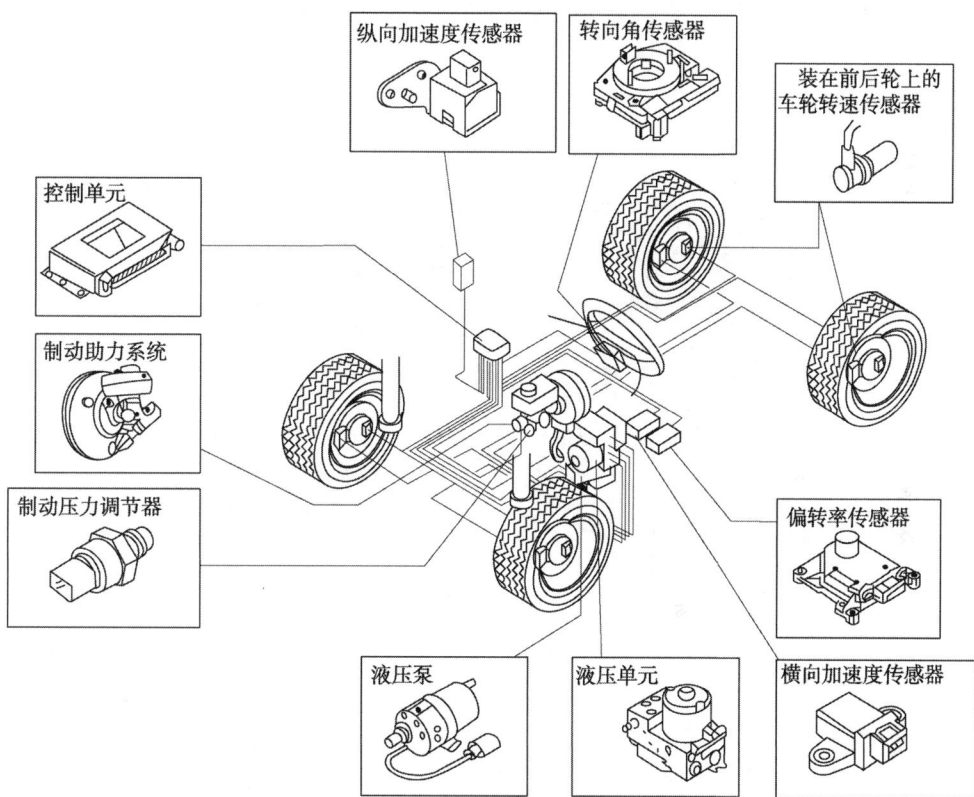

图3-8-30　ESP系统组成

在汽车行驶过程中，转向盘转角传感器监测驾驶人转弯方向和角度，车速传感器监测车速，节气门位置传感器监测节气门开度，制动主缸压力传感器监测制动力，而侧向加速度传感器和横摆角速度传感器则监测汽车的横摆和侧倾速度。ECU 根据这些信息，通过计算后判断汽车要正常安全行驶和驾驶人操纵汽车意图的差距，然后由 ECU 发出指令，调整发动机的转速和车轮上的制动力，修正汽车的过度转向或不足转向，以避免汽车打滑、转向过度、转向不足和抱死，从而保证汽车的行驶安全。

当 ESP 判定为出现不足转向时，将制动内侧后轮，使车辆进一步沿驾驶人转弯方向偏转，从而稳定车辆（图 3-8-31）；当 ESP 判定为出现过度转向时，ESP 将制动外侧前轮，防止出现甩尾，并减弱过度转向趋势，稳定车辆（图3-8-32）。上述过程中如果单独制动某个车轮不足以稳定车辆，ESP将通过降低发动机转矩输出的方式或制动其他车轮来满足需求。

a)无ESP　　　　　　　b)有ESP

图3-8-31　不足转向

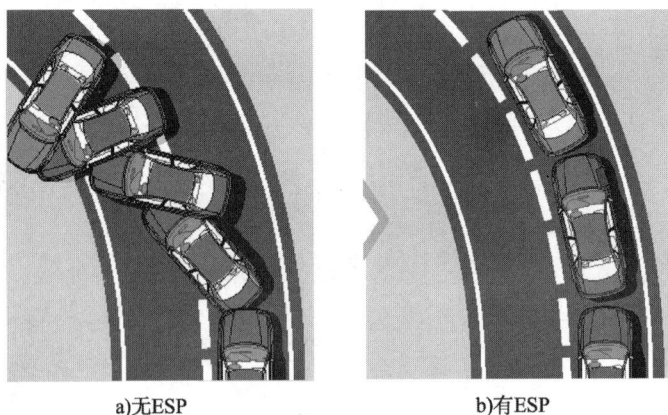

a)无ESP　　　　　　　b)有ESP

图3-8-32　过度转向

项目二　制动系统的拆装

本项目以卡罗拉（1.6L）乘用车制动系统的拆装为例进行说明。

一　制动踏板的拆装

拆装制动踏板相关零部件分解图如图 3-8-33 和图 3-8-34 所示。

汽车构造与拆装（下册）（第二版）

上仪表板

仪表板1号底罩分总成

×2

图3-8-33 拆装制动踏板相关零部件分解图（1）

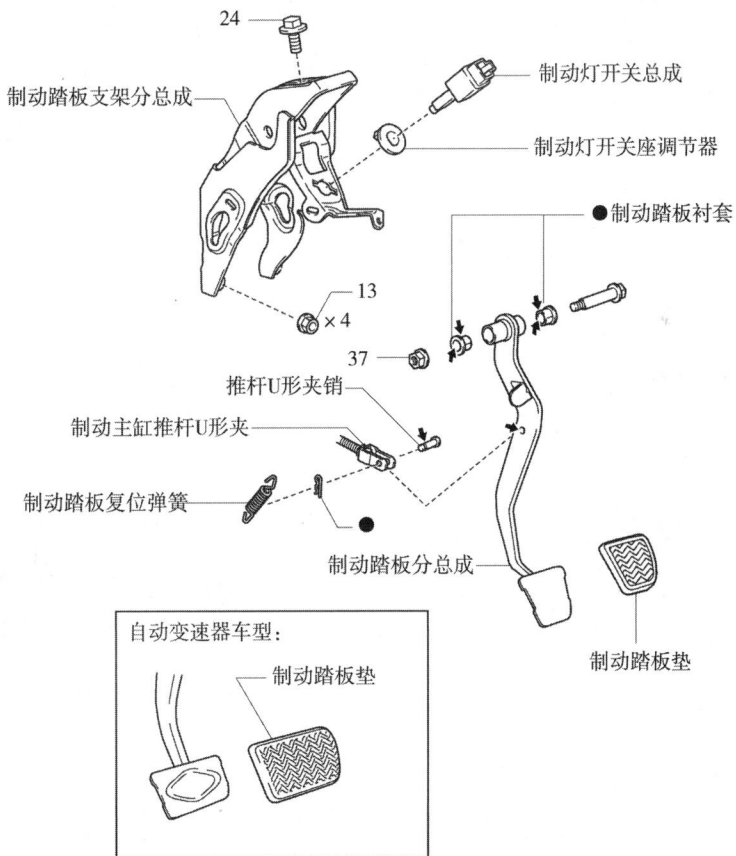

24

制动灯开关总成

制动踏板支架分总成

制动灯开关座调节器

●制动踏板衬套

13 ×4

37

推杆U形夹销

制动主缸推杆U形夹

制动踏板复位弹簧

制动踏板分总成

制动踏板垫

自动变速器车型：

制动踏板垫

N·m ：规定的拧紧力矩

● ：不可重复使用零件

◀ ：锂皂基乙二醇润滑脂

图3-8-34 拆装制动踏板相关零部件分解图（2）

1 制动踏板的拆卸

（1）拆卸上仪表板。

（2）拆卸仪表板 1 号底罩分总成。

（3）拆卸制动踏板复位弹簧。如图 3-8-35 所示，从制动踏板支架分总成上拆下制动踏板复位弹簧。

（4）分离制动主缸推杆 U 形夹。拆下卡子和 U 形夹销，从制动踏板分总成上分离制动主缸推杆 U 形夹。

（5）拆卸制动踏板支架分总成。

①如图 3-8-36 所示，拆下螺栓并从仪表板加强件上分离制动踏板支架分总成。

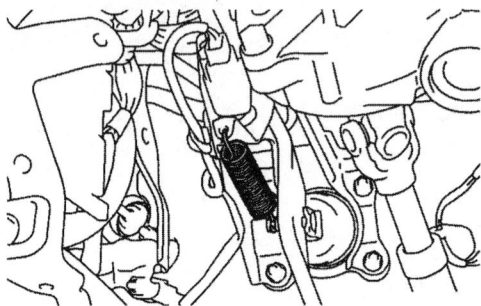

图3-8-35　制动踏板的拆卸（1）

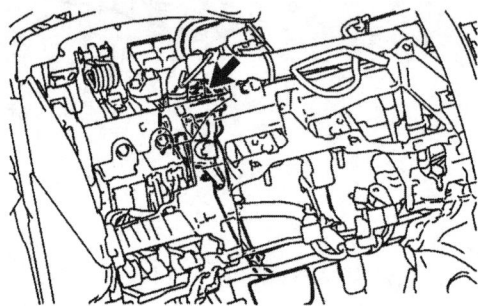

图3-8-36　制动踏板的拆卸（2）

②如图 3-8-37 所示，断开制动灯开关连接器并脱开 2 个卡夹。

③如图 3-8-38 所示，拆下 4 个螺母制动踏板支架分总成。

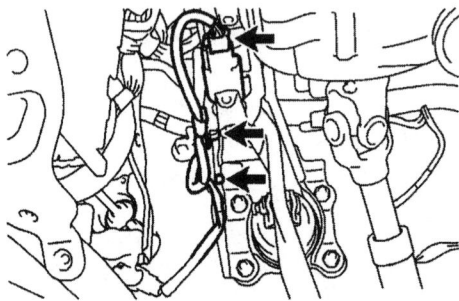

图3-8-37　制动踏板的拆卸（3）

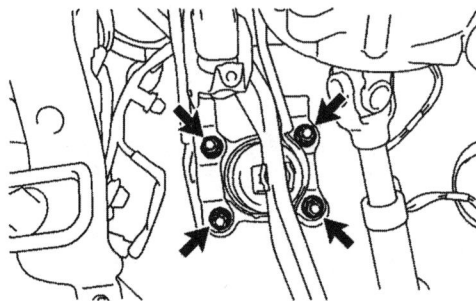

图3-8-38　制动踏板的拆卸（4）

2 制动踏板的安装

（1）安装制动踏板支架分总成。

①用 4 个螺母安装制动踏板支架分总成（图 3-8-38）。

②连接制动灯开关连接器并接合 2 个卡夹（图 3-8-37）。

③用螺栓将制动踏板支架分总成安装至仪表板加强件（图 3-8-36）。

（2）连接制动主缸推杆 U 形夹。在推杆销上涂抹锂皂基乙二醇润滑脂。如图 3-8-39

所示，用推杆销将制动主缸推杆 U 形夹连接至制动踏板，并安装新卡子。

（3）安装制动踏板复位弹簧（图 3-8-35）。在制动踏板支架分总成和制动主缸推杆 U 形夹之间安装制动踏板复位弹簧。

（4）检查并调整制动踏板高度。

（5）检查制动踏板自由行程。

（6）检查制动踏板行程余量。

（7）安装仪表板 1 号底罩分总成。

（8）安装上仪表板。

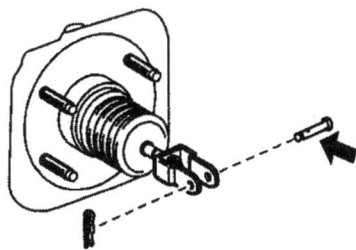

← ：锂皂基乙二醇润滑脂

图3-8-39　制动踏板的安装

二 制动主缸的拆装

拆装制动主缸相关部件分解图如图 3-8-40 ～ 图 3-8-42 所示。

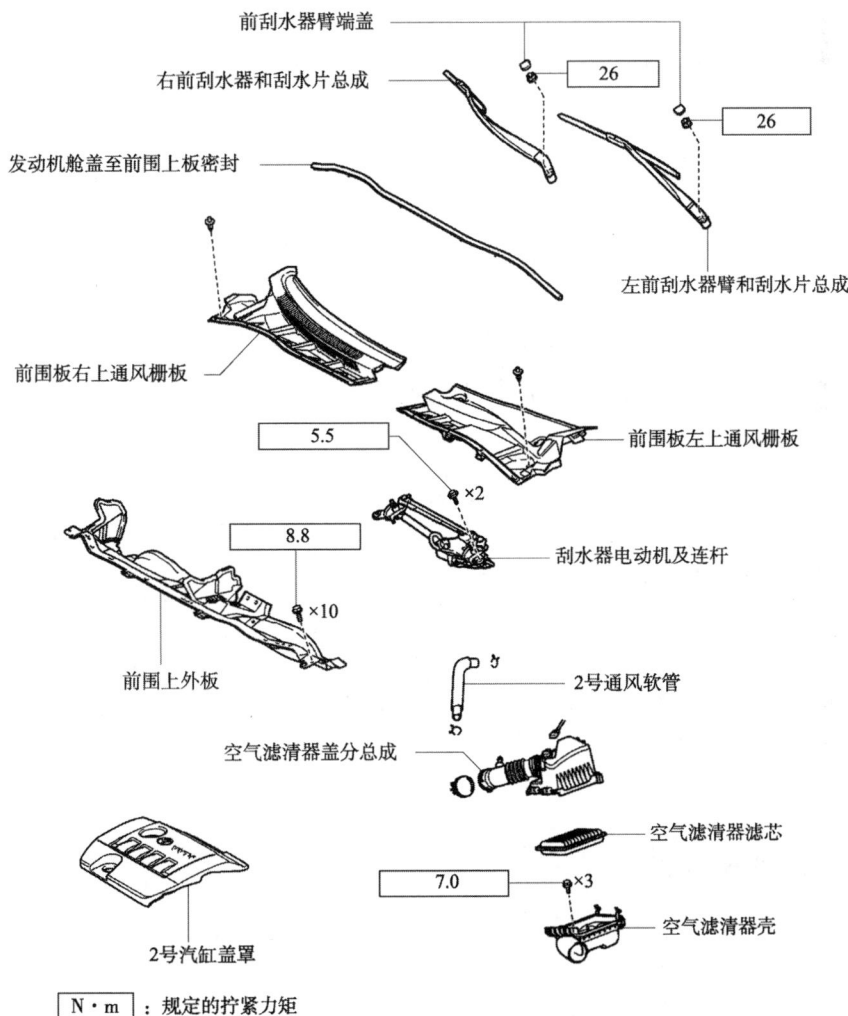

前刮水器臂端盖

右前刮水器和刮水片总成　26

26

发动机舱盖至前围上板密封

左前刮水器臂和刮水片总成

前围板右上通风栅板

5.5

前围板左上通风栅板

8.8　　×2

刮水器电动机及连杆

前围上外板　×10

2号通风软管

空气滤清器盖分总成

空气滤清器滤芯

7.0　×3

空气滤清器壳

2号汽缸盖罩

N·m ：规定的拧紧力矩

图3-8-40　拆装制动主缸相关部件分解图（1）

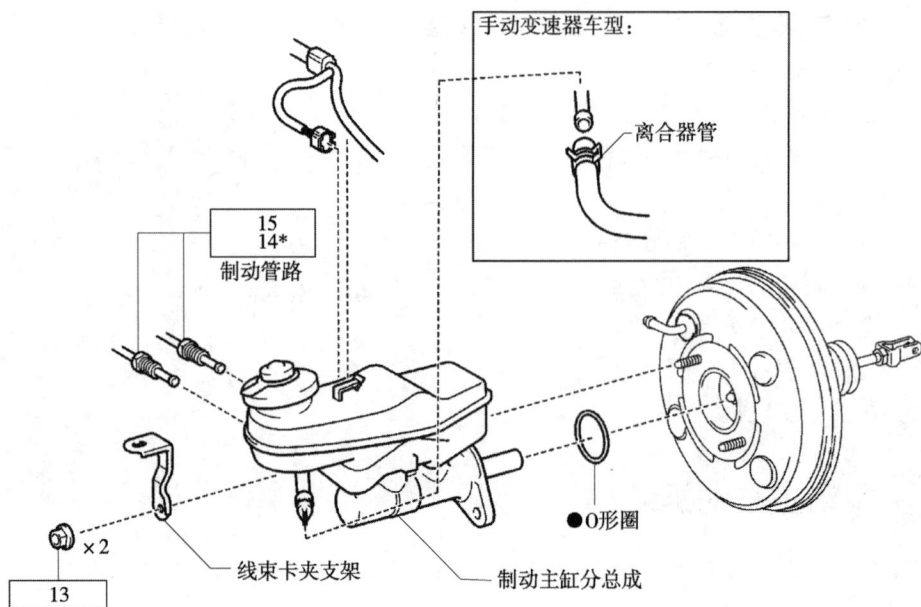

手动变速器车型：

离合器管

15
14*
制动管路

●O形圈

线束卡夹支架

制动主缸分总成

13

×2

N·m：规定的拧紧力矩

*：配合连接螺母扳手使用

●：不可重复使用零件

图3-8-41　拆装制动主缸相关部件分解图（2）

制动主缸储液罐加注口盖总成

制动主缸储液罐滤网

制动主缸储液罐总成

直销

●制动主缸储液罐密封垫

●制动主缸储液罐密封垫

制动主缸缸体

●：不可重复使用零件

←：锂皂基乙二醇润滑脂

图3-8-42　拆装制动主缸相关部件分解图（3）

❶ 制动主缸的拆卸

注意：从制动助力器上拆下制动主缸前，确保释放制动助力器的真空。

（1）拆卸2号汽缸盖罩。

（2）拆卸前刮起水器臂端盖。

（3）拆卸左前刮水器臂和刮水片总成。

（4）拆卸右前刮水器臂和刮水片总成。

（5）拆卸发动机盖至前围上侧密封。

（6）拆卸前围板右上通风栅板。

（7）拆卸前围板左上通风栅板。

（8）拆卸风窗玻璃刮水器电动机及连杆。

（9）排净制动液。

（10）拆卸前围上外板。

①脱开卡夹，并如图 3-8-43 所示弯曲右侧防水片。

②脱开线束卡夹。

③如图 3-8-44 所示，拆下 10 个螺栓和前围上外板。

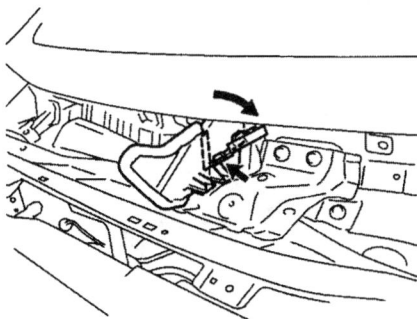

图3-8-43　制动主缸的拆卸（1）　　　图3-8-44　制动主缸的拆卸（2）

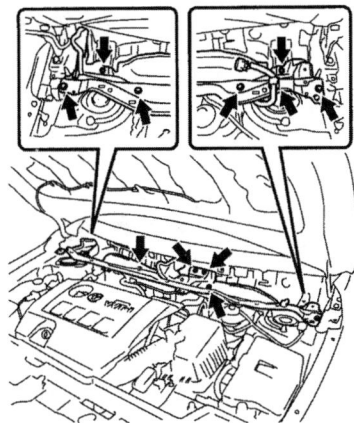

（11）拆卸空气滤清器盖分总成。

（12）拆卸空气滤清器壳。

（13）断开离合器管（手动变速器车型）。如图 3-8-45 所示，移动卡子并断开离合器管。

（14）断开制动管路。如图 3-8-46 所示，用连接螺母扳手（10mm）从制动主缸分总成上断开 2 个制动管路。

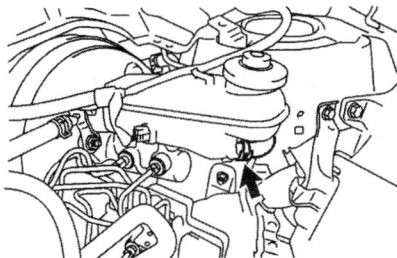

图3-8-45　制动主缸的拆卸（3）　　　图3-8-46　制动主缸的拆卸（4）

（15）拆卸制动主缸分总成。

①如图 3-8-47 所示，断开连接器并脱开 2 个卡夹。

②如图 3-8-48 所示，拆下 2 个螺母、卡夹支架和制动主缸分总成。

③从制动主缸分总成上拆下 O 形圈。

注意：制动主缸需小心处理。避免制动主缸遭受任何冲击，例如掉落。掉落的制动主缸不能重复使用。不要敲击或捏住制动主缸活塞，且不要用任何其他方式对制动主缸活塞造成损坏。将制动主缸安装至制动助力器或从制动助力器上拆下制动主缸时，确保制动主缸水平或端面向下（活塞面朝上）以防制动主缸活塞掉落。不要让任何异物污染制动主缸活塞。如果活塞沾染异物，用抹布或布条将其擦掉，然后在活塞周边（滑动部件）上均匀涂抹锂皂基乙二醇润滑脂。不要使用其他种类的润滑脂或液体。

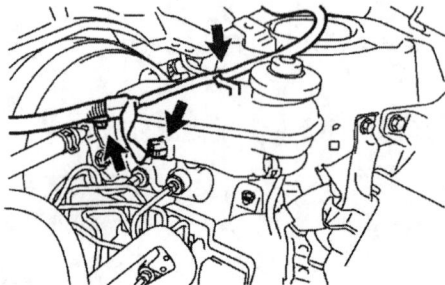

图3-8-47　制动主缸的拆卸（5）

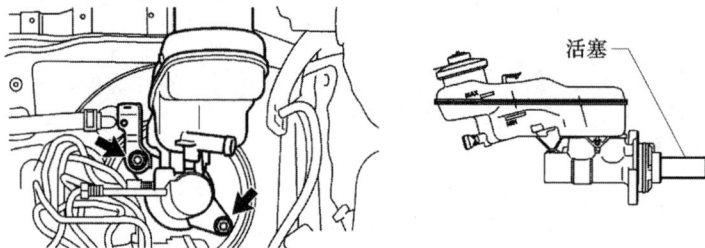

图3-8-48　制动主缸的拆卸（6）

❷ 制动主缸的安装

（1）检查并调整制动助力器推杆。

（2）安装制动主缸分总成。

①将新O形圈安装至制动主缸分总成。

②如图3-8-49所示，用2个螺母安装卡夹支架和制动主缸分总成。

③接合2个卡夹并连接连接器（图3-8-47）。

（3）连接制动管路。如图3-8-50所示，用连接螺母扳手（10mm）将2个制动管路连接至制动主缸分总成。注意：使用力臂长度为250mm的力矩扳手。当连接螺母扳手与力矩扳手平行时，力矩值有效。

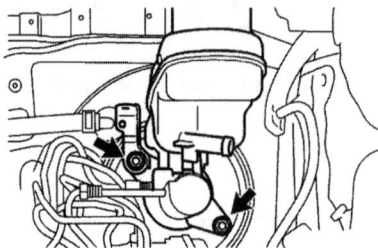

图3-8-49　制动主缸的安装（1）

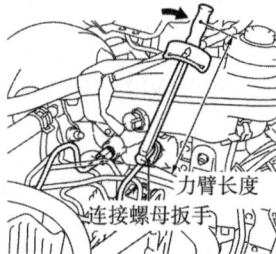

图3-8-50　制动主缸的安装（2）

（4）连接离合器管（手动变速器车型）。移动卡子并连接离合器管（图 3-8-45）。

（5）安装空气滤清器壳。

（6）安装空气滤清器盖分总成。

（7）安装前围上外板。

①用 10 个螺栓安装前围上外板（图 3-8-44）。

②接合线束卡夹。

③如图 3-8-51 所示，弯曲右侧防水片并接合卡夹。

（8）安装风窗玻璃刮水器电动机及连杆。

（9）安装前围板左上通风栅板。

（10）安装前围板右上通风栅板。

（11）安装发动机盖至前围上侧密封。

（12）安装右前刮水器臂和刮水片总成。

（13）安装左前刮水器臂和刮水片总成。

（14）安装前刮水器臂端盖。

（15）安装 2 号汽缸盖罩。

（16）对制动液储液罐进行加注。

图3-8-51　制动主缸的安装（3）

（17）对离合器管路进行加注。

（18）对制动主缸进行放气。

（19）对制动管路进行放气。

（20）对制动器执行器进行放气（带 VSC）。

（21）检查制动液是否泄漏。

（22）检查制动液液位。

三　制动助力器的拆装

拆装制动助力器相关部件分解图如图 3-8-52 ~ 图 3-8-54 所示，并见图 3-8-41。

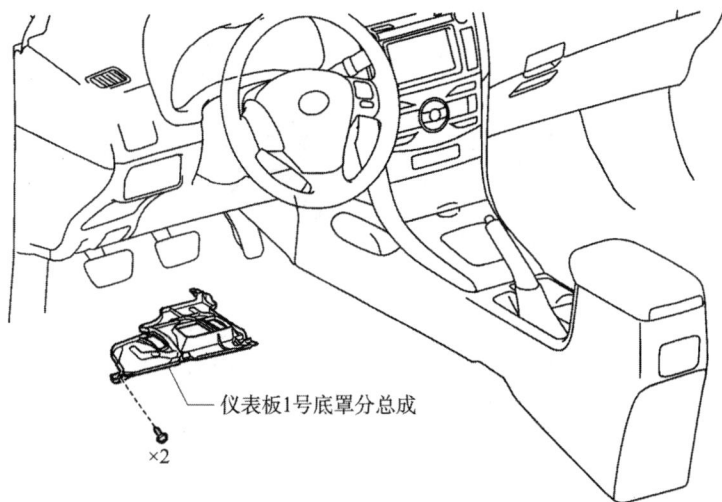

仪表板1号底罩分总成

×2

图3-8-52　拆装制动助力器相关部件分解图（1）

不带VSC:

15
14*

连接器

带卡夹的制动管路

带3号燃油管路卡夹的燃油管路

15
14*

带支架的制动器执行器

×3

19

带VSC:

15
14*

连接器

带卡夹的制动管路

带3号燃油管路卡夹的烯油管路

15
14*

带支架的制动器执行器

×3

19

N·m ：规定的拧紧力矩
*：配合连接螺母扳手使用

图3-8-53　拆装制动助力器相关部件分解图（2）

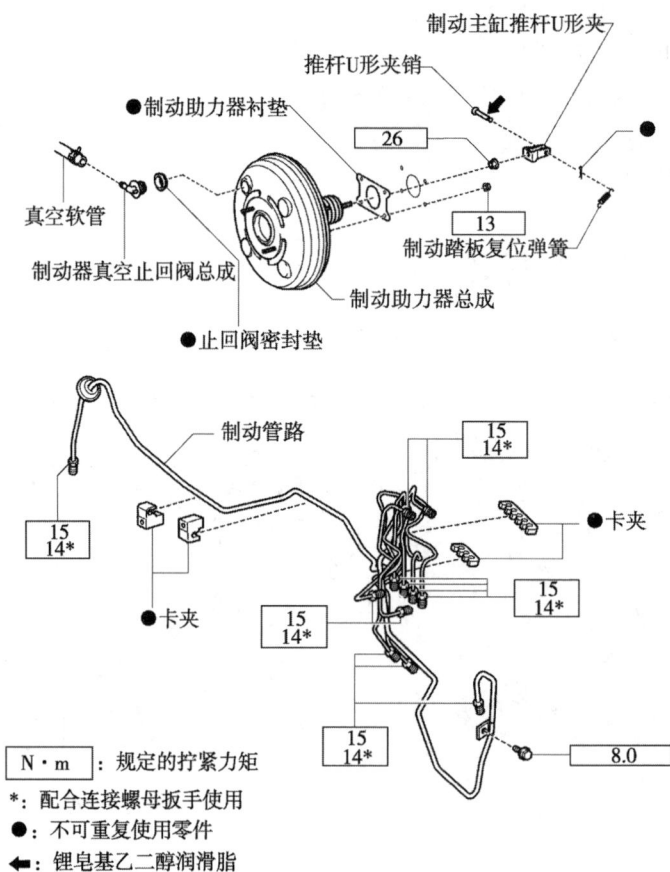

制动主缸推杆U形夹

推杆U形夹销

●制动助力器衬垫

26

●

真空软管

制动器真空止回阀总成

13

制动踏板复位弹簧

制动助力器总成

●止回阀密封垫

制动管路

15
14*

15
14*

●卡夹

15
14*

15
14*

●卡夹

15
14*

15
14*

8.0

N·m ：规定的拧紧力矩
*：配合连接螺母扳手使用
●：不可重复使用零件
◀：锂皂基乙二醇润滑脂

图3-8-54　拆装制动助力器相关部件分解图（3）

1 制动助力器的拆卸

（1）拆卸制动主缸分总成。

（2）拆卸仪表板 1 号底盘罩分总成。

（3）拆卸制动踏板复位弹簧。

（4）分离制动主缸推杆 U 形夹。

（5）拆卸制动主缸推杆 U 形夹。松开锁紧螺母，从制动助力器总成上拆下制动主缸推杆 U 形夹和锁紧螺母。

（6）断开线束。

（7）拆卸带支架的制动器执行器（不带 VSC）。

（8）拆卸带支架的制动器执行器（带 VSC）。

（9）断开真空软管。如图 3-8-55 所示，滑动卡子并断开真空软管。

（10）拆卸制动真空止回阀总成。从制动助力器总成上拆下真空止回阀总成。

（11）拆卸止回阀密封垫。从制动助力器总成上拆下止回阀密封垫。

（12）分离制动管路。

①如图 3-8-56 所示，从制动管路上拆下螺栓。

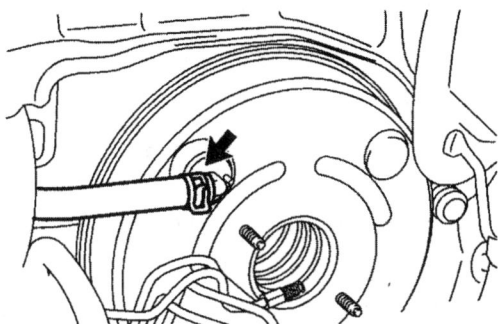

图3-8-55 制动助力器的拆卸（1）　　　　图3-8-56 制动助力器的拆卸（2）

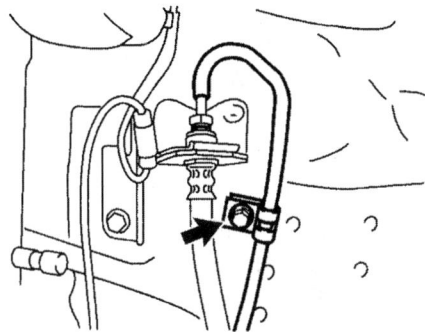

②如图 3-8-57 所示，用连接螺母扳手断开 4 个制动管路。

③如图 3-8-58 所示，脱开 5 个卡夹并分离制动管路。

（13）拆卸制动助力器总成。如图 3-8-59 所示，从车身上拆下 4 个螺母和制动助力器总成。从制动助力器总成上拆下制动助力器衬垫。

2 制动助力器的安装

（1）安装制动助力器总成（图 3-8-59）。将新的制动助力器衬垫安装至制动助力器总成。用 4 个螺母将制动助力器总成安装至车身。注意：不要损坏制动管路。

（2）安装制动管路。

①用 5 个新卡夹将制动管路接合至车身（图 3-8-58）。

②如图 3-8-60 所示，用连接螺母扳手连接 4 个制动管路。注意：使用力臂长离为 250mm 的力矩扳手。当连接螺母扳手与力矩扳手平等时，力矩值有效。

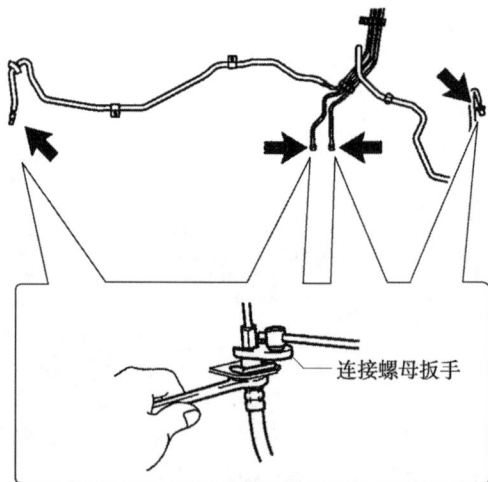

图3-8-57 制动助力器的拆卸（3）

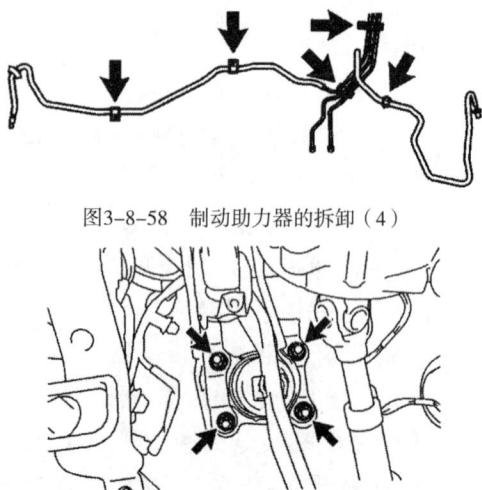

图3-8-58 制动助力器的拆卸（4）

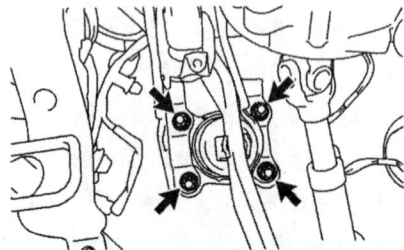

图3-8-59 制动助力器的拆卸（5）

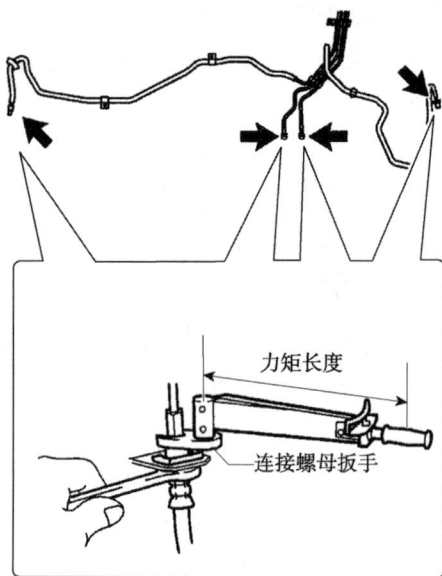

图3-8-60 制动助力器的安装

③安装螺栓（图 3-8-56）。

（3）安装止回阀密封垫。将新的止回阀密封垫安装至制动助力器总成。

（4）安装制动真空止回阀总成。将真空止回阀总成安装至制动助力器总成。

（5）连接真空软管（图 3-8-55）。连接真空软管并移动卡子。

（6）安装带支架的制动器执行器（不带VSC）。

（7）安装带支架的制动器执行器（带 VSC）。

（8）连接线束。

（9）暂时紧固螺母和制动主缸推杆 U 形夹。将锁紧螺母和制动推杆 U 形夹安装至制动助力器总成。注意：调整好制动踏板高度后完全拧紧锁紧螺母。

（10）连接制动主缸推杆 U 形夹。

（11）安装制动踏板复位弹簧。

（12）安装制动主缸分总成。

（13）检查并调整制动踏板高度。

（14）检查制动踏板自由行程。

（15）检查制动踏板行程余量。

（16）安装仪表板 1 号底罩分总成。

四 前轮制动盘的拆装

前轮盘式制动器分解图如图 3-8-61 和图 3-8-62 所示。

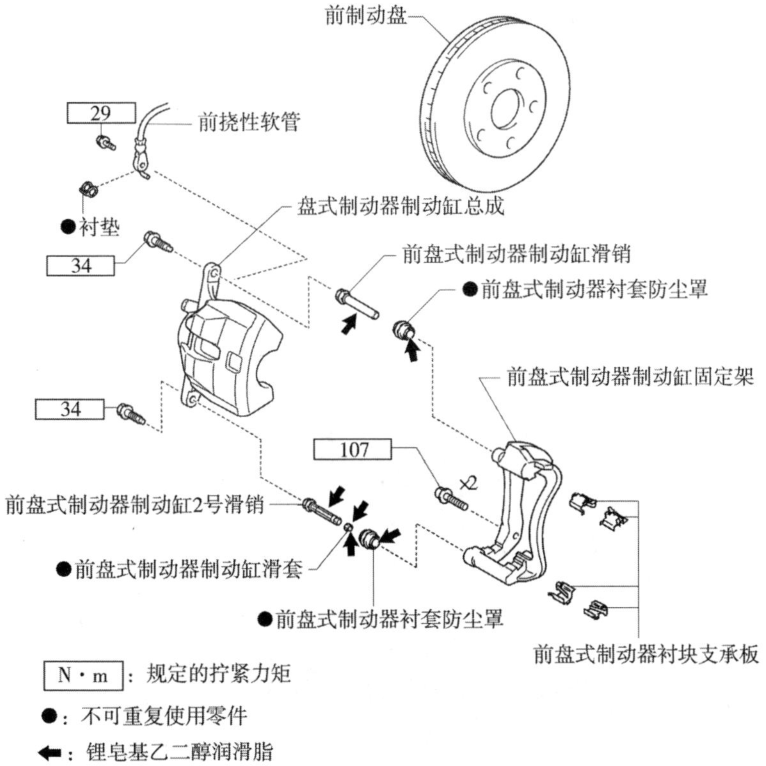

前制动盘

29 — 前挠性软管

●衬垫

34

盘式制动器制动缸总成

前盘式制动器制动缸滑销

●前盘式制动器衬套防尘罩

前盘式制动器制动缸固定架

34

107 ×2

前盘式制动器制动缸2号滑销

●前盘式制动器制动缸滑套

●前盘式制动器衬套防尘罩

前盘式制动器衬块支承板

N·m ：规定的拧紧力矩

● ：不可重复使用零件

← ：锂皂基乙二醇润滑脂

图3-8-61　前轮盘式制动器分解图（1）

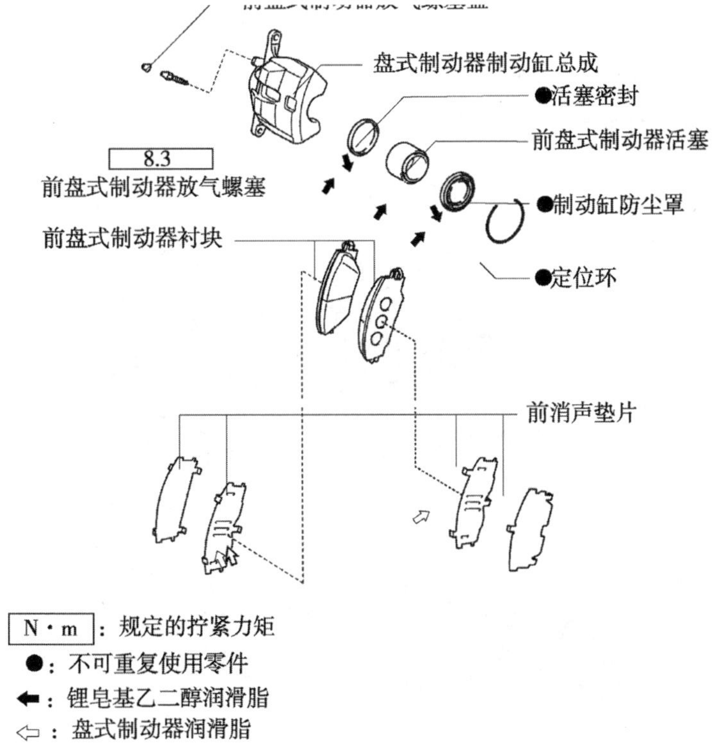

盘式制动器制动缸总成

●活塞密封

前盘式制动器活塞

8.3

前盘式制动器放气螺塞

●制动缸防尘罩

前盘式制动器衬块

●定位环

前消声垫片

N·m ：规定的拧紧力矩

● ：不可重复使用零件

← ：锂皂基乙二醇润滑脂

⇦ ：盘式制动器润滑脂

图3-8-62　前轮盘式制动器分解图（2）

1 前轮制动盘的拆卸

注意：左侧和右侧应使用同样的程序，下面列出的程序适用于左侧。

（1）拆卸前轮。

（2）排净制动液。注意：立即冲洗与任何漆表面接触的制动液。

（3）断开前挠性软管。如图 3-8-63 所示，拆下接头螺栓和衬垫，并从盘式制动器制动缸总成上分离前挠性软管。

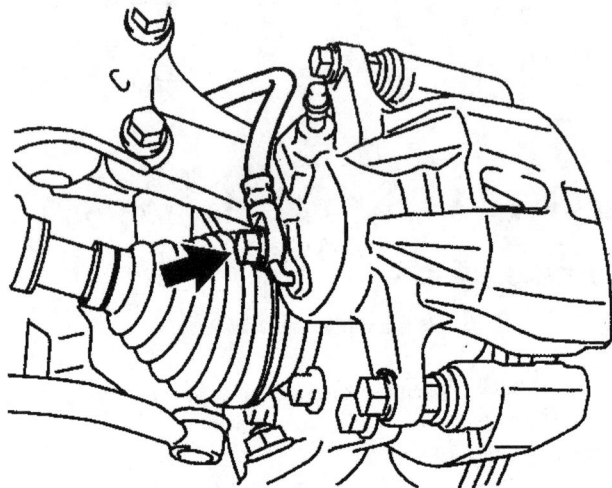

图3-8-63 前轮制动盘的拆卸（1）

（4）拆卸盘式制动器制动缸总成。如图 3-8-64 所示，固定前盘式制动器制动缸滑销，并折下 2 个螺栓和盘式制动器制动缸总成。

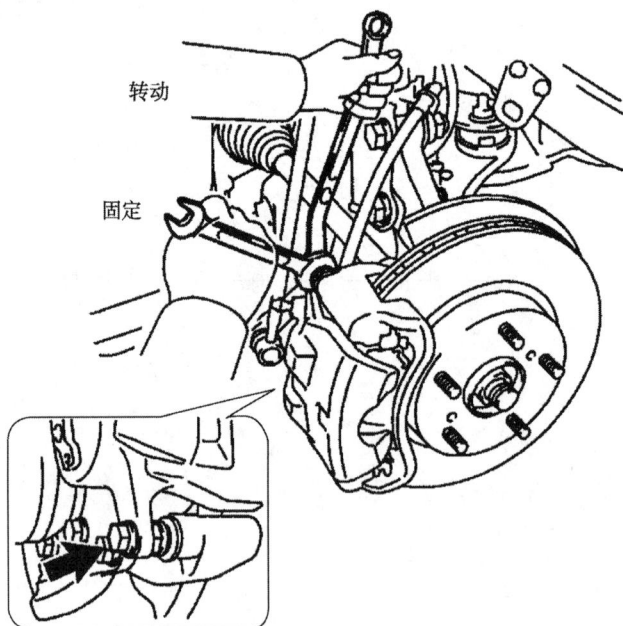

转动

固定

图3-8-64 前轮制动盘的拆卸（2）

（5）折下前盘式制动器衬块。如图 3-8-65 所示，从前盘式制动器制动缸固定架上拆下 2 个盘式制动器衬块。

（6）拆卸前消声垫片。从各制动衬块上拆下 4 个消声垫片。

（7）拆卸前盘式制动器衬块支承板。如图 3-8-66 所示，从前盘式制动器制动缸固定架上拆下 2 个盘式制动器衬块 1 号支承板和 2 个前盘式制动器衬块 2 号支承板。注意：各前盘式制动器衬块支承板的形状均不相同。确保在各前盘式制动器衬块支承板上做好识别标记，以便将其安装至各自的原位。

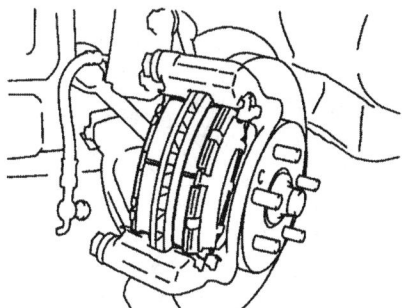

图3-8-65　前轮制动盘的拆卸（3）

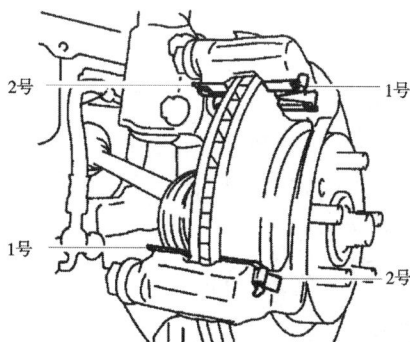

图3-8-66　前轮制动盘的拆卸（4）

（8）拆卸前盘式制动器制动缸滑销。如图 3-8-67 所示，从盘式制动器制动缸固定架上拆下前盘式制动器制动缸滑销。

（9）拆卸前盘式制动器制动缸 2 号滑销。如图 3-8-68 所示，从前盘式制动器制动缸固定架上拆下前盘式制动器制动缸 2 号滑销。

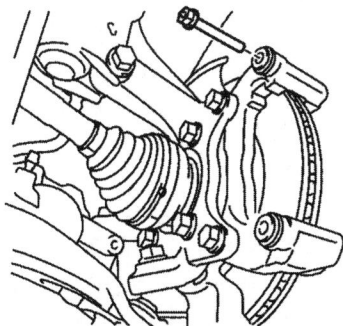

图3-8-67　前轮制动盘的拆卸（5）

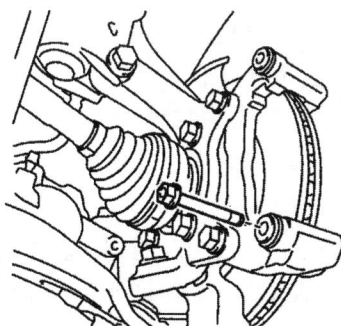

图3-8-68　前轮制动盘的拆卸（6）

（10）拆卸前盘式制动器制动缸滑套。如图 3-8-69 所示，用螺丝刀从前盘式制动器制动缸 2 号滑销上拆下前盘式制动器制动缸滑套。注意：不要损坏前盘式制动器制动缸 2 号滑销。在使用螺丝刀之前，请在螺丝刀头部缠上胶带。

（11）拆卸前盘式制动器衬套防尘罩。如图 3-8-70 所示，从前盘式制动器制动缸固定架上拆下 2 个前盘式制动器制动缸衬套防尘罩。

（12）拆卸前盘式制动器制动缸固定架。如图 3-8-71 所示，从转向节上拆下 2 个螺栓和前盘式制动器制动缸固定架。

（13）拆卸前制动盘。注意：在制动盘和车桥轮毂上做好装配标记（图 3-8-72）。

185

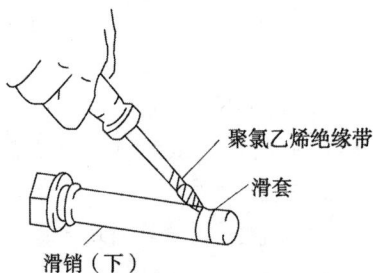

聚氯乙烯绝缘带

滑套

滑销（下）

图3-8-69　前轮制动盘的拆卸（7）

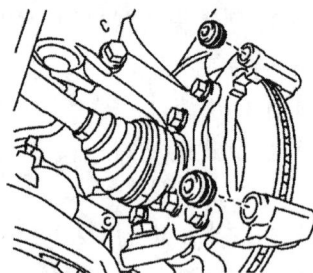

图3-8-70　前轮制动盘的拆卸（8）

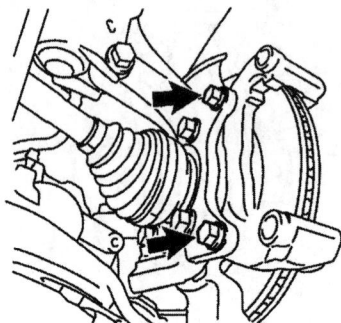

图3-8-71　前轮制动盘的拆卸（9）

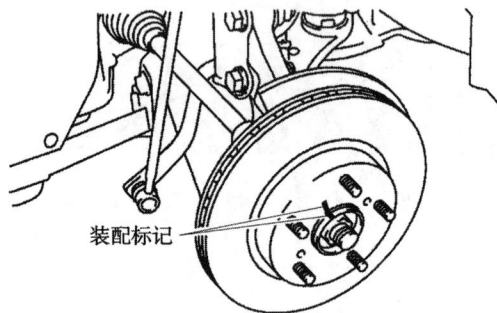

装配标记

图3-8-72　前轮制动盘的拆卸（10）

❷ 前轮制动盘的安装

（1）安装前制动盘（图 3-8-72）。对准制动盘和车桥轮毂的装配标记，并安装制动盘。注意：换上新的制动盘时，应选择前制动盘径向跳动最小的位置进行安装。

（2）安装前盘式制动器制动缸固定架（图 3-8-71）。用 2 个螺栓将前盘式制动器制动缸固定架安装至转向节。

（3）安装前盘式制动器衬套防尘罩。如图 3-8-73 所示，在 2 个新的前盘式制动器衬套防尘罩上涂抹锂皂基乙二醇润滑脂。将 2 个前盘式制动器衬套防尘罩安装至前盘式制动器制动缸固定架。

（4）安装前盘式制动器制动缸滑套。如图 3-8-74 所示，在新的前盘式制动器制动缸滑套上涂抹锂皂基乙二醇润滑脂。将前盘式制动器制动缸滑套安装至前盘式制动器制动缸2 号滑销。

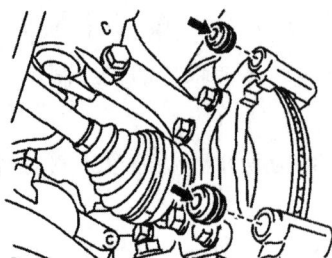

◀：锂皂基乙二醇润滑脂

图3-8-73　前轮制动盘的安装（1）

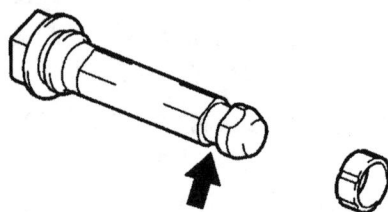

◀：锂皂基乙二醇润滑脂

图3-8-74　前轮制动盘的安装（2）

（5）安装前盘式制动器制动缸滑销（图 3-8-67）。在前盘式制动器的制动缸滑销上涂上锂皂基乙二醇润滑脂。将前盘式制动器制动缸滑销安装至前盘式制动器制动缸固定架。

（6）安装前盘式制动器制动缸 2 号滑销（图 3-8-68）。在前盘式制动器制动缸 2 号滑销上涂抹锂皂基乙二醇润滑脂。将前盘式制动器制动缸 2 号滑销安装至前盘式制动器制动缸固定架。

（7）安装前盘式制动器衬块支承板（图 3-8-66）。将 2 个前盘式制动器衬块 1 号支承板和 2 个前盘式制动器衬块 2 号支承板安装至前盘式制动器制动缸固定架。注意：确保每个前盘式制动器衬块支承板都安装至正确的位置和方向。

（8）安装前消声垫片。如图 3-8-75 所示，在每个 1 号消声垫片的两侧涂抹盘式制动器润滑脂。将 2 个 1 号消声垫片和 2 个 2 号消声垫片安装至各制动衬块。注意：更换磨损的衬块时必须一同更换消声垫片。在正确的位置和方向安装垫片。在与消声垫片接触的部位涂抹盘式制动器润滑脂。盘式制动器润滑脂可能会从消声垫片的安装部位稍稍溢出。确保盘式制动器润滑脂没有涂到衬片表面上。

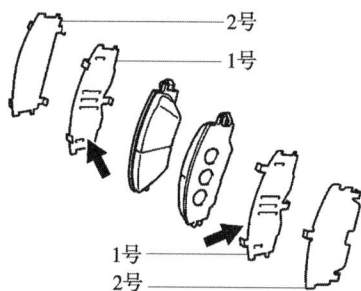

◀ ：盘式制动器润滑脂

图3-8-75　前轮制动盘的安装（3）

（9）安装前盘式制动器衬块（图 3-8-65）。将 2 个盘式制动器衬块安装至盘式制动器制动缸固定架。注意：盘式制动器衬块或前制动盘的摩擦面上应无油污或润滑脂。

（10）安装盘式制动器制动缸总成（图 3-8-64）。固定前盘式制动器制动缸滑销，并用 2 个螺栓将盘式制动器制动缸总成安装至前盘式制动器制动缸固定架。

（11）连接前挠性软管（图 3-8-63）。用接头螺栓和新衬垫将挠性软管连接至盘式制动器制动缸总成。注意：将挠性软管牢固安装至盘式制动器制动缸的锁孔中。

（12）对制动液储液罐进行加注。

（13）对制动主缸进行放气。

（14）对制动管路进行放气。

（15）对制动器执行器进行放气（带 VSC）。

（16）检查制动液是否泄漏。

（17）检查制动液液位。

（18）安装前轮。

五 前轮速传感器的拆装

卡罗拉（1.6L）乘用车 ABS 部件在车上位置如图 3-8-76 和图 3-8-77 所示。拆装前轮速传感器相关部件分解图如图 3-8-78 ~图 3-8-80 所示。

1 前轮速传感器的拆卸

注意：左侧和右侧应使用同样的程序，下面列出的程序适用于左侧。如果更换传感器转子，则一同更换前桥轮毂和轴承总成。

（1）从蓄电池负极端子断开电缆。注意：断开电缆后重新连接时，某些系统需要初始化。

（2）拆卸前轮。

（3）拆卸后轮罩前板（带侧挡泥板）。

（4）拆卸侧挡泥板（带侧挡泥板）。

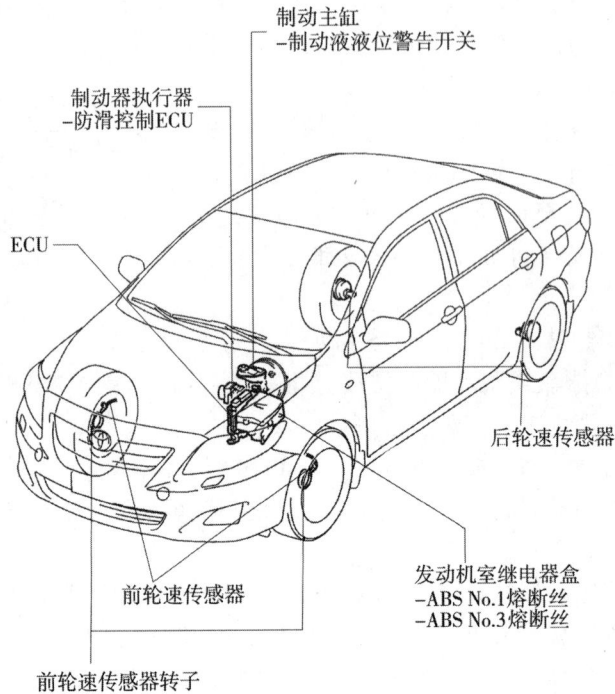

制动主缸
-制动液位警告开关

制动器执行器
-防滑控制ECU

ECU

后轮速传感器

前轮速传感器

发动机室继电器盒
-ABS No.1熔断丝
-ABS No.3熔断丝

前轮速传感器转子

图3-8-76　ABS部件在车上位置（1）

组合仪表
-ABS警告灯
-制动警告灯
-主警告指示灯（*1）
-多信息显示屏（*2）

DLC3

制动灯开关

主车身ECU（仪表板接线盒）
-ECU-IG No.1熔断丝
-制动熔断丝

驻车制动开关

（*1）：带主警告灯指示灯的车型

（*2）：带多信息显示屏的车型

图3-8-77　ABS部件在车上位置（2）

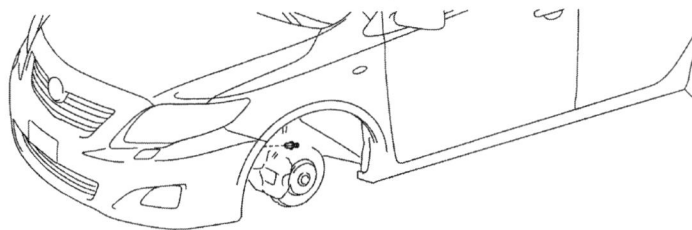

×2

不带前翼子板挡泥板和侧挡泥板：　　　　　　带前翼子板挡泥板：

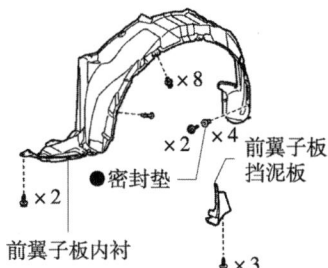

×8　　　　　　　　　×8

×4 ×4　　　　　×2 ×4　前翼子板
挡泥板

●密封垫　　　　●密封垫

×2　　　　　　×2

前翼子板内衬　　　前翼子板内衬　　×3

带侧挡泥板：

侧挡泥板

×8

×3 ×4　　　　×2

●密封垫　　　后轮罩前板

×2　前翼子板内衬　　×9

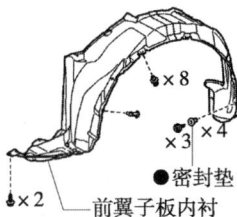

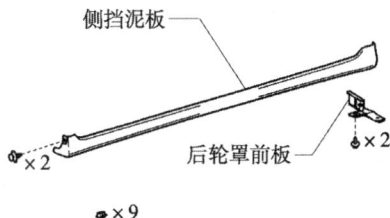

●：不可重复使用零件

图3-8-78　拆装前轮速传感器相关部件分解图（1）

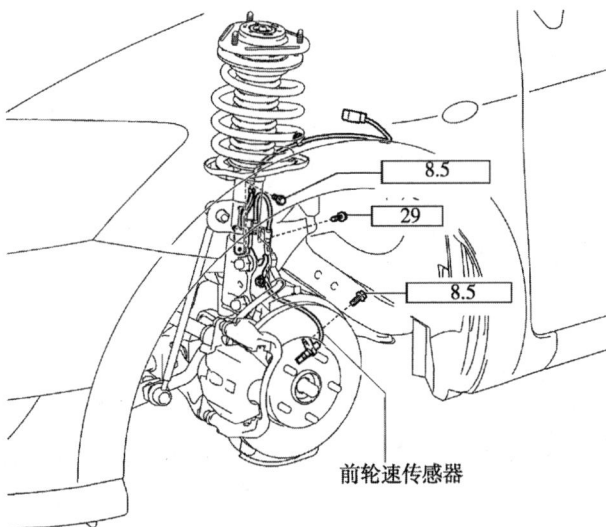

8.5

29

8.5

前轮速传感器

N·m：规定的拧紧力矩

图3-8-79　拆装前轮速传感器相关部件分解图（2）

第三篇

底盘

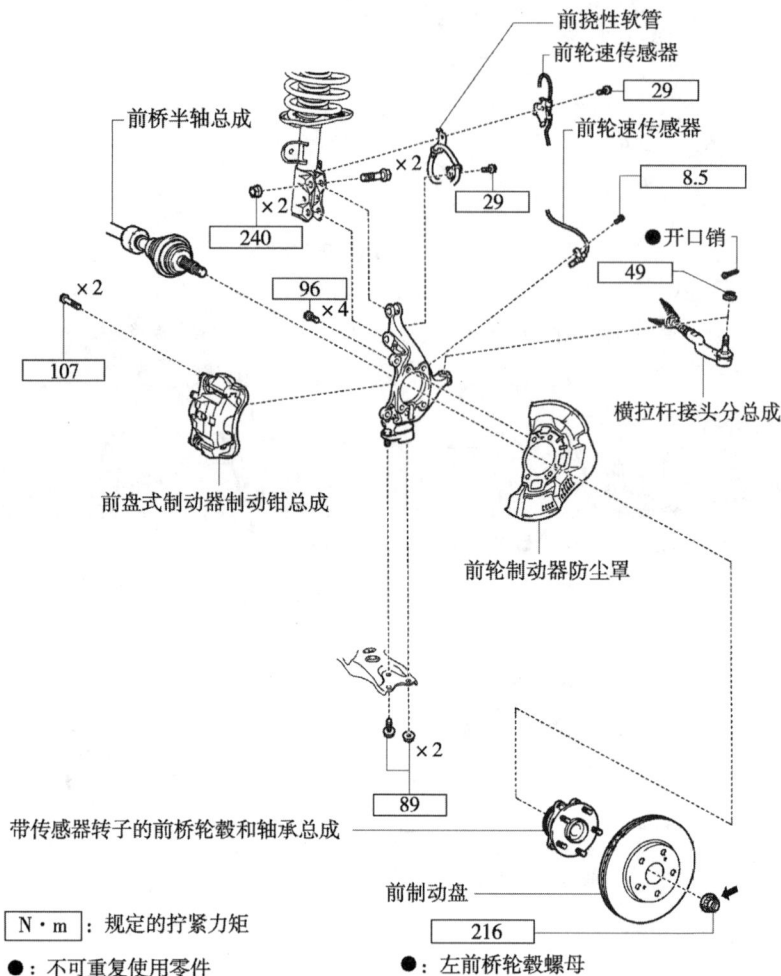

图3-8-80 拆装前轮速传感器相关部件分解图（3）

前挠性软管
前轮速传感器
29
前轮速传感器
前桥半轴总成
×2
8.5
29
×2
开口销
240
49
96
×4
横拉杆接头分总成
107
×2

前盘式制动器制动钳总成

前轮制动器防尘罩

N·m ：规定的拧紧力矩

● ：不可重复使用零件

◄ ：切勿在螺纹零件上涂抹润滑脂

带传感器转子的前桥轮毂和轴承总成

×2

89

前制动盘

216

● ：左前桥轮毂螺母

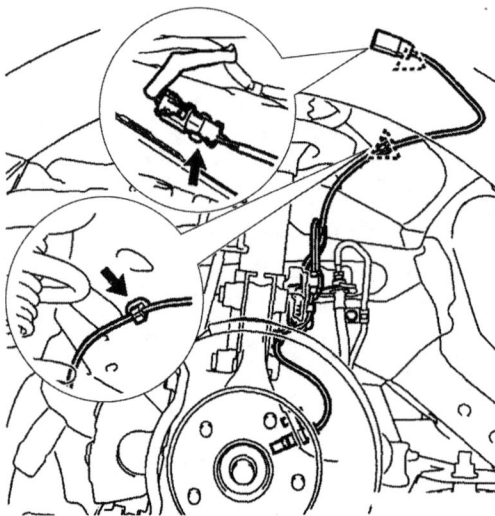

图3-8-81 前轮速传感器的拆卸（1）

（5）拆卸前翼子板挡泥板（带前翼子板挡泥板）。

（6）拆卸前翼子板外接板衬块。

（7）拆卸前翼子板内衬（不带前翼子板挡泥板和侧挡泥板）。

（8）拆卸前翼子板内衬（带前翼子板挡泥板）。

（9）拆卸前翼子板内衬（带侧挡泥板）。

（10）拆卸前轮速传感器。

①如图 3-8-81 所示，断开前轮速传感器连接器。从车身上拆下前轮速传感器线束卡夹。

②如图 3-8-82 所示，从车身上拆下螺栓 A 和 2 号传感器卡夹。

③如图 3-8-83 所示，从减振器总成上拆下螺栓 B 和 1 号传感器卡夹。

④如图 3-8-84 所示，拆下螺栓 C、卡夹和前轮速传感器。注意：防止异物黏在传感器端部。每次拆下轮速传感器时，清洁轮速传感器的安装孔和表面。

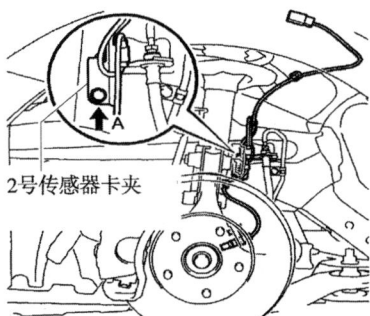

图3-8-82　前轮速传感器的拆卸（2）　　图3-8-83　前轮速传感器的拆卸（3）

（11）拆卸左前桥轮毂螺母。

（12）分离前挠性软管。如图 3-8-85 所示，拆下螺栓并分离前挠性软管。

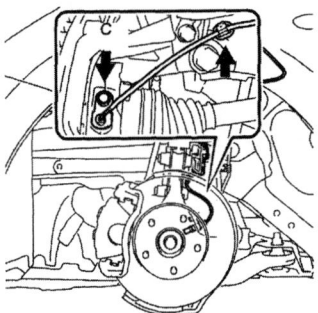

图3-8-84　前轮速传感器的拆卸（4）　　图3-8-85　前轮速传感器的拆卸（5）

（13）分离前盘式制动器制动钳总成。

（14）拆卸前制动盘。

（15）分离横拉杆接头分总成。

（16）分离前桥总成。

（17）拆卸前桥总成。

（18）拆卸带传感器转子的前桥轮毂和轴承总成。

❷ 前轮速传感器的安装

（1）安装带传感器转子的前桥轮毂和轴承总成。

（2）安装前桥总成。

（3）连接前悬架 1 号下臂分总成。

（4）连接横拉杆接头分总成。

（5）安装前制动盘。

（6）安装前盘式制动器制动钳总成。

（7）暂时安装左前桥轮毂螺母。

（8）分离前盘式制动器制动钳总成。

（9）拆卸前制动盘。

（10）检查前桥轮毂轴承的松弛度。

（11）检查前桥轮毂径向跳动。

（12）安装前制动盘。

（13）安装前盘式制动器制动钳总成。

（14）安装前挠性软管（图3-8-85）。用螺栓安装前挠性软管。

（15）安装左前桥轮毂螺母。

（16）安装前轮速传感器。

①用螺栓C和卡夹安装前轮速传感器（图3-8-84）。注意：防止异物黏在传感器端部。

②用螺栓B将前挠性软管和1号传感器卡夹安装至减振器（图3-8-83）。注意：安装轮速传感器时，不要扭曲前轮速传感器线束。螺栓B将制动器挠性软管和前轮速传感器紧固在一起。确保挠性软管位于前轮速传感器上方。不要用锉刀锉孔或表面，因为磁性转子和传感器之间的间隙非常重要。

③用螺栓A将2号传感器卡爪安装至车身（图3-8-82）。

④连接2个轮速传感器线束卡夹（图3-8-81）。

⑤连接轮速传感器连接器。

（17）安装前翼子板内衬（不带前翼子板挡泥板和侧挡泥板）。

（18）安装前翼子板内衬（带前翼子板挡泥板）。

（19）安装前翼子板内衬（带侧挡泥板）。

（20）安装前翼子板挡泥板（带前翼子板挡泥板）。

（21）安装前翼子板外接板衬块。

（22）安装侧挡泥板（带侧挡泥板）。

（23）安装后轮罩前板（带侧挡泥板）。

（24）安装前轮。

（25）将电缆连接至蓄电池负极端子。注意：断开电缆后重新连接时，某些系统需要初始化。

（26）检查轮速传感器信号。

（27）检查并调整前轮定位。

第四篇 电气设备

Chapter 4

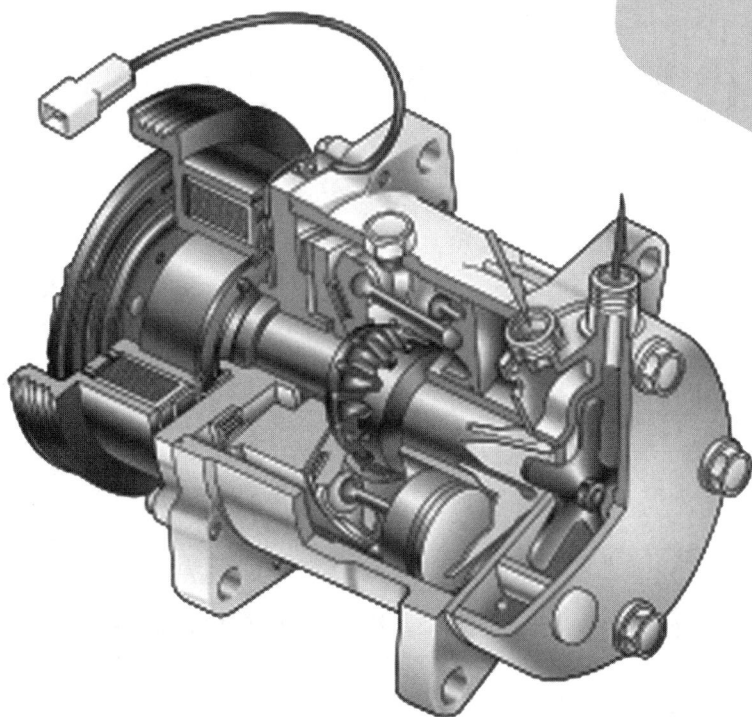

单元1　蓄电池和充电系统

项目一　蓄电池和充电系统的结构与工作原理

一　蓄电池

1　蓄电池的作用

汽车蓄电池是一种储能装置，是低压直流电源。它并不是直接储存电能，而是将电能转变成化学能储存起来，当蓄电池连接外部电路时，化学能才转化成电能，从蓄电池的正极流出经导线到负荷，再经导线流回蓄电池负极完成回路放电。

当发动机运转时，只有一小部分动力用于驱动发电机以产生电能，充入蓄电池后就把电能转化成化学能储存起来。现代汽车一般使用 12V 的蓄电池，大型柴油车则常用两个 12V 蓄电池串联而成 24V 系统。

汽车蓄电池的作用有如下方面。

（1）起动发动机时，供给起动机转动发动机所需用电。

（2）当发电机发出的电压低于蓄电池电压时或发电机不工作时，供给全车电器所需用电。

（3）当汽车上电器的用电量超过发电机的输出量时，帮助发电机提供电器所需用电。

（4）平衡汽车电系的电压，不使电压过高或过低。

2　蓄电池的结构

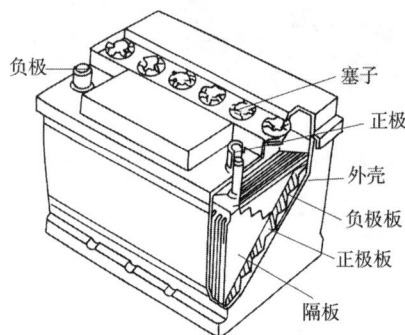

负极　塞子　正极　外壳　负极板　正极板　隔板

图4-1-1　蓄电池的结构

蓄电池的结构如图 4-1-1 所示，由壳体、盖板、极板组、隔板与极柱等组成。

蓄电池中的电解液为稀硫酸 ($H_2SO_4+H_2O$)，电解液必须保持高出极板 10 ~ 12mm，高度不足时，要添加蒸馏水至外壳标示的最高线，如图 4-1-2 所示。

蓄电池电解液的密度与蓄电池充电状态有直接关系：完全充电时，其密度应为 $1.28g/cm^3$；充电到一半时，其密度应为 $1.20g/cm^3$；完全放电时，其密度应为 $1.12g/cm^3$。蓄电池电解液密度可用电解液检测仪（也称比重计）测量。电解液检测仪由一个带有吸液球的玻璃管组成。玻璃管内有一个带刻度的浮子。从蓄电池中抽吸电解液并检查浮子在液体中的浸入深度，通过刻度可以读取电解液密度值，如图4-1-3所示。

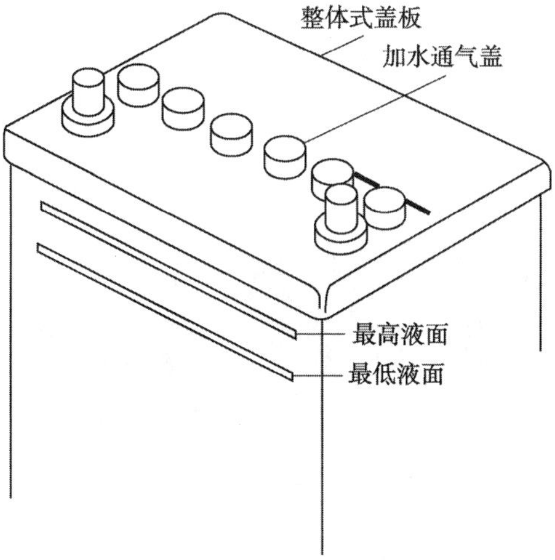

图4-1-2 电解液液面高度的检查

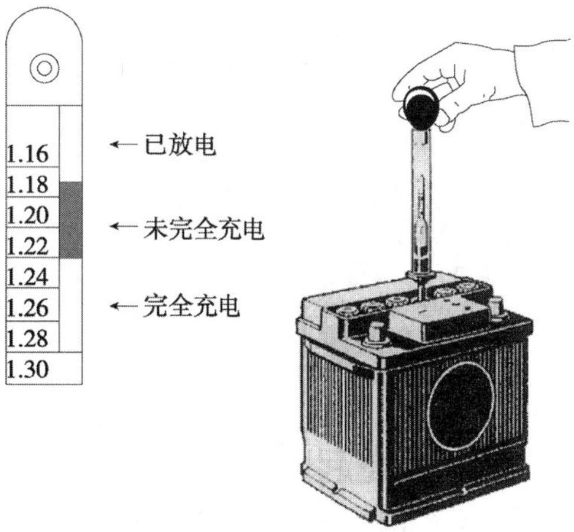

图4-1-3 蓄电池电解液密度的检查

现代汽车用蓄电池越来越多地采用免维护 (Maintenance Free，简称 MF) 蓄电池，所谓免维护蓄电池是在蓄电池使用期间不需要添加蒸馏水，当充电指示器显示电解液面高度不足时，蓄电池即应更换。

免维护蓄电池的特点如下：

（1）电解液液面的降低极慢。传统蓄电池的栅架是以锑为主要成分，而免维护蓄电池是以钙铅合金代替锑合金。钙铅合金极板的充电电流比锑合金小，可减少蓄电池内部的发热量，故可降低电解液中水分的减少速度。

（2）外壳底部的肋条高度降低，增加电解液容量。水分减少的速度慢，加上电解液容量较大，故 MF 蓄电池有足够的电解液，使用很长的时间。当充电指示器显示电解液面过低时，通常蓄电池已达到需要更换的时候了。

（3）自放电率降低。MF 蓄电池使用钙铅合金（或低锑）栅架，可使自放电率明显降低。

（4）蓄电池极柱、固定架等的腐蚀情形大为降低。因为 MF 蓄电池的排出气体很少，故对蓄电池顶部及附近零件的腐蚀现象大为降低。

（5）MF 蓄电池的钙铅合金栅架，其导电性良好，比传统相同大小的蓄电池冷车起动能力约高 20%。

（6）免维护蓄电池在盖板上均设有密度与液面观察窗，俗称电眼（图 4-1-4），以显示蓄电池的充电情况及电解液面是否过低。当蓄电池液面及充电正常时，绿色浮球在中央最高点，从视窗中在黑色区可看到绿色圆圈，如图 4-1-5a) 所示；当蓄电池液面正常，但充电不足时，绿色浮球在球室下方，从视窗中看不到绿色圆圈，整个是黑色，如图 4-1-5b) 所示，应对蓄电池进行补充充电；当蓄电池液面过低时，视窗中看到的是透明色，表示蓄电池需更换，如图 4-1-5c) 所示。观察窗只能显示电解液密度是 $1.150g/cm^3$ 或更高，要实际获得正确的读数，必须使用密度计测量。

❸ 蓄电池的型号

下面以型号"6—QAW—100"为例来说明蓄电池的型号表示方法及含义。

图4-1-4　蓄电池电眼位置

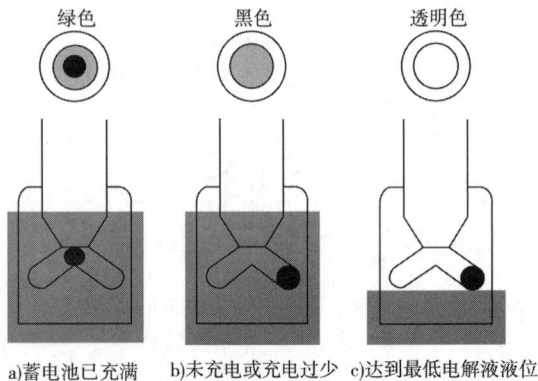

a)蓄电池已充满　b)未充电或充电过少　c)达到最低电解液液位

图4-1-5　观察窗的作用

　　第一部分：表示串联的单格电池数，用阿拉伯数字表示。其额定电压为这个数字的两倍。

　　第二部分：表示蓄电池的类型和特征，用两个汉语拼音字母表示。一般第一个字母是Q，表示起动型蓄电池。第二个字母表示蓄电池的特征代号，如：A——干荷电式，W——免维护型，J——胶体电解液等。

　　第三部分：表示蓄电池的额定容量和特殊性能，我国目前采用20h放电率的额定容量，单位是A·h（安培·小时），用数字表示，特殊性能用字母表示。

　　因此"6—QAW—100"表示由6个单格电池串联而成，额定电压12V，额定容量为100A·h的起动型干电荷免维护蓄电池。

▣ 充电系统

❶ 充电系统的作用和组成

　　起动发动机时需利用蓄电池供应起动机及点火系统等各种电器所需的电流；发动机起动后，必须由充电系统来提供点火系统及其他电器的用电，并补充蓄电池在起动发动机时所消耗的电能，这样发动机才能维持运转，熄火后才能再起动。

　　充电系统就是将发动机一部分机械能转变为电能的装置。充电系统最重要的部件是产生电能的发电机，其次为控制发电机最高输出的调节器，另外还需有指示充电系统工作是否正常的指示灯或电流表，以及连接各电器间的导电线等，如图4-1-6所示。

　　交流发电机的功能：

　　（1）在车辆行驶时，供应点火系统、空调、音响及其他电器用电。

　　（2）补充蓄电池在起动时损耗的电能（即对蓄电池充电）。

❷ 交流发电机的结构

　　交流发电机由定子、转子、整流器、前端盖、电刷、后端盖和风扇等所组成，如图4-1-7所示。图中的交流发电机采用集成式电压调节器（IC）调节器。

调节器

发电机

接头

+　−

蓄电池

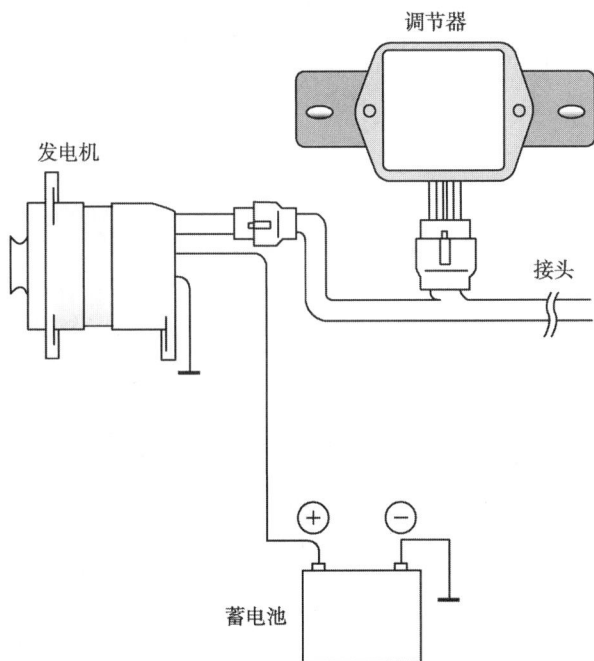

图4-1-6　充电系统的组成

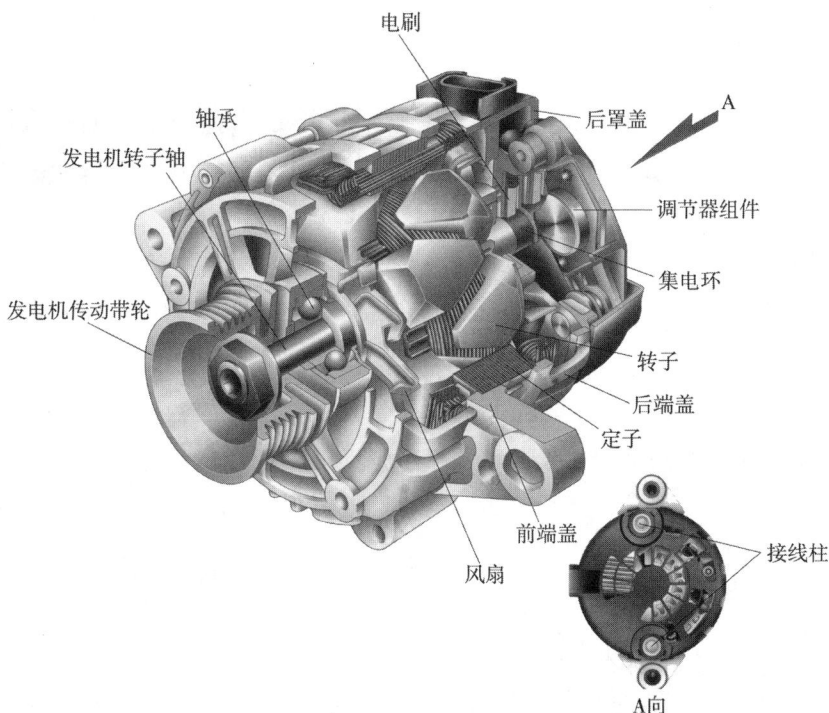

电刷

轴承

发电机转子轴

发电机传动带轮

后罩盖

A

调节器组件

集电环

转子

后端盖

定子

前端盖

风扇

接线柱

A向

图4-1-7　交流发电机的结构

　　转子用来建立交流发电机的磁场，它由压装在转子轴上的两块爪形磁极、两个磁场绕组和两个集电环组成。

　　定子用来产生三相交流电动势。定子总成安装在前、后端盖之间，定子铁芯由内圆带槽的硅钢片叠成，在槽内安装三相定子绕组。三相绕组按星形连接，其首端分别与整流器的二极管连接，尾端连在一起，称为中性点。

整流器用来将三相定子绕组中产生的三相交流电动势整流为直流电。整流器由6个硅二极管组成三相桥式全波整流电路。6个硅二极管分别安装在2个彼此绝缘的元件板上，其中3个二极管的外壳为负极，引出线为正极，称为正极二极管，并由红色标记。正极二极管压装在与壳体绝缘的元件板上，元件板与发电机电刷端盖上的"电枢"接线柱相连，作为发电机的正极。另外3个二极管的外壳为正极，引出线为负极，称为负极二极管，由黑色标记。负极二极管压装在前端盖上，与后端盖8上的搭铁接线柱相连，作为发电机的负极。

发电机的前端装有传动带轮，由发动机曲轴传动带轮通过传动带驱动发电机旋转。在带轮的后面装有叶片式风扇，使发电机工作时强制通风散热。有些新型发电机，为了提高散热强度，取消了装在发电机外部的叶片式风扇，将风扇叶片装在转子上，实现转子风扇一体化，不但减小了发电机的体积，而且提高了发电机功率。

电压调节器的作用是当发电机转速变化时保持发电机输出的端电压为恒定值（13.5 ~ 14.5V）。电压调节器分为触点式电压调节器、晶体管电压调节器和集成电路电压（IC）调节器等。

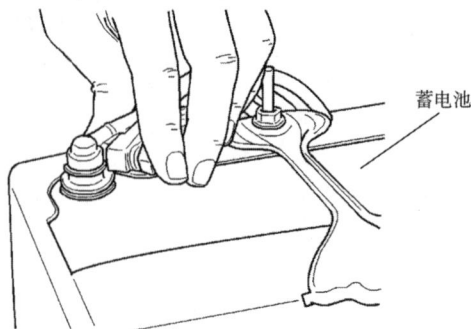
项目二 蓄电池的拆装

本项目以桑塔纳2000GSi型乘用车蓄电池的拆装为例进行说明。

桑塔纳2000GSi型乘用车整体干荷免维护蓄电池的结构如图4-1-8所示。

1 蓄电池的拆卸

（1）如图4-1-9所示，先拆下蓄电池的搭铁线，再拆正极接线。

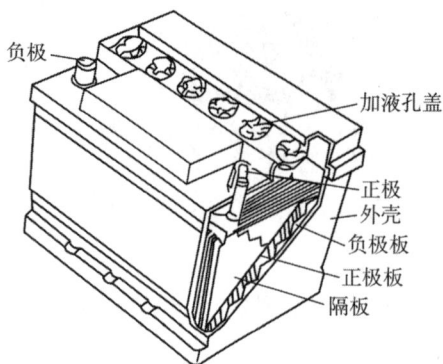

图4-1-8 桑塔纳2000GSi型乘用车蓄电池的结构

图4-1-9 蓄电池的拆卸（1）

（2）如图 4-1-10 所示，拆下蓄电池压板，从支架中取出蓄电池。

❷ 蓄电池的安装

（1）如图 4-1-11 所示，将固定压板压在蓄电池底部凸缘上。

（2）先将蓄电池正极接线接上，然后连接上搭铁线。

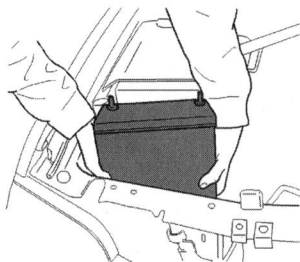

图4-1-10　蓄电池的拆卸（2）　　　　　　图4-1-11　蓄电池的安装

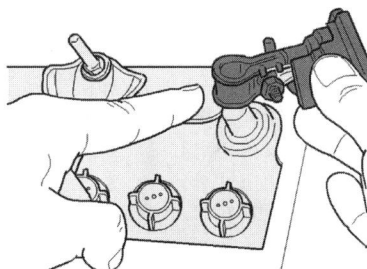

项目三　充电系统的拆装

本项目以卡罗拉（1.6L）乘用车充电系统发电机的拆装为例进行说明。

充电系统部件安装位置如图 4-1-12 和图 4-1-13 所示。

发电机　　　　　　发动机舱继电器盒

-ALT熔断丝　　　-ECU-B熔断丝
-ALT-S熔断丝　　-集成继电器（IG2继电器）

图4-1-12　充电系统部件安装位置（1）

组合仪表–充电警告灯

仪表板接线盒
–仪表熔断丝
–IG1继电器
–ECU–IG No.2熔断丝

空调控制总成

图4-1-13　充电系统部件安装位置（2）

拆装发电机相关部件分解图如图 4-1-14 所示。发电机分解图如图 4-1-15 所示。

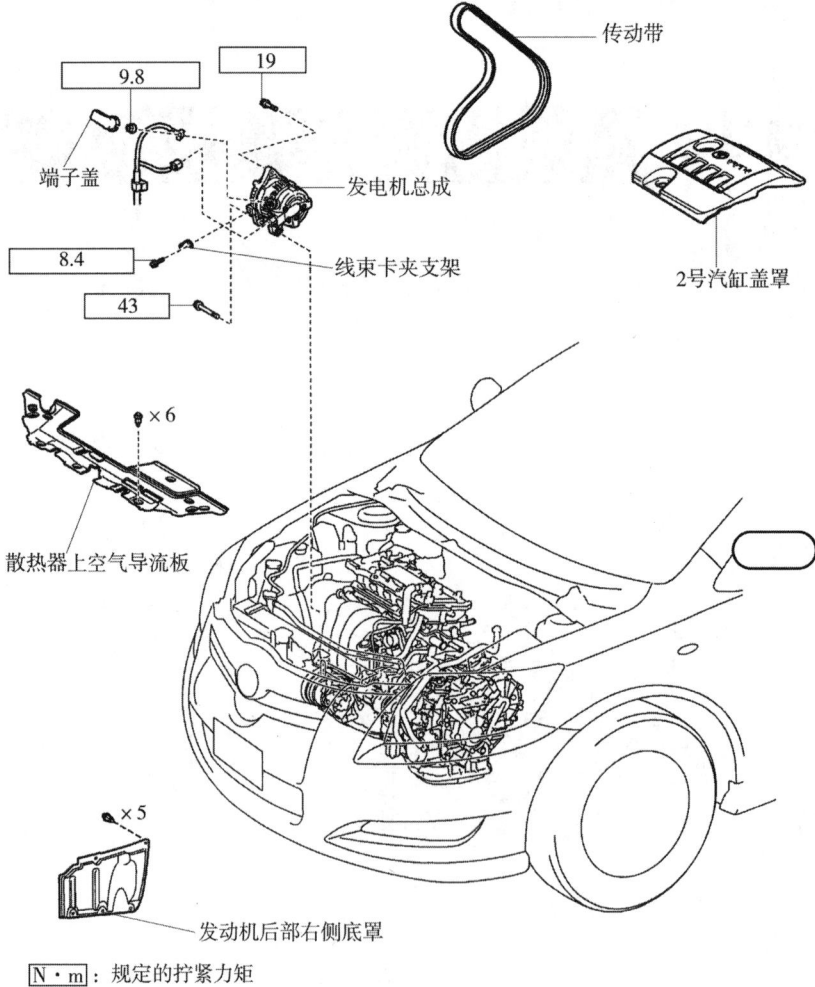

传动带

9.8

19

端子盖

发电机总成

8.4

线束卡夹支架

43

2号汽缸盖罩

×6

散热器上空气导流板

×5

发动机后部右侧底罩

N·m：规定的拧紧力矩

图4-1-14　拆装发电机相关部件的分解图

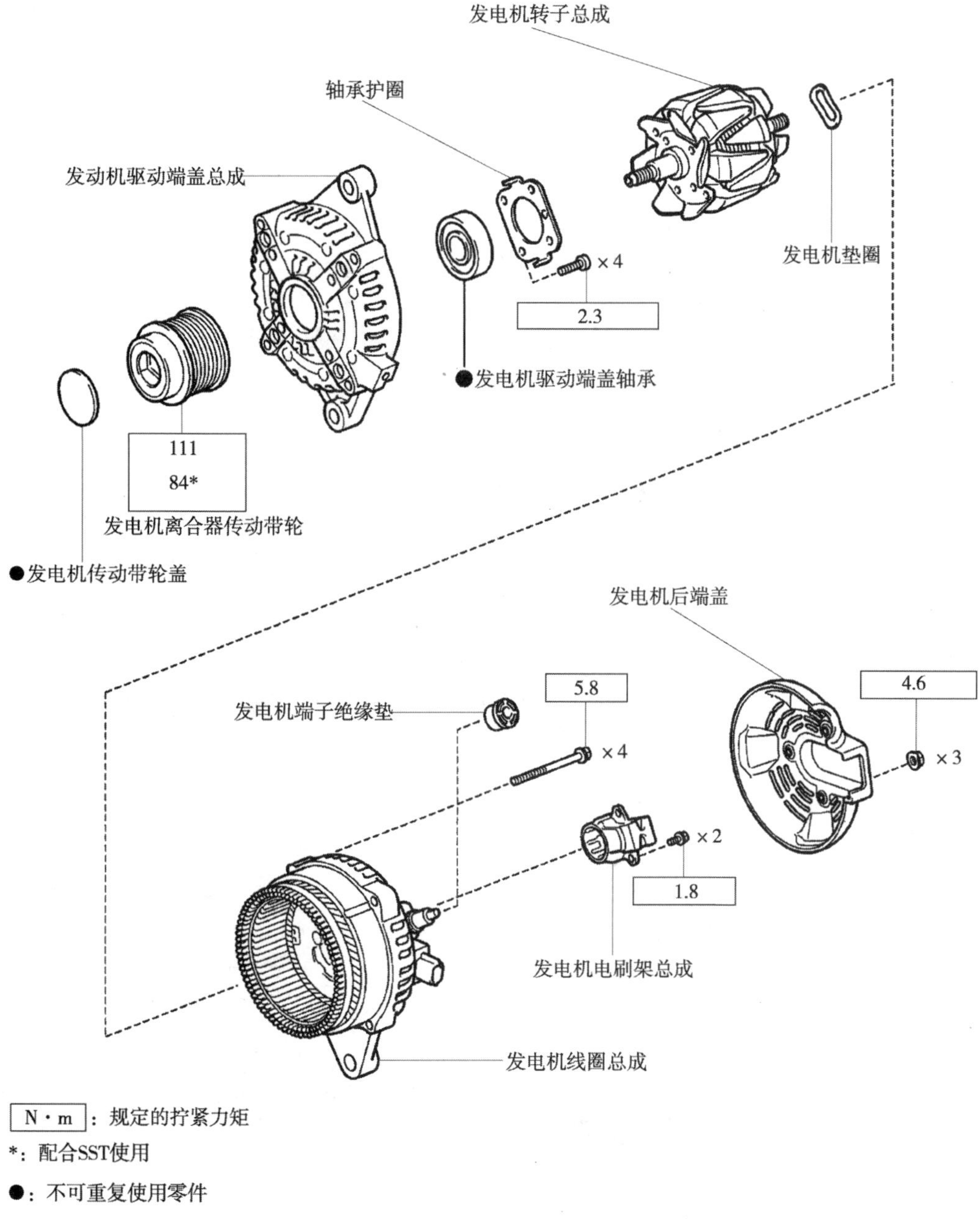

N·m ：规定的拧紧力矩

*：配合SST使用

●：不可重复使用零件

图4-1-15　发电机分解图

❶ 发电机的拆卸

（1）从蓄电池负极端子上断开电缆。

（2）拆卸发动机后部右侧底罩。

（3）拆卸散热器上空气导流板。

（4）拆卸2号汽缸盖罩。

（5）拆卸传动带。

（6）拆卸发电机总成。

① 如图 4-1-16 所示，拆下端子盖。拆下螺母并将线束从端子 B 上断开。断开连接器和线束卡夹。

② 如图 4-1-17 所示，拆下 2 个螺栓和发电机总成。

图4-1-16 发电机的拆卸（1）

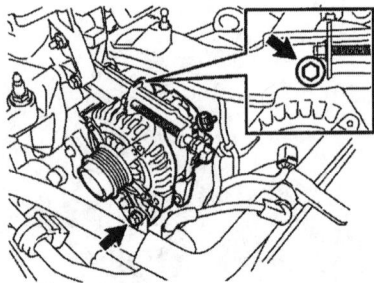

图4-1-17 发电机的拆卸（2）

③ 如图 4-1-18 所示，拆下螺栓和线束卡夹支架。

2 发电机的拆解

（1）拆卸发电机离合器传动带轮。

① 如图 4-1-19 所示，用螺丝刀拆下发电机传动带轮盖。

② 如图 4-1-20 所示，设置 SST 09820-63020（A）和 SST 09820-63020（B）。

③ 如图 4-1-21 所示，将 SST（A）夹在台钳上。将转子轴一端放在 SST（A）中。

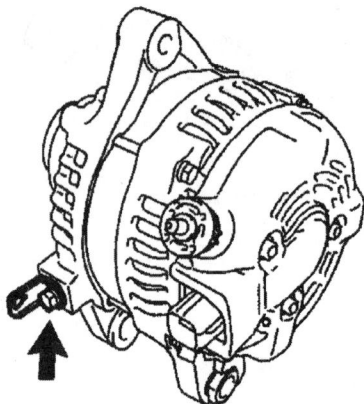

图4-1-18 发电机的拆卸（3）

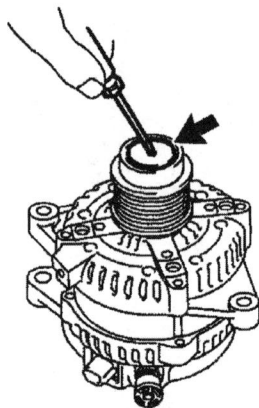

图4-1-19 发电机的拆解（1）

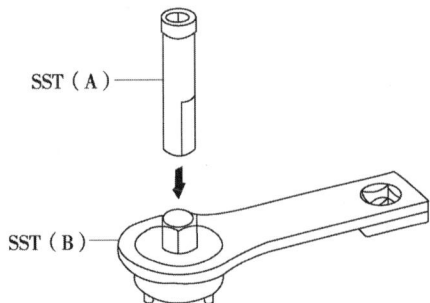

图4-1-20 发电机的拆解（2）

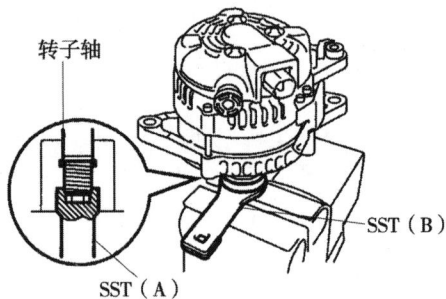

图4-1-21 发电机的拆解（3）

④如图 4-1-22 所示，将 SST（B）安装到离合器传动带轮上。

⑤按图 4-1-23 所示方向转动 SST（B），松开传动带轮。从 SST 上拆下发电机总成。将离合器传动带轮从转子轴上拆下。

图4-1-22　发电机的拆解（4）

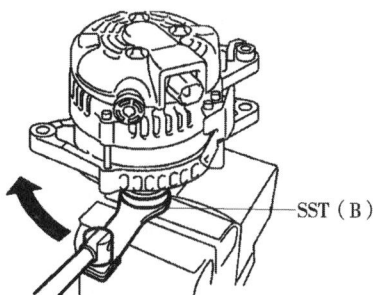

图4-1-23　发电机的拆解（5）

（2）拆卸发电机后端盖。

①如图 4-1-24 所示，将发电机总成放在离合器传动带轮上。

②如图 4-1-25 所示，拆下 3 个螺母和发电机后端盖。

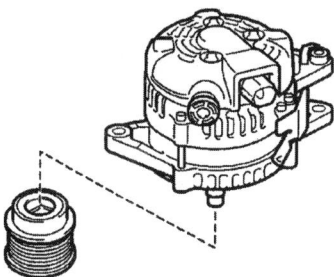

图4-1-24　发电机的拆解（6）

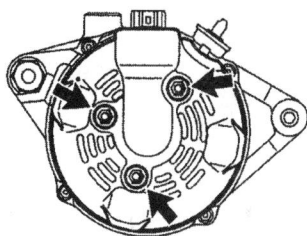

图4-1-25　发电机的拆解（7）

（3）拆卸发电机端子绝缘垫。如图 4-1-26 所示，将端子绝缘垫从发电机线圈上拆下。

（4）拆卸发电机电刷架总成。如图 4-1-27 所示，从发电机线圈上拆下 2 个螺钉和电刷架。

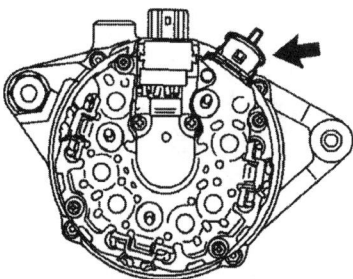

图4-1-26　发电机的拆解（8）

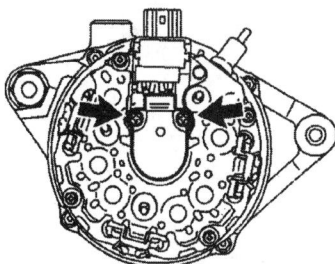

图4-1-27　发电机的拆解（9）

（5）拆卸发电机线圈总成。

①如图 4-1-28 所示，拆下 4 个螺栓。

②如图 4-1-29 所示，用 SST 09950-40011（09951-04020、09952-04010、09953-04020、

09954–04010、09955–04071、09957–04071、09957–04010、09958–04011）拆下发电机线圈总成。

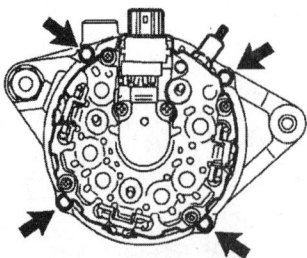

图4-1-28 发电机的拆解（10）

图4-1-29 发电机的拆解（11）

（6）拆卸发电机转子总成。

①如图 4-1-30 所示，拆下发电机垫圈。

②如图 4-1-31 所示，拆下发电机转子总成。

图4-1-30 发电机的拆解（12）

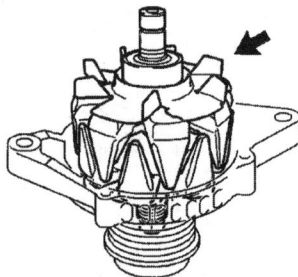

图4-1-31 发电机的拆解（13）

（7）拆卸发电机驱动端端盖轴承。

①如图 4-1-32 所示，从驱动端端盖上拆下 4 个螺钉和挡片。

②如图 4-1-33 所示，用 SST 09950–60010（09951–00250）、09950–70010（09951–07100）和锤子，从驱动端端盖中敲出驱动端端盖轴承。

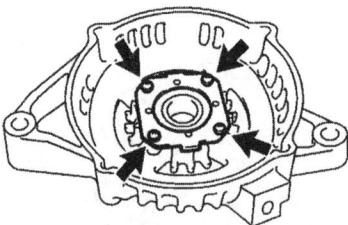

图4-1-32 发电机的拆解（14）

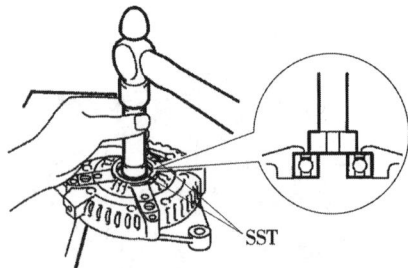

图4-1-33 发电机的拆解（15）

3 发电机的重新装配

（1）安装发电机驱动端端盖轴承。

①如图 4-1-34 所示，用 SST 09950–60010（09951–00470）、09950–70010（09951–07100）和压力机，压入一个新的发电机驱动端端盖轴承。

②如图 4-1-35 所示，将挡片上的凸舌嵌入驱动端端盖上的切口中，以安装挡片。安装 4 个螺钉。

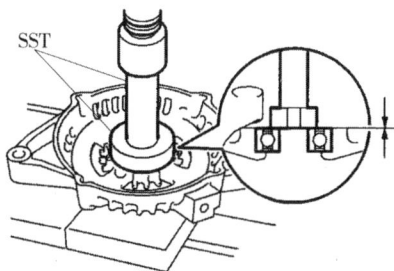

图4-1-34　发电机的重新装配（1）

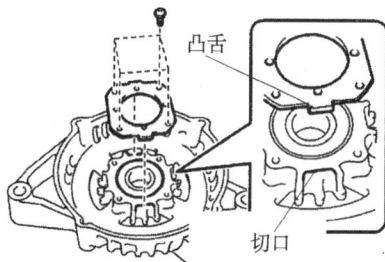

图4-1-35　发电机的重新装配（2）

（2）安装发电机转子总成。

①将驱动端端盖放在离合器传动带轮上。

②将发电机转子总成安装到驱动端端盖上（图 4-1-31）。

③将发电机垫圈放在发电机转子上（图 4-1-30）。

（3）安装发电机线圈总成。

①如图 4-1-36 所示，使用 SST 09612-70100（09612-07240）和压力机，慢慢地压入发电机线圈总成。

②安装 4 个螺栓（图 4-1-28）。

（4）安装发电机电刷架总成。

①如图 4-1-37 所示，将 2 个电刷推入发电机电刷架总成的同时，在电刷架孔中插入一个 φ1.0mm 的销。

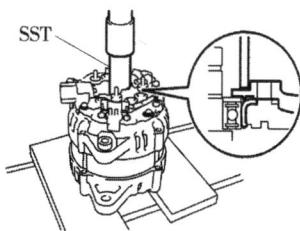

图4-1-36　发电机的重新装配（3）

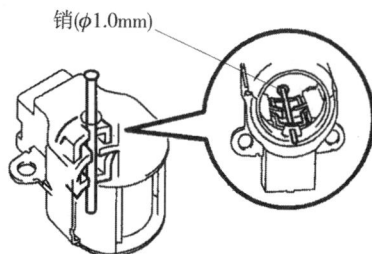

图4-1-37　发电机的重新装配（4）

②如图 4-1-38 所示，用 2 个螺钉将电刷架总成安装到发电机线圈上。

③如图 4-1-39 所示，将销从发电机电刷架中拨出。

图4-1-38　发电机的重新装配（5）

图4-1-39　发电机的重新装配（6）

（5）安装发电机端子绝缘垫。将端子绝缘垫安装到发电机线圈上。注意图4-1-40中所示端子绝缘垫的安装方向。

（6）安装发电机后端盖（图4-1-25）。用3个螺母将发电机后端盖安装到发电机线圈上。

（7）安装发电机离合器传动带轮。

①将离合器传动带轮暂时安装到转子轴上。

②设置SST 09820-63020（A）和SST 09820-63020（B）（图4-1-20）。

③将SST（A）夹在台钳上。将转子轴一端放在SST（A）中（图4-1-21）。

④将SST（B）安装到离合器传动带轮上（图4-1-22）。

⑤按图4-1-41所示方向转动SST（B），紧固传动带轮。注意：使用力臂长度为318mm的力矩扳手。当SST与力矩扳手平行时，力矩值有效。

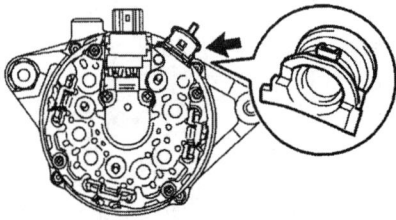

图4-1-40　发电机的重新装配（7）　　　图4-1-41　发电机的重新装配（8）

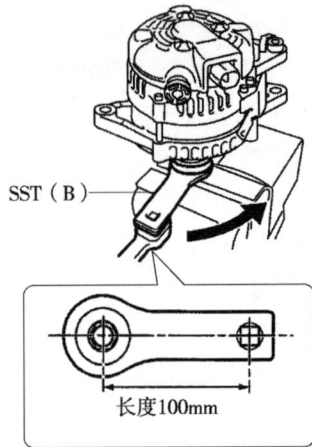

⑥从SST上拆下发电机总成。

⑦检查并确认离合器传动带轮旋转平稳。

⑧将一个新的离合器传动带轮盖安装到离合器传动带轮上。

4 发电机的安装

（1）安装发电机总成。

①用螺栓安装线束卡夹支架（图4-1-18）。

②用2个螺栓暂时安装发电机总成（图4-1-17）。

③用螺母将线束安装到端子B并安装端子盖，安装连接器和线束卡夹（图4-1-16）。

（2）安装传动带。

（3）调整传动带。

（4）检查传动带。

（5）安装2号汽缸盖罩。

（6）安装散热器上空气导流板。

（7）安装发动机后部右侧底罩。

（8）将电缆连接到蓄电池负极端子上。

单元 2　起动系统

项目一　起动系统的结构与工作原理

一　起动系统的作用和组成

不论汽油发动机或柴油发动机，正常工作都必须经过"进气→压缩→做功→排气"4个行程，因此开始起动发动机完成进气行程和压缩行程必须先靠外力摇转曲轴。常用的外力有人力和电力两种，人力起动简单，但不方便，劳动强度大，目前只有在部分汽车上作为后备方式而保留着。电力起动操作方便，起动迅速可靠，重复能力强，所以在现代汽车上被广泛应用。

汽车的起动系统由蓄电池、点火开关、电磁开关、起动机和导线等元件组成。图 4-2-1 所示为起动系统的示意图，实线部分为起动机电路，虚线部分为起动开关控制线路。

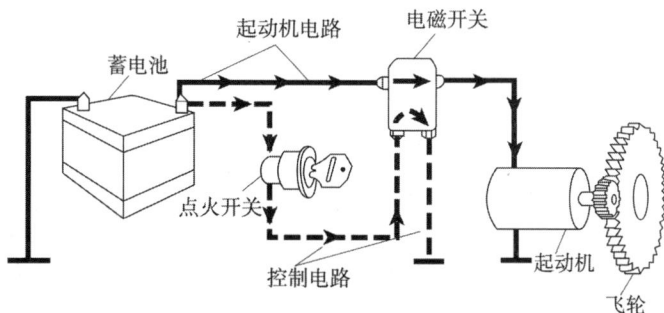

图4-2-1　起动系统的示意图

蓄电池供应起动机所需的大电流（约 50 ~ 300A），一般使用点火开关以较小的电流（约 3~5A）经电磁开关中线圈产生的磁力来控制起动机驱动齿轮与飞轮的接合与分离，即接通和断开起动电路。

二　起动系统主要部件的结构

1　起动机

起动机的功能：利用起动机小齿轮与发动机飞轮啮合，以摇转发动机使其能起动；发动机发动后，小齿轮与飞轮必须立刻分离，以免起动机受损。

起动机是起动系统中的主要组成部分，起动机由直流串励式电动机、离合机构和控制装置3个部分组成，如图4-2-2所示。

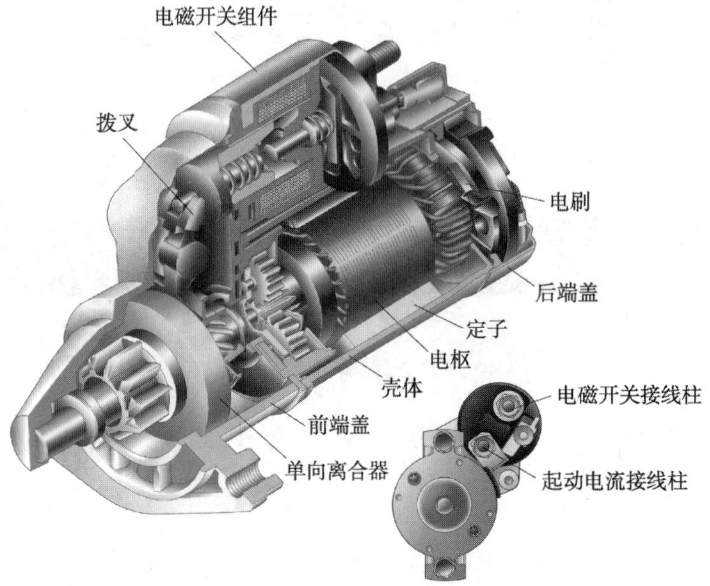

图4-2-2 起动机的结构

❶ 直流电动机

直流电动机的作用是将蓄电池输入的电能转换为机械能，产生电磁转矩。直流电动机主要由电枢、磁极、换向器等主要部件构成。

（1）电枢。电枢是直流电动机的旋转部分，包括电枢轴、换向器、电枢铁芯、电枢绕组。为了获得足够的转矩，通过电枢绕组的电流一般为200～600A，因此电枢绕组采用较粗的矩形裸铜线绕制成成型绕组。电枢绕组各线圈的端头均焊接在换向器片上，通过换向器和电刷将蓄电池的电流引进来。

（2）磁极。磁极一般是4个，两对磁极相对交错安装在电动机定子内壳上，低碳钢板制成的机壳也是磁路的一部分。也有用6个磁极的起动机。

（3）电刷与电刷架。电刷架一般为框式结构，其中正极电刷架与端盖绝缘地固装，负极电刷架直接搭铁。电刷置于电刷架中，电刷由铜粉与石墨粉压制而成，呈棕红色。电刷架上装有弹性较好的盘形弹簧。

（4）轴承。因为起动机工作时间短暂，每次工作时间仅几秒钟，所以所用轴承一般都采用青铜石墨轴承或铁基含油轴承。

❷ 离合机构

离合机构的作用是将电动机的电磁转矩传递给发动机使其起动，同时又能在发动机起动后自动打滑，保护起动机不致飞散损坏。目前，起动机常用的离合机构有滚柱式、摩擦片式和弹簧式3种。

滚柱式离合机构是目前国内外汽车起动机中使用最多的一种。如图4-2-3所示，它由外座圈、内座圈、滚柱以及柱塞等组成。内座圈毂的花键套筒和起动机轴以花键连接，外座圈与驱动齿轮相连。

外座圈与内座圈之间的间隙宽窄不等，呈楔形槽。当起动机电枢旋转时，转矩由花键套筒传到内座圈上，内座圈则随电枢一起旋转，这时滚柱便滚入楔形槽的窄处被卡住，于是转矩传递给起动机驱动齿轮，带动飞轮齿圈使发动机起动，如图 4-2-3a）所示。当发动机起动后，曲轴转速增高，飞轮齿圈带动驱动齿轮旋转，此时起动机驱动齿轮旋转方向虽未改变，但已由主动齿轮变为从动齿轮，且外座圈的转速大于内座圈的转速，于是使滚柱滚入楔形槽的宽处，使内、外座圈相对打滑，如图 4-2-3b）所示。这样转矩就不能从起动机驱动齿轮传给电枢，也就防止了电枢超速飞散。

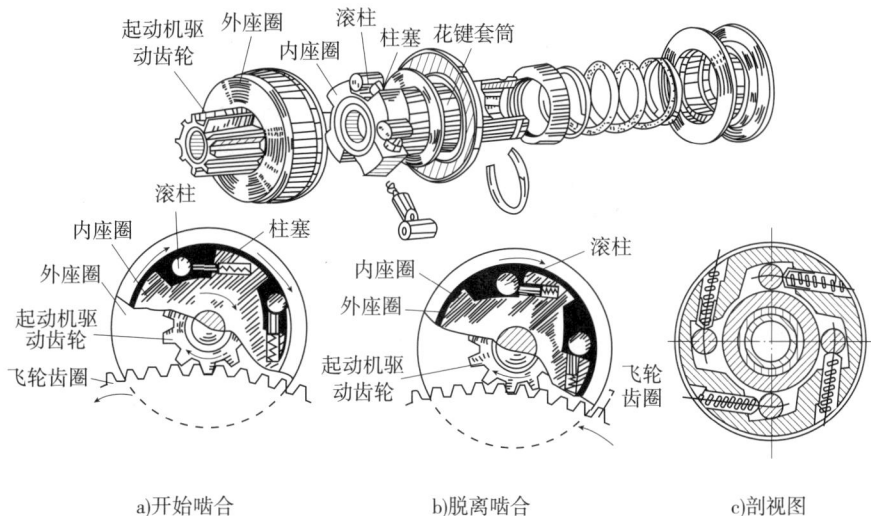

a)开始啮合   b)脱离啮合   c)剖视图

图4-2-3　滚柱式离合机构

❸ 控制装置

控制装置的作用是用来接通和断开电动机与蓄电池之间的电路，同时还能接入和切断点火线圈的附加电阻。起动机的控制装置一般是电磁开关，有的还采用了起动继电器。

电磁开关安装在直流电动机壳体上方（图 4-2-4），吸引线圈与保持线圈的匝数相同，绕向也相同。接通起动开关时，吸引线圈中的电流经由起动机的励磁绕组和电枢绕组后搭铁，而保持线圈直接搭铁。此时两个线圈产生较强的相同方向的电磁吸力，吸引可动铁芯向左移动。铁芯的移动通过拨叉将驱动齿轮推向飞轮齿圈，同时通过电枢中的较小电流使电枢轴缓慢旋转，这样有利于啮合。当驱动齿轮与飞轮齿圈完全啮合时，可动触点与固定触点也刚好完全闭合。此时，吸引线圈被短路，只靠保持线圈吸力将可动触点与固定触点保持在接通状态，强大的起动电流通过励磁绕组和电枢绕组使起动机快速转动。

发动机起动后，从起动开关到保持线圈的电流被切断，但在断开起动开关的瞬间，两触点仍处在闭合状态，电流从触点到吸引线圈，再经保持线圈搭铁。这时，两个线圈产生的电磁力大小相等，方向相反，相互抵消。铁芯在复位弹簧的作用下返回原位，触点断开，起动机因断电而停转，同时驱动齿轮与飞轮齿圈脱开而复位。

❷ 点火开关

汽车的点火开关装在转向柱上，通常有 5 个不同的挡位，如图 4-2-5 所示。它们分别是：

（1）锁止（LOCK）。钥匙转到此位置才能拔出。在此位置转向盘轴也被锁住，可防止

209

汽车无钥匙被移动或被开走。

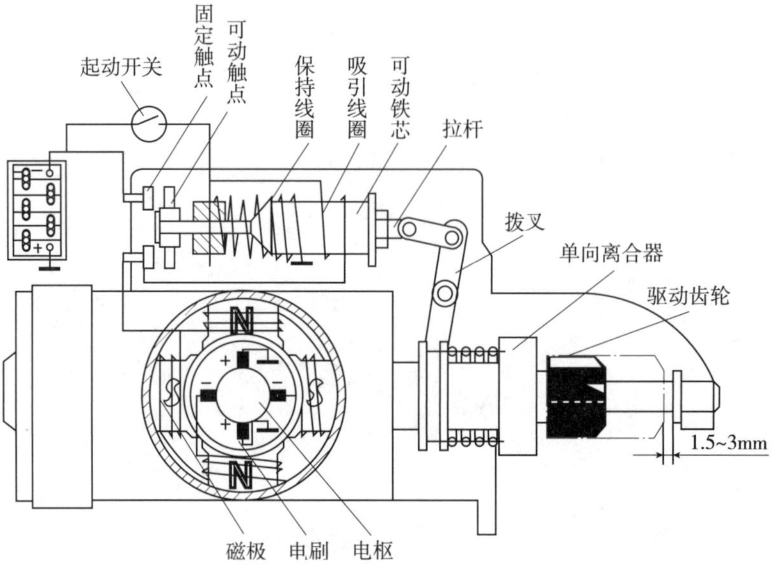

图4-2-4　电磁开关

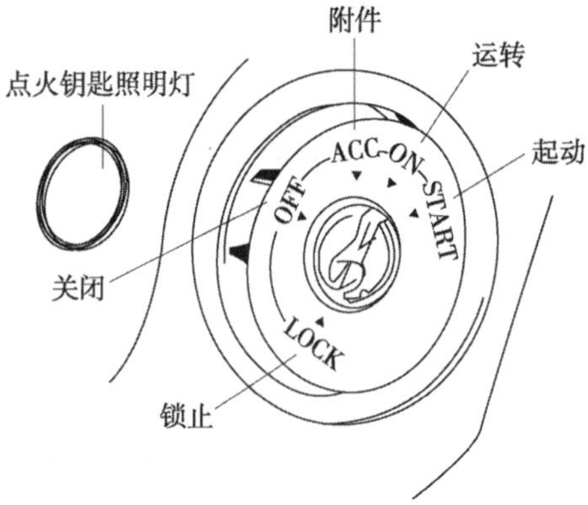

图4-2-5　点火开关的位置

（2）关闭（OFF）。在此位置全车电路断电，但转向盘可以转动，以便不起动发动机移动汽车时使用。

（3）附件（ACC）。在此位置汽车附属电器的电路接通，如点烟器、收音机等，但点火系统断电。不起动发动机听收音机时应将钥匙置于此位置。

（4）运转（ON）。在此位置时点火系统及汽车各电器电路均接通，一般汽车行驶时钥匙均置于此位置。

（5）起动（START）。由运转位置顺时针方向扭转钥匙即为起动位置，手放松时，钥匙又可自动回到运转（ON）位置。在起动位置，点火系统及起动系统电路接通以起动发动机。

项目二　起动系统的拆装

本项目以卡罗拉（1.6L）乘用车起动系统的拆装为例进行说明。

起动系统部件安装位置如图4-2-6和图4-2-7所示。

ECU

起动机

驻车挡/空挡起动开关

发动机舱继电器盒
-集成继电器
（IG2熔断丝）
（IG2继电器）
-ALT熔断丝
-AM2熔断丝
-IG2 No.2熔断丝
-AM2 No.2熔断丝

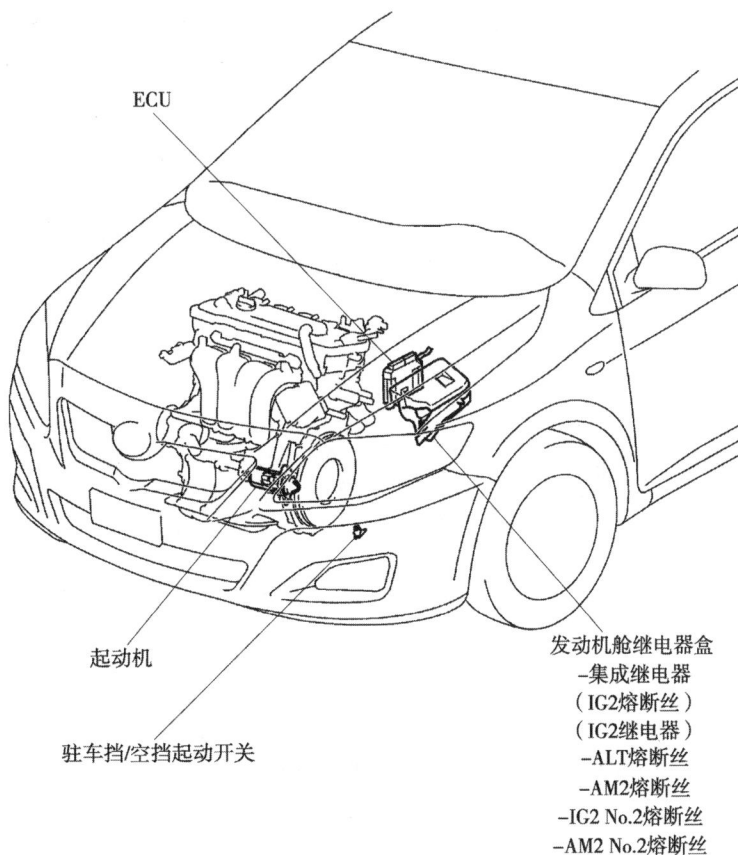

图4-2-6　起动系统部件安装位置（1）

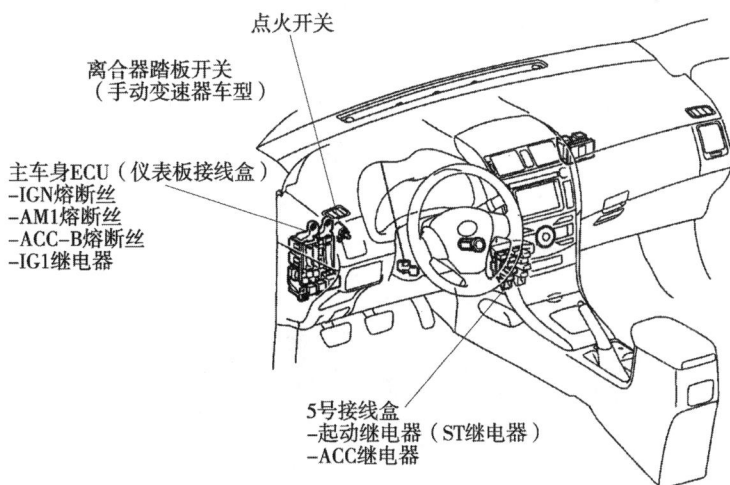

点火开关

离合器踏板开关
（手动变速器车型）

主车身ECU（仪表板接线盒）
-IGN熔断丝
-AM1熔断丝
-ACC-B熔断丝
-IG1继电器

5号接线盒
-起动继电器（ST继电器）
-ACC继电器

图4-2-7　起动系统部件安装位置（2）

一 起动机的拆装

拆装起动机相关部件的分解图如图 4-2-8 所示；起动机分解图如图 4-2-9 所示。

散热器上空气导流板

×6

线束支架

8.4

9.8

37

37

起动机总成

$N \cdot m$：规定的拧紧力矩

图4-2-8　拆装起动机相关部件的分解图

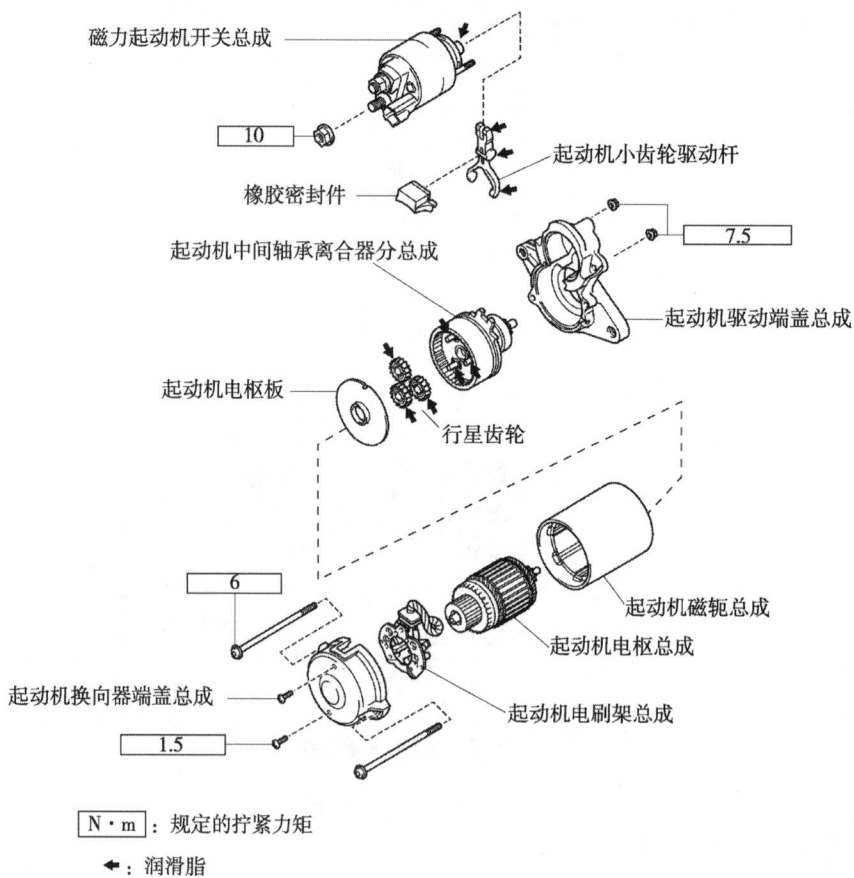

磁力起动机开关总成

10

橡胶密封件

起动机小齿轮驱动杆

7.5

起动机中间轴承离合器分总成

起动机驱动端盖总成

起动机电枢板

行星齿轮

6

起动机磁轭总成

起动机电枢总成

起动机换向器端盖总成

起动机电刷架总成

1.5

$N \cdot m$：规定的拧紧力矩

←：润滑脂

图4-2-9　起动机分解图

❶ 起动机的拆卸

（1）断开蓄电池负极端子的电缆。

（2）拆卸散热器上空气导流板。

（3）拆卸起动机总成。如图4-2-10所示，分离2个线束卡夹。拆下螺栓和线束支架。拆下端子盖。拆下螺母并断开端子30。断开连接器。拆下2个螺栓并拆下起动机总成。

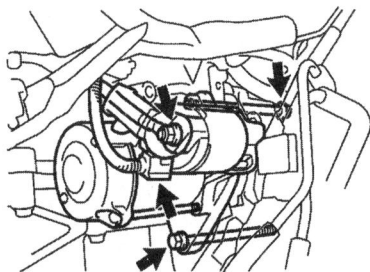

图4-2-10　起动机的拆卸

❷ 起动机的拆解

（1）拆卸磁力起动机开关总成。

①如图4-2-11所示，拆下螺母，然后从磁力起动机开关总成上断开引线。

②如图4-2-12所示，固定磁力起动机开关总成时，从起动机驱动端壳总成上拆下2个螺母。

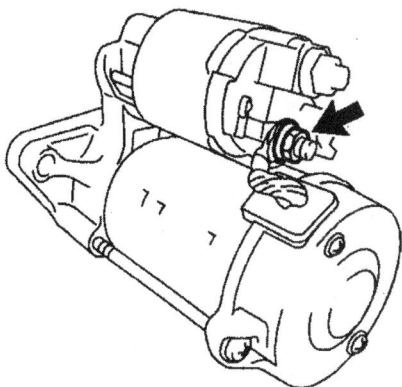

图4-2-11　起动机的拆解（1）　　　　图4-2-12　起动机的拆解（2）

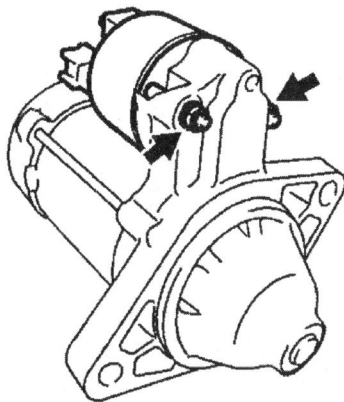

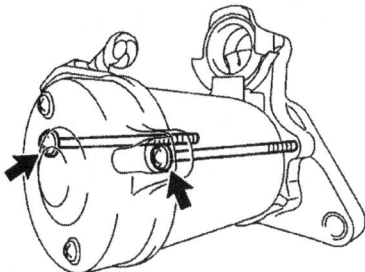

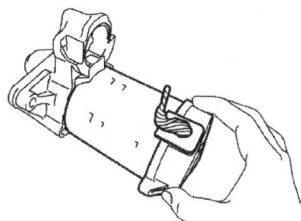

③如图4-2-13所示，拉出磁力起动机开关总成，并且在提起磁力起动机开关总成前部时，从驱动杆和磁力起动机开关总成上松开铁芯挂钩。

（2）拆卸起动机磁轭总成。

①如图4-2-14所示，拆下2个螺钉。

②如图4-2-15所示，将起动机磁轭和起动机换向器端架总成一起拉出。

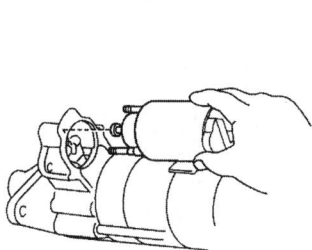

图4-2-13　起动机的拆解（3）　　图4-2-14　起动机的拆解（4）　　图4-2-15　起动机的拆解（5）

③如图4-2-16所示，从起动机换向器端架总成上拉出起动机磁轭总成。

（3）拆卸起动机电枢总成。如图 4-2-17 所示，从起动机磁轭总成上拆下起动机电枢总成。

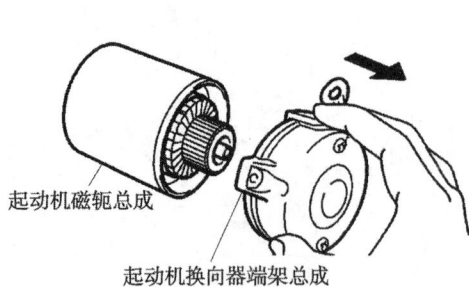

图4-2-16　起动机的拆解（6）

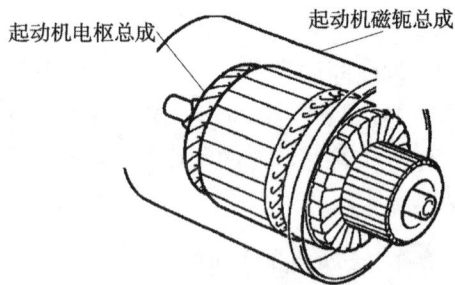

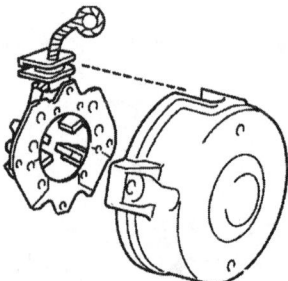

图4-2-17　起动机的拆解（7）

（4）拆卸起动机电枢板。如图 4-2-18 所示，从起动机驱动端壳总成或起动机磁轭总成上拆下电枢板。

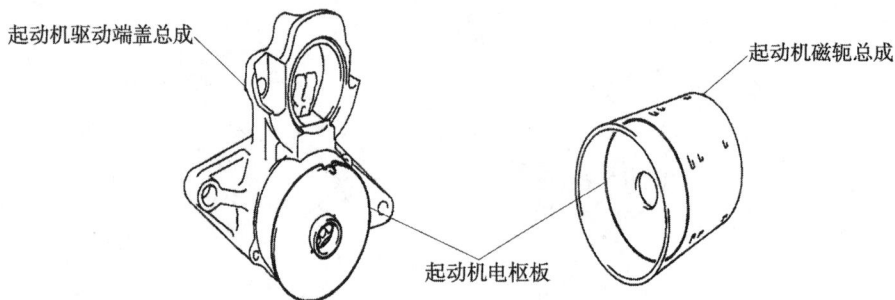

图4-2-18　起动机的拆解（8）

（5）拆卸起动机电刷架总成。

①如图 4-2-19 所示，从起动机换向端架总成上拆下 2 个螺钉。

②如图 4-2-20 所示，拆下卡夹卡爪，然后从起动机换向器端架总成上拆下电刷架总成。

（6）拆卸行星齿轮。如图 4-2-21 所示，从起动机中间轴承离合器分总成上拆下 3 个行星齿轮。

图4-2-19　起动机的拆解（9）　　图4-2-20　起动机的拆解（10）　　图4-2-21　起动机的拆解（11）

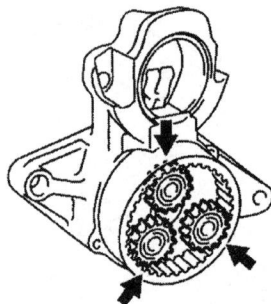

（7）拆卸起动机中间轴承离合器分总成。如图 4-2-22 所示，从起动机驱动端壳总成上拆下带起动机小齿轮驱动杆的起动机中间轴承离合器分总成。拆下起动机中间轴承离合器分总成、橡胶密封件和起动机小齿轮驱动杆。

3 起动机的重新装配

（1）安装起动机中间轴承离合器分总成。如图 4-2-23 所示，将润滑脂涂抹到起动机小齿轮驱动杆与起动机小齿轮驱动杆的起动机枢轴的接触部分。将起动机小齿轮驱动杆和橡胶密封件安装至起动机中间轴承离合器分总成。将起动机中间轴承离合器和起动机小齿轮驱动杆一起安装至起动机驱动端壳总成。

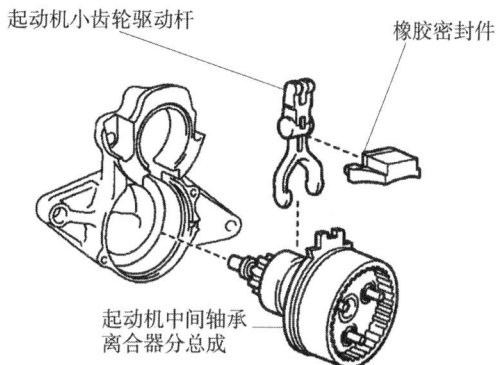

（2）安装行星齿轮。如图 4-2-24 所示，在行星齿轮和行星轴销部位涂抹润滑脂。安装 3 个行星齿轮。

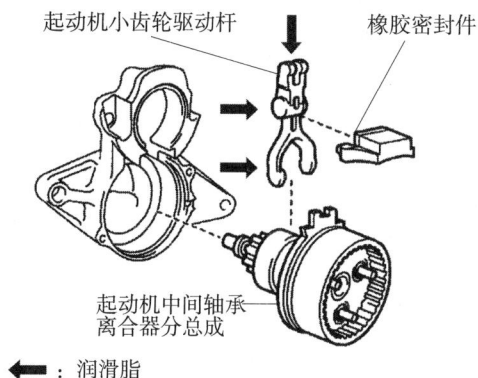

图4-2-22　起动机的拆解（12）

图4-2-23　起动机的重新装配（1）

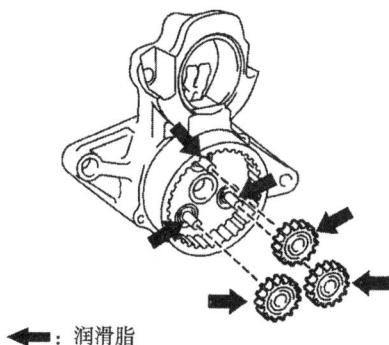

图4-2-24　起动机的重新装配（2）

（3）安装起动机电刷架总成。

①如图 4-2-25 所示，安装电刷架。用螺丝刀抵住电刷弹簧，并将 4 个电刷安装到电刷架上。

②如图 4-2-26 所示，将密封垫插入正极（＋）和负极（－）之间。

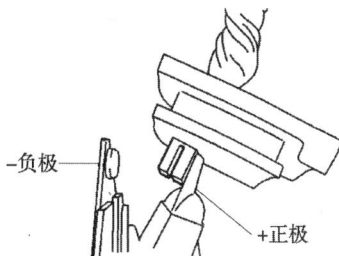

图4-2-25　起动机的重新装配（3）

图4-2-26　起动机的重新装配（4）

（4）安装起动机换向器端盖总成。

①如图 4-2-27 所示，将电刷架卡夹装配到起动机换向器端架总成上。

②如图 4-2-28 所示，用 2 个螺钉安装换向器端架。

（5）安装起动机电枢总成。如图 4-2-29 所示，将橡胶件对准起动机磁轭总成的凹槽。

将带电刷架的起动机电枢安装到起动机磁轭总成上。注意：此时应支承起动机电枢，以防起动机磁轭总成的磁力将其从起动机电刷架中拉出。

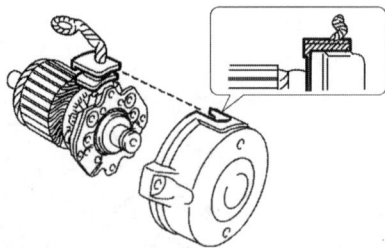

图4-2-27　起动机的重新装配（5）

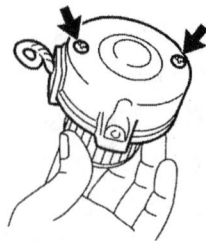

图4-2-28　起动机的重新装配（6）

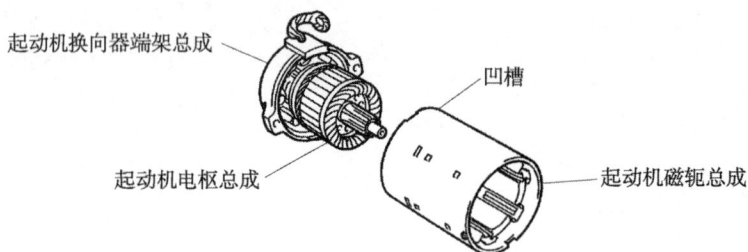

图4-2-29　起动机的重新装配（7）

（6）安装起动机电枢板。如图 4-2-30 所示，将起动机电枢板安装至起动机磁轭总成。安装起动机板，使键槽位于键 A 和键 B 之间。

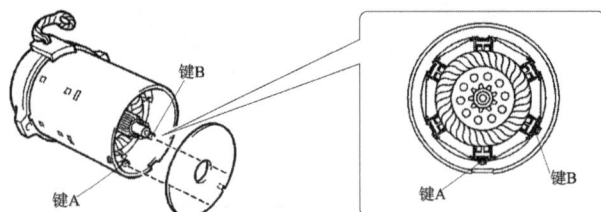

图4-2-30　起动机的重新装配（8）

（7）安装起动机磁轭总成。

①如图 4-2-31 所示，将起动机磁轭键对准位于起动机驱动端壳总成上的键槽。

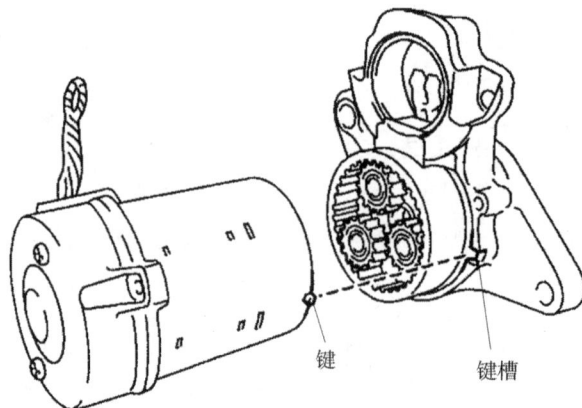

图4-2-31　起动机的重新装配（9）

②用2个螺钉安装起动机磁轭总成（图4-2-14）。

（8）安装磁力起动机开关总成。

①在铁芯挂钩上涂抹润滑脂。

②将磁力起动机开关总成的铁芯从上侧接合到驱动杆上（图4-2-13）。

③用2个螺母安装磁力起动机开关总成（图4-2-12）。

④将引线连接至磁力起动机开关，然后用螺母紧固（图4-2-11）。

4 起动机的安装

（1）安装起动机总成（图4-2-10）。用2个螺栓安装起动机总成。连接连接器。用螺母连接端子30。合上端子盖。用螺栓安装线束支架。安装2个线束卡夹。

（2）安装散热器上空气导流板。

（3）将电缆连接到蓄电池负极端子上。

二 点火开关的拆装

拆装点火开关相关部件分解图如图4-2-32所示。

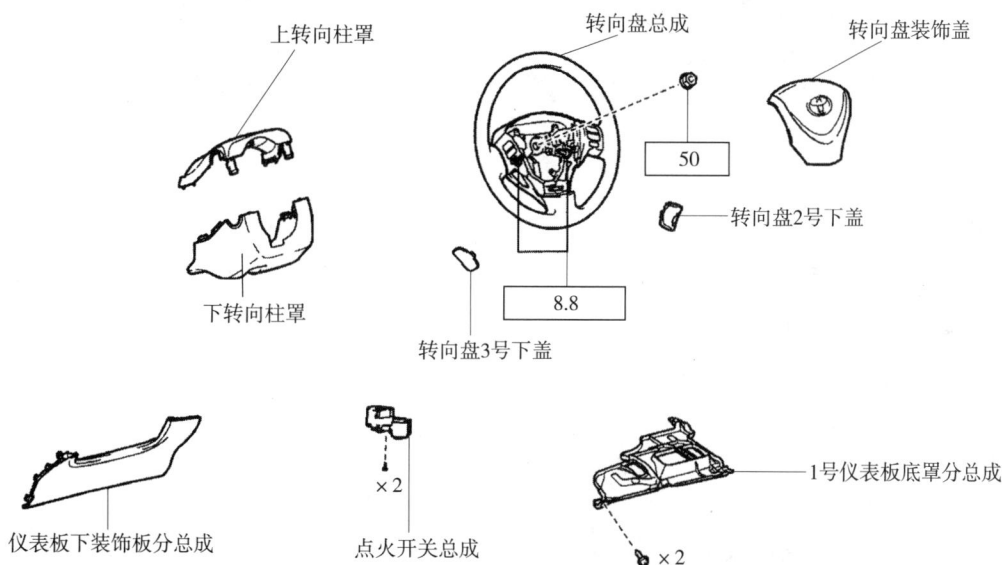

N·m ：规定的拧紧力矩

图4-2-32　拆装点火开关相关部件分解图

1 点火开关的拆卸

（1）使前轮对准正前位置。

（2）断开蓄电池负极端子的电缆。注意：从蓄电池负极上断开电缆后，至少要等待90s，以防止安全气囊和安全带预紧器激活。

（3）拆卸1号仪表板底罩分总成。

（4）拆卸仪表板下装饰板分总成。

（5）拆卸转向盘 3 号下盖。

（6）拆卸转向盘 2 号下盖。

（7）拆卸转向盘装饰盖。

（8）拆卸转向盘总成。

（9）拆卸下转向柱罩。

（10）拆卸上转向柱罩。

（11）拆卸点火开关总成。

①如图 4-2-33 所示，拆下 2 个螺钉和点火开关。

②如图 4-2-34 所示，断开连接器，将连接器卡夹从点火开关上断开。

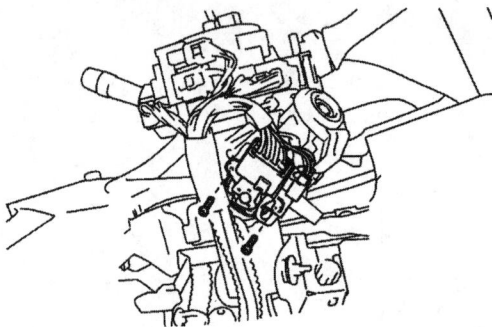

图4-2-33　点火开关的拆卸（1）

🔺：卡夹

图4-2-34　点火开关的拆卸（2）

2 点火开关的安装

（1）安装点火开关总成（图 4-2-33）。用 2 个螺钉安装点火开关。连接连接器。将连接器卡夹安装到点火开关上。

（2）安装上转向柱罩。

（3）安装下转向柱罩。

（4）调整螺旋电缆。

（5）安装转向盘总成。

（6）安装转向盘装饰盖。

（7）安装转向盘 3 号下盖。

（8）安装转向盘 2 号下盖。

（9）检查转向盘装饰盖。

（10）检查转向盘中心点。

（11）安装仪表板下装饰板分总成。

（12）安装 1 号仪表板底罩分总成。

（13）将电缆连接到蓄电池负极端子上。

（14）检查转向盘装饰盖。

（15）检查安全气囊（SRS）警告灯。

单元3 点火系统

项目一 点火系统的结构与工作原理

现代汽车电控燃油喷射式发动机均已采用微型计算机控制点火系统（ESA）。ESA 是利用微型计算机接收各传感器信号（主要为曲轴位置传感器或凸轮轴位置传感器信号），进行点火正时、点火提前及发动机在各种运转状况时的点火时间修正。

计算机控制点火系统的组成示意图如图 4-3-1 所示。ECU 接收曲轴位置传感器、空气流量计、冷却液温度传感器等的信号来进行点火时间的控制与修正。计算机控制点火系统各部分的功用见表 4-3-1。

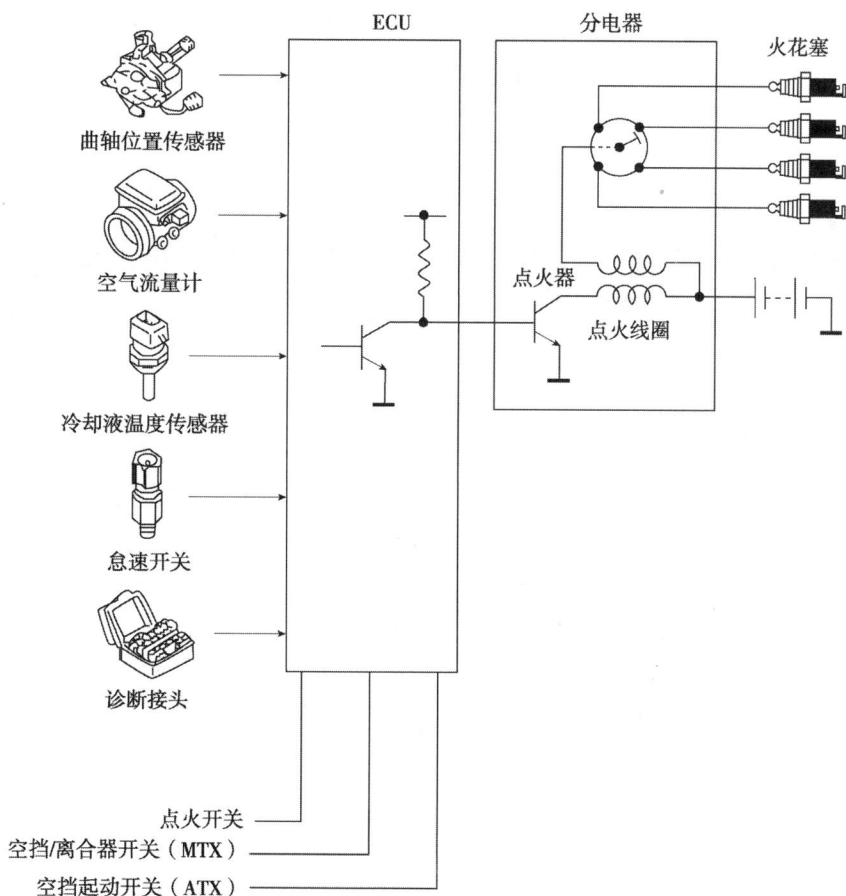

图4-3-1 计算机控制点火系统的组成示意图

组　　成		功　　能
传感器	空气流量计	检测进气量（负荷）信号输入ECU，是点火系统的主控制信号
	进气歧管绝对压力传感器	
	曲轴位置传感器	检测曲轴转角（转速）信号输入ECU，是点火系统的主控制信号
	凸轮轴位置传感器	检测凸轮轴转角信号输入ECU，是点火系统的主控制信号
	节气门位置传感器	检测节气门开度信号输入ECU，是点火提前角的修正信号
	冷却液温度传感器	检测冷却液温度信号输入ECU，是点火提前角的修正信号
	起动开关	向ECU输入发动机正在起动中的信号，是点火提前角的修正信号
	空调开关（A/C）	向ECU输入空调的工作信号，是点火提前角的修正信号
	进气温度传感器	检测进气温度信号输入ECU，是点火提前角的修正信号
	空挡起动开关	检测自动变速器P挡或N挡信号输入ECU，是点火系统的修正信号
	爆震传感器	检测发动机的爆震信号输入ECU，是点火提前角的修正信号
	发动机负荷信号	检测发动机的负荷信号输入ECU，是点火提前角的修正信号
执行器	点火控制器	根据ECU输出的点火控制信号控制点火线圈初级电路的通断，产生次级高压，同时，向ECU反馈点火确认信号
ECU		根据各传感器输入的信号，计算出最佳的点火提前角，并将点火控制信号输送给点火控制器

项目二　点火系统的拆装

本项目以科鲁兹（1.6L）乘用车点火系统的拆装为例进行说明。

一 点火线圈的拆装

1 点火线圈的拆卸

（1）如图4-3-2所示，将发动机线束导管从汽缸盖上拆下。

（2）断开点火线圈插头。

（3）沿点火线圈盖上的箭头所指方向拆下点火线圈的盖。

（4）拆下2个点火线圈螺栓。

（5）如图4-3-3所示，安装EN-6009拆卸/安装工具。

（6）拆下点火线圈。

（7）拆下EN6009拆卸/安装工具。

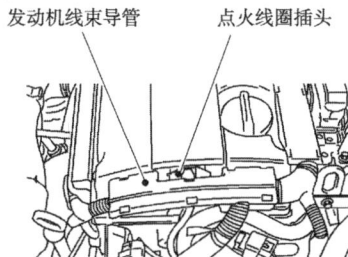
图4-3-2 点火线圈的拆卸（1）

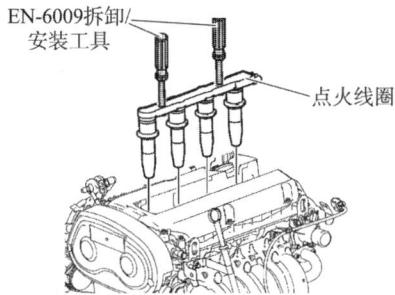
图4-3-3 点火线圈的拆卸（2）

② 点火线圈的安装

（1）安装 EN-6009 拆卸 / 安装工具（图 4-3-3）。

（2）安装点火线圈（图 4-3-3）。

（3）拆下 EN6009 拆卸 / 安装工具。

（4）安装 2 个点火线圈螺栓，并紧固至 8N·m。注意：所有紧固件应遵守《紧固件告诫》。

（5）沿点火线圈盖上箭头方向安装点火线圈盖。

（6）连接点火线圈插头（图 4-3-2）。

（7）将发动机线束导管安装至汽缸盖。

二 火花塞的拆装

① 火花塞的拆卸

（1）拆下点火线圈。

（2）如图 4-3-4 所示，拧松火花塞，从汽缸盖上拆下火花塞。

② 火花塞的检查

（1）如图 4-3-5 所示，检查接线柱是否损坏。

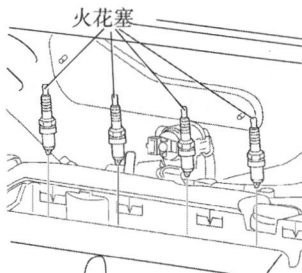
图4-3-4 火花塞的拆卸

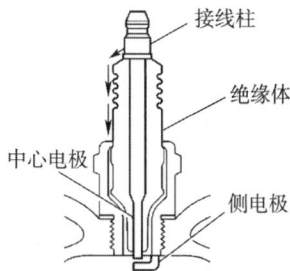
图4-3-5 火花塞的检查

①检查接线柱是否弯曲或断裂。

②通过拧动和拉动接线柱的方式，测试接线柱是否松动。端子接线柱应不晃动。

（2）检查绝缘体是否击穿或有炭痕、炭黑。这是由接线柱和搭铁点之间的绝缘体两端

221

之间放电而引起的。检查是否存在如下状况。

①检查火花塞套管是否损坏。

②检查汽缸盖的火花塞槽部位是否潮湿，如有机油、冷却液或水，火花塞套管完全受潮后会引起对搭铁的电弧放电。

（3）检查绝缘体有无裂纹。全部或部分电荷可能通过裂缝而不是中心电极和侧电极进行电弧放电。

（4）检查是否有异常电弧放电的迹象。

①测量中心电极和侧电极端子之间的间隙，标准值应为 0.8 ~ 0.9mm。电极间隙过大可能妨碍火花塞正常工作。

②检查火花塞紧固力矩是否正确，标准值为 25N·m。紧固力矩不足可能妨碍火花塞正常工作；紧固力矩过大会引起绝缘体开裂。

③检查绝缘体尖端而不是中心电极附近是否有漏电迹象。

④检查侧电极是否断裂或磨损。

⑤通过摇动火花塞检查中心电极是否断裂、磨损或松动。

（5）如果听到"咔嗒"声则表示内部已损坏。

（6）中心电极若松动会降低火花强度。

①检查中心电极与侧电极之间是否存在搭桥短接现象。两电极上的积炭会减小甚至消除它们的间隙。

②检查中心电极与侧电极上的铂层是否磨损或缺失（若装备）。

③检查电极是否过于脏污。

④检查汽缸盖的火花塞槽部位是否有碎屑。脏污或损坏的螺纹可能导致火花塞在安装过程中不能正确就位。

❸ 火花塞的安装

（1）安装火花塞至汽缸盖上，并将火花塞紧固至 25N·m（图 4-3-4）。注意：所有紧固件应遵守《紧固件告诫》。

（2）安装点火线圈。

单元4　声 光 系 统

项目一　声光系统的结构和工作原理

汽车上的声光系统主要由喇叭和照明与信号系统组成。

一 喇叭

汽车喇叭是用来警告路上车辆或行人的警报装置。喇叭的种类主要有电磁式、电子式和压缩空气式3类。

1 电磁式喇叭

❶ 喇叭的工作原理

将一片薄钢板周围固定，中央放置电磁铁，当开关闭合时，电磁铁产生吸力吸引钢板，开关断开时，钢板由本身的弹性弹回，产生振动，即可发出声波。如果将开关不断地进行开与关（ON-OFF），就可使钢板连续振动空气而发出声音，如图4-4-1所示。

❷ 电磁式喇叭的组成

电磁式喇叭（图4-4-2）一般包括高音喇叭、低音喇叭、喇叭继电器、喇叭按钮、电源、熔断丝等。因喇叭耗电量大，故使用继电器，避免按钮处产生过大的火花，以延长使用寿命。常见的电磁式喇叭为螺旋形喇叭和盆形喇叭。

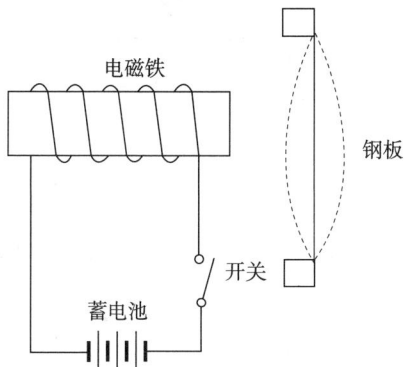

图4-4-1 电磁式喇叭的作用原理

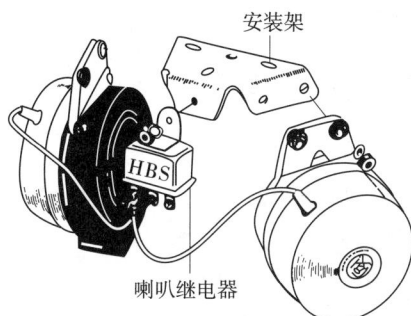

图4-4-2 电磁式喇叭的结构

❶ 盆形式喇叭

盆形喇叭和喇叭继电器的结构如图4-4-3所示，盆形喇叭触点闭合后电磁铁（线圈）将膜片拉近，接近后触点断开，电流被断开，如此反复进行引起振动，发出声音。

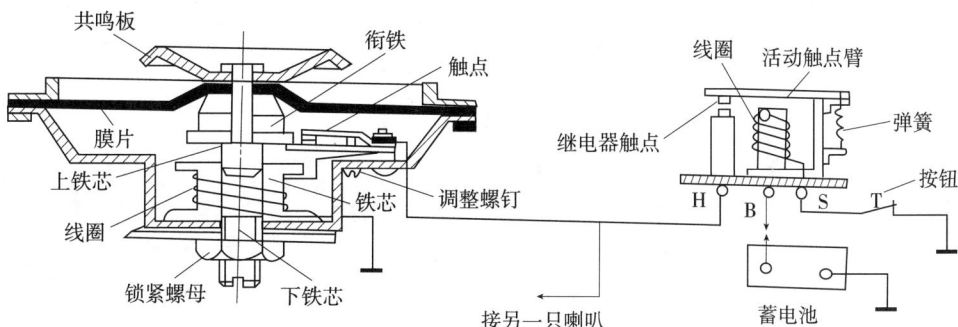

图4-4-3 盆形喇叭的结构

223

❷ 螺旋形喇叭

螺旋形喇叭是利用螺旋管的共鸣产生较柔软的音色，体积比盆形喇叭大。螺旋形喇叭的基本结构如图 4-4-4 所示，它以螺旋管的音响管取代盆形喇叭的共鸣板（共振板），其他的驱动回路、触点机构等均与盆形喇叭相同。

2 电子式喇叭的结构

电子式喇叭的结构如图 4-4-5 所示，其发音体采用压电元件，以产生悦耳的和音，电子式喇叭具有省电、低噪声等优点。

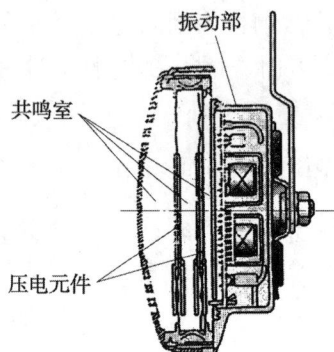

图4-4-4 螺旋形喇叭的结构

图4-4-5 电子式喇叭的结构

三 照明与信号系统

为了保证汽车行驶安全，现代汽车上都装备照明与信号系统（图 4-4-6）。照明系统用于提供车辆夜间安全行驶必要的照明，包括车外照明和车内照明等，信号系统用于提供安全行车所必需的灯光信号。

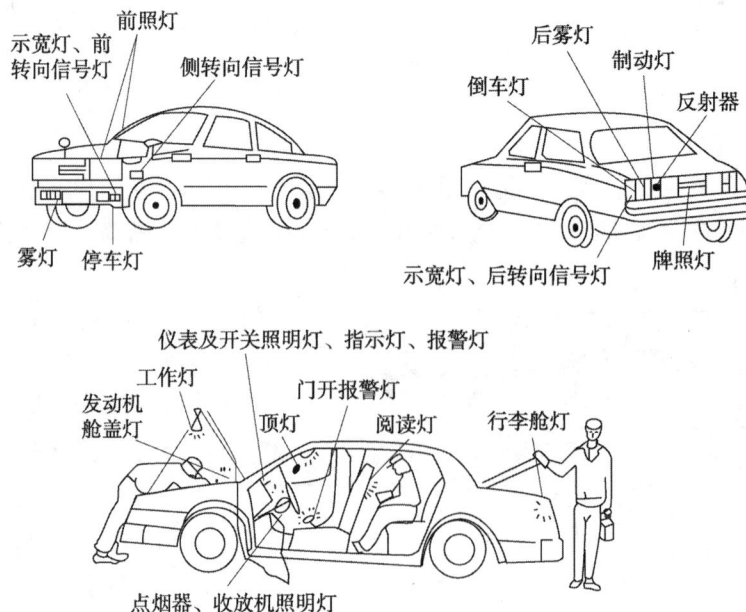

图4-4-6 照明与信号系统的布置

卡罗拉（1.6L）乘用车照明与信号系统规格见表4-4-1。

卡罗拉（1.6L）乘用车照明与信号系统规格　　　　　　表 4-4-1

项　目		功率（W）	类　型
车外灯	前照灯 — 近光（卤素灯泡）	51	HB4卤素灯泡
	前照灯 — 近光（氙气灯泡）	35	D4R氙气灯泡
	前照灯 — 远光	60	HB3卤素灯泡
	前雾灯	55	H11卤素灯泡
	前示宽灯	5	楔形座灯泡（无色）
	前转向信号灯	21	楔形座灯泡（琥珀色）
	侧转向信号灯	5	楔形座灯泡（琥珀色）
	制动灯/尾灯	21/5	楔形座灯泡（无色）
	后转向信号灯	21	单头灯泡（无色）
	倒车灯	16	楔形座灯泡（无色）
	后雾灯	21	楔形座灯泡（无色）
	牌照灯	5	楔形座灯泡（无色）
车内灯	梳妆灯	8	楔形座灯泡（无色）
	车内灯	8	双头灯泡
	车顶阅读灯	8	楔形座灯泡（无色）
	行李舱灯	3.8	楔形座灯泡（无色）
	前门门控灯	5	楔形座灯泡（无色）

❶ 照明系统

❶ 前照灯

前照灯也称前大灯或头灯，装于汽车头部两侧，用于夜间行车时的道路照明，灯光为白色，功率一般为 30 ～ 60W。前照灯包括远光灯和近光灯两种（图 4-4-7），远光灯用于保证车前有明亮而均匀的照明，使驾驶人能辨明 100m 以内道路上的任何障碍物；近光灯在会车和市区内使用，用于保证夜间车前 50m 内的路面照明，以及避免两车交会时造成驾驶人眩目而发生事故。

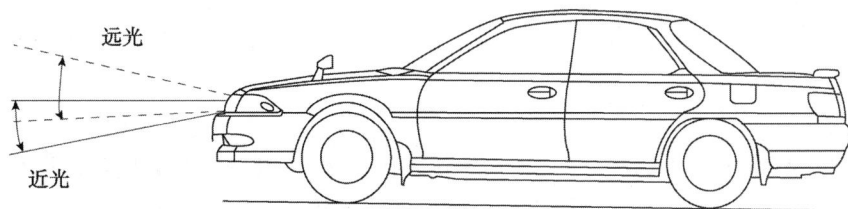

图4-4-7　远光和近光

前照灯的结构和安装位置如图 4-4-8 所示，主要由灯泡、反射镜和配光镜 3 部分组成。前照灯灯泡有充气灯泡、卤素灯、氙气灯泡和新型高压（20kV）放电氖灯等几种类型。为了防止眩目，前照灯的灯泡一般采用双灯丝结构，一根为远光灯丝，另一根为近光灯丝。远光灯丝功率较大，位于反射镜焦点；近光灯丝功率较小，位于焦点上方或前方。远光灯丝点亮时，光束照亮较远的路面；近光灯丝点亮时，光束照亮较近的路面。

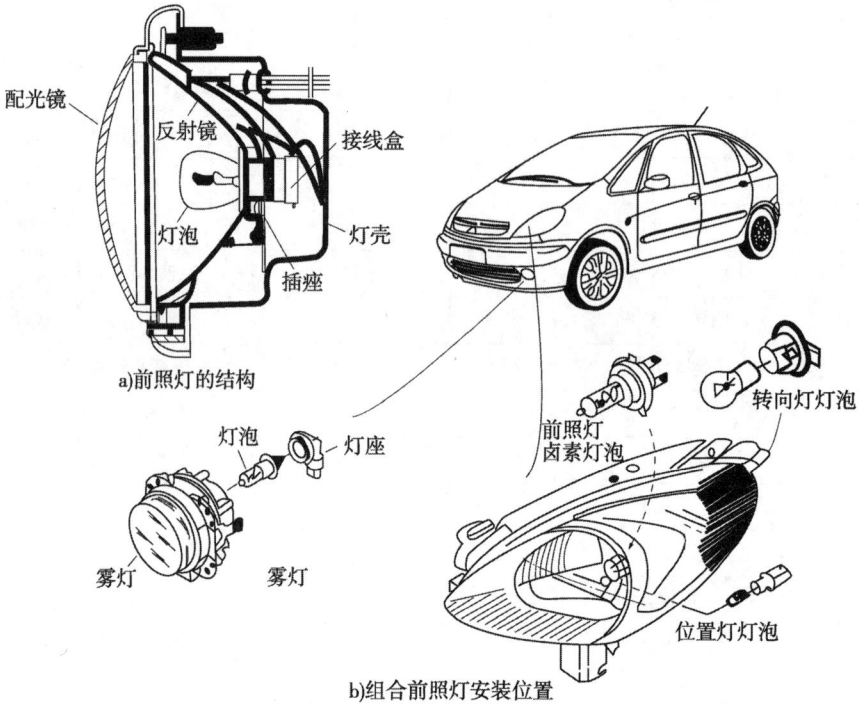

图4-4-8　前照灯的结构和安装位置

前照灯反射镜的作用是将灯泡的光线聚合并导向远方。配光镜的作用是将反射镜反射出的平行光束折射，使车前路面和路缘均有很好的照明效果。

前照灯由灯光总开关控制，变光开关控制远近光变换。有的车还有超车灯开关控制远近光变换。

❷雾灯

雾灯用于雨、雪、雾或尘埃弥漫天气时的行车照明并具有信号作用。雾灯有前雾灯和后雾灯两种。前雾灯装于汽车前部比前照灯稍低的位置（图4-4-8）。雾灯的光色规定为黄色、橙色或红色，这是因为其光波较长，透雾性能好。

雾灯由雾灯开关控制，有些汽车的雾灯开关又受灯光总开关控制。

❸牌照灯

牌照灯装于汽车尾部的牌照上方，用于夜间照亮汽车牌照。牌照灯由灯光总开关控制，灯光总开关接通，牌照灯就亮。

❹仪表灯

仪表灯装在汽车仪表板上，用于仪表照明。仪表灯由灯光总开关控制，灯光总开关接通，仪表灯就亮。有些车辆还增加了仪表灯亮度调节装置，以便于驾驶人任意调节仪表灯亮度，获取行车信息和进行正确操作。仪表灯的数量根据仪表设计布置而定。

❺车顶灯

车顶灯又称车内灯或室内灯，装在驾驶室或车厢顶部，主要用于车内照明，通常由灯光总开关和车顶灯开关共同控制。有的车顶灯还具有门灯的作用，也受车门开关控制。当车门关闭不严时。车顶灯亮，以提醒驾驶人注意。其开关通常有 3 个位置，处于 OFF 时灯熄，处于 ON 时灯一直亮着，处于 DOOR 时在车门打开时灯才亮，车门关闭后熄灭，如图 4-4-9 所示。现代汽车利用定时器电路在车门关闭后使车顶灯持续点亮约 10~15s 才熄灭，以方便驾驶及乘客。

❻ 工作灯

车上一般只装工作灯插座，配带导线及移动式灯具，用于对排除汽车故障或检修提供照明。

❼ 阅读灯

为了便于乘客阅读，有些车辆设置了阅读灯（又称地图灯、个人灯、内小灯等），安装在前座椅上方，灯光一般为白色，由阅读灯开关控制，压下开关灯亮，点火开关在任何位置时均可作用，如图 4-4-10 所示。

❽ 点火开关照明灯

所有车门关闭后，点火开关照明灯会持续点亮约 10~15s 才熄灭，以方便驾驶人插入钥匙，如图 4-4-11 所示。

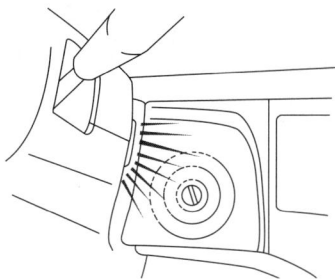

图4-4-9　车顶灯

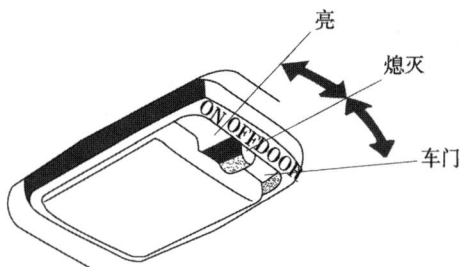

图4-4-10　阅读灯

❾ 车门灯

车门灯又称探照灯，装在 4 个车门下方，当车门打开时灯亮，照亮地面，以方便进出车辆的驾驶人及乘客，如图 4-4-12 所示。

图4-4-11　点火开关照明灯

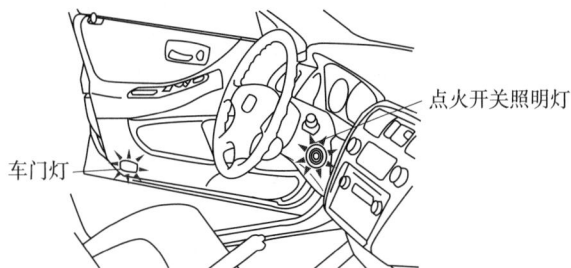

图4-4-12　车门灯

❿ 行李舱灯

行李舱灯装于行李舱顶部，用于夜间行李舱门打开时照亮行李舱，它的灯光一般为白色，由灯光总开关和行李舱门控开关共同控制。

⑪ 发动机舱盖灯

发动机舱盖灯装于发动机舱盖内侧，用在夜间发动机舱盖打开时照亮发动机舱，它的灯光一般为白色，由灯光总开关和发动机舱盖门控开关共同控制。

❷ 信号系统

❶ 转向信号灯

转向信号灯简称转向灯，由转向开关控制。在汽车起步、超车、转弯和停车时，左侧或右侧的转向信号灯会发出明暗交替的闪光信号，以示汽车改变行驶方向。汽车的转向信号灯大都采用橙色，闪光频率一般为 60 ~ 95 次 /min。转向信号灯装在汽车前后或侧面，每侧至少两个。

❷ 危险警报灯

危险警报灯又称为危险报警灯，它与转向信号灯共用同一套灯具。当车辆在路面上遇到紧急情况需要处理时，按下危险警报开关（图4-4-13），全部转向灯会同时闪烁，提醒后方车辆避让。

❸ 示宽灯

示宽灯又称小灯、驻车灯或停车灯，装在车辆前面两侧对称位置，如图 4-4-14 所示，有些车辆在翼子板上也有安装。示宽灯大都采用白色，用于标识汽车夜间行驶或停车时的宽度轮廓。示宽灯由车灯开关控制，车灯开关接通，示宽灯就点亮。

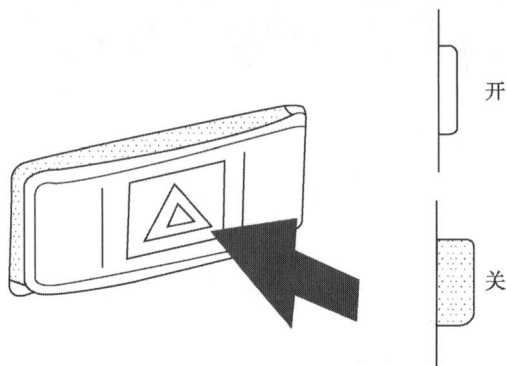

图4-4-13 危险警报灯开关

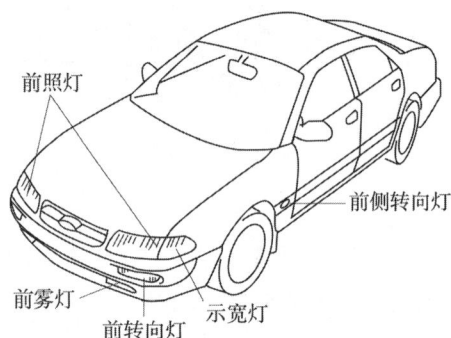

图4-4-14 示宽灯

❹ 尾灯

尾灯装于汽车尾部，左右各一只。尾灯一般为红色，用于在夜间行驶时向后面的车辆或行人提供位置信息。尾灯一般安装在后组合灯内，如图 4-4-15 所示。

❺ 制动灯

制动灯装于汽车后面，用于当汽车制动或减速停车时，向车后发出灯光信号，以警示随后车辆及行人。

制动信号灯是与汽车制动系统同步工作的，它通常由制动灯开关（图 4-4-16）控制。踩下制动踏板时，开关内的触点接通，制动灯点亮。

有些车辆装备有高位制动灯，因其位置比后灯座的制动灯高，警示效果更佳，可提高行车安全。

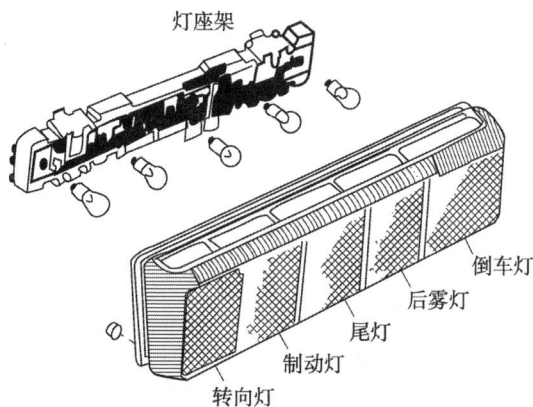

图4-4-15　后组合灯（横式造型）

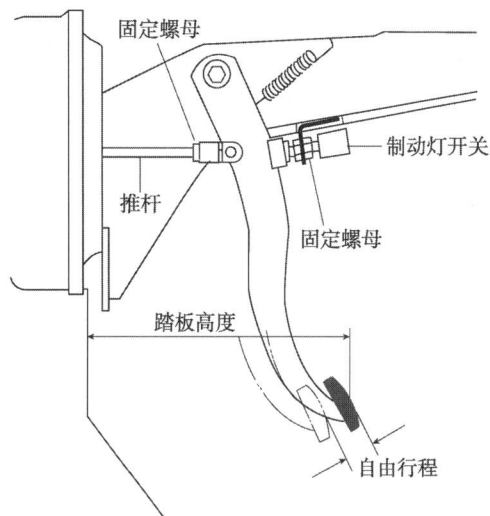

图4-4-16　制动灯开关的位置

❻倒车灯

倒车灯装于汽车尾部，左右各一只。倒车灯点亮表示该车正在倒车，它一般为白色，即可照亮车后路面，也警示车后的车辆和行人，提高倒车时的安全性。倒车灯由装在变速器上的倒车灯开关控制，当变速杆拨至倒车挡时，倒车信号开关将倒车信号电路接通，倒车灯点亮。

项目二　声光系统的拆装

本项目以卡罗拉（1.6L）乘用车声光系统的拆装为例进行说明。

一 喇叭的拆装

卡罗拉（1.6L）乘用车喇叭在车上的布置如图 4-4-17 所示。

❶ 低音喇叭的拆装

拆装低音喇叭相关部件分解图如图 4-4-18 所示。

❶低音喇叭的拆卸

（1）拆卸散热器上空气导流板。

（2）拆卸散热器格栅防护罩。

（3）拆卸前保险杠总成。

低音喇叭

高音喇叭

发动机室继电器盒和接线盒
-喇叭熔断丝
-集成继电器（喇叭继电器）

螺旋电缆

转向盘装饰盖（喇叭开关）

主车身ECU（仪表板接线盒）

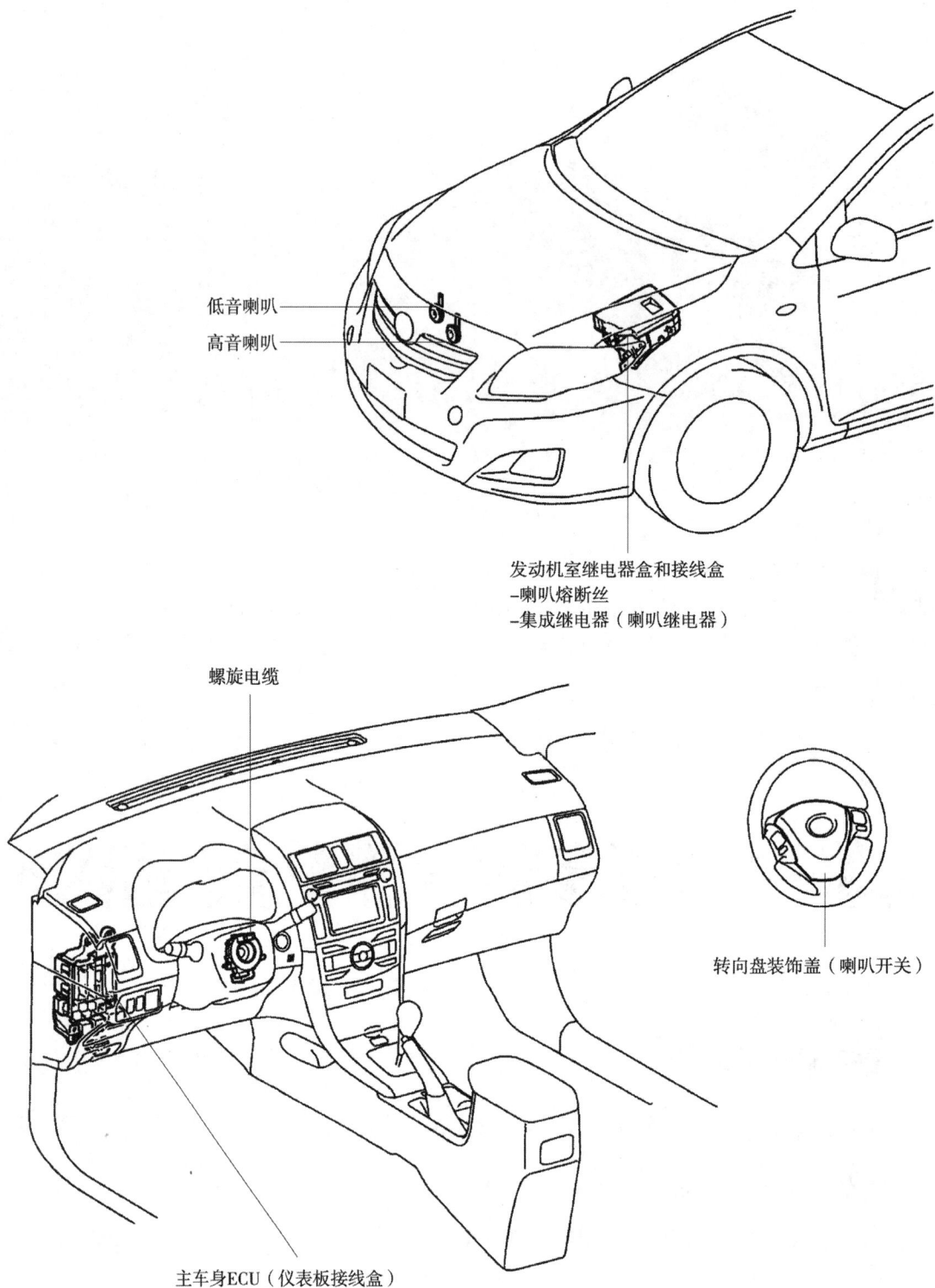

图4-4-17　喇叭在车上的布置

（4）排空清洗液（带前照灯清洗器系统车型）。

（5）拆卸低音喇叭总成。如图 4-4-19，断开连接器，拆下螺栓和低音喇叭总成。

散热器上空气导流板

20

低音喇叭总成

×3

×2

散热器格栅防护罩

×2

前保险杠总成

×2

×2

×6

N·m ：规定的拧紧力矩

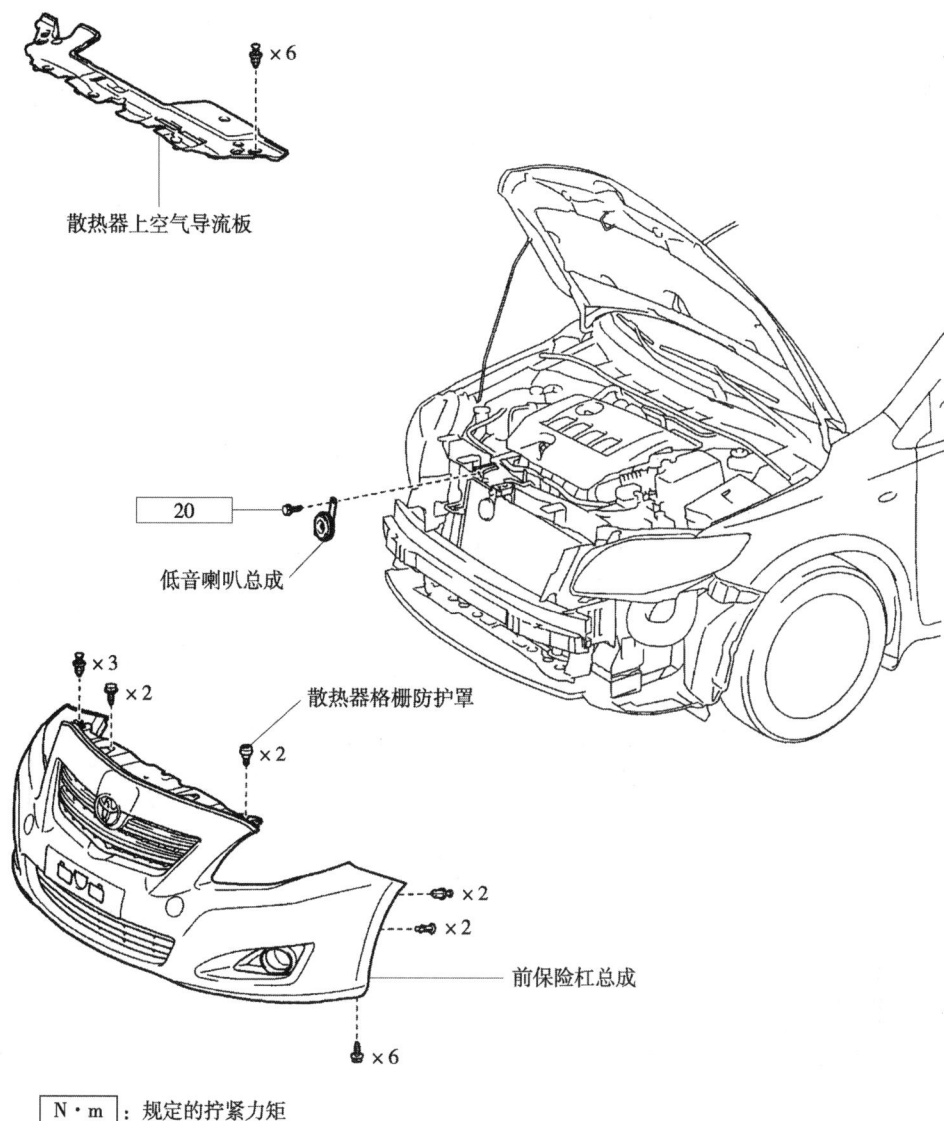

图4-4-18　拆装低音喇叭相关部件分解图

❷ 低音喇叭的安装

（1）安装低音喇叭总成（图 4-4-19）。用螺栓安装低音喇叭总成，连接连接器。

（2）将清洗液罐加满清洗液（带前照灯清洗器系统车型）。

（3）安装前保险杠总成。

（4）安装散热器格栅防护罩。

（5）安装散热器上空气导流板。

（6）进行雾灯对光调整的车辆准备工作。

（7）进行雾灯对光准备工作。

（8）雾灯对光检查。

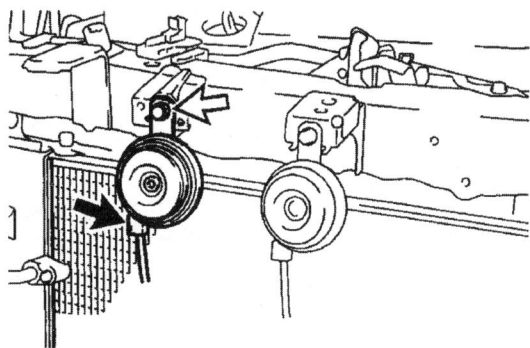

图4-4-19　低音喇叭的拆卸

（9）雾灯对光调整。

❷ 高音喇叭的拆装

拆装高音喇叭相关部件分解图如图 4-4-20 所示。

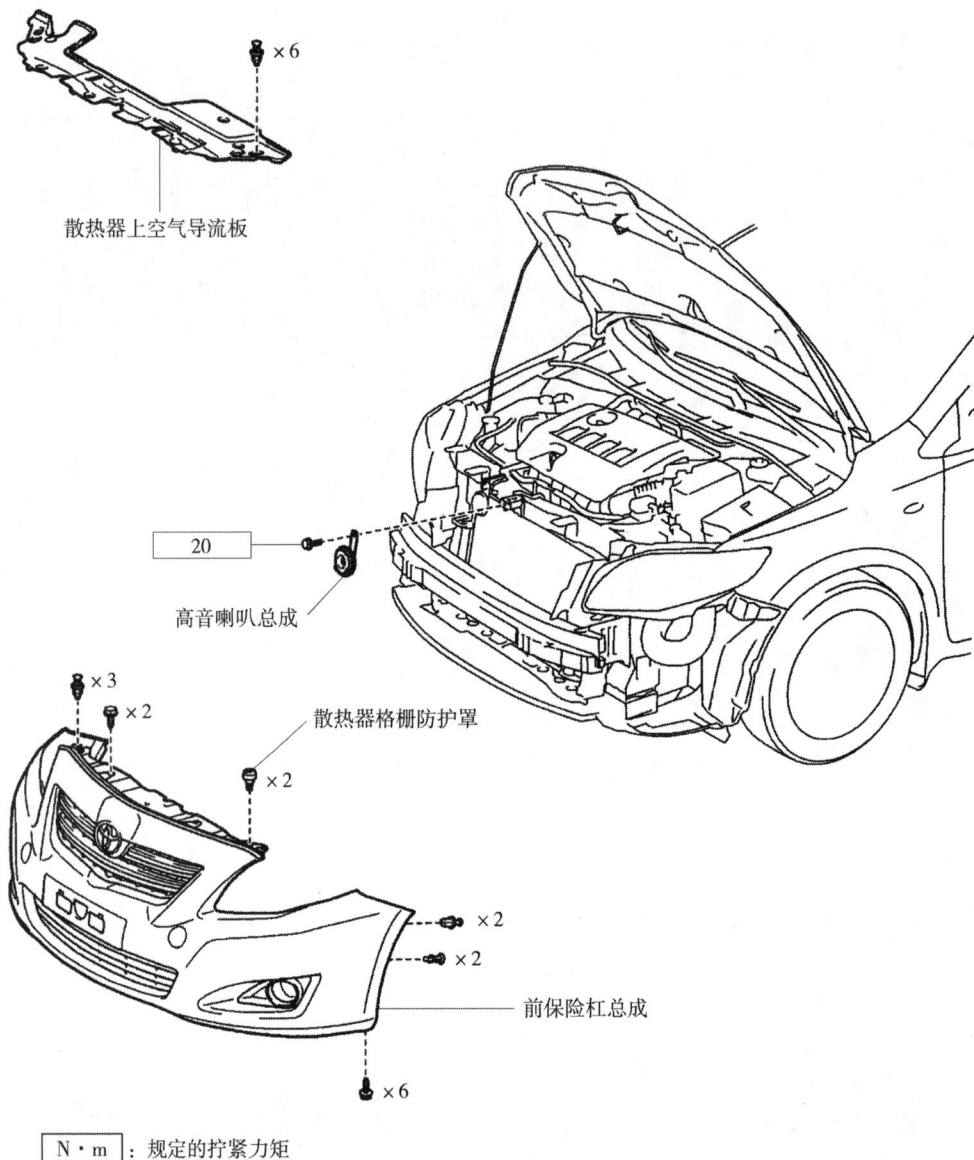

散热器上空气导流板

20

高音喇叭总成

散热器格栅防护罩

前保险杠总成

N·m ：规定的拧紧力矩

图4-4-20 拆装高音喇叭相关部件分解图

❶ 高音喇叭的拆卸
（1）拆卸散热器上空气导流板。
（2）拆卸散热器格栅防护罩。
（3）拆卸前保险杠总成。
（4）排空清洗液（带前照灯清洗器系统车型）。
（5）拆卸高音喇叭总成。如图 4-4-21 所示，断开连接器，拆下螺栓和高音喇叭总成。

❷ 高音喇叭的安装

（1）安装高音喇叭总成（图 4-4-21）。用螺栓安装高音喇叭总成，连接连接器。

（2）将清洗液罐加满清洗液（带前照灯清洗器系统车型）。

（3）安装前保险杠总成。

（4）安装散热器格栅防护罩。

（5）安装散热器上空气导流板。

（6）进行雾灯对光调整的车辆准备工作。

（7）进行雾灯对光准备工作。

（8）雾灯对光检查。

（9）雾灯对光调整。

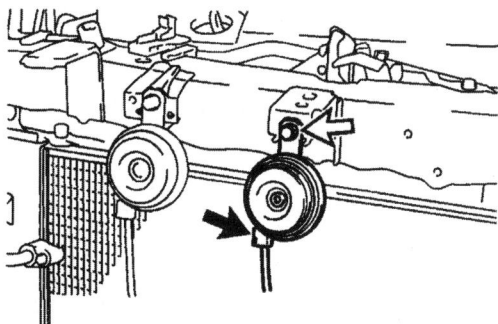

图4-4-21 高音喇叭的拆卸

二 照明系统的拆装

卡罗拉（1.6L）乘用车照明系统在车上布置如图 4-4-22 ~ 图 4-4-24 所示。

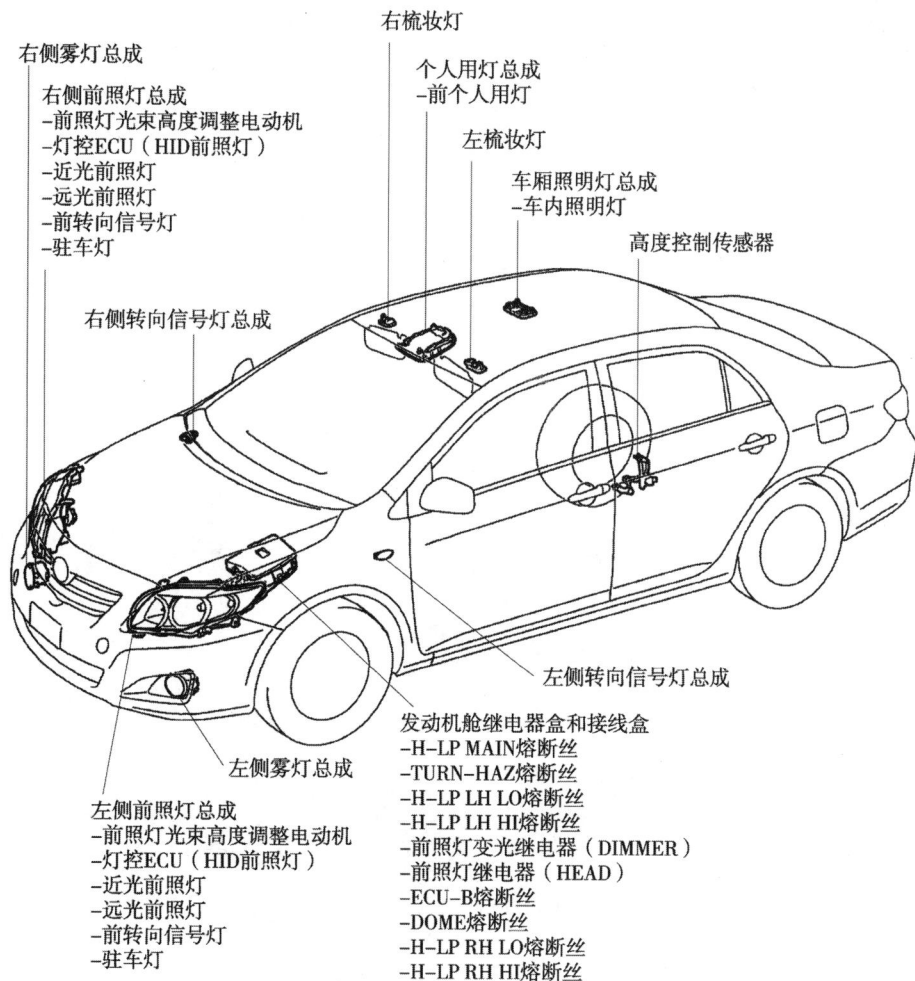

右侧雾灯总成

右侧前照灯总成
-前照灯光束高度调整电动机
-灯控ECU（HID前照灯）
-近光前照灯
-远光前照灯
-前转向信号灯
-驻车灯

右侧转向信号灯总成

右梳妆灯

个人用灯总成
-前个人用灯

左梳妆灯

车厢照明灯总成
-车内照明灯

高度控制传感器

左侧转向信号灯总成

发动机舱继电器盒和接线盒
-H-LP MAIN熔断丝
-TURN-HAZ熔断丝
-H-LP LH LO熔断丝
-H-LP LH HI熔断丝
-前照灯变光继电器（DIMMER）
-前照灯继电器（HEAD）
-ECU-B熔断丝
-DOME熔断丝
-H-LP RH LO熔断丝
-H-LP RH HI熔断丝

左侧雾灯总成

左侧前照灯总成
-前照灯光束高度调整电动机
-灯控ECU（HID前照灯）
-近光前照灯
-远光前照灯
-前转向信号灯
-驻车灯

图4-4-22 照明系统在车上布置（1）

高位制动灯总成（＊1）
高位制动灯总成（＊2）
右前门门控灯开关
右车门门控灯
左前车门门控灯开关
右后车门门控灯开关
右后组合灯总成
-尾灯
-制动灯
-后转向信号灯
-制动灯

左车门门控灯
左后车门门控灯开关

左后组合灯总成
-尾灯
-制动灯
-后转向信号灯
-后雾灯

行李舱门锁总成
-背门门控灯开关

车厢照明灯总成（行李舱）
牌照灯总成

*1：带后扰流器
*2：不带后扰流器

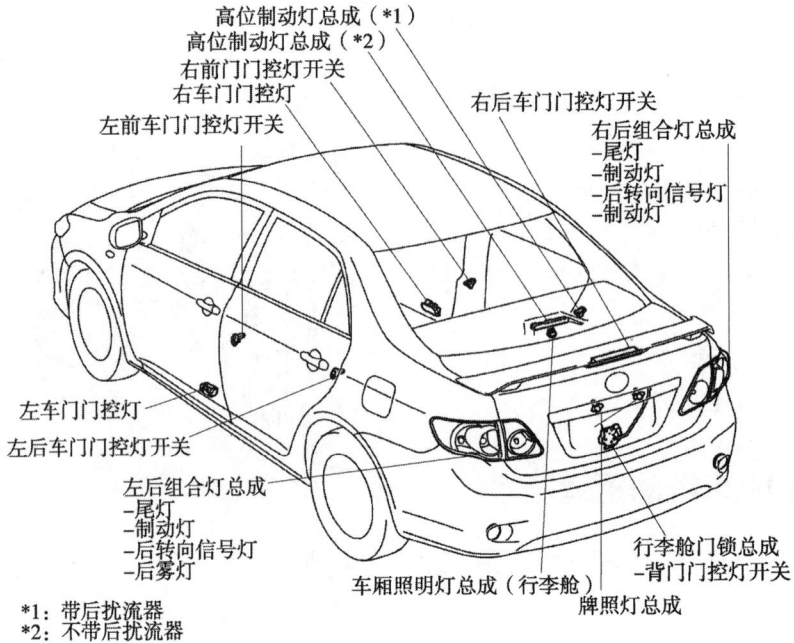

图4-4-23　照明系统在车上布置（2）

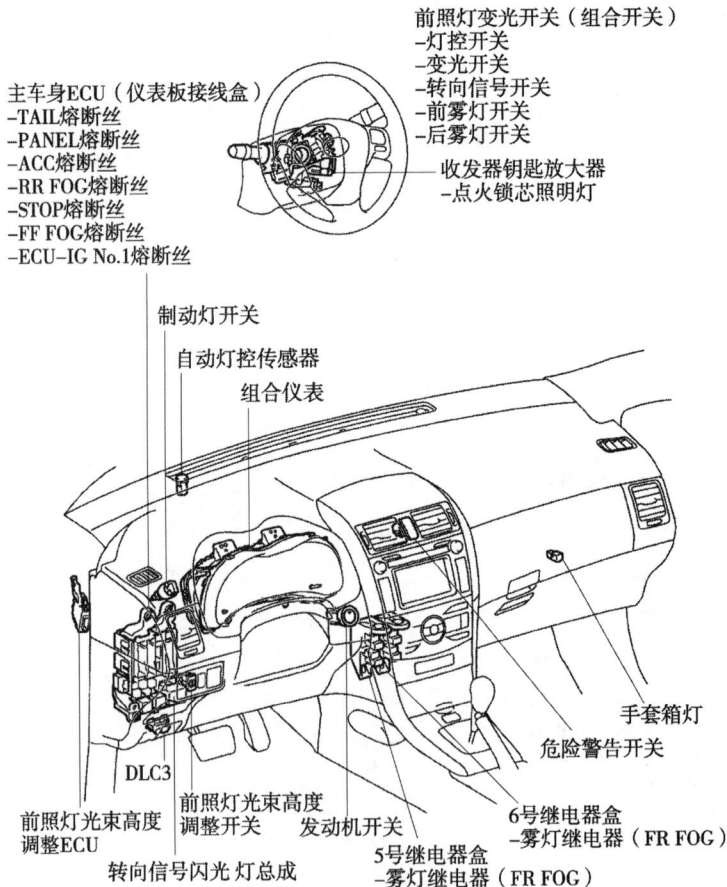

前照灯变光开关（组合开关）
-灯控开关
-变光开关
-转向信号开关
-前雾灯开关
-后雾灯开关

主车身ECU（仪表板接线盒）
-TAIL熔断丝
-PANEL熔断丝
-ACC熔断丝
-RR FOG熔断丝
-STOP熔断丝
-FF FOG熔断丝
-ECU-IG No.1熔断丝

收发器钥匙放大器
-点火锁芯照明灯

制动灯开关
自动灯控传感器
组合仪表

手套箱灯
危险警告开关

DLC3

前照灯光束高度
调整ECU
转向信号闪光 灯总成
前照灯光束高度
调整开关　发动机开关
5号继电器盒
-雾灯继电器（FR FOG）
6号继电器盒
-雾灯继电器（FR FOG）

图4-4-24　照明系统在车上布置（3）

1 前照灯总成的拆装

拆装前照灯总成相关部件分解图如图 4-4-25 ~ 图 4-4-28 所示。

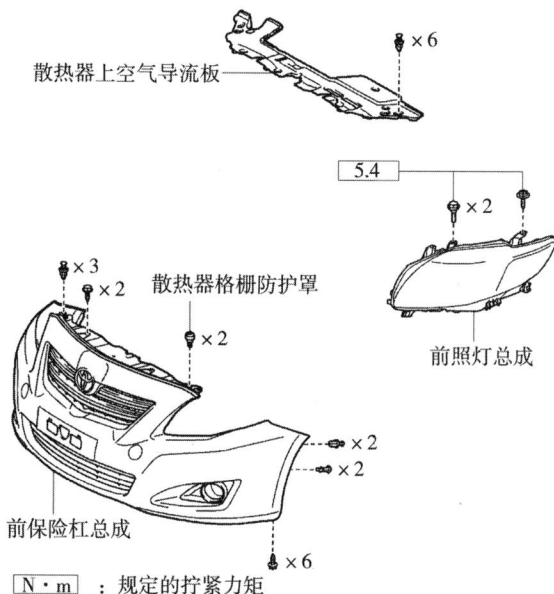

散热器上空气导流板

×6

5.4

×2

×3

×2

散热器格栅防护罩

×2

前照灯总成

×2

×2

前保险杠总成

×6

N·m ：规定的拧紧力矩

图4-4-25　拆装前照灯总成相关部件分解图（1）

卤素前照灯：

2号前照灯灯盖

1号前照灯灯盖

2号前照灯灯泡

示宽灯灯座

示宽灯灯泡

1号前照灯灯泡

前转向信号灯灯座

前转向信号灯灯泡

前照灯单元

前照灯光束高度调整电动机

●前照灯光束高度调整
电动机底座密封件

重复使用前照灯单元：

前照灯左支架

前照灯支架

前照灯支架

前照灯左支架

供应零件：

●：不可重复使用零件

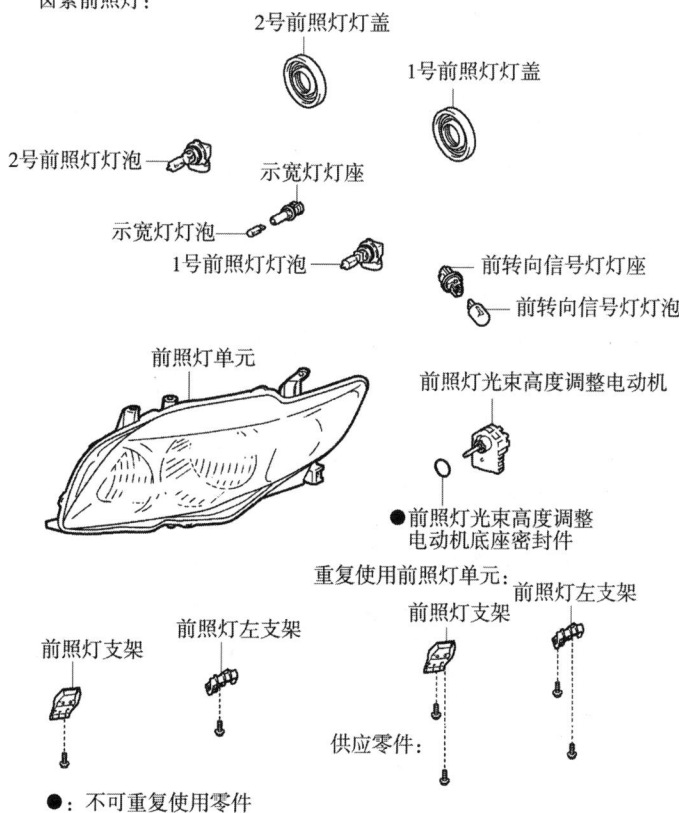

图4-4-26　拆装前照灯总成相关部件分解图（2）

HID前照灯：

2号前照灯灯泡 —— 2号前照灯灯盖　1号前照灯灯盖

示宽灯灯泡

放电前照灯灯泡

前转向信号灯灯座

前照灯单元

前转向信号灯灯泡

前照灯光束高度调整电动机

前照灯衬垫

●前照灯光束高度调整
电动机底座密封件

灯控ECU分总成

重复使用前照灯单元：

前照灯支架　前照灯左支架

前照灯左支架

前照灯支架

供应零件：

×4

●：不可重复使用零件

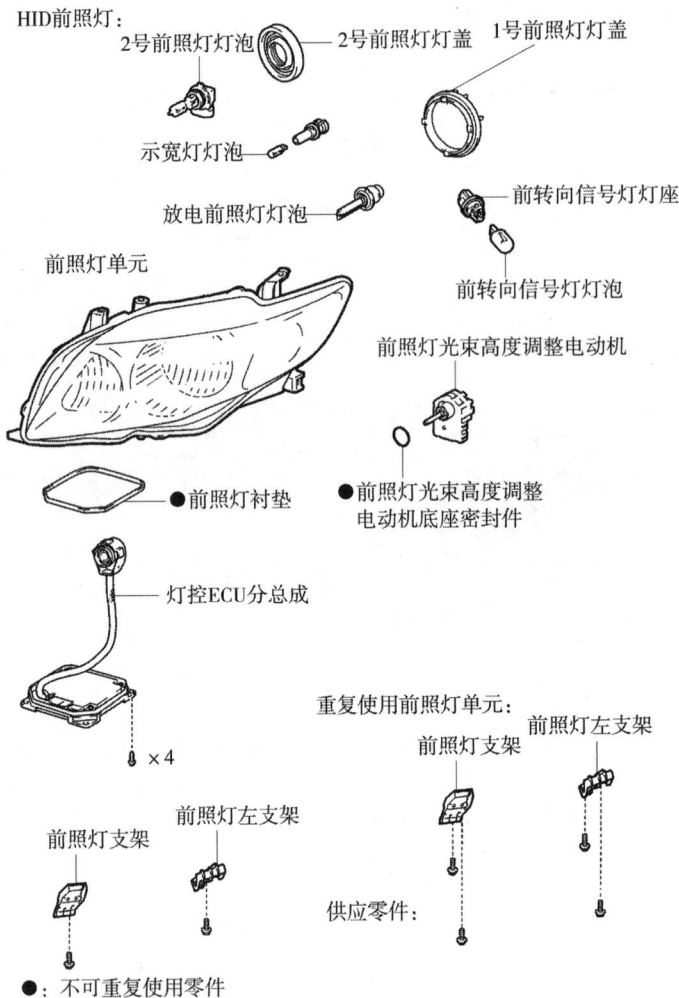

图4-4-27　拆装前照灯总成相关部件分解图（3）

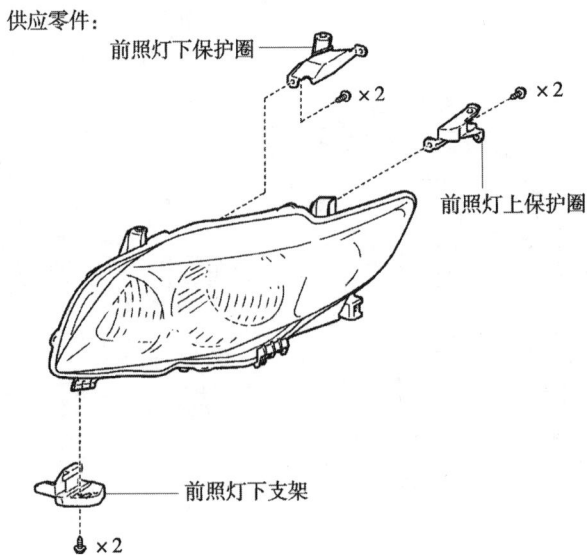

供应零件：

前照灯下保护圈

×2

×2

前照灯上保护圈

前照灯下支架

×2

图4-4-28　拆装前照灯总成相关部件分解图（4）

❶ 前照灯总成的拆卸

（1）拆卸散热器上空气导流板。

（2）断开蓄电池负极端子上的电缆（HID 前照灯）。注意：断开蓄电池电缆后重新连接时，某些系统需要初始化。

（3）拆卸散热器格栅防护罩。

（4）拆卸前保险杠总成。

（5）排空清洗液（带前照灯清洗器系统车型）。

（6）拆卸前照灯总成。如图 4-4-29 所示，拆下 2 个螺栓和螺钉，脱开卡爪，断开连接器并拆下前照灯总成。

❷ 前照灯总成的安装

（1）安装前照灯总成（图 4-4-29）。连接连接器，接合卡爪，用 2 个螺栓和 1 个螺钉安装前照灯总成。

（2）将清洗液罐加满清洗液（带前照灯清洗器系统车型）。

（3）安装前保险杠总成。

（4）安装散热器格栅防护罩。

（5）将电缆连接到蓄电池负极端子上（HID前照灯）。注意：断开蓄电池电缆后重新连接时，某些系统需要初始化。

（6）安装散热器上空气导流板。

（7）进行前照灯对光调整前的车辆准备工作。

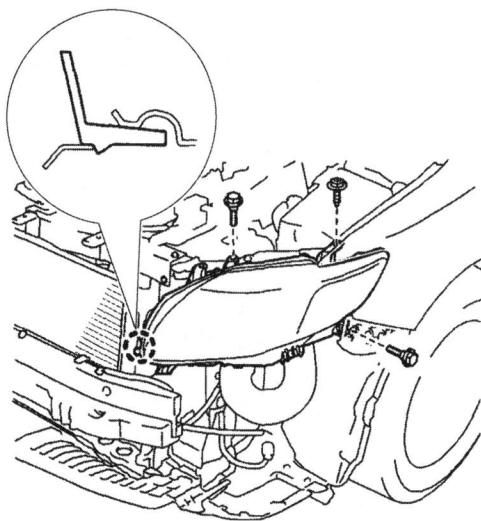

图4-4-29　前照灯总成的拆卸

（8）前照灯对光准备工作。

（9）前照灯对光检查。

（10）前照灯对光调整。

（11）进行雾灯对光调整前的车辆准备工作。

（12）进行雾灯对光准备工作。

（13）雾灯对光检查。

（14）雾灯对光调整。

② 侧转向信号灯总成的拆装

侧转向信号灯总成安装位置如图 4-4-30 所示。

❶ 侧转向信号灯总成的拆卸

如图 4-4-31 所示，松开 2 个卡爪，断开侧转向信号灯总成。断开连接器，拆下侧转向信号灯总成。

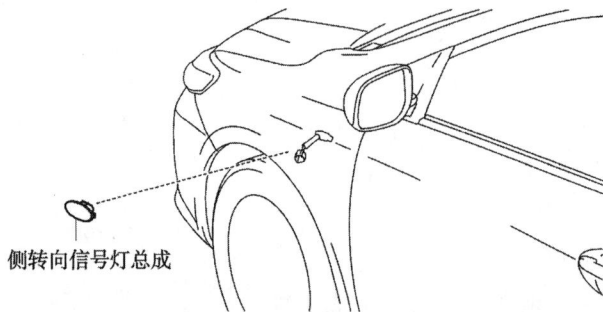

图4-4-30　侧转向信号灯总成安装位置

2 侧转向信号灯总成的安装

如图 4-4-32 所示，连接连接器，接合 2 个卡爪，安装侧转向信号灯总成。

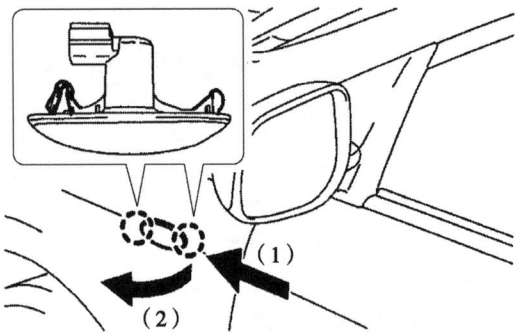

图4-4-31　侧转向信号灯总成的拆卸

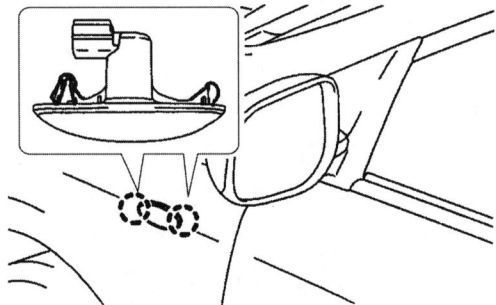

图4-4-32　侧转向信号灯总成的安装

3 雾灯总成的拆装

拆装雾灯总成相关部件分解图如图 4-4-33 所示。

1 雾灯总成的拆卸

（1）拆卸散热器上空气导流板。

（2）拆卸散热器格栅防护罩。

（3）拆卸前保险杠总成。

（4）排空清洗液（带前照灯清洗器系统车型）。

（5）拆卸雾灯总成。如图 4-4-34 所示，拆下 2 个螺钉和雾灯总成。

2 雾灯总成的安装

（1）安装雾灯总成（图 4-4-34）。用 2 个螺钉安装雾灯总成。

（2）将清洗液罐加满清洗液（带前照灯清洗器系统车型）。

（3）安装前保险杠总成。

（4）安装散热器格栅防护罩。

（5）安装散热器上空气导流板。

（6）进行雾灯对光调整前的车辆准备工作。

（7）进行雾灯对光准备工作。

（8）雾灯对光检查。

（9）雾灯对光调整。

散热器上空气导流板

×6

×3

×2

散热器格栅防护罩

×2

×2

×2

雾灯总成

×2

前保险杠总成

×6

雾灯灯泡

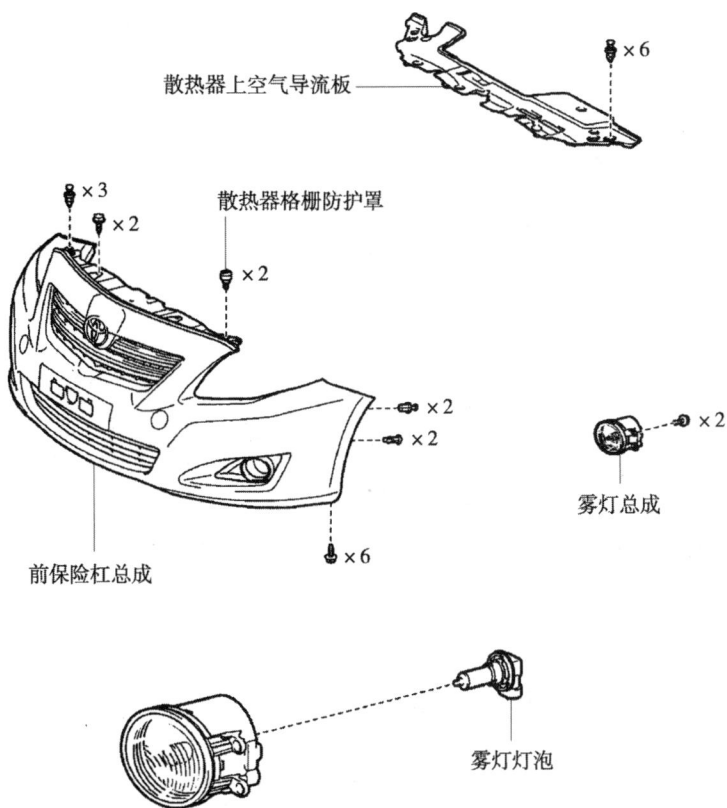

图4-4-33　拆装雾灯总成相关部件分解图

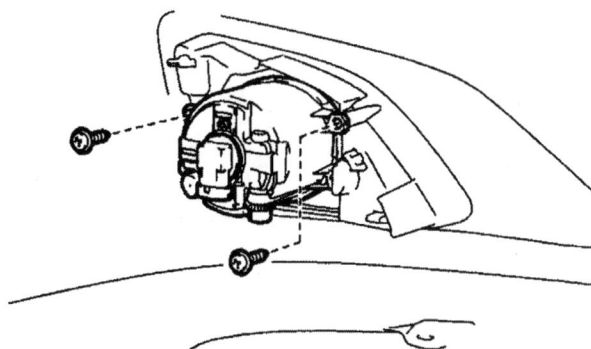

图4-4-34　雾灯总成的拆卸

4 后组合灯总成的拆装

拆装后组合灯总成相关部件分解图如图 4-4-35 和图 4-4-36 所示。

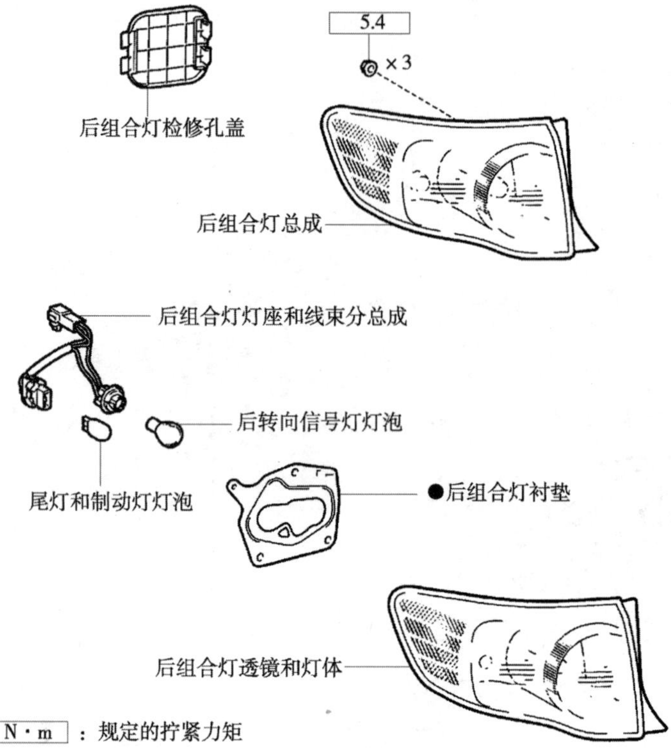

后组合灯检修孔盖

5.4

×3

后组合灯总成

后组合灯灯座和线束分总成

后转向信号灯灯泡

●后组合灯衬垫

尾灯和制动灯灯泡

后组合灯透镜和灯体

N·m ：规定的拧紧力矩

●：不可重复使用零件

图4-4-35　拆装后组合灯总成相关部件分解图（1）

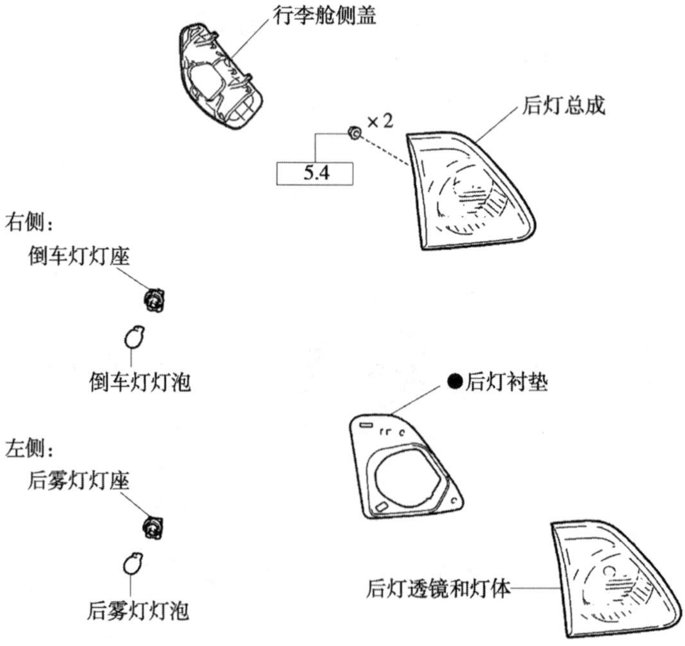

行李舱侧盖

后灯总成

×2

5.4

右侧：

倒车灯灯座

倒车灯灯泡

●后灯衬垫

左侧：

后雾灯灯座

后雾灯灯泡

后灯透镜和灯体

N·m ：规定的拧紧力矩

●：不可重复使用零件

图4-4-36　拆装后组合灯总成相关部件分解图（2）

1 后组合灯总成的拆卸

（1）拆卸后组合灯检修孔盖。如图 4-4-37 所示，脱开 2 个卡爪，脱开 2 个导销，并拆下后组合灯检修孔盖。

（2）拆卸后组合灯总成。

①如图 4-4-38 所示，断开连接器并脱开 2 个卡夹。

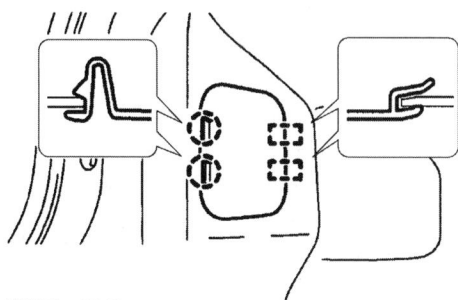

▭▭▭：导销

图4-4-37　后组合灯总成的拆卸（1）

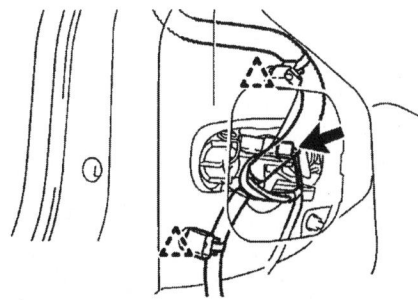

▲：卡夹

图4-4-38　后组合灯总成的拆卸（2）

②如图 4-4-39 所示，拆下 3 个螺母，脱开销，并拆下后组合灯总成。

（3）拆卸行李舱侧盖。如图 4-4-40 所示，脱开 2 个卡爪，脱开 2 个导销，并拆下行李舱侧盖。

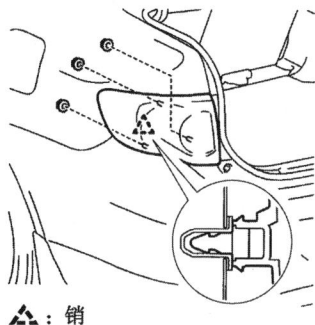

▲：销

图4-4-39　后组合灯总成的拆卸（3）

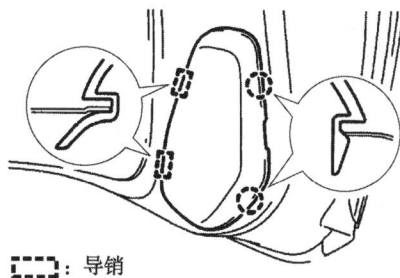

▭▭▭：导销

图4-4-40　后组合灯总成的拆卸（4）

（4）拆卸后灯总成。

①如图 4-4-41 所示，断开连接器并拆下 2 个螺母。

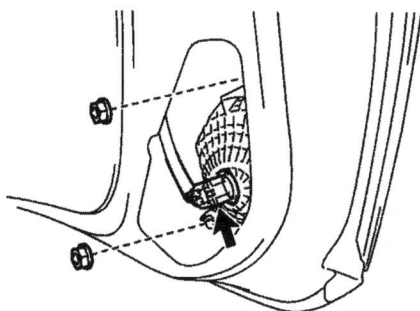

图4-4-41　后组合灯总成的拆卸（5）

②如图 4-4-42 所示，脱开卡子，拆下后灯总成。

2 后组合灯总成的安装

（1）安装后组合灯总成。

①接合销，用 3 个螺母安装后组合灯总成（图 4-4-39）。

②连接连接器并接合 2 个卡夹（图 4-4-38）。

（2）安装后组合灯检修孔盖（图 4-4-37）。接合 2 个导销，接合 2 个卡爪，并安装后组合灯检修孔盖。

（3）安装后灯总成。

①如图 4-4-43 所示，接合卡子。

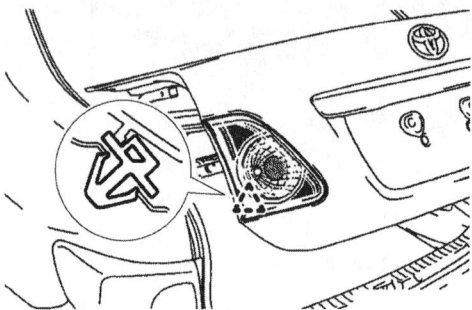

图4-4-42　后组合灯总成的拆卸（6）

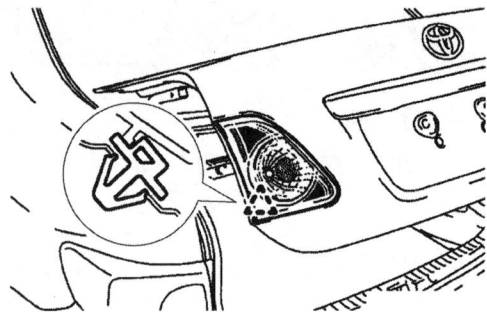

图4-4-43　后组合灯总成的安装（1）

②如图 4-4-44 所示，用 2 个螺母安装后灯总成，连接连接器。

（4）安装行李舱侧盖。如图 4-4-45 所示，接合 2 个导销，接合 2 个卡爪并安装行李舱侧盖。

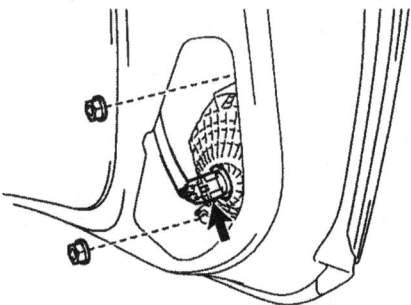

图4-4-44　后组合灯总成的安装（2）

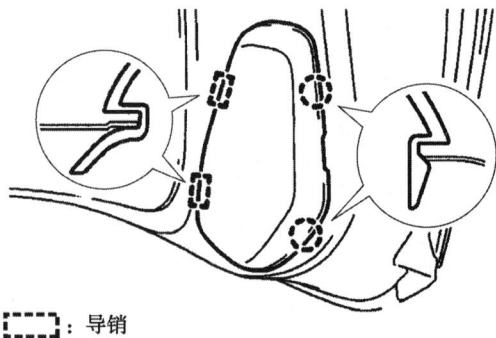

[___]：导销

图4-4-45　后组合灯总成的安装（3）

5 制动灯开关的拆装

拆装制动灯开关相关部件分解图如图 4-4-46 所示。

1 制动灯开关的拆卸

（1）拆卸仪表板 1 号底罩分总成。

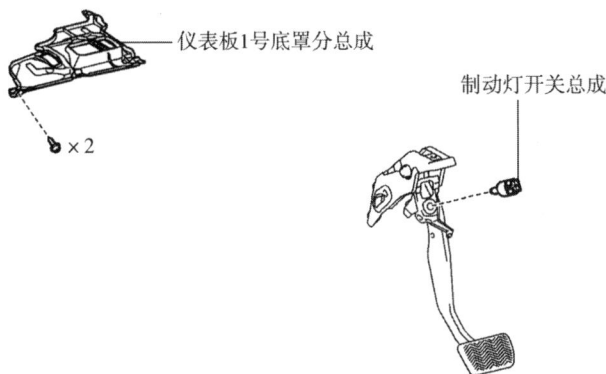

图4-4-46　拆装制动灯开关相关部件分解图

（2）拆卸制动灯开关总成。

①如图 4-4-47 所示，断开连接器。

②如图 4-4-48 所示，逆时针转动制动灯开关总成，将其拆下。

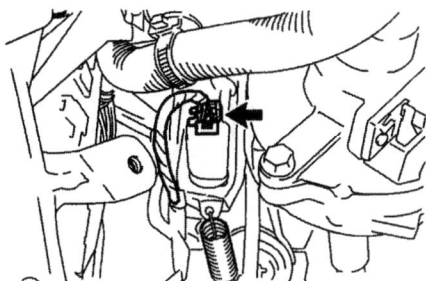

图4-4-47　制动灯开关的拆卸（1）

图4-4-48　制动灯开关的拆卸（2）

2 制动灯开关的安装

（1）安装制动灯开关总成。

①如图 4-4-49 所示，插入制动灯开关总成，直到推杆触及缓冲垫。注意：插入制动灯开关总成时，从后面支承踏板，否则踏板会被按进去。

②如图 4-4-50 所示，顺时针转动 1/4 圈，安装制动灯开关总成。注意：插入制动灯开关总成时，从后面支承踏板，否则踏板会被按进去。

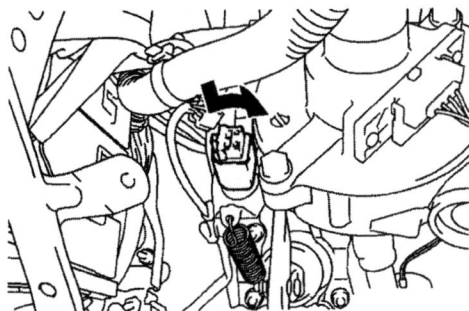

图4-4-49　制动灯开关的安装（1）

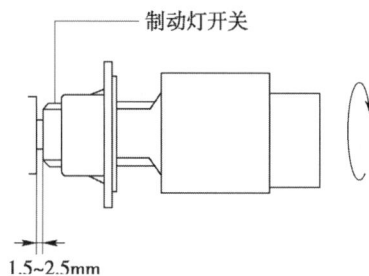

图4-4-50　制动灯开关的安装（2）

③连接连接器（图4-4-47）。

④如图4-4-51所示，检查推杆的凸出部分。推杆的凸出部分应为1.5~2.5mm。如果凸出部分不在规定范围内，则进行调整。注意：不要踩下制动踏板。

（2）安装仪表板1号底罩分总成。

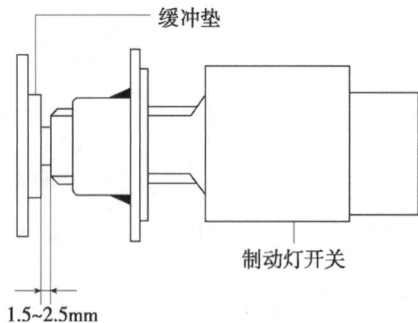

图4-4-51　制动灯开关的安装（3）

单元5　组合仪表与报警装置

项目一　组合仪表与报警装置的结构

一 组合仪表

为了使驾驶人随时观察与掌握汽车各系统的工作状态，在驾驶室仪表板上装有组合仪表、指示灯和报警装置。

汽车组合仪表分为传统组合仪表和电子组合仪表。传统组合仪表是机械式或电气机械式，它们都是通过指针和刻度来实现模拟显示的。随着电子及计算机技术在汽车上的广泛应用，以及新型传感器和电子显示器的出现，电子组合仪表已被越来越多的汽车所采用。

1 传统组合仪表

传统组合仪表主要包括机油压力表、冷却液温度表、发动机转速表、燃油表、电流表、机油压力报警灯、充电指示灯等，这些仪表通常都组装在仪表板上。桑塔纳2000GSi型乘用车仪表板如图4-5-1所示，组合仪表的组成如图4-5-2所示。

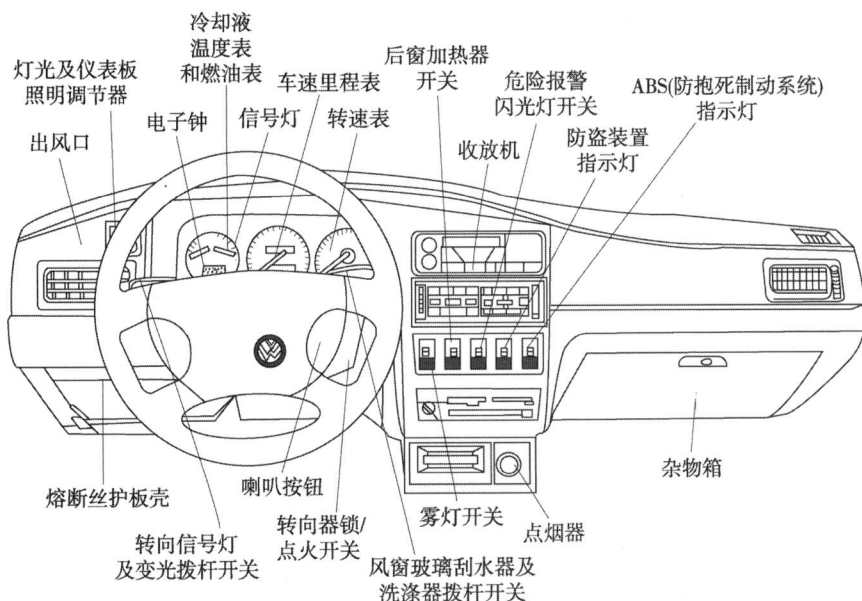

图4-5-1 桑塔纳2000GSi型乘用车仪表板

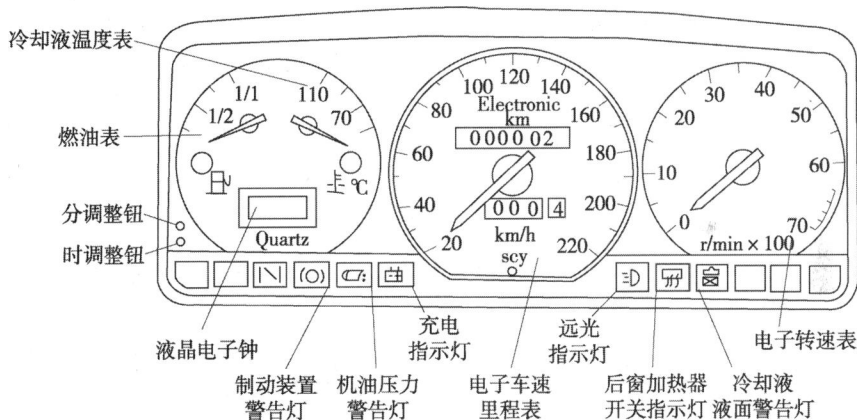

图4-5-2 桑塔纳2000GSi型乘用车组合仪表的组成

传统组合仪表的作用如下：

（1）车速里程表。车速里程表由指示汽车行驶速度的车速表和记录汽车已行驶过距离的里程表组成，它们装在同一个壳体中，由同一根轴驱动。

（2）车速报警装置。车速报警装置是为保证行车安全而在车速表内设置的速度音响报警系统。

（3）机油压力表。发动机工作时，机油压力表指示发动机润滑系统主油道中机油压力的大小，以便了解发动机润滑系统工作是否正常。

（4）机油低压报警装置。机油低压报警装置作用是当发动机润滑系统主油道中的油压低于正常值时，对驾驶人发出报警信号。机油低压报警装置由装在仪表板上的机油低压报警灯和装在发动机主油道上的油压传感器组成。

245

（5）燃油表。燃油表指示汽车燃油箱内所储存的燃油量。

（6）燃油油面报警装置（即燃油液位报警灯）。燃油油面报警装置作用是当燃油箱内的燃油量少于某一规定值时立即发出报警，以引起驾驶人的注意。

（7）冷却液的工作温度表。冷却液的工作温度表指示发动机汽缸盖水套内冷却液的工作温度。

（8）冷却液报警灯。冷却液报警灯能在冷却液温度升高到接近沸点时发亮，以引起驾驶人的注意。

（9）电流表。电流表指示蓄电池充电或放电的电流值（目前很少采用传统的电流表，而普遍采用充电指示灯。灯亮表示不充电，灯不亮则表示充电），供驾驶人判断电源系统工作是否正常。

（10）充电指示灯。在发电机不对蓄电池充电时发亮。

（11）发动机转速表。发动机转速表用来指示发动机运转速度。

❷ 电子组合仪表

电子组合仪表是以数字显示、字母数字混合显示、曲线图或柱状图表等形式向驾驶人显示汽车各种工作状态的信号和报警信号，具有高精度和高可靠性，可为驾驶人提供高精度的数据信息，具有一"表"多用的功能。

电子组合仪表的结构如图4-5-3所示，主要有电子式燃油表、发动机电子转速表、车速表、里程表和冷却液温度表等。

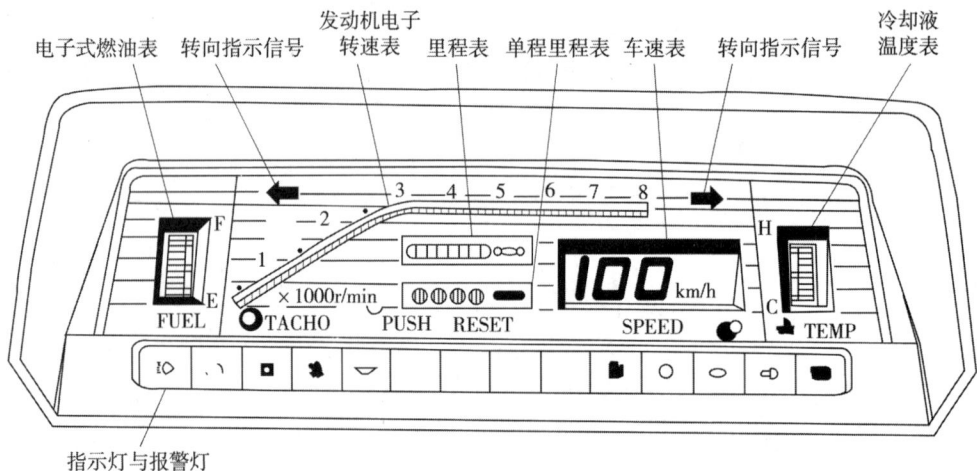

图4-5-3　乘用车电子组合仪表的结构

❏ 报警装置

现代汽车为保证行车安全和提高车辆的可靠性，安装了许多报警装置。报警装置一般由传感器、报警灯（或蜂鸣器）等组成。报警指示灯如图4-5-4所示。

现代汽车的电气设备越来越多，为了便于识别、控制它们，在汽车驾驶室的仪表板、操纵杆、开关、按钮等处标有各种醒目的形象化的符号，常用的标识符号如图4-5-5所示。

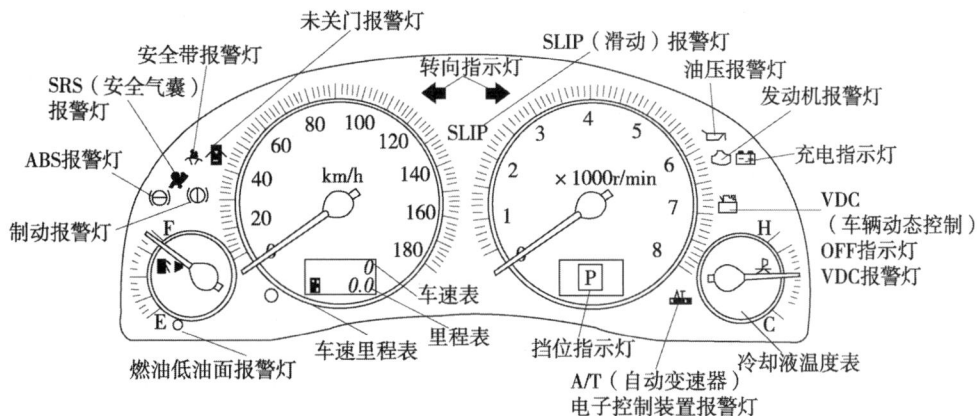

图4-5-4 组合仪表报警装置

图4-5-5 常见的标识符号

项目二 组合仪表和报警装置的拆装

本项目以卡罗拉（1.6L）乘用车组合仪表的拆装为例进行说明。

卡罗拉（1.6L）乘用车组合仪表和报警装置在车上布置如图 4-5-6~ 图 4-5-8 所示。拆装组合仪表相关部件分解图如图 4-5-9 所示。

❶ 组合仪表的拆卸

（1）拆卸仪表板左下装饰板。

制动主缸储液罐
－制动液液位警告开关

滑动天窗控制ECU（带滑动天窗车型）

燃油表传感器总成

组合仪表总成

发电机

防滑控制ECU

发动机舱继电器盒和发动机舱接线盒
－ECU-B熔断丝

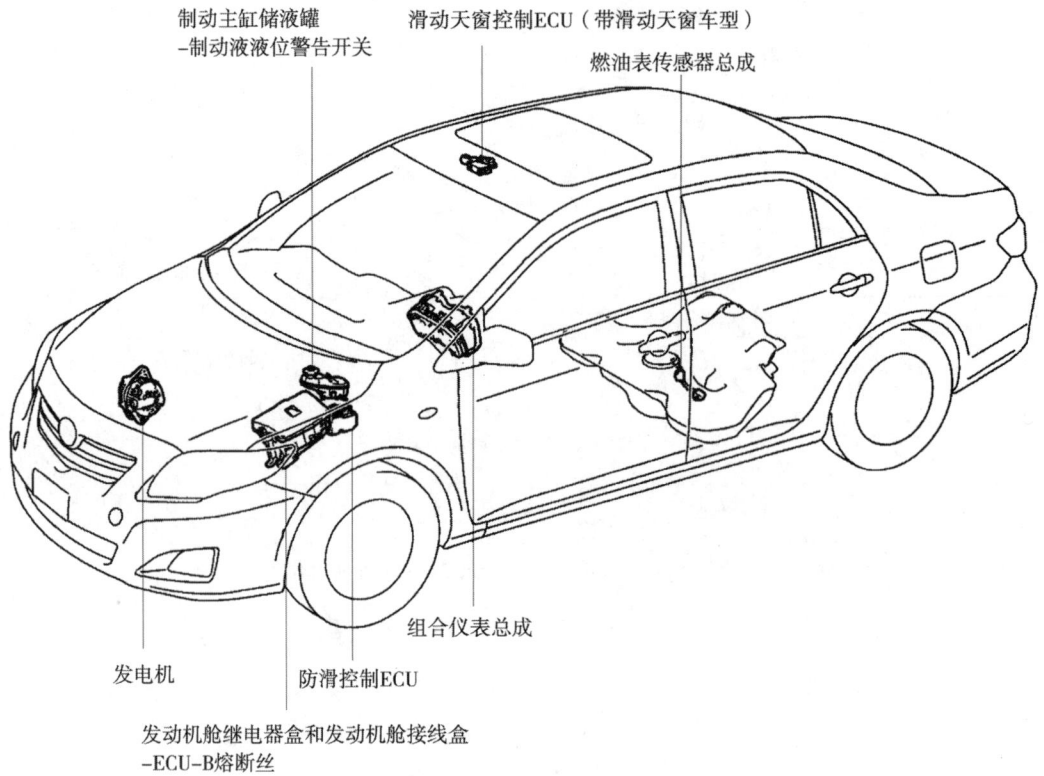

图4-5-6　组合仪表和报警装置在车上布置（1）

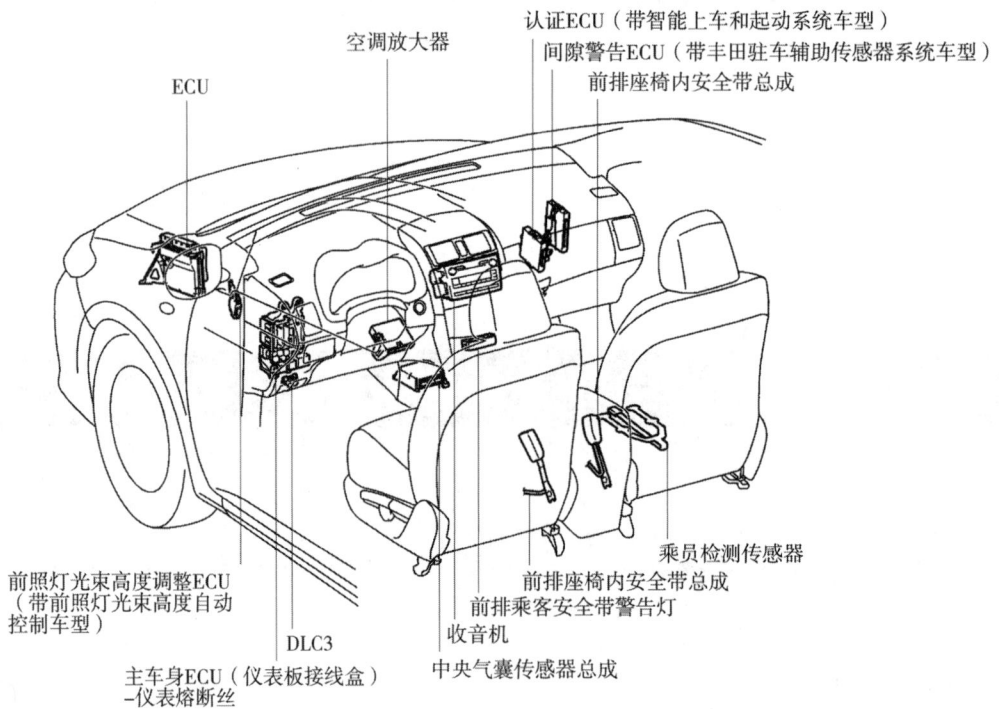

空调放大器

ECU

认证ECU（带智能上车和起动系统车型）
间隙警告ECU（带丰田驻车辅助传感器系统车型）
前排座椅内安全带总成

乘员检测传感器

前照灯光束高度调整ECU
（带前照灯光束高度自动
控制车型）

DLC3

主车身ECU（仪表板接线盒）
－仪表熔断丝

前排座椅内安全带总成
前排乘客安全带警告灯
收音机
中央气囊传感器总成

图4-5-7　组合仪表和报警装置在车上布置（2）

（2）拆卸仪表板左端装饰板。

（3）拆卸仪表组装饰板总成。

①操作倾斜度调节杆以降下转向盘总成。

AT：

机油压力开关

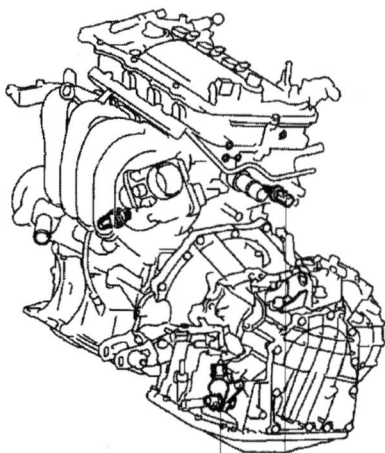

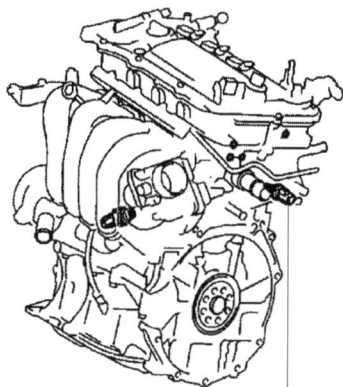

MT：

机油压力开关

驻车挡/空挡起动开关　发动机冷却液温度传感器

发动机冷却液温度传感器

图4-5-8　组合仪表和报警装置在车上布置（3）

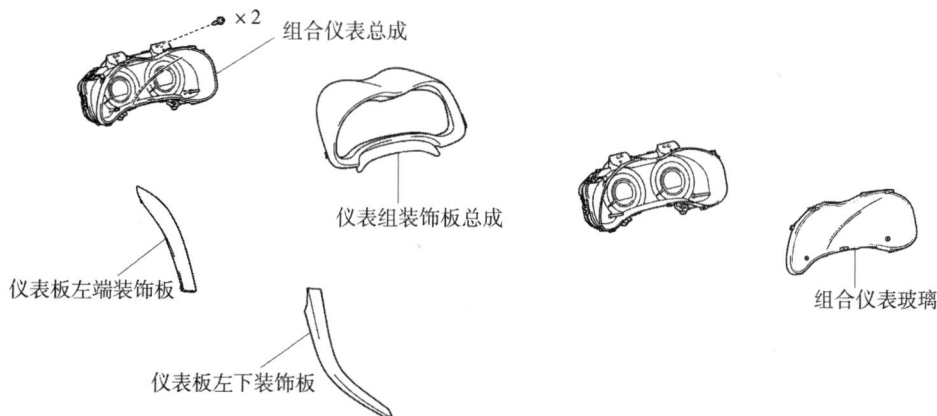

×2　组合仪表总成

仪表组装饰板总成

仪表板左端装饰板

组合仪表玻璃

仪表板左下装饰板

图4-5-9　拆装组合仪表相关部件分解图

②在图 4-5-10 所示位置粘贴保护性胶带。

③如图 4-5-11 所示，脱开导销、卡爪和 3 个卡子，并拆下仪表组装饰板总成。

（4）拆卸组合仪表总成。

①如图 4-5-12 所示，拆下 2 个螺钉，脱开 2 个导销。注意：拆下组合仪表总成时，小心不要损坏导销。

②如图 4-5-13 所示，拉出组合仪表总成，断开连接器，并拆下组合仪表总成。注意：拆下组合仪表总成时，不要损坏上仪表板分总成或组合仪表总成。

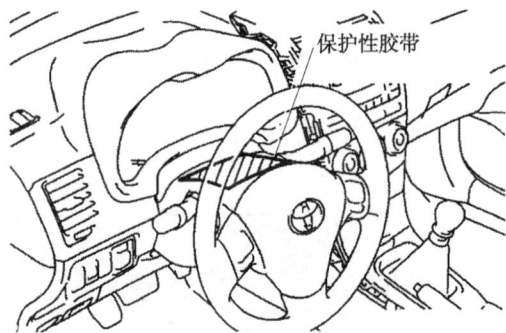

保护性胶带

图4-5-10 组合仪表的拆卸（1）

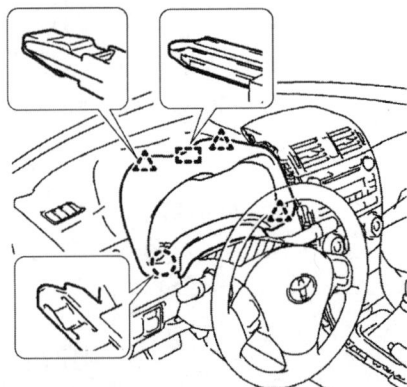

▢▢▢：导销

图4-5-11 组合仪表的拆卸（2）

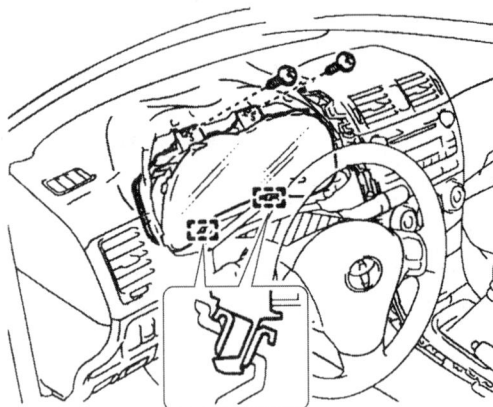

▢▢▢：导销

图4-5-12 组合仪表的拆卸（3）

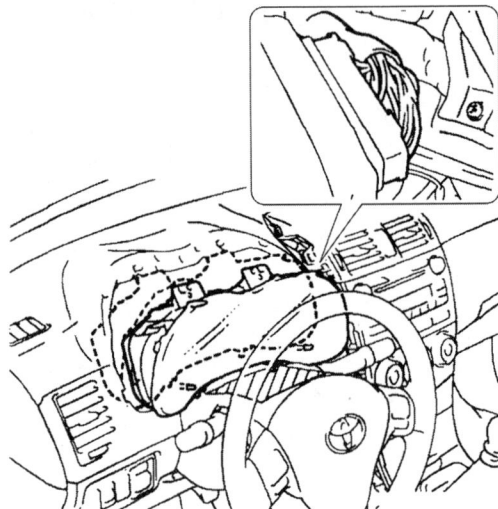

图4-5-13 组合仪表的拆卸（4）

❷ 组合仪表的安装

（1）安装组合仪表总成。

①连接连接器，并暂时安装组合仪表总成（图4-5-13）。注意：安装组合仪表总成时，不要损坏上仪表板分总成或组合仪表总成。

②接合2个导销（图4-5-12）。注意：安装组合仪表总成时，小心不要损坏导销。安装组合仪表总成时，将导销牢固地插入上仪表板分总成的孔内。用2个螺钉安装组合仪表总成。

（2）安装仪表装饰板总成（图4-5-11）。接合导销、卡爪和3个卡子，并安装仪表组装饰板总成。清除转向柱罩上贴着的保护性胶带。

（3）安装仪表板左端装饰板。

（4）安装仪表板左下装饰板。

单元6　刮水器和洗涤器系统

项目一　刮水器和洗涤器系统的结构与工作原理

一　刮水器和洗涤器系统作用和组成

刮水器的作用是用来清除风窗玻璃上的雨水、雪或尘土，以确保驾驶人有良好的视野。在行驶中，由于泥土的飞溅或其他原因污染风窗玻璃，所以刮水器还设有洗涤装置。有些轿车还装备有前照灯冲洗系统。刮水器和洗涤器系统在车上的布置如图4-6-1所示。

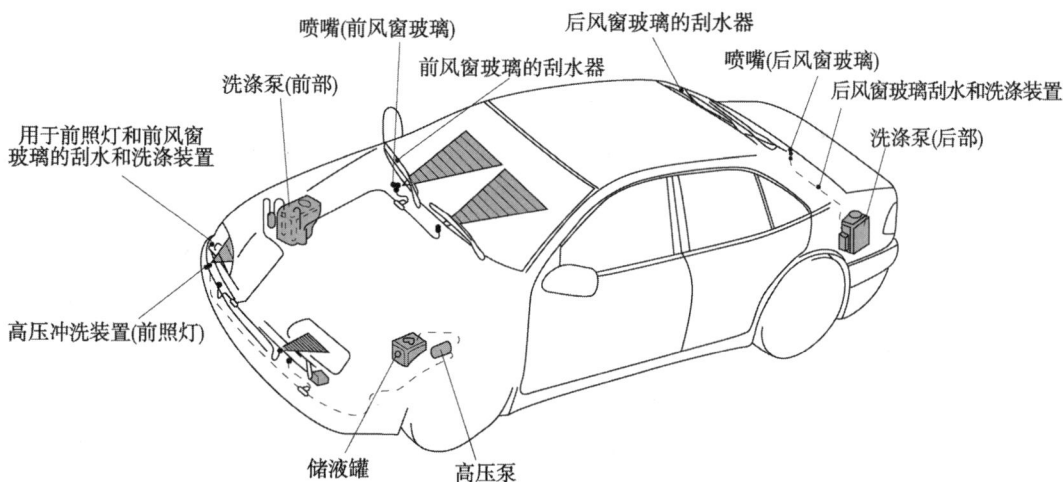

图4-6-1　刮水器和洗涤器系统在车上的布置

二　刮水器的构造

❶　刮水器的作用与分类

下雨或下雪时，为保持良好的视线，前、后风窗玻璃上均装有刮水器，以扫除玻璃上的积水或积雪。

现代汽车均使用电动机驱动刮水器，这样可以保持一定速度摆动，不受发动机转速与负荷变动的影响，且可以随驾驶人的需要，视雨势大小调整动作速度。电动刮水器更可以做每秒一次至 30 秒一次间歇动作的无级变速调整。根据刮水片的联动方式，刮水器可分为：

（1）平行连动式：一般小型车采用最多，如图 4-6-2a）所示。

（2）对向连动式：大型车采用，如图 4-6-2b）所示。

（3）单臂式：部分小型车采用，如图 4-6-2c）所示。

目前使用的刮水器多数是平行连动式。

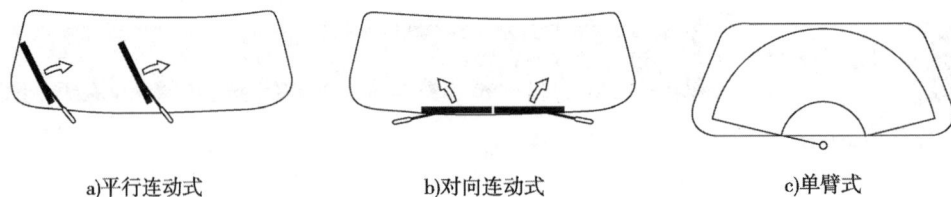

a)平行连动式　　　　　　　b)对向连动式　　　　　　　c)单臂式

图4-6-2　刮水片连动方式

❷ 刮水器的结构及工作原理

如图 4-6-3 所示，刮水器是由直流电动机、涡轮箱、曲柄、连杆、摆杆、摇臂和刮水片等部分组成。

利用电动机的动力，带动连杆机构，使刮水片产生作用。现代汽车刮水器直流电动机多使用永久磁铁式刮水器电动机，其构造如图 4-6-4 所示。刮水器架装在齿轮壳侧端，端板与外壳为一体，使用三个电刷做两级变速。

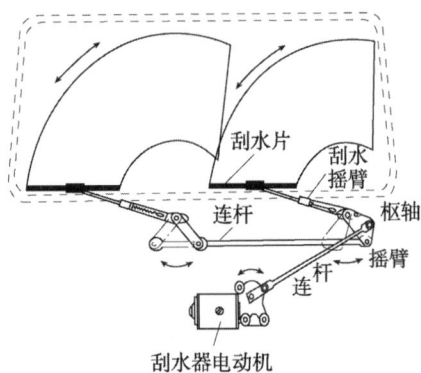

图4-6-3　刮水器的结构

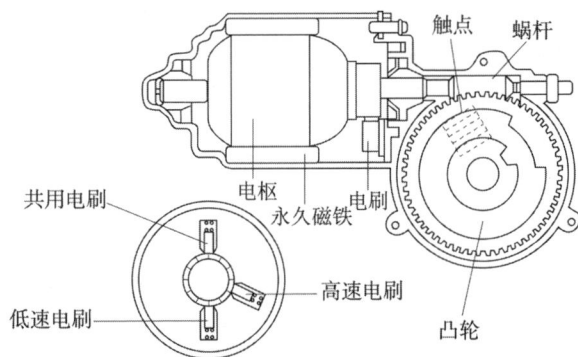

图4-6-4　永久磁铁式刮水器电机

刮水器电动机转动时，使蜗轮上的曲臂旋转，经连杆使短臂以电枢中心做扇形运动，此短臂上安装右侧的刮水臂，另一连杆与左侧的短臂连接，左右两侧的刮水臂以电枢为中心做同方向左右平行的运动（图 4-6-3）。

要将风窗玻璃上的积水清除得很干净，使视线良好，刮水臂与刮水片（图 4-6-5）必须经特殊设计才能发挥功能，平面玻璃与不同曲面玻璃所用的刮水臂与刮水片的构造是不同的，使用错误会使积水刮除不干净，影响视线。刮水臂与驱动轴的安装方法，如图 4-6-6 所示，一般均以螺栓固定。

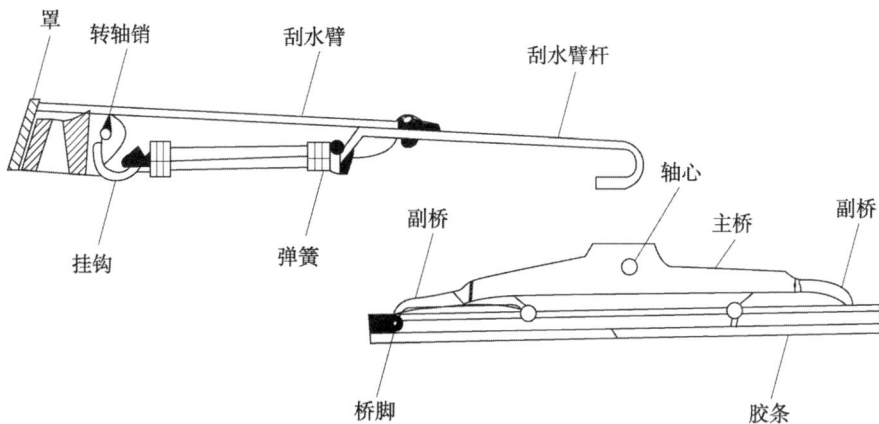

图4-6-5 刮水片的结构

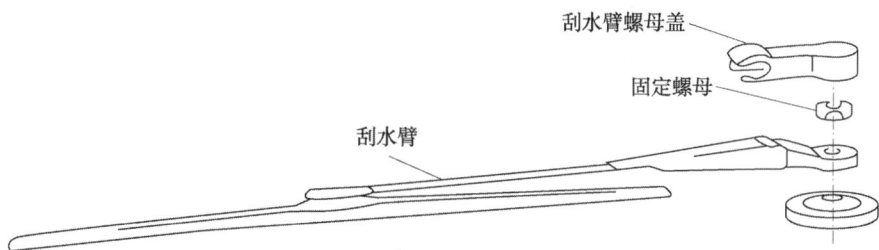

图4-6-6 刮水臂与驱动轴安装法

❸ 低、高速附间歇动作式刮水器

在下小雨或潮湿路面行驶，前车带起的水珠溅湿后车的风窗玻璃，偶尔需要操作一下刮水器才能保持良好视线，避免给驾驶人带来麻烦。故现代汽车刮水器除低、高速外，通常附有间歇（INT）的位置，间歇摆动的间隔固定时间者较多，有的可以调整，最久可达30s左右。有些汽车在间歇动作时，为能彻底刮净风窗玻璃上的尘土，并且避免刮水片或玻璃刮伤，一般附有自动喷水动作。

低、高速附间歇动作式刮水器装置的电机构造，与永久磁铁式刮水器电机相同，只是在电路上多装了一个间歇开关，及刮水器开关上多了一段间歇（INT）位置。如图 4-6-7所示，为一般汽车使用低、高速附间歇动作的刮水器电路。

三 洗涤器的构造

汽车行驶时，风窗玻璃上常附着灰尘、砂粒等，若不冲洗就直接使用刮水器时，会使刮水片损伤，并易使风窗玻璃刮伤；同时风窗玻璃太干燥时，也使刮水片受到过大的阻力，易使刮水器电动机烧坏。故使用刮水器前，先使洗涤器向风窗玻璃喷水，洗净玻璃上的灰尘、砂粒等，并减少刮水片的阻力。

目前汽车使用的洗涤器均为电动式，其结构包括储液罐、水管及喷嘴等部分，电动机（永久磁铁式）及水泵（离心式）装在储水箱上，如图 4-6-8 所示。离心式水泵工作原理

第四篇

电气设备

253

如图 4-6-9 所示，喷嘴的种类如图 4-6-10 所示。

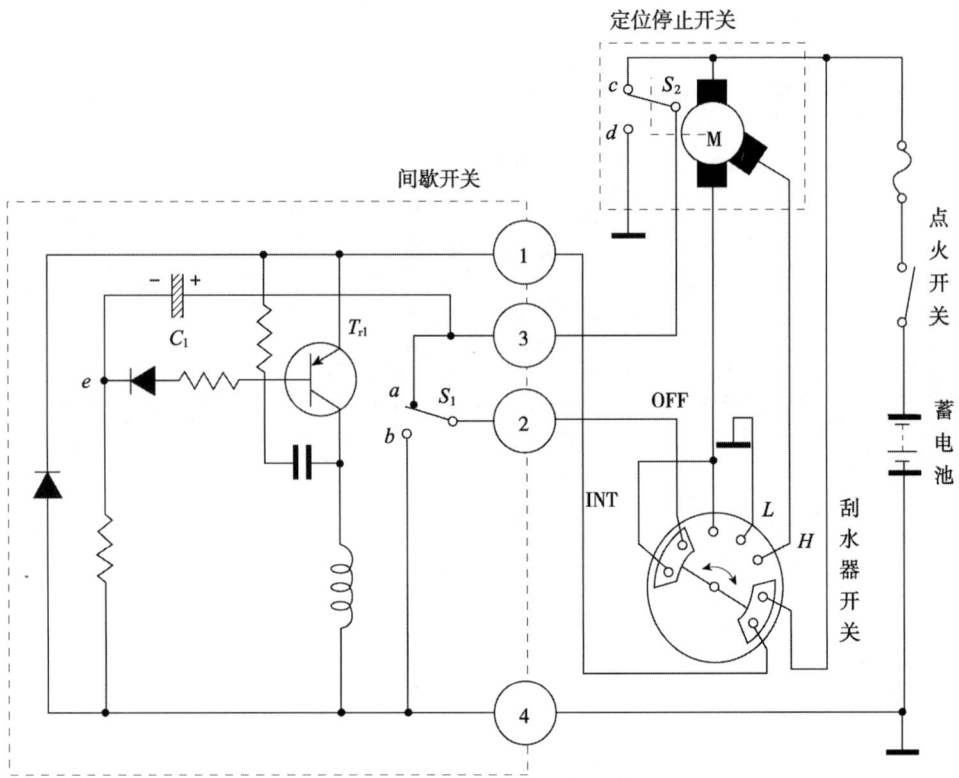

图4-6-7　低高速附间歇动作刮水器电路

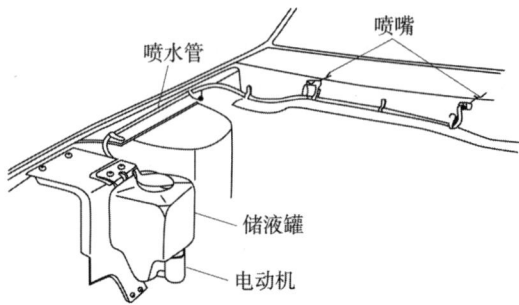

图4-6-8　风窗玻璃洗涤器系统

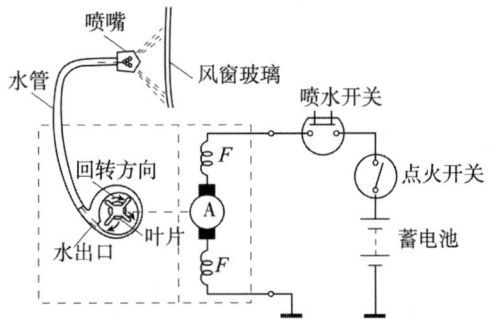

图4-6-9　离心式水泵的工作原理

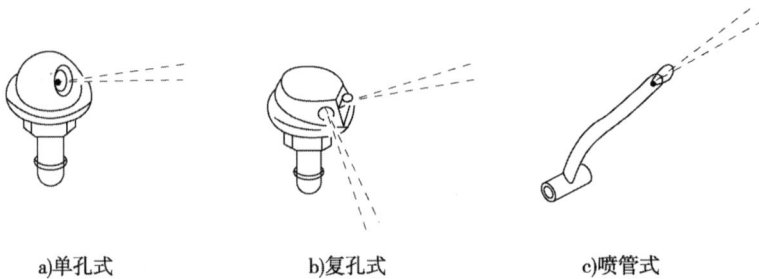

a)单孔式　　　　b)复孔式　　　　c)喷管式

图4-6-10　喷嘴的种类

四 前照灯冲洗装置

在泥泞路面或恶劣气候下跟车或会车时，经常因泥水飞溅，使前照灯镜面脏污，影响照明及行车安全，故部分车辆装备有前照灯冲洗装置。

前照灯冲洗装置由前照灯冲洗开关、控制器、储液罐、冲洗电动机及喷嘴等组成，如图 4-6-11 所示。

前照灯冲洗装置的电路如图 4-6-12 所示，压下冲洗开关，左右两侧的喷嘴喷出冲洗液，将前照灯冲洗干净。喷嘴位置必须正确，使在所有车速时，冲洗液均能喷向前照灯。

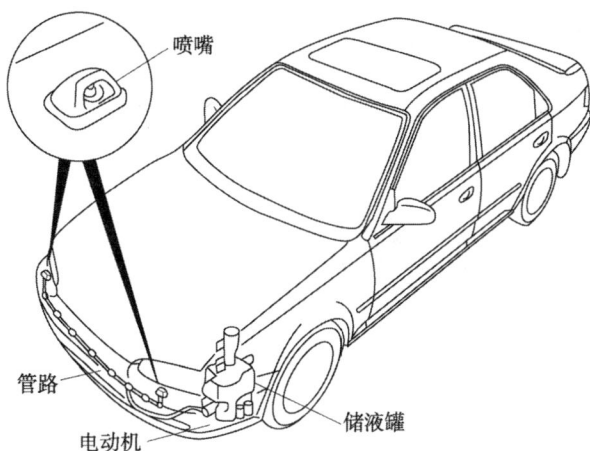

图4-6-11　前照灯冲洗装置的组成

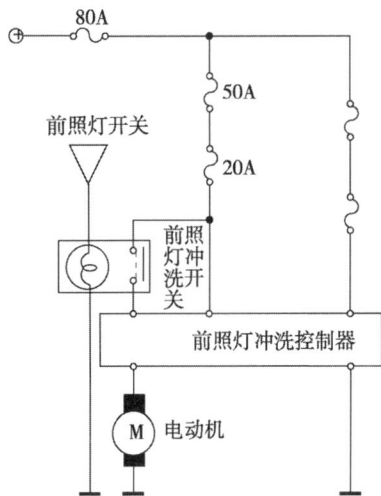

图4-6-12　前照灯冲洗装置电路图

项目二　刮水器和洗涤器系统的拆装

本项目以卡罗拉（1.6L）乘用车刮水器和洗涤器系统的拆装为例进行说明。
卡罗拉（1.6L）乘用车刮水器和洗涤器系统在车上布置如图 4-6-13 和图 4-6-14 所示。

一 前刮水器电动机的拆装

拆装前刮水器电动机相关部件分解图如图 4-6-15 和图 4-6-16 所示。

1 前刮水器电动机的拆卸

（1）拆卸前刮水器臂端盖。如图 4-6-17 所示，拆下 2 个盖。
（2）拆卸左前刮水器臂和刮水片总成。如图 4-6-18 所示，拆下螺母及左前刮水器臂和刮水片总成。

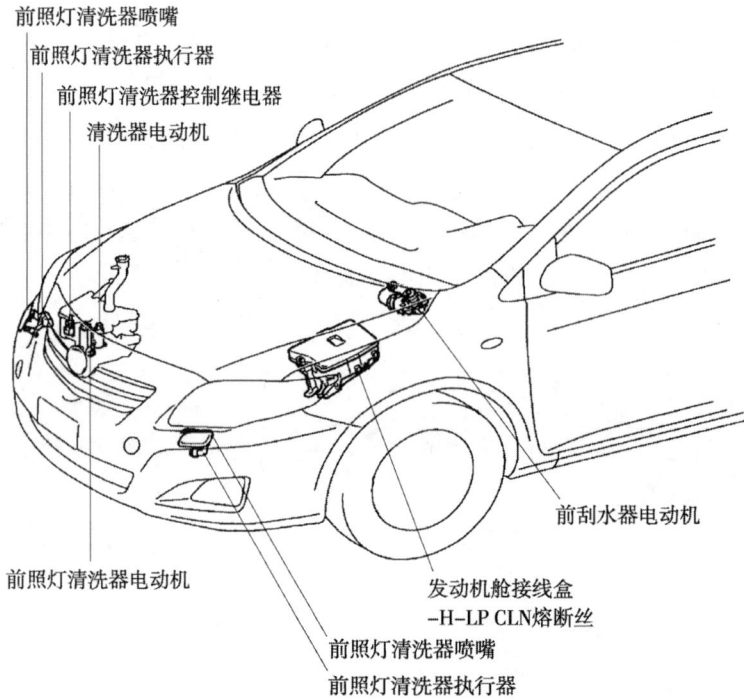

前照灯清洗器喷嘴
前照灯清洗器执行器
前照灯清洗器控制继电器
清洗器电动机

前刮水器电动机

前照灯清洗器电动机

发动机舱接线盒
–H–LP CLN熔断丝
前照灯清洗器喷嘴
前照灯清洗器执行器

图4-6-13 刮水器和洗涤器系统在车上布置（1）

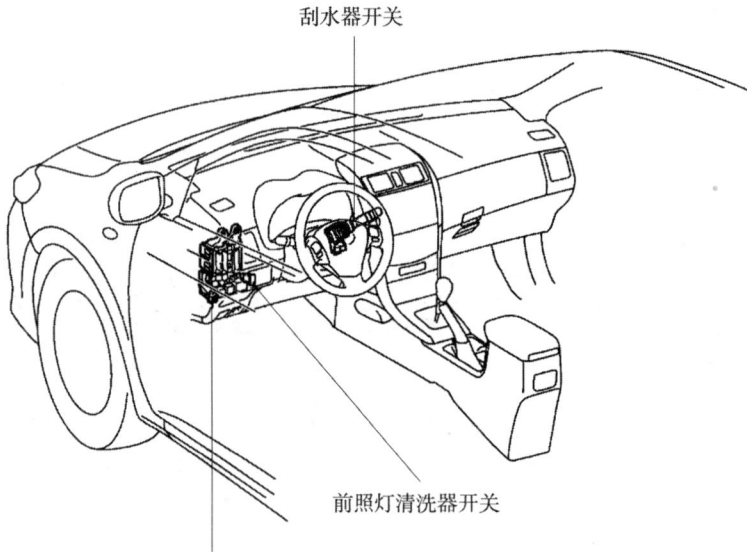

刮水器开关

前照灯清洗器开关

仪表板接线盒
–主车身ECU
–刮水器熔断丝
–清洗器熔断丝
–AM1熔断丝
–ECU–IG No.1熔断丝
–IG1继电器

图4-6-14 刮水器和洗涤器系统在车上布置（2）

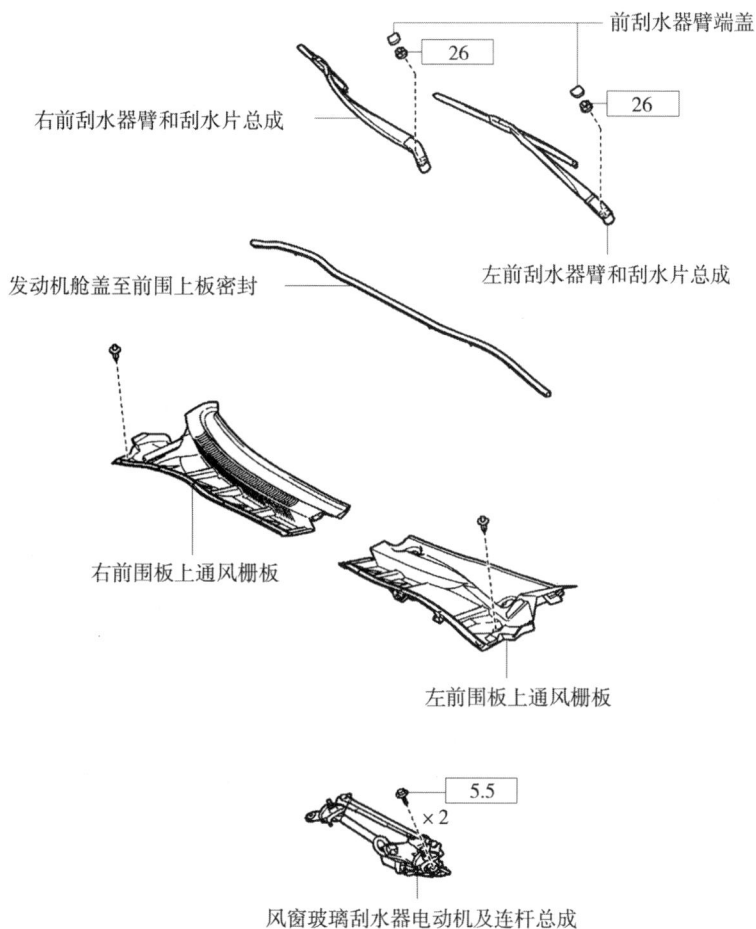

前刮水器臂端盖

26

右前刮水器臂和刮水片总成

26

发动机舱盖至前围上板密封

左前刮水器臂和刮水片总成

右前围板上通风栅板

左前围板上通风栅板

5.5

×2

风窗玻璃刮水器电动机及连杆总成

N·m ：规定的拧紧力矩

图4-6-15 拆装前刮水器电动机相关部件分解图（1）

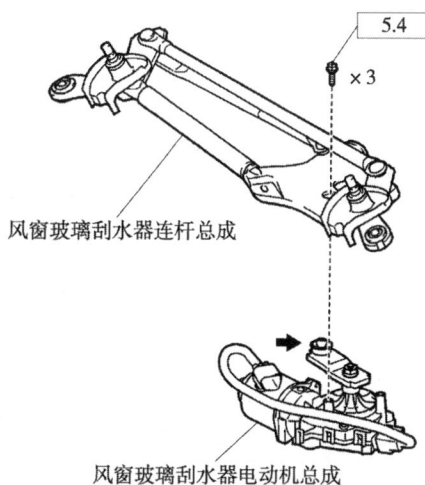

5.4

×3

风窗玻璃刮水器连杆总成

风窗玻璃刮水器电动机总成

N·m ：规定的拧紧力矩

◀ ：通用润滑脂

图4-6-16 拆装前刮水器电动机相关部件分解图（2）

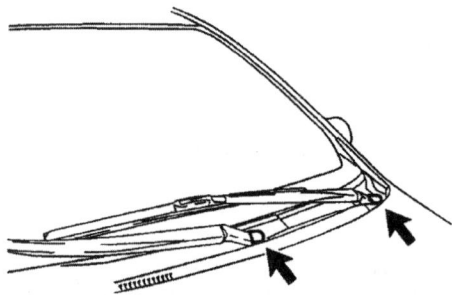

图4-6-17　前刮水器电动机的拆卸（1）

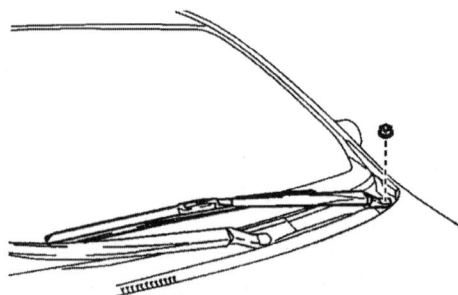

图4-6-18　前刮水器电动机的拆卸（2）

（3）拆卸右前刮水器臂和刮水片总成。如图4-6-19所示，拆下螺母及右前刮水器臂和刮水片总成。

（4）拆卸发动机舱盖至前围上板密封。如图4-6-20所示，脱开7个卡子并拆下发动机舱盖至前围上板密封。

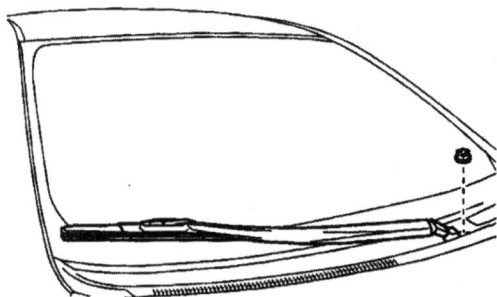

图4-6-19　前刮水器电动机的拆卸（3）

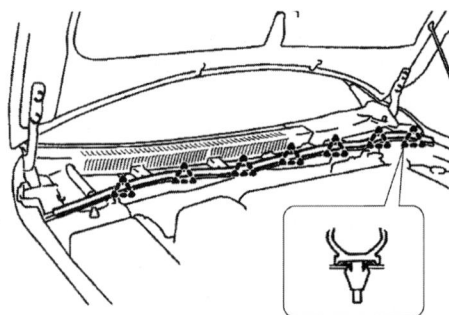

图4-6-20　前刮水器电动机的拆卸（4）

（5）拆卸右前围板上通风栅板。如图4-6-21所示，脱开卡子和14个卡爪，并拆下右前围板上通风栅板。

（6）拆卸左前围板上通风栅板。如图4-6-22所示，脱开卡子和8个卡爪，并拆下左前围板上通风栅板。

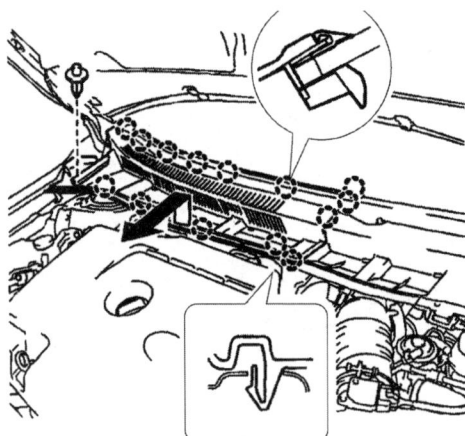

图4-6-21　前刮水器电动机的拆卸（5）

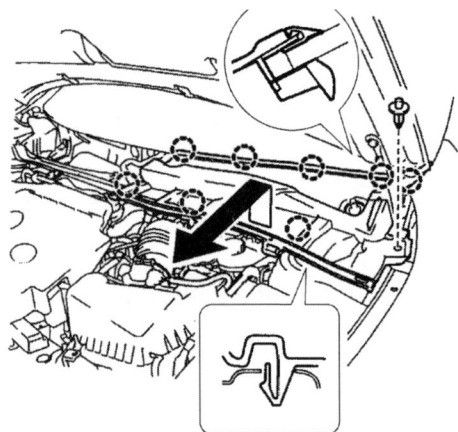

图4-6-22　前刮水器电动机的拆卸（6）

（7）拆卸风窗玻璃刮水器电动机及连杆总成。如图 4-6-23 所示，断开连接器，拆下2 个螺栓和风窗玻璃刮水器电动机和连杆总成。

（8）拆卸风窗玻璃刮水器电动机总成。

①如图 4-6-24 所示，用头部缠有胶带的螺丝刀从风窗玻璃刮水器电动机总成的曲柄枢轴上断开风窗玻璃刮水器连杆。

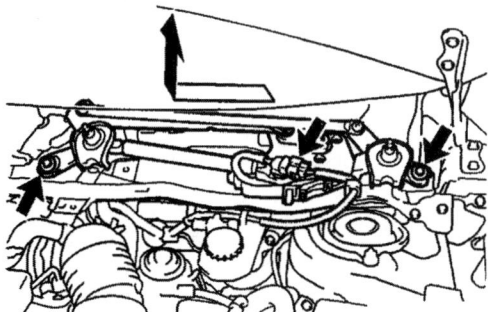

图4-6-23　前刮水器电动机的拆卸（7）　　　图4-6-24　前刮水器电动机的拆卸（8）

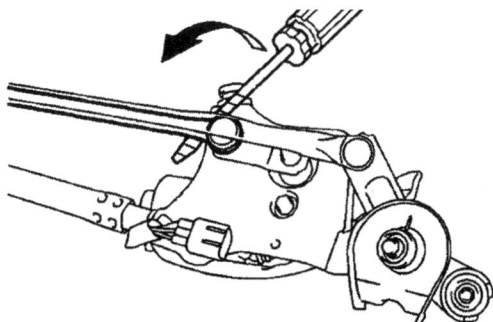

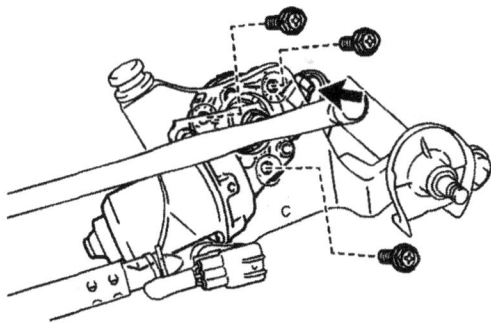

②如图 4-6-25 所示，从线束上拆下绝缘胶布，以便断开连接器。

③断开连接器。

④如图 4-6-26 所示，拆下 3 个螺栓和风窗玻璃刮水器电动机总成。注意：如果不能从风窗玻璃刮水器连杆总成上拆下风窗玻璃刮水器电动机总成，则转动曲柄臂以便能拆下风窗玻璃刮水器电动机总成。

图4-6-25　前刮水器电动机的拆卸（9）　　　图4-6-26　前刮水器电动机的拆卸（10）

❷ 前刮水器电动机的安装

（1）安装风窗玻璃刮水器电动机总成。

①用 3 个螺栓安装风窗玻璃刮水器电动机总成，连接连接器（图 4-6-26）。

②用新的绝缘胶布包裹线束（图 4-6-25）。注意：对于除去绝缘胶布的部件，使用新的绝缘胶布包裹，使线束紧固在板上。

③如图 4-6-27 所示，在风窗玻璃刮水器电动机总成的曲柄臂枢轴上涂抹通用润滑脂。

④如图 4-6-28 所示，将风窗玻璃刮水器连杆总成连接至风窗玻璃刮水器电动机总成的曲柄臂枢轴。

（2）安装风窗玻璃刮水器电动机及连杆总成。如图4-6-29所示，使用2个螺栓安装风窗玻璃刮水器电动机和连杆总成。连接连接器。

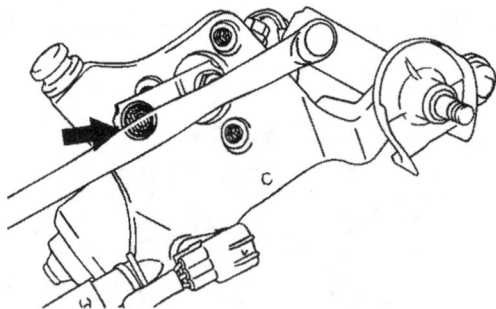

图4-6-27　前刮水器电动机的安装（1）

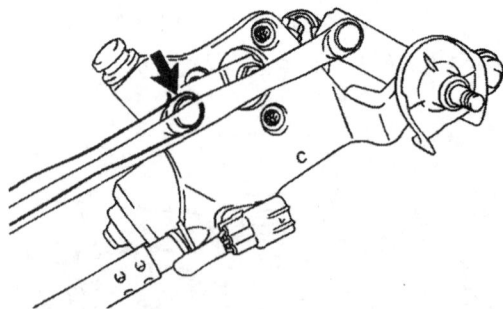

图4-6-28　前刮水器电动机的安装（2）

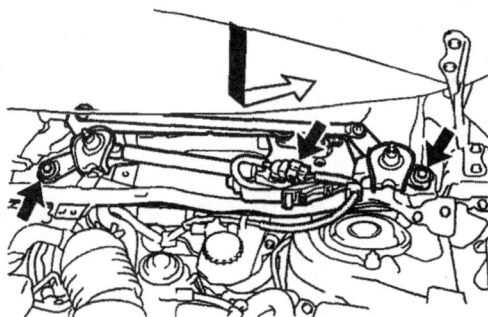

图4-6-29　前刮水器电动机的安装（3）

（3）安装左前围板上通风栅板。如图4-6-30所示，接合卡子和8个卡爪，并安装左前围板上通风栅板。

（4）安装右前围板上通风栅板。如图4-6-31所示，接合卡子和14个卡爪，并安装右前围板上通风栅板。

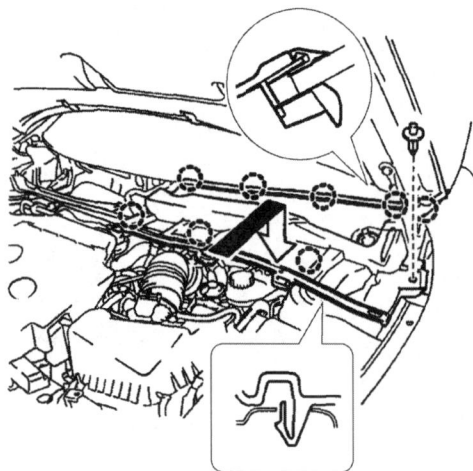

图4-6-30　前刮水器电动机的安装（4）

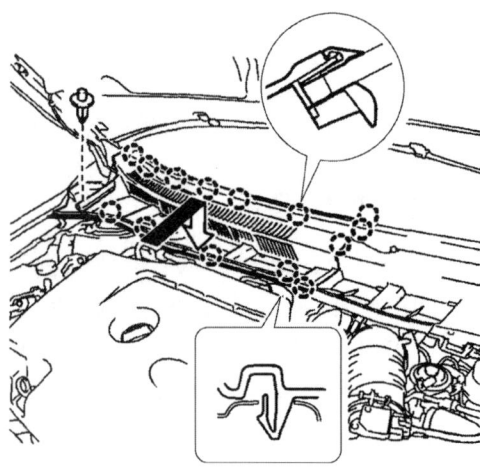

图4-6-31　前刮水器电动机的安装（5）

（5）安装发动机舱盖至前围上板密封（图4-6-20）。接合7个卡子并安装发动机舱盖至前围上板密封。

（6）安装右前刮水器臂和刮水片总成。

①操作刮起水器并在自动停止位置停止风窗玻璃刮水器电动机运转。

②清洁刮水器臂齿面。在重新安装时，使用钢丝刷清洁刮水器枢轴齿面，如图4-6-32所示。

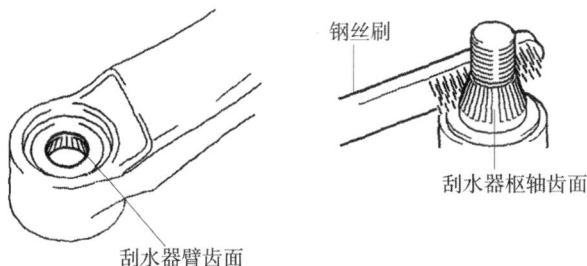

图4-6-32　前刮水器电动机的安装（6）

③用螺母在如图4-6-33所示位置安装右前刮水器臂和刮水片总成。注意：用手握住臂铰链以紧固螺母，图中 A 值应为 17.5~32.5mm。

（7）安装左前刮水器臂和刮水片总成。

①操作刮水器并在自动停止位置停止风窗玻璃刮水器电动机。

②清洁刮水器臂齿面（图4-6-32）。在重新安装时，使用钢丝刷清洁刮水器枢轴齿面。

③用螺母在如图4-6-34所示的位置安装左前刮水器臂和刮水片总成。注意：用手握住铰链以紧固螺母，图中 A 值应为 32.5~37.5mm。

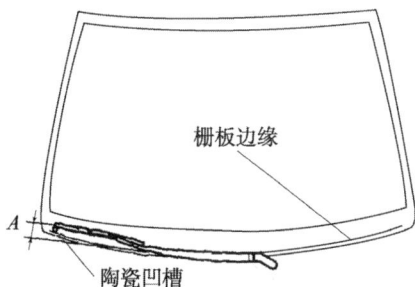

图4-6-33　前刮水器电动机的安装（7）

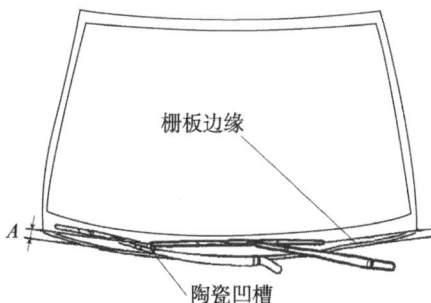

图4-6-34　前刮水器电动机的安装（8）

④在风窗玻璃上喷射清洗液的同时，操作前刮水器。确保前刮水器功能正常，且刮水器不与车身接触。

（8）安装前刮水器臂端盖（图4-6-17）。安装2个盖。

二　前刮水器橡胶条的拆装

前刮水器橡胶条分解图如图4-6-35所示。

前刮水器刮水片

刮水器橡胶条背板

刮水器橡胶条

刮水器橡胶条背板

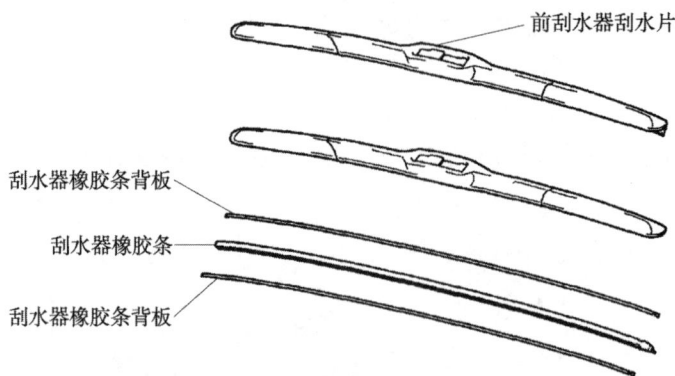

图4-6-35　前刮水器橡胶条分解图

❶ 前刮水器橡胶条的拆卸

（1）拆卸前刮水器刮水片。脱开前刮水器刮水片的固定架。如图 4-6-36 所示，从前刮水器臂上拆下前刮水器刮水片。注意：拆下前刮水器刮水片后，不要弯曲前刮水器臂，因为刮水器臂的端部可能损坏风窗玻璃表面。

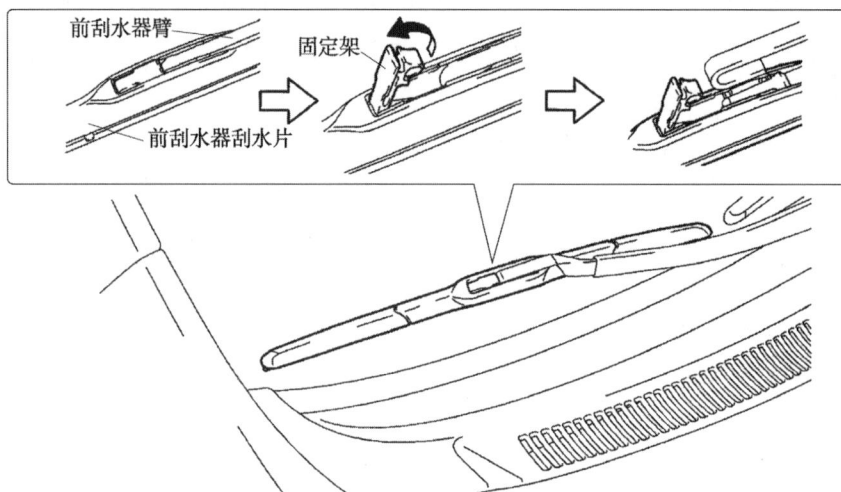

前刮水器臂

固定架

前刮水器刮水片

图4-6-36　前刮水器橡胶条的拆卸（1）

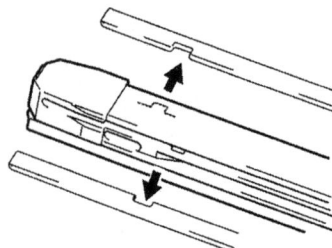

（2）拆卸刮水器橡胶条。

①如图 4-6-37 所示，从前刮水器刮水片上拆下刮水器橡胶条和刮水器橡胶条背板。

②如图 4-6-38 所示，从刮水器橡胶条上拆下 2 个刮水器橡胶条背板。

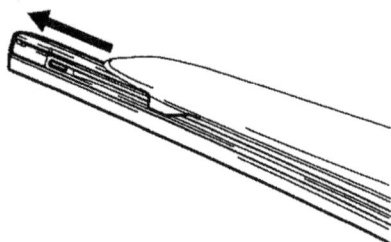

图4-6-37　前刮水器橡胶条的拆卸（2）　　　图4-6-38　前刮水器橡胶条的拆卸（3）

❷ 前刮水器橡胶条的安装

（1）安装刮水器橡胶条。

①如图 4-6-39 所示，将 2 个刮水器橡胶条背板安装至刮水器橡胶条。注意：将刮水器橡胶条的凸出部分与背板上的槽口对齐。将背板的曲线与玻璃的曲线对齐。

②如图 4-6-40 所示，将刮水器橡胶条安装至前刮水器刮水片，使橡胶条的端部（弯曲端）朝向刮水器臂轴。注意：将刮水器橡胶条紧紧压入刮水片，使它们牢固啮合。

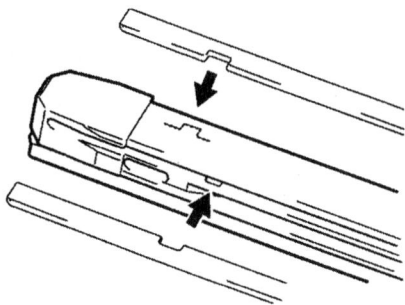

图4-6-39　前刮水器橡胶条的安装（1）　　　　图4-6-40　前刮水器橡胶条的安装（2）

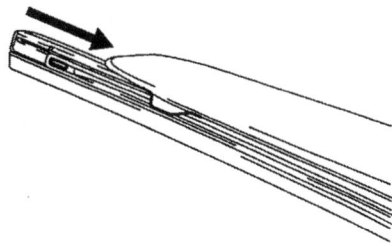

（2）安装前刮水器刮水片。如图 4-6-41 所示安装前刮水器刮水片。卡紧前刮水器刮水片的固定架。

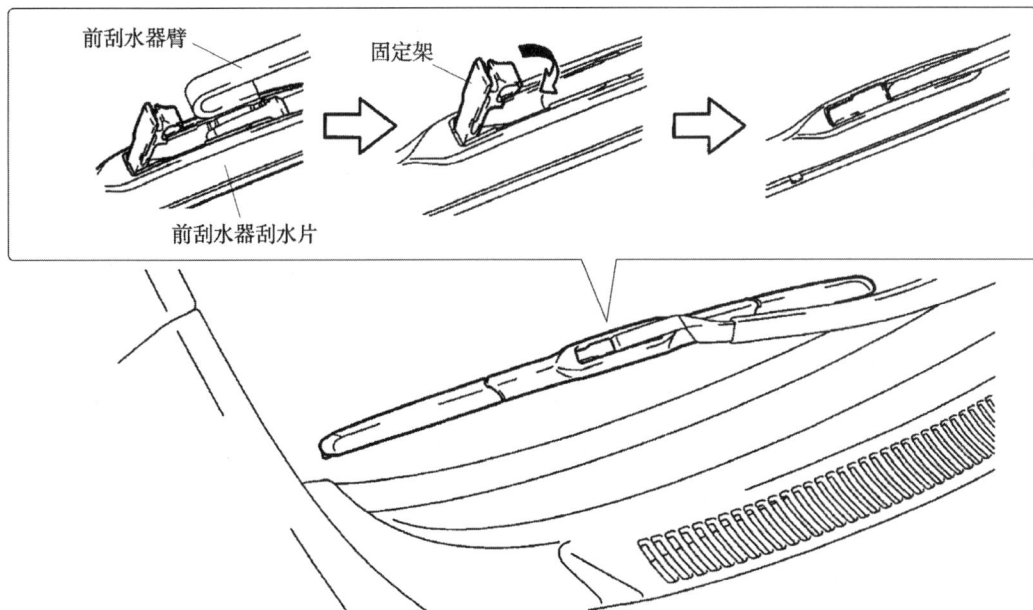

图4-6-41　前刮水器橡胶条的安装（3）

263

单元7 空调系统

项目一 空调系统的结构与工作原理

■ 概述

1 空调系统作用

汽车空调系统即车内空气调节装置，是指对车内空气的温度、湿度及清洁度进行调节控制的装置。汽车空调系统作用是在各种气候和行驶条件下，为乘员提供舒适的车内环境，并能预防或除去附在风窗玻璃上的雾、霜或冰雪，以确保驾驶人的视野清晰与行车安全。

2 空调系统的组成

汽车空调系统在车上布置如图 4-7-1 所示，它主要由制冷系统、采暖系统、通风装置、加湿装置、空气净化装置和控制装置等组成。

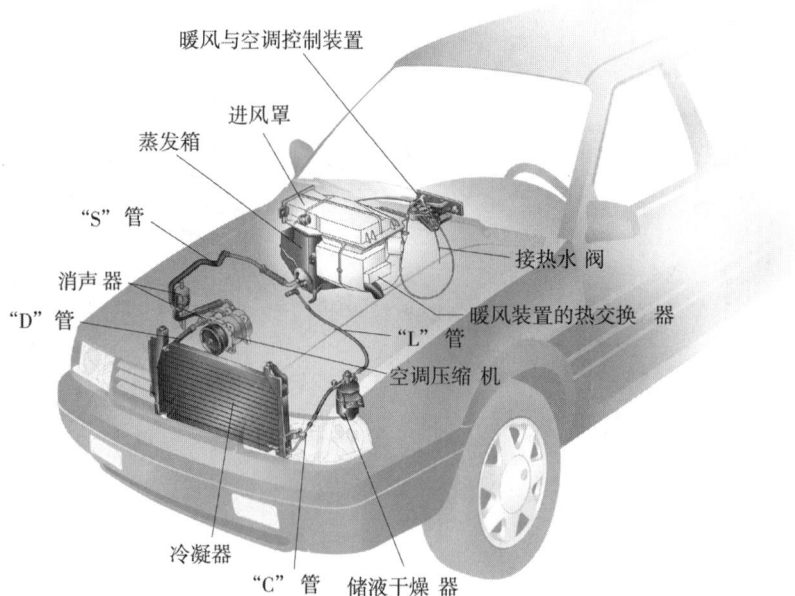

图4-7-1 空调系统在车上布置图

🔢 制冷剂

在制冷系统中用于转换热量并且循环流动的物质称为制冷剂。目前，汽车空调制冷系统使用的制冷剂通常有 R12 和 R134a 两种，其中英文字母 R 是制冷剂（Refrigerant）的简称，数字代号使用的是美国制冷工程师协会（ASRE）编制的代号系统。

❶ R12 制冷剂的特性

R12 是汽车空调中曾广泛使用的制冷剂，其分子式为 CF_2Cl_2，化学名称为二氟二氯甲烷，主要特性如下：

（1）无色、无刺激性臭味；一般情况下不具有毒性，对人体没有直接危害；不燃烧、无爆炸危险；热稳定性好。

（2）在一个标准大气压下 R12 的沸点为 $-29.8℃$，凝固温度为 $-158℃$。

（3）R12 对一般金属没有腐蚀作用。

（4）使用 R12 的制冷系统要求使用特制的橡胶密封件。

（5）R12 有良好的绝缘性能。

（6）R12 液态时对冷冻润滑油的溶解度无限制，可以任何比例溶解。这样在整个制冷循环中，冷冻润滑油通过 R12 参与循环，对空调压缩机进行润滑。

（7）R12 对水的溶解度很小。

由于 R12 对大气臭氧层有很强的破坏作用，因此，在目前生产的汽车空调制冷系统中已经被 R134a 所替代，但还有很多于早期生产的在用汽车空调制冷系统的制冷剂仍为 R12。

❷ R134a 制冷剂的特性

R134a 制冷剂的分子式为 CH_2FCF_3，是卤代烃类制冷剂中的一种。R134a 制冷剂与 R12 制冷剂相比，其热力学性能（包括分子量、沸点、临界参数、饱和蒸气压和汽化潜热等）均与 R12 相近，具有无色、无臭、不燃烧、不爆炸、基本无毒的特性。但是，采用制冷剂 R134a 的汽车空调中，在结构与材料方面与 R12 空调系统还是有很大区别的，两种制冷系统中的制冷剂是不能互换使用的。

🔢 冷冻润滑油的选择

冷冻润滑油也叫冷冻油，是制冷压缩机的专用润滑油，冷冻润滑油在空调制冷系统中完全溶于制冷剂中，并随制冷剂一起在制冷系统中循环，它可保证压缩机正常运转、可靠工作和延长使用寿命。冷冻润滑油具有润滑、密封、冷却和降低压缩机噪声等作用。

按黏度的不同，国产冷冻润滑油牌号有 13 号、18 号、25 号和 30 号 4 种，牌号越大，其黏度也越大。进口冷冻润滑油有 3 种牌号：SUNISO 3GS、SUNISO 4GS 和 SUNISO 5GS。目前，汽车空调制冷系统通常选用国产 18 号和 25 号冷冻润滑油，或进口 SUNISO 5GS 冷冻润滑油。

▤ 制冷系统的组成与工作原理

🔢 汽车空调制冷系统的组成

汽车空调制冷系统主要由压缩机、冷凝器、储液干燥器、膨胀阀、蒸发器、导管与软管、压力开关等组成，如图 4-7-2 所示。

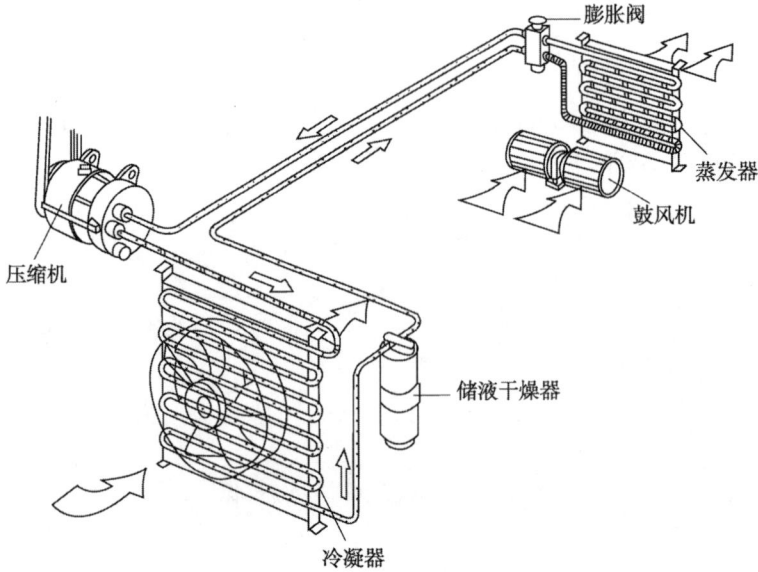

膨胀阀

蒸发器

鼓风机

压缩机

储液干燥器

冷凝器

图4-7-2　空调制冷系统的组成

❷ 空调制冷系统的工作原理

汽车空调制冷系统的工作原理如图 4-7-3 所示，分为压缩过程、放热过程、节流过程和吸热过程。

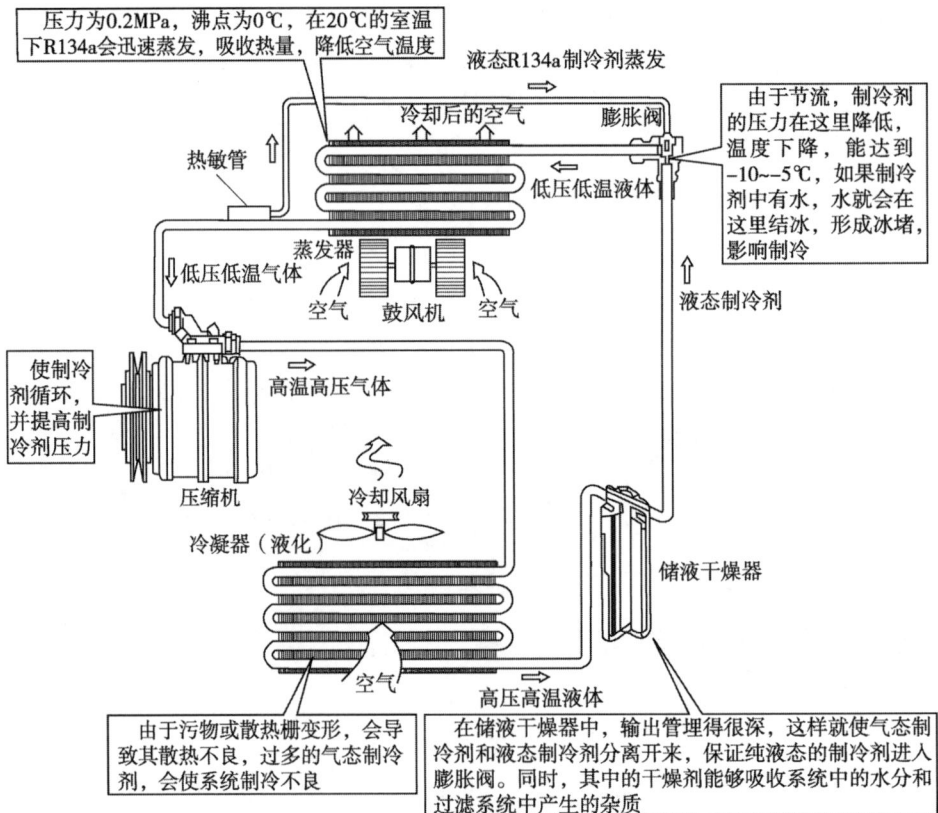

压力为0.2MPa，沸点为0℃，在20℃的室温下R134a会迅速蒸发，吸收热量，降低空气温度

液态R134a制冷剂蒸发

冷却后的空气

膨胀阀

热敏管

由于节流，制冷剂的压力在这里降低，温度下降，能达到−10~−5℃，如果制冷剂中有水，水就会在这里结冰，形成冰堵，影响制冷

低压低温液体

蒸发器

低压低温气体

空气　鼓风机　空气

液态制冷剂

使制冷剂循环，并提高制冷剂压力

高温高压气体

压缩机

冷却风扇

冷凝器（液化）

储液干燥器

空气

高压高温液体

由于污物或散热栅变形，会导致其散热不良，过多的气态制冷剂，会使系统制冷不良

在储液干燥器中，输出管得很深，这样就使气态制冷剂和液态制冷剂分离开来，保证纯液态的制冷剂进入膨胀阀。同时，其中的干燥剂能够吸收系统中的水分和过滤系统中产生的杂质

图4-7-3　汽车空调制冷系统的工作原理

（1）压缩过程。汽车空调压缩机吸入蒸发器出口处的低温低压制冷剂气体，把它压缩成高温高压气体排出压缩机，经管道进入冷凝器。

（2）放热过程。高温高压的过热制冷剂气体进入冷凝器后，由于温度的降低，达到制冷剂的饱和蒸气温度，制冷剂气体冷凝成液体，并放出大量的液化气热。

（3）节流过程。温度和压力较高的液态制冷剂通过膨胀装置后体积变大，压力和温度急剧下降，以雾状排出膨胀装置。

（4）吸热过程。雾状制冷剂液体进入蒸发器，由于压力急剧下降，达到饱和蒸气压力，液态制冷剂蒸发成气体。蒸发过程中吸收大量的蒸发器表面热量，变成低温低压气体后，再次循环进入压缩机。

❸ 空调制冷系统主要部件的结构

❶ 压缩机

压缩机作用是使制冷剂保持循环。压缩机的吸气侧抽吸制冷剂蒸气，然后制冷剂流经压缩机的出口或排放侧，对其加压。高压、高温的制冷剂被压出压缩机而流入冷凝器。

压缩机有两个重要的功能：一是使系统内产生低压条件，二是使制冷剂循环，把制冷剂蒸气从低压压缩至高压，两种功能同时完成。

乘用车空调制冷系统压缩机，一般都是由汽车发动机驱动，其结构形式有曲柄连杆式、斜盘式（摇摆斜盘式和回转斜盘式）、辐射式、滚动活塞式等。摇摆斜盘式压缩机的结构如图4-7-4所示。

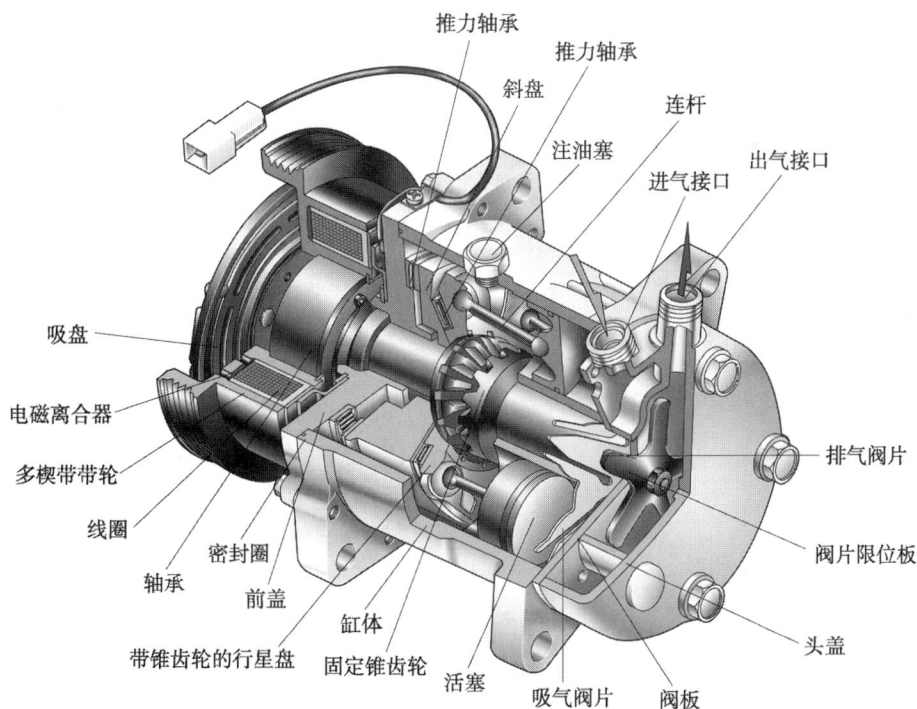

图4-7-4　摇摆斜盘式压缩机的结构

摇摆斜盘式压缩机工作原理示意图如图4-7-5所示，压缩机有5个汽缸，当主轴旋转时，斜盘作轴向往复摇摆运动，带动压缩机的活塞作轴向往复运动，从而完成制冷剂的吸入、压缩和排出过程。

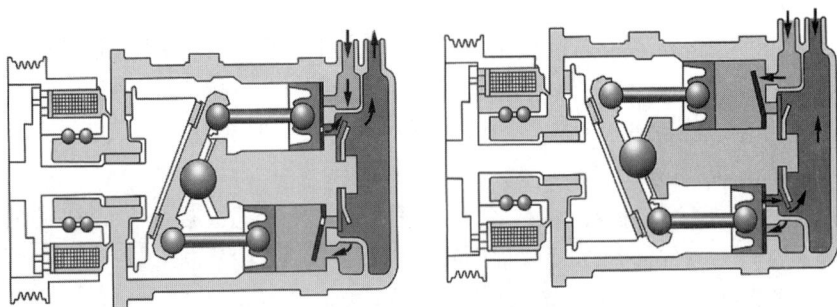

图4-7-5　摇摆斜盘式压缩机工作原理示意图

❷冷凝器

冷凝器的作用是对压缩机排出的高温、高压制冷剂散热降温，使其凝结为液态高压制冷剂。冷凝器直接安装在散热器的前方，冷凝器的结构形式主要有管片式、管带式以及平行流式3种，如图4-7-6所示。

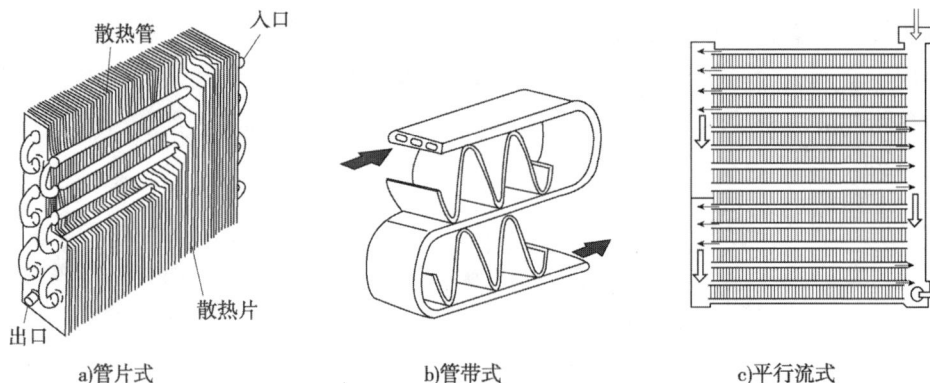

a)管片式　　　　　　　b)管带式　　　　　　　c)平行流式

图4-7-6　冷凝器的结构形式

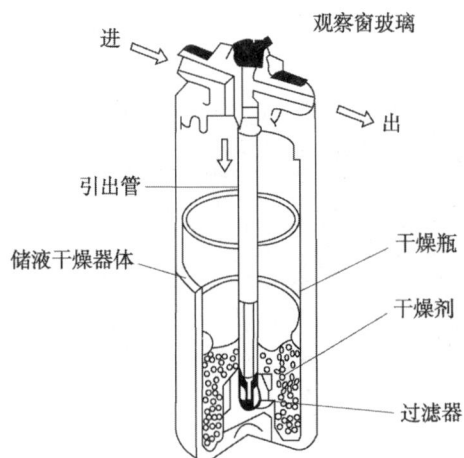

图4-7-7　储液干燥器的结构

❸储液干燥器

储液干燥器主要作用有储存制冷剂、过滤水分与杂质、防止气态制冷剂进入蒸发器等。还提供了系统内液态制冷剂的缓冲空间，能及时调整和补充供给膨胀阀的制冷剂流量，以保证系统内制冷剂流动的连续性和稳定性。

储液干燥器安装于冷凝器与膨胀阀之间，由储液干燥器体、过滤器、干燥剂、引出管和观察窗玻璃等构成，如图4-7-7所示。

❹膨胀阀

汽车空调制冷系统使用的膨胀节流装置简称为膨胀阀，它的主要作用是将液态制冷剂转化为雾状制冷剂，节流、降压、调节和控制流量。在制冷负荷和压缩机转速变化时，膨胀节流装置能自动调节进入蒸发器的制冷剂流量，以满足制冷要求，保证车内温度稳定。

膨胀阀的针阀是通过膜片连动的，膜片的控制因素有3个：蒸发器的压力使阀关闭；弹簧压力使阀关闭；膜片顶部通过毛细管来自热敏管的惰性气体压力使阀打开。这3种力的合力使膨胀阀打开一定的开度，控制制冷剂的流量。膨胀阀的工作过程如图4-7-8所示。

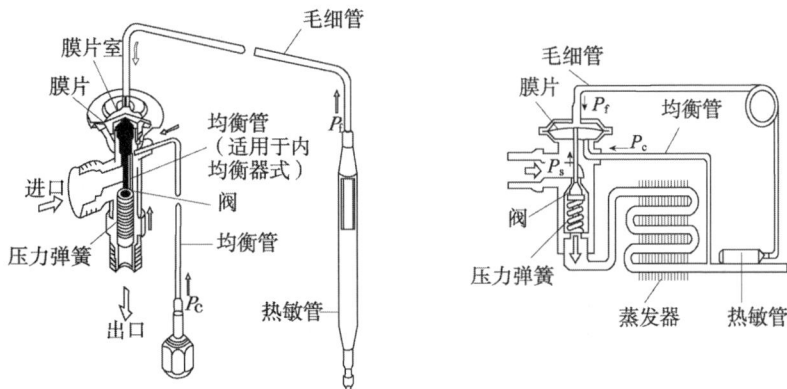

图4-7-8　膨胀阀的工作过程

热敏管固定在蒸发器的出口或尾管处。热敏管感应出尾管的温度后，通过毛细管对阀中的膜片作用。当作用在膜片顶部的压力比蒸发器的压力与弹簧压力的组合还大时，针阀从阀座移开，直到压力达到平衡为止，以此方式将适量的制冷剂流入蒸发器芯。

尾管处的温度上升时，热敏管中的膨胀气体通过毛细管作用在膜片上的压力增加，膜片接着又迫使推杆向下推动阀销和针阀，使更多的制冷剂进入蒸发器。尾管处的温度下降时，热敏管和膜片上的压力降低，从而使针阀就座，流入蒸发器的制冷剂量受到限制。

除了典型的膨胀阀以外，还有一种H形膨胀阀得到了广泛的应用，H形膨胀阀取消了外平衡式膨胀阀的外平衡管和感温包，使其直接与蒸发器进出口相连。H形膨胀阀因其内部通路形状像H而得名，如图4-7-9所示。它有4个接口通往汽车空调系统，其中两个接口和普通膨胀阀一样，一个接储液干燥器的出口，一个接蒸发器的进口，但另两个接口，一个接蒸发器的出口，一个接压缩机的进口，感温包和毛细管均由薄膜下面的感温元件取代，H形膨胀阀结构紧凑，性能可靠。由于没有感温包、毛细管和外平衡接管，避免了因汽车颠簸、振动而使充注系统断裂外漏以及感温包松动影响膨胀阀工作，提高了膨胀阀的抗振性能。

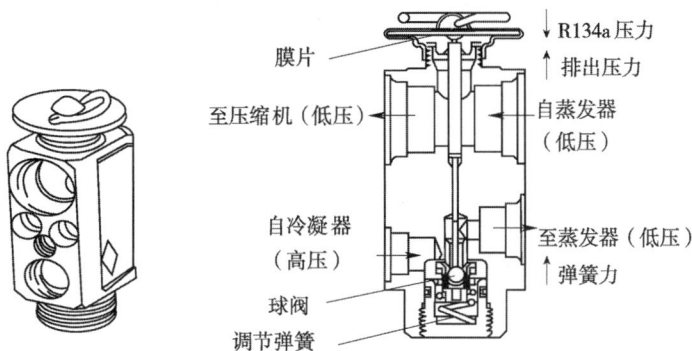

图4-7-9　H形膨胀阀的结构

⑤ 蒸发器

汽车空调蒸发器为直接风冷式结构，制冷系统工作时，来自膨胀阀的低压雾状制冷剂通过蒸发器时，吸收蒸发器周围空气的热量，从而达到降低车内温度的目的，同时低压雾状制冷剂变为低压气态制冷剂，并回到压缩机，如图 4-7-10 所示。

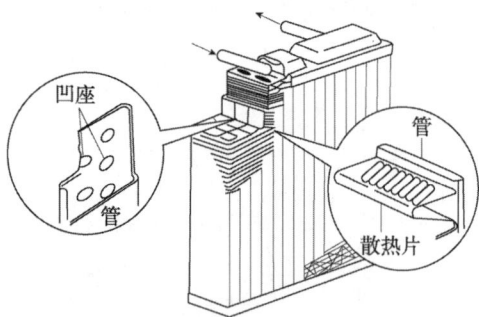

图4-7-10　蒸发器的结构

三 空调系统的采暖与通风

1 汽车空调采暖系统

❶ 汽车空调采暖系统的作用

向车厢内供暖是汽车空调的重要功能之一，而汽车空调的目的不是单纯的制冷和供暖，而是在不断变化的车外大气环境下，保持车内的温度、湿度稳定在一定范围内，并保证送入车内的空气清新，所以必须有通风配气系统对已经通过制冷和加热的空气重新进行调和温度、输送和分配，汽车空调采暖系统的功能是将冷空气送入热交换器，吸收某种热源的热量，提高空气的温度，并将热空气送入车内。目前绝大部分乘用车上都采用水暖式取暖设备，水暖式采暖系统利用的是发动机冷却液的热量。

❷ 汽车空调采暖系统的工作原理

水暖式采暖系统实际上是发动机冷却系统的一部分，大致可分为两大部分，即热水循环回路和配气装置。热水循环回路与发动机的冷却系统相连通，借助于发动机的水泵实现热水循环。来自发动机冷却系统的热水从进水管流经加热器控制阀进入散热器，然后经由出水管回到发动机的冷却系统，实现回路的循环，如图 4-7-11 所示。

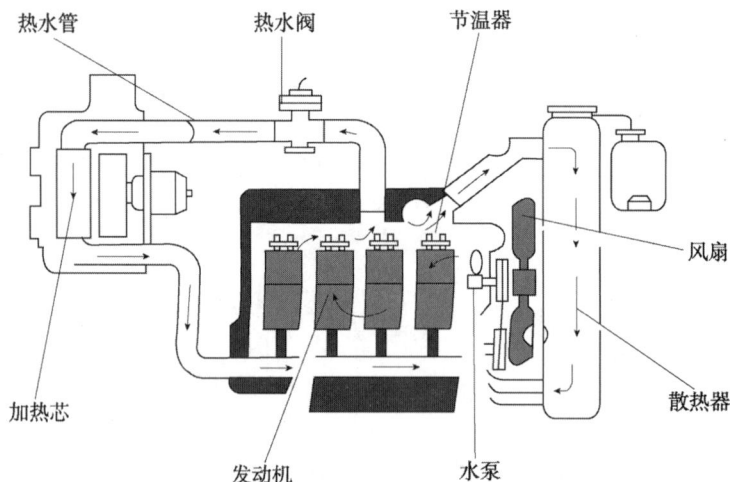

图4-7-11　热水循环回路

在通风装置中，由电动鼓风机强制使空气循环运动。空气经由进风口被吸入，流经加热器时将被加热，并由出风口导出，进入车厢内实现取暖或为风窗玻璃除霜，如图 4-7-12 所示。

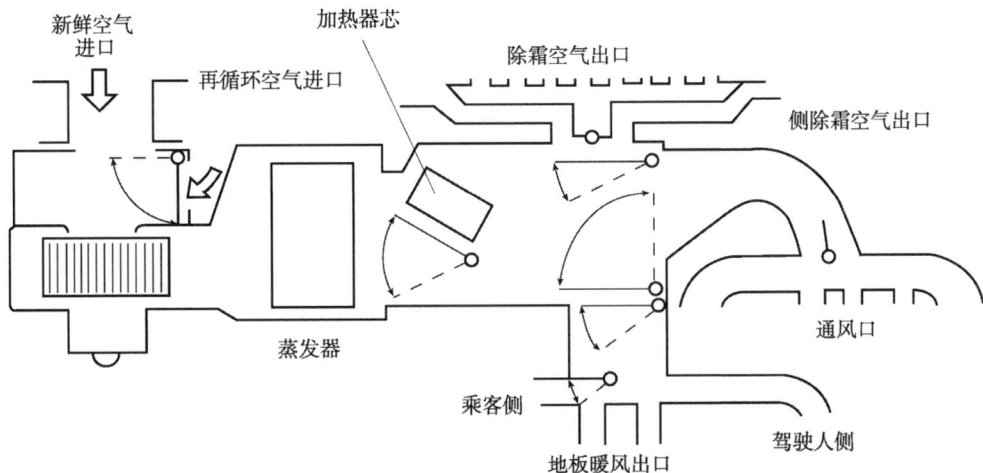

图4-7-12 水暖通风系统

（图中标注：新鲜空气进口、加热器芯、除霜空气出口、再循环空气进口、侧除霜空气出口、蒸发器、通风口、乘客侧、地板暖风出口、驾驶人侧）

❷ 汽车空调通风配气系统

❶ 通风装置

为了健康和舒适，汽车厢内空气要符合一定的卫生标准，这就需要输入一定量的新鲜空气。新鲜空气的配送量除了考虑人们因呼吸排出的二氧化碳、蒸发的汗液、吸烟以及从车外进入的灰尘、花粉等污染物，还必须考虑保持车内正压和局部排气量所需的风量。将新鲜空气送入车内，取代污染空气的过程，称为通风。

根据我国对乘用车、客车的汽车空调新鲜空气要求，换气量按人体卫生标准最低不少于 $20m^3/$（h·人），且车内的 CO_2 的体积分数一般应控制在 0.03% 以下，风速为 $0.2m/s$。

汽车空调的通风方式一般有动压通风（图 4-7-13）、强制通风和综合通风 3 种。

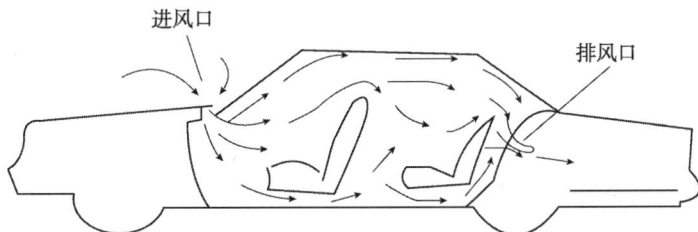

图4-7-13 动压通风进风的循环

（图中标注：进风口、排风口）

❷ 空气净化装置

进入车内的空气由车外新鲜空气和车内再循环空气组成。车外空气受到粉尘、烟尘以及汽车尾气中 CO、SO_2 等有害气体的污染；车内空气受到乘客呼出的 CO_2、人体汗味以及漏入车内的废气污染。这些因素降低了车内空气的洁净度，而空气净化器能够清除车内空气中的异味微粒，并能去除车外空气中的花粉和灰尘，使空气得到净化，因此汽车空调需要装备空气净化器，如图 4-7-14 所示。

汽车空调系统采用的空气净化装置通常有空气过滤式和静电集尘式两种。前者是在汽车空调系统的送风和回风口处设置空气滤清装置，它仅能滤除空气中的灰尘和杂物，因此，结构简单，只需定期清理过滤网上的灰尘和杂物即可，故广泛用于各种汽车空调系统中。后者则是在空气进口的过滤器后再设置一套静电集尘装置或单独安装一套用于净化车内空气的静电除尘装置，它除具有过滤和吸附烟尘等微小颗粒杂质的作用外，还具有除臭、杀菌、产生负氧离子以使车内空气更为新鲜洁净的作用。由于其结构复杂，成本高，所以，只用于高级乘用车上。图4-7-15所示为静电集尘式空气净化装置的空气净化过程。

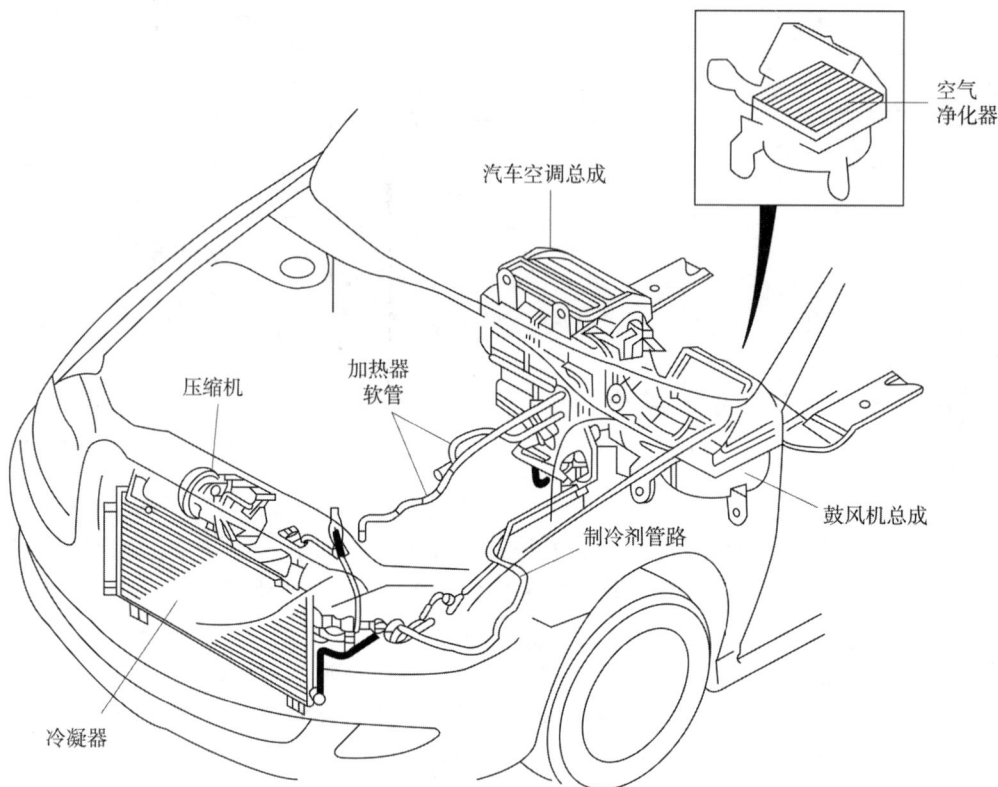

图4-7-14 空气净化器

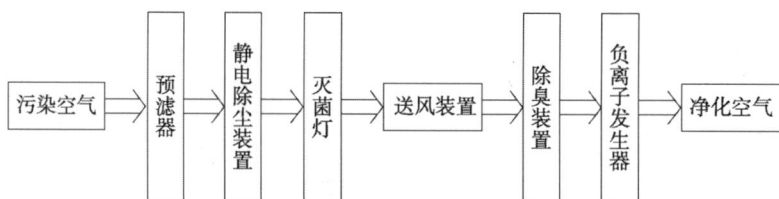

图4-7-15 静电集尘式空气净化装置原理图

❸ 风窗玻璃防雾装置

在气温较低的环境中，风窗玻璃内侧易结雾，甚至冰霜，会造成视线不良，严重影响行车安全。通常采用加热的方法将其除去。前风窗玻璃一般采用暖风加热的方法除雾，而后风窗玻璃通常采用电热线加热的方法除雾，其中电热线由镀在后风窗玻璃内表面的多条金属导电膜制成。

后风窗除雾电热线装置，如图4-7-16所示，它由除雾开关、电热线开关、ECU、继电器及后窗除雾电热线等组成，除雾电热线定时器装在电控单元（ECU）内。

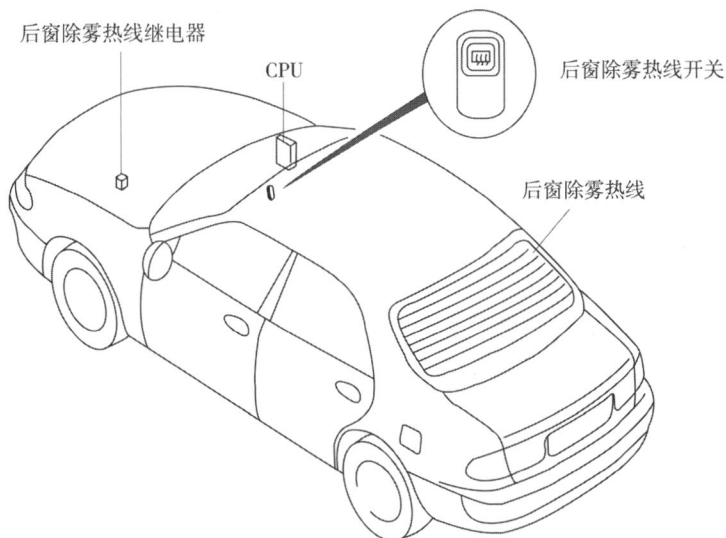

图4-7-16　后窗除霜电热线装置的组成

项目二　空调系统的拆装

本项目以桑塔纳 2000GSi 型乘用车空调系统的拆装为例进行说明。

桑塔纳 2000GSi 型乘用车空调系统布置如图 4-7-17 所示。

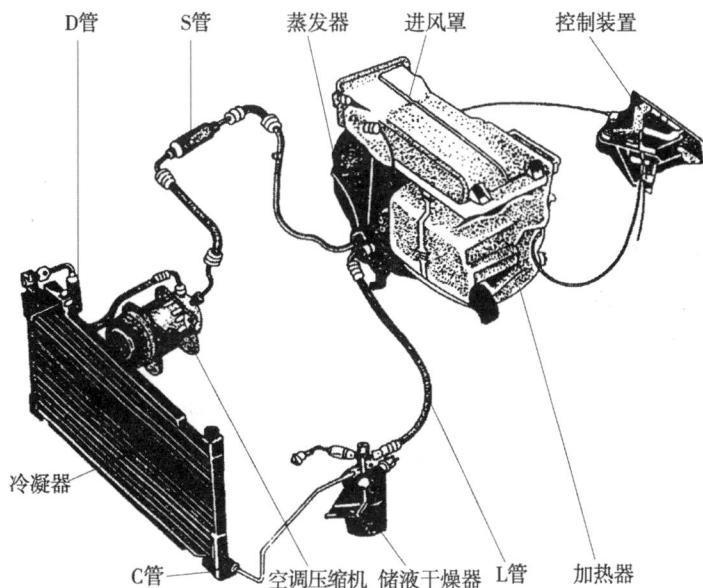

图4-7-17　空调系统布置

一 空调压缩机的拆装

空调压缩机和离合器的主要部件分解图如图4-7-18和图4-7-19所示。

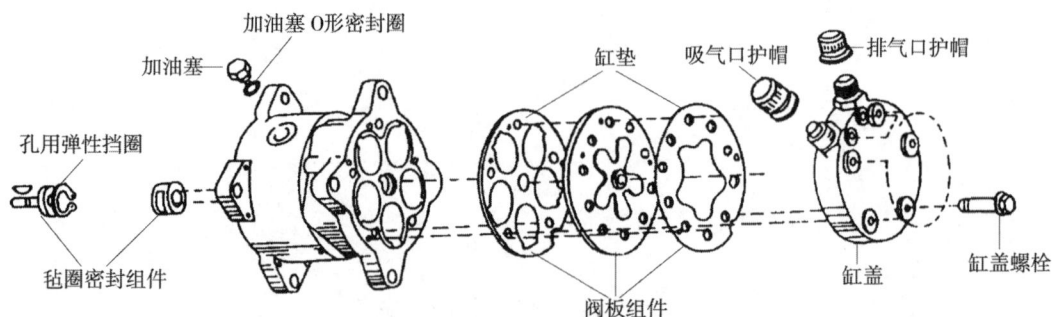

图4-7-18 空调压缩机部件分解图

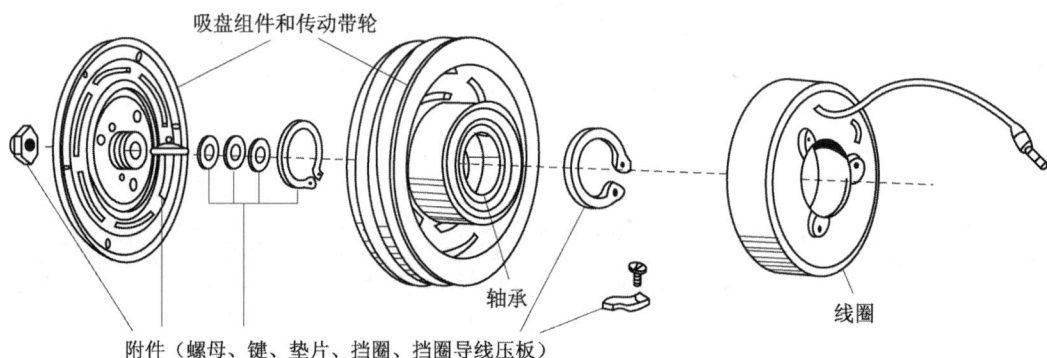

图4-7-19 离合器部件分解图

1 空调压缩机的拆卸

（1）拔下蓄电池导线。

（2）排放制冷剂。

（3）拆卸高、低压管，封闭管口，防止异物侵入。

（4）拆卸电磁离合器导线。

（5）拆卸空调压缩机固定螺栓，取下空调压缩机。

2 空调压缩机的安装

安装步骤与拆卸步骤相反，但应注意以下几点：

（1）安装空调压缩机时，必须使空调压缩机离合器传动带轮、发动机传动带轮的带槽对称面处在同一平面内，并保持传动带适当的张紧度。

（2）以规定力矩拧紧固定螺栓。

（3）冷凝器与风扇之间应保持一定间隙，一般不少于20mm，空调压缩机及其托架和软管之间的间隙为15mm。

（4）应更换高、低压管密封垫圈，检查发动机供油系统及冷却系统，防止渗漏。

二 冷凝器的拆装

1 冷凝器的拆卸

（1）排放制冷系统的制冷剂。

（2）拆下散热器。

（3）如图 4-7-20 所示，拆下冷凝器进口
管 A 和出口管 B。

（4）拧下固定螺栓，拆下冷凝器。

2 冷凝器的安装

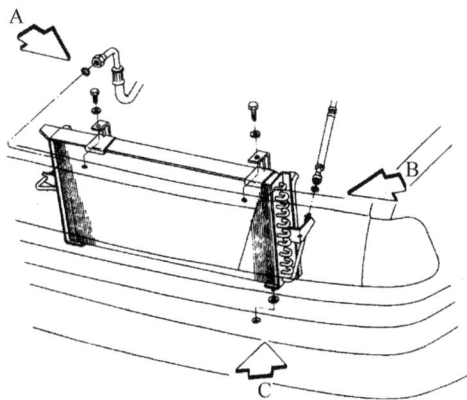

图4-7-20　冷凝器的拆卸

（1）安装前应充分清洗冷凝器，确保有足够的空气流经冷凝器盘管，使其充分散热。

（2）安装时注意冷凝器下部的正确位置（见图 4-7-26 中 C），上端与发动机罩的间隙
不得小于 5mm。

三 蒸发器的拆装

1 蒸发器的拆卸

（1）排放制冷系统的制冷剂。

（2）拆下新鲜空气风箱盖。

（3）拆下蒸发器外壳。

（4）如图 4-7-21 所示，拆下低压管固定件及压缩机管路，并封住管子端部。

（5）如图 4-7-22 所示，拆下高压管固定件及储液干燥器，并封住管子端部。

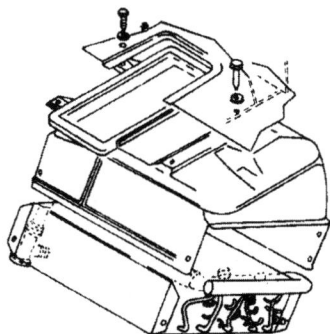

图4-7-21　蒸发器的拆卸（1）

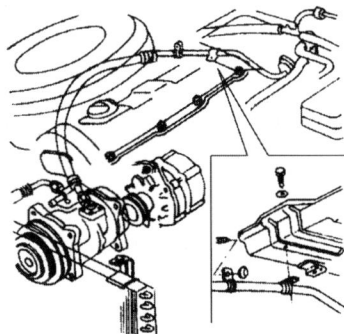

图4-7-22　蒸发器的拆卸（2）

（6）拆下仪表板右侧下部挡板及网罩。

（7）拆下蒸发器口的感应管。

（8）拆下蒸发盘，取出蒸发器。

2 蒸发器的安装

（1）蒸发器外壳下方有排水孔，应保证排水孔通畅，不能阻塞或遮挡。

（2）连接电线与发动机机体之间的距离至少为 50mm，和燃油管的间隙最少为 100mm。

（3）如图 4-7-23 所示，安装蒸发盘时，应将边缘安置在横向盘网的凸缘上。

（4）如图 4-7-24 所示，将感应管插入蒸发器。注意：切勿将感应管扭曲或折叠。

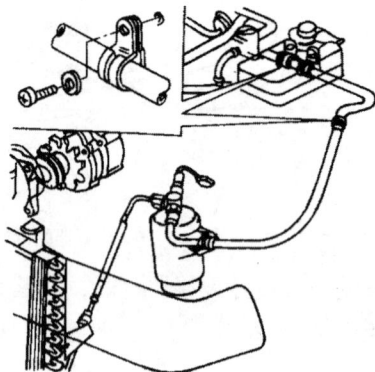

图4-7-23　蒸发器的安装（1）

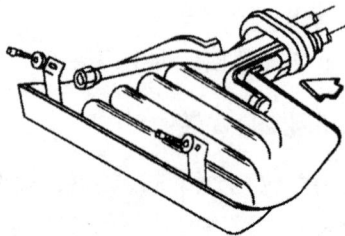

图4-7-24　蒸发器的安装（2）

（5）蒸发器上插有感温开关的毛细管，安装时切勿将感温管扭曲，为防止将其拔出，应将其夹紧。

参 考 文 献

[1] 黄靖雄. 汽车原理 [M]. 台北：全华图书股份有限公司，1995.

[2] 黄靖雄. 汽车学Ⅰ（发动机篇）[M]. 台北：全华图书股份有限公司，1995.

[3] 细川武志. 汽车构造图册 [M]. 北京：人民交通出版社，2009.

[4] 赖瑞海. 汽车学Ⅱ（底盘篇）[M]. 台北：全华图书股份有限公司，2009.

[5] 赖瑞海. 汽车实习Ⅱ（底盘篇）[M]. 台北：全华图书股份有限公司，2008.

[6] GP 企画セソター. 汽车发动机构造图册 [M]. 北京：人民交通出版社，2005.

[7] GP 企画セソター. 汽车底盘与电器构造图册 [M]. 北京：人民交通出版社，2007.

[8] 陈家瑞. 汽车构造（下册）[M]. 北京：机械工业出版社，2009.

[9] 本书编写组. 汽车维修快速入门图解 [M]. 北京：人民交通出版社，2007.

人民交通出版社汽车类中职教材部分书目

书 号	书 名	作 者	定 价	出版时间	课 件
一、全国交通运输职业教育教学指导委员会规划教材 教育部中等职业教育汽车专业技能课教材					
978-7-114-12216-3	汽车文化	李青、刘新江	38.00	2017.03	有
978-7-114-12517-1	汽车定期维护	陆松波	39.00	2017.03	有
978-7-114-12170-8	汽车机械基础	何向东	37.00	2017.03	有
978-7-114-12648-2	汽车电工电子基础	陈文均	36.00	2017.03	有
978-7-114-12241-5	汽车发动机机械维修	杨建良	25.00	2017.03	有
978-7-114-12383-2	汽车传动系统维修	曾丹	22.00	2017.03	有
978-7-114-12369-6	汽车悬架、转向与制动系统维修	郭碧宝	31.00	2017.03	有
978-7-114-12371-9	汽车发动机电器与控制系统检修	姚秀驰	33.00	2017.03	有
978-7-114-12314-6	汽车车身电气设备检修	占百春	22.00	2017.03	有
978-7-114-12467-9	汽车发动机及底盘常见故障的诊断与排除	杨永先	25.00	2017.03	有
978-7-114-12428-0	汽车自动变速器维修	王健	23.00	2017.03	有
978-7-114-12225-5	汽车网络控制系统检修	毛叔平	29.00	2017.03	有
978-7-114-12193-7	新能源汽车结构与检修	陈社会	38.00	2017.03	有
978-7-114-12209-5	汽车检测与诊断技术	蒋红梅、吴国强	26.00	2017.03	有
978-7-114-12565-2	汽车检测设备的使用与维护	刘宣传、梁钢	27.00	2017.03	有
978-7-114-12374-0	汽车维修接待实务	王彦峰	30.00	2017.06	有
978-7-114-12392-4	汽车保险与理赔	荆叶平	32.00	2017.06	有
978-7-114-12177-7	汽车维修基础	杨承明	26.00	2017.06	有
978-7-114-12538-6	汽车商务礼仪	赵颖	32.00	2017.06	有
978-7-114-12442-6	汽车销售流程	李雪婷	30.00	2017.06	有
978-7-114-12488-4	汽车配件基础知识	杨二杰	20.00	2017.03	有
978-7-114-12546-1	汽车配件管理	吕琪	33.00	2017.06	有
978-7-114-12539-3	客户关系管理	喻媛	30.00	2017.06	有
978-7-114-12446-4	汽车电子商务	李晶	30.00	2017.03	有
978-7-114-13054-0	汽车使用与维护	李春生	28.00	2017.04	有
978-7-114-12382-5	机械识图	林治平	24.00	2017.03	有
978-7-114-12804-2	汽车车身电气系统拆装	张炜	35.00	2017.03	有
978-7-114-12190-6	汽车材料	陈虹	29.00	2017.03	有
978-7-114-12466-2	汽车钣金工艺	林育彬	37.00	2017.03	有
978-7-114-12286-6	汽车车身与附属设备	胡建富、马涛	22.00	2017.03	有
978-7-114-12315-3	汽车美容	赵俊山	20.00	2017.03	有
978-7-114-12144-9	汽车构造	齐忠志	39.00	2017.03	有
978-7-114-12262-0	汽车涂装基础	易建红	30.00	2017.04	有
978-7-114-13290-2	汽车美容与装潢经营	邵伟军	28.00	2017.04	有
二、中等职业教育国家规划教材					
978-7-114-12992-6	机械基础（少学时）（第二版）	刘新江、袁亮	34.00	2016.06	有
978-7-114-12872-1	汽车电控发动机构造与维修（第三版）	王囤	32.00	2016.06	有
978-7-114-12902-5	汽车发动机构造与维修（第三版）	张嫣、苏畅	35.00	2016.05	有
978-7-114-12812-7	汽车底盘构造与维修（第三版）	王家青、孟华霞、陆志琴	39.00	2016.04	有
978-7-114-12903-2	汽车电气设备构造与维修（第三版）	周建平	43.00	2016.05	有
978-7-114-12820-2	汽车自动变速器构造与维修（第三版）	周志伟、韩彦明、顾雯斌	29.00	2016.04	有
978-7-114-12845-5	汽车使用性能与检测（第三版）	杨益明、郭彬	25.00	2016.04	有
978-7-114-12684-0	汽车材料（第三版）	周燕	31.00	2016.01	有
三、教育部职业教育与成人教育司推荐教材（技能型紧缺人才培养培训教材）					
978-7-114-11700-8	汽车文化（第二版）	屠卫星	35.00	2016.05	有
978-7-114-12394-8	汽车认识实训（第二版）	宋麓明	12.00	2015.10	有
978-7-114-11544-8	汽车机械基础（第二版）	凤勇	39.00	2016.05	有
978-7-114-12395-5	钳工实训（第二版）	石德勇	15.00	2016.05	有

书　号	书　名	作　者	定　价	出版时间	课件
978-7-114-13199-8	汽车电工与电子基础（第二版）	任成尧	25.00	2016.09	有
978-7-114-08546-8	汽车电工电子基础（新编版）	张成利、张智	29.00	2016.04	有
978-7-114-08594-9	汽车发动机构造与维修（新编版）	王会、刘朝红	33.00	2016.05	有
978-7-114-09157-5	汽车发动机构造与维修习题集	邵伟军、李玉明	18.00	2016.05	
978-7-114-08560-4	汽车底盘构造与维修（新编版）	丛树林、张彬	27.00	2016.06	有
978-7-114-09160-5	汽车底盘构造与维修习题集	陈敬渊、刘常俊	25.00	2015.07	
978-7-114-08606-9	汽车电气设备构造与维修（新编版）	高元伟、吕学前	25.00	2016.06	有
978-7-114-09156-8	汽车电气设备构造与维修习题集	杜春盛、席梦轩	18.00	2015.07	
978-7-114-12242-2	汽车典型电路分析与检测	宋波舰	45.00	2015.08	有
978-7-114-11808-1	汽车典型电控系统构造与维修（第二版）	解福泉	38.00	2015.02	
978-7-114-12450-1	汽车车身电气及附属电气设备检修（第二版）	韩飒	36.00	2015.10	有
978-7-114-08603-8	汽车故障诊断技术（新编版）	戈国鹏、赵龙	22.00	2016.01	有
978-7-114-11750-3	汽车安全驾驶技术（第二版）	范立	39.00	2016.05	有
978-7-114-08749-3	汽车实用英语（新编版）	赵金明、林振江	18.00	2015.02	有
978-7-114-12871-4	汽车车身修复技术（第二版）	黄平	26.00	2015.06	
	四、职业院校汽车运用与维修专业实训教材				
978-7-114-08057-9	▲汽车发动机常见维修项目实训教材	中国汽车维修行业协会	29.00	2016.06	有
978-7-114-08030-2	▲汽车底盘常见维修项目实训教材	中国汽车维修行业协会	39.00	2015.12	有
978-7-114-08058-6	▲汽车电器常见维修项目实训教材（黑白版）	中国汽车维修行业协会	18.00	2016.06	有
978-7-114-08224-5	汽车维修常用工量具使用（黑白版）	中国汽车维修行业协会	16.00	2016.06	有
978-7-114-08464-5	汽车维修常用工量具使用（彩色版）	中国汽车维修行业协会	30.00	2016.07	有
978-7-114-09023-3	▲汽车钣金常见维修项目实训教材	中国汽车维修行业协会	38.00	2016.05	
978-7-114-09327-2	▲汽车喷漆常见维修项目实训教材	中国汽车维修行业协会	40.00	2016.04	
	五、国家示范性中等职业学校重点建设专业教材				
978-7-114-08418-8	▲汽车发动机维修实训教材	朱军、汪胜国	30.00	2016.07	
978-7-114-08523-9	▲汽车发动机电控系统故障诊断实训教材	汪胜国、李东江	30.00	2016.07	
978-7-114-13597-2	▲汽车维护实训教材（第二版）	朱军、汪胜国、王瑞君	34.00	2017.04	有
978-7-114-13508-8	汽车维修基础技能实训教材（第二版）	朱军、汪胜国、陆志琴	32.00	2016.12	有
978-7-114-08541-3	▲汽车底盘和车身电器检测实训教材	汪胜国、李东江	17.00	2011.02	
978-7-114-11101-3	汽车电器维修理实一体化教材	王成波、忻状存	32.00	2016.06	
978-7-114-11417-5	汽车底盘维修理实一体化教材	郑军强	43.00	2014.08	
978-7-114-11510-3	汽车自动变速器维修理实一体化教材	杨婷	22.00	2014.09	
978-7-114-11420-5	汽车空调系统维修理实一体化教材	方作棋	20.00	2016.05	
978-7-114-11421-2	汽车发动机性能检测理实一体化教材	颜世凯	30.00	2014.09	
978-7-114-12530-0	汽车钣金理实一体化教材	林育彬	30.00	2015.11	有
978-7-114-12525-6	汽车喷漆理实一体化教材	葛建峰、叶诚昕	30.00	2015.11	有
	六、中等职业学校汽车运用与维修专业新课程教学用书				
978-7-114-10793-1	▲汽车发动机构造与拆装工作页（第二版）	武华、武剑飞	32.00	2016.06	
978-7-114-10771-9	▲汽车底盘构造与拆装工作页（第二版）	武华、何才	26.00	2016.06	
978-7-114-10719-1	汽车自动变速器维修工作页（第二版）	巫兴宏、齐忠志	21.00	2016.06	
978-7-114-10768-9	汽车发动机电器维修工作页（第二版）	林文工、李琦	24.00	2016.07	
978-7-114-10837-2	汽车发动机控制系统检测与维修工作页（第二版）	陈高路、蔡北勤	40.00	2015.08	
978-7-114-10776-4	汽车传动系统维修工作页（第二版）	邱志华、张发	24.00	2016.06	
978-7-114-10777-1	汽车制动系统维修工作页（第二版）	庞柳军、曾晖泽	24.00	2016.05	
978-7-114-10739-9	汽车空调系统维修工作页（第二版）	林志伟	28.00	2015.11	
978-7-114-10794-8	汽车悬架与转向系统维修工作页（第二版）	刘付金文、徐正国	24.00	2016.05	
978-7-114-10700-9	汽车车身电器维修工作页（第二版）	蔡北勤	24.00	2016.07	
978-7-114-10699-6	汽车发动机机械维修工作页（第二版）	刘建平、段群	25.00	2016.06	

▲为中等职业教育改革创新示范教材

咨询电话：010-85285962；010-85285977. 咨询QQ：616507284；99735898